A MENTE DO ASSASSINO

Dr. Richard Taylor

A MENTE DO ASSASSINO

UM PSIQUIATRA FORENSE DISSECA AS MENTES QUE MATAM

Tradução: Marcelo Barbão

GLOBOLIVROS

Copyright © 2022 by Editora Globo S.A. para a presente edição
Copyright © 2021 Richard Taylor

Todos os direitos reservados. Nenhuma parte desta edição pode ser utilizada ou reproduzida
— em qualquer meio ou forma, seja mecânico ou eletrônico, fotocópia, gravação etc. — nem
apropriada ou estocada em sistema de banco de dados sem a expressa autorização da editora.

Texto fixado conforme as regras do Acordo Ortográfico da
Língua Portuguesa (Decreto Legislativo nº 54, de 1995).

Título original: *The Mind of a Murderer*

Editora responsável: Amanda Orlando
Assistente editorial: Isis Batista
Preparação: Wendy Campos
Revisão: Bianca Marimba, Theo Cavalcanti Silva e Bruna Brezolini
Diagramação: Alfredo Rodrigues
Capa: Studio DelRey

1ª edição, 2022

CIP-BRASIL. CATALOGAÇÃO NA PUBLICAÇÃO
SINDICATO NACIONAL DOS EDITORES DE LIVROS, RJ

T242m
    Taylor, Richard
        A mente do assassino: um psiquiatra forense disseca as
mentes que matam / Richard Taylor; tradução Marcelo Barbão. - 1.
ed. - Rio de Janeiro: Globo Livros, 2022.
        368 p.; 23 cm.

    Tradução de: The mind of a murderer
    ISBN 978-65-5987-107-0

        1. Assassinos - Aspectos psicológicos. 2. Psicologia crimi-
nal. 3. Psicopatologia. 4. Psiquiatria forense. I. Barbão, Marcelo.
II. Título.

22-80006   CDD: 364.1523019
              CDU: 616.89:(364.6:343.611)

Meri Gleice Rodrigues de Souza - Bibliotecária - CRB-7/6439
15/09/2022 20/09/2022

Este livro, composto na fonte Fairfield,
foi impresso em papel Pólen Natural 70g/m2 na Corprint,
São Paulo, outubro de 2022.

Direitos exclusivos de edição em língua portuguesa para o Brasil
adquiridos por Editora Globo S. A.
Rua Marquês de Pombal, 25 — 20230-240 — Rio de Janeiro — RJ
www.globolivros.com.br

Para Katherine, Louisa e Hannah.

Sumário

Nota do autor 9
Introdução 11

Homicídio sexual... 15
Homicídio psicótico... 77
Mulheres que matam crianças.. 121
Homens que matam as parceiras 155
Mulheres que matam os parceiros 195
O assassino que esquece.. 243
Assassinato por motivação financeira.............................. 267
Terrorismo... 293

Epílogo.. 355
Apêndice.. 360
Agradecimentos 362
Bibliografia... 365

Nota do autor

Os pormenores dos casos citados neste livro foram modificados ou compostos, com alterações dos detalhes biográficos, geográficos, temporais e culturais para proteger a confidencialidade sem perder os elementos essenciais. Usei pseudônimos para autores de homicídios e outras pessoas envolvidas, como médicos, policiais, advogados, testemunhas e familiares.

Os nomes reais são usados apenas quando as informações apresentadas no histórico do caso já são inteiramente de conhecimento público. E para os casos de conhecimento público em que me envolvi (listados a seguir), além de descrever meu papel, usei apenas informações disponíveis em relatórios detalhados em sindicâncias de casos de homicídios, informes da mídia ou relatórios legais. Tive o cuidado de não divulgar nenhuma entrevista confidencial obtida por mim, a menos que fosse de domínio público, por exemplo, longos extratos dos relatórios psiquiátricos de Anthony Hardy, incluindo aqueles que supervisionei, que foram publicados na sindicância.

Outros indivíduos envolvidos em casos que não são de domínio público consentiram em ser citados no texto. Quando são mencionadas pesquisas ou livros publicados, os nomes dos autores são usados para referenciar seus trabalhos, e as referências selecionadas estão disponíveis nas notas finais. Os termos técnicos são explicados no texto.

Os casos em que estive envolvido, nos quais os nomes reais foram usados, mas cujas informações apresentadas já estão disponíveis em domínio público, são, por ordem de aparição: Anthony Hardy, Daniel Joseph, Maxine Carr, Nimpha Ong, Sara Thornton, Kathleen McCluskey, John Wilmot, Christopher Nudds (conhecido como Docherty-Puncheon), xeque Abu Hamza, Dhiren Barot, os conspiradores das "limusine-bomba" e das "bombas de avião", Muhaydin Mire e Robert Stewart.

Os seguintes são casos em que não estive pessoalmente envolvido e, portanto, todas as informações são de domínio público: Ted Bundy, Ed Kemper, Andrew Cunanan, Aaron Alexis, Navjeet Sidhu, Louise Porton, Tania Clarence, Victoria Climbie, Baby P, "Adam", Peter Sutcliffe, Andrea Yates, Myra Hindley, Rosemary West, Kiranjit Ahluwalia, "Giselle Anderson", Sally Challen, Guenther Podola, Rudolf Hess, Stephen Hawking, Emile Cilliers, Robert Hansen, Mohamed Atta, Timothy McVeigh, vários prisioneiros da prisão federal de segurança máxima ADX Florence, Brenton Tarrant, Anders Breivik e Khalid Masood.

Introdução

O HOMICÍDIO NÃO É APENAS um crime: é um sério problema de saúde pública. Só em 2017, foram registradas 464 mil vítimas de homicídio em todo o mundo. A uma taxa de mais de mil assassinatos ilegais por dia, as mortes por homicídio ultrapassaram em muito os 89 mil mortos em conflitos armados e as 26 mil vítimas do terrorismo. Cerca de 87 mil mulheres e garotas foram mortas intencionalmente em 2017, das quais 50 mil foram assassinadas por parceiros íntimos ou membros da família.

Algumas partes do mundo são mais afetadas do que outras. Nas Américas, o número de assassinatos é consistentemente alto. Em alguns países da América Latina, a taxa de homicídio é cinquenta vezes maior do que a da Europa Ocidental, e é uma das principais causas de morte, especialmente entre os jovens adultos. Enquanto isso, houve um aumento significativo nos assassinatos por faca entre os oitocentos crimes inicialmente registrados como assassinato na Grã-Bretanha e na Irlanda do Norte nos últimos anos, apesar de uma redução geral gradual de homicídios na Europa.

A definição de homicídio das Nações Unidas é "morte ilegal infligida a uma pessoa com a intenção de causar morte ou lesão grave". Na lei do Reino Unido, o crime de homicídio doloso — em oposição ao homicídio culposo — é cometido quando uma pessoa "mentalmente sã" mata ilegalmente qualquer "criatura racional" sob a "paz do Rei" com a intenção de matar ou causar danos corporais graves.

Por que as pessoas matam? A maioria dos homicídios envolve estados mentais "normais" extremos — ou pelo menos compreensíveis —, como raiva, ódio, impulsividade, medo ou ciúme, mas pode haver uma linha tênue entre esses estados e transtornos mentais no momento de um assassinato. No homicídio psicótico, há mudanças de estado mental bem fora da faixa padrão. Geralmente envolve um assassino que perdeu completamente o contato com a realidade e foi tomado por delírios e alucinações da psicose. Essa situação é mais comum na esquizofrenia, uma doença mental grave. Globalmente, cerca de 0,5% da população vive com um diagnóstico de esquizofrenia, mas é responsável por algo entre 6% e 11% dos homicídios. Em outras palavras, de acordo com um grande estudo, esse grupo tem um risco dezenove vezes maior de cometer homicídio. A grande maioria das pessoas com esquizofrenia é muito mais propensa a ser vítima de violência ou automutilação do que a ferir outras pessoas, e é importante que as pessoas que sofrem de doença mental não sejam estigmatizadas pelo comportamento violento de alguns poucos. Contudo, o aumento do risco não pode ser ignorado, pois, em contraste com o declínio geral nos números de homicídios, a taxa de assassinatos cometidos por pessoas com esquizofrenia aumentou.

A Polícia Metropolitana de Londres resolve cerca de 90% de seus casos de assassinato (em comparação com cerca de 60% resolvidos pelas forças policiais em muitas cidades dos EUA) em parte porque a New Scotland Yard possui equipes especializadas em homicídios que recebem recursos substanciais para investigar casos de assassinato (embora, nos assassinatos relacionados a gangues, a relutância de algumas testemunhas em falar represente um desafio cada vez maior). Outra razão para a impressionante taxa de esclarecimentos é que os homicídios cometidos por "estranhos" são raros. Como a maioria das vítimas conhece seus assassinos, a polícia não precisa procurar muito para encontrar o agressor. Na verdade, uma das formas mais comuns de homicídio é entre cônjuges, muitas vezes no momento de uma separação. Tais vítimas geralmente são do sexo feminino (apenas 1% das vítimas do sexo masculino é morta anualmente por um parceiro). No entanto, o grupo populacional com o maior risco de ser vítima são crianças com menos de um ano de idade — geralmente assassinadas pela mãe.

Álcool e drogas ilícitas estão presentes, em algum grau, em quase metade de todos os homicídios, mas raramente fornecem a única explicação para um incidente. Homicídios por motivos financeiros são surpreendentemente raros, compreendendo cerca de 6% de todos os assassinatos no Reino Unido e nos EUA (incluindo aqueles cometidos durante roubos e arrombamentos). Casos relacionados a sexo são ainda mais incomuns, representando menos de 1% dos homicídios, mas recebem atenção desproporcional, especialmente se houver uma série de assassinatos de estranhos por motivação sexual.

Como psiquiatra forense, meu trabalho é avaliar os perpetradores de crimes graves e tratar aqueles que apresentam algum transtorno mental. Na maioria das vezes, avalio assassinos logo após o crime, redigindo relatórios e depondo como perito no julgamento e na sentença. Mas o meu envolvimento não começa nem termina com o julgamento.

Quando todo o processo de justiça criminal é concluído, o homicida precisa ser contido para proteção do público. Além disso, é necessário tentar entender seu delito não apenas para tratar seu transtorno mental e reabilitá-lo, como também para reduzir o risco de reincidência. Em última análise, se a soltura for considerada, será preciso avaliar os perigos, supervisionar a libertação e mais tarde, se necessário, encaminhá-lo novamente para um hospital de segurança ou prisão.

Além de trabalhar com assassinos conhecidos, também realizo avaliações de risco daqueles que podem representar uma ameaça de comportamento violento e que (muito raramente) podem chegar a matar. Em outras palavras, meu objetivo é prevenir homicídios, embora a previsão de risco seja notoriamente imprecisa.

Quando comecei na psiquiatria forense, havia uma sensação otimista de que estávamos inovando. Embora ainda existam faróis de excelência, com serviços excepcionais em alguns dos hospitais de segurança e cuidados de saúde mental muito melhores nas prisões, por exemplo, o otimismo foi contido pela dizimação dos serviços de dependência química e a severa redução nos leitos de hospitais psiquiátricos em geral. Chegamos a um ponto em que os homicídios por faca fomentados pelas drogas aumentaram significativamente e os serviços comunitários de saúde mental estão tão sobrecarregados, e com tão poucos recursos, que a polícia e outros serviços de emergência estão sendo solicitados em nosso lugar. Em alguns casos, isso levou a consequências terríveis, incluindo assassinato.

Este livro é sobre o meu trabalho. Exploraremos o homicídio sexual; o homicídio psicótico; o matricídio; o infanticídio; o filicídio; o assassinato de parceiros íntimos por homens e o assassinato de parceiros íntimos por mulheres (geralmente, vítimas de abuso que matam seu agressor); homicídio como resultado de álcool e danos cerebrais; assassinato seguido de amnésia; assassinato com motivação financeira e assassinato em massa por meio de extremismo violento e terrorismo. E falarei além das reportagens da mídia para mostrar que, embora cada caso seja distinto, existem padrões observáveis nos diferentes tipos de assassinato. Além de todos os casos com os quais me envolvi profissionalmente, falarei de um homicídio com o qual tenho uma ligação pessoal e de seu impacto em minha família.

Acima de tudo, porém, este livro é sobre o estado de espírito daqueles que matam e como podemos entender seus crimes para tentar garantir que nunca voltem a matar, além de aprender a identificar os sinais em outros potenciais assassinos.

Embora haja muitos assassinatos neste livro, espero que a mensagem geral seja de compreensão e, em última análise, de humanidade.

Homicídio sexual

Estudo de caso: Anthony Hardy

O cartão de fidelidade dele foi em parte responsável por sua ruína. Quando ele comprou sacos de lixo pretos para as partes dos corpos de suas vítimas, não resistiu em usar os pontos no supermercado Sainsbury's. A polícia o identificou pelo circuito interno de tv.

O assassino em questão era Anthony Hardy, mais conhecido como o Estripador de Camden. Para entender como seu desejo pelos pontos do cartão de fidelidade e meu trabalho se cruzam, precisamos voltar a janeiro de 2002, quando a polícia visitou seu apartamento em Londres no que, sem dúvida, imaginou que seria uma ocorrência de rotina. Discutindo com a vizinha por causa de um cano furado, Hardy, então com 51 anos, rabiscou uma mensagem obscena na porta dela com ácido de bateria de carro. Mas, quando a polícia conseguiu entrar em seu apartamento, um quarto trancado despertou suspeitas. "O que tem aí?", eles perguntaram. Hardy fingiu não ter a chave até que a encontraram no bolso de seu casaco. Os oficiais abriram a porta.

No quarto havia uma cama; ao lado, um balde de água morna e uma câmera em um tripé. Na cama estava o corpo de uma mulher de 38 anos, Sally "Rose" White.

Os fatos, você pode pensar, falam por si. Claro que Hardy foi devidamente acusado de assassinato. No entanto, a marca de mordida na coxa direita de Sally e a pequena escoriação na cabeça não foram ferimentos fatais e, tendo encontrado evidências de doença coronariana, o patologista Freddy Patel decidiu que a causa provável da morte fora um ataque cardíaco.

Com essa descoberta, a polícia não teve escolha a não ser retirar a acusação de assassinato. Em 12 de março de 2002, Hardy se declarou culpado de danos criminais na porta da vizinha, foi transferido para um hospital sob a Lei de Saúde Mental e passou da prisão de Pentonville para St. Luke's, uma unidade psiquiátrica local aberta, em Muswell Hill. Sob os cuidados de um psiquiatra geral de adultos, ele recebeu tratamento para um "transtorno de humor". Em psiquiatria, o termo "transtorno de humor" refere-se a uma série de estados mentais perturbados, incluindo depressão, que pode variar em gravidade de um período de duas semanas de humor deprimido, perda de interesse, fadiga e sentimentos de inutilidade, e assim por diante, até um estado de espírito severamente deprimido com pensamentos suicidas e experiências psicóticas. O transtorno de humor também se refere ao transtorno bipolar, no qual pode haver episódios "maníacos" distintos de irritabilidade persistente e elevação do humor, com redução da necessidade de sono, tendência a falar de maneira rápida (conhecida como fala apressada), grandiosidade, e assim por diante.

No caso de Hardy, o problema foi um rebaixamento leve a moderado do humor, agravado pelo consumo excessivo de álcool, com algumas sugestões de mudanças de humor anteriores. Mas, devido às circunstâncias incomuns, uma avaliação de risco foi solicitada a um psiquiatra forense.

Foi nesse momento que entrei em cena.

Os psiquiatras forenses são um grupo seleto e secreto. Somos aproximadamente 350 dos cerca de 330 mil médicos registrados no Conselho Geral de Medicina no Reino Unido, e nosso trabalho é pouco conhecido. Temos qualificação médica (ao contrário de nossos colegas psicólogos clínicos). Somos médicos, em outras palavras: psiquiatras primeiro, peritos forenses depois.

Meu próprio caminho para chegar a essa especialização foi tortuoso e não planejado, ao longo de seis anos de faculdade de Medicina e três anos como residente, incluindo um tempo no pronto-socorro e trabalho de ajuda no exterior. Então, entrei para o treinamento superior "rotatório" de psiquiatria de Maudsley, um programa de seis anos com colocações em especialidades como psicose, adição e psiquiatria infantil, finalmente optando pela forense por razões sobre as quais só refletiria mais tarde.

"Você mexe com cadáveres?", muitas vezes me perguntam. Bem, já mexi no passado, logo no terceiro dia do meu treinamento médico na UCL, quando fomos apresentados aos nossos cadáveres para começar meses de dissecação. Mas, enquanto os patologistas forenses usam seu treinamento para determinar a causa da morte da vítima, há também contadores forenses, odontologistas forenses, toxicologistas forenses e antropólogos forenses, todos mostrando seus conhecimentos nos tribunais de justiça, no "fórum" — daí o termo "forense". Na psiquiatria forense, só estamos interessados no cadáver pelo que ele pode revelar sobre o estado de espírito do perpetrador. Nossa interface é entre a psiquiatria e o direito. Mais comumente, isso envolve o tratamento de infratores com transtornos mentais, ou seja, pacientes psiquiátricos que cometeram delitos graves. Avaliamos e redigimos relatórios sobre nossos pacientes e, como especialistas independentes, fornecemos provas em juízos criminais e cíveis sobre o estado psiquiátrico e a responsabilidade criminal de alguém. Nosso papel pode ser fundamental em casos de homicídio nos quais a alegação da defesa é Inocente por Motivo de Insanidade (NGRI, na sigla em inglês), ou quando uma das defesas parciais de responsabilidade diminuída, pacto suicida ou provocação (agora chamada de perda de controle), é apresentada. Tudo isso, em maior ou menor grau, depende da opinião psiquiátrica, que pode ser ferozmente contestada.

Não estamos interessados em "quem matou?" (bem, não muito, embora possamos nos envolver para estabelecer se um detento está apto para o interrogatório policial ou em casos de confissão controvertida, quando o mentalmente perturbado pode confessar coisas que não fez). Estamos mais interessados no porquê, e nosso foco está no perpetrador sob custódia. Como eles eram antes do crime? Por que e como aconteceu o assassinato? Eles podem ser presos? Estão aptos para julgamento? São parcialmente ou totalmente responsáveis do ponto de vista criminal, ou suas ações são explicáveis por transtornos mentais?

A partir disso temos de decidir o que deve acontecer com eles após a condenação: hospital de custódia ou prisão? Loucos ou maus? Ou uma mistura de ambos? Se forem para o hospital, que nível de segurança eles exigem? É possível tratá-los? Eles vão se recuperar? Houve entendimento por eles, e por nós, do crime cometido? Podemos desenvolver um plano de prevenção de reincidência? Podem ser libertos com segurança? Todas essas questões surgem após a prisão.

Embora geralmente não nos envolvamos em traçar perfis de suspeitos desconhecidos, somos solicitados a realizar avaliações de risco para aqueles que ainda não cometeram um crime grave. Uma dessas avaliações de risco foi a de Anthony Hardy.

Lembro-me bem da avaliação de Hardy. Era 28 de agosto de 2002 quando o entrevistei. Havia uma série de detalhes incomuns em seu passado. As entrevistas psiquiátricas são confidenciais, mas a história de fundo de Hardy e os extratos de seus relatórios psiquiátricos já são de domínio público no relatório da sindicância independente, então posso discuti-los aqui. Hardy nasceu em Burton-on-Trent, em Staffordshire. Na escola, ele era um aluno esforçado, que desejava escapar de suas origens humildes. Conheceu sua esposa, Judith, enquanto estudava Engenharia no Imperial College, em Londres, eles se casaram em 1972, tiveram quatro filhos e passaram um período morando na Austrália. Apesar dos casos de violência doméstica, e do fato de que Hardy não se preocupava em esconder seus casos extraconjugais, sua esposa concordou com várias tentativas de reconciliação.

Enquanto morava na Austrália, Hardy foi investigado por um grave ataque a Judith em 1982, após tê-la atingido na cabeça com uma garrafa de água congelada e, depois, tentado afogá-la na banheira. A escolha da garrafa se deu devido a seu formato, que poderia sugerir, de modo plausível, que Judith havia escorregado e batido a cabeça na própria banheira. A ideia da água congelada pode ter surgido a partir do conto de Roald Dahl, *Lamb to the Slaughter*, em que uma mulher espanca o marido até a morte com uma perna de cordeiro congelada e depois a serve aos detetives. (Muito se comenta na mídia sobre os efeitos perniciosos dos videogames e do rap, mas nem tanto sobre a influência corruptora dos contos de Roald Dahl.) De qualquer forma, as acusações contra Hardy foram retiradas e o casamento acabou, embora demorasse mais quatro anos para que o casal se divorciasse. Ele perdeu o emprego na área de engenharia e cáiu socialmente, passando de motorista de táxi a desempregado.

De volta ao Reino Unido, Hardy foi diagnosticado com transtorno bipolar, traços anormais de personalidade e abuso de álcool. Passou curtos períodos na prisão por danos criminais à casa de sua ex-mulher, além de roubar o carro do novo parceiro dela durante o que hoje seria visto como uma campanha de assédio. Também esteve por breves períodos em hospitais psiquiátricos, além de morar em vários albergues em Londres, recebendo ainda condenações por roubo, embriaguez e desordem. Foi preso em 1998 após uma prostituta acusá-lo de estupro, acusações que foram posteriormente retiradas por falta de provas. Em 2002, vivendo de benefícios sociais, bebendo muito e com diabetes mal controlada, estava levando uma existência predominantemente reclusa em uma área sombria e pobre, perto da rua Royal College, em Camden.

Corpulento, Hardy era um homem fisicamente imponente, medindo mais de um metro e oitenta de altura. Durante a entrevista, seu discurso foi calculado e ele parecia pensar bastante em suas respostas antes de falar, negando quaisquer sintomas maníacos ou depressivos e revelando pouco em termos de expressividade emocional, o que na terminologia psiquiátrica é chamado de "embotamento afetivo". Seu relato minimizou o assédio contra sua ex-mulher, apesar de certa vez ter dirigido até Bury St. Edmunds só para jogar uma pedra na janela de sua casa. Lembro-me de que ele me deixou desconfortável. Relutou durante toda a entrevista e seu mundo interno permanecia um mistério, embora dissesse que costumava se entediar facilmente, e descrevia-se como impulsivo e um caçador de emoções. Admitia ter cometido o dano criminal na porta de uma vizinha, pintando "vai se foder, sua vadia" e despejando o ácido da bateria através da caixa de correio usando uma garrafa de cidra cortada como um funil. Disse que estava bebendo muito na época. Também alegou que não conseguia se lembrar de como Rose White foi parar em seu apartamento, embora achasse que poderia tê-la convidado, e admitiu abertamente que já havia contratado prostitutas na área de King's Cross. De acordo com uma das enfermeiras que trabalhavam naquele dia, Hardy contou que estava muito chateado com minhas perguntas sobre Rose e meu questionamento sobre esse assunto o fez ter pensamentos suicidas.

Durante sua permanência no St. Luke's, aceitou a oferta de um programa diurno para alcoolistas fora do hospital e recebeu licença durante o dia para passar um tempo em seu apartamento, sem problemas relatados. Ele expressou remorso por seu comportamento em relação à vizinha, e não houve mais nenhum sinal de animosidade.

Compilamos nosso relatório (excepcionalmente, tanto meu psiquiatra estagiário como eu o entrevistamos para comparar notas). O relatório descrevia seu histórico de hostilidade em relação à ex-mulher, e, como os detalhes em torno da mulher morta, Rose, nos deixaram desconfortáveis (especialmente a câmera e o tripé), recomendamos que o painel da Multi-Agency Public Protection Arrangements (Mappa)[1] local — um fórum interagências administrado pela polícia e pelo escritório de liberdade condicional para monitorar indivíduos de risco — fosse informado, para criar um plano antes de sua alta. Nossa conclusão foi que ele poderia representar um risco de violência grave para as mulheres, independentemente de seu estado mental perturbado e do uso de álcool, mas também tivemos de trabalhar levando em conta que ele não teve participação na morte de Rose, dados os achados da autópsia.

Não tive mais envolvimento com Hardy, e os meses seguintes foram ocupados com outros casos. Até os eventos da véspera de Ano-Novo de 2002.

Sempre carrego dois telefones: um pessoal e um de trabalho. Naquela noite eu estava com meu telefone pessoal no bolso da calça, enquanto meu telefone do trabalho estava em uma jaqueta pendurada no corredor ao lado da cozinha, ao final de três degraus pequenos e irregulares.

Na época, meus dois filhos tinham três e um ano, e sair para uma festa de Ano-Novo não estava nos planos, então estávamos recebendo convidados para jantar. O tempo estava úmido e ventoso, por isso, francamente, fiquei feliz em não sair de casa; além disso, eu estava cozinhando e, portanto, na minha praia.

Como eu e minha esposa somos médicos em tempo integral, a vida em casa envolvia uma complicada divisão de trabalho, nos revezando para pegar nossos meninos na creche dependendo de quem tinha de trabalhar até tarde. Como qualquer família jovem, tínhamos uma agenda bastante cansativa, mas alegremente troquei as tarefas de lavanderia e a programação de cuidar das crianças pelo papel de cozinheiro chefe. É fácil preferir as opções mais convenientes, como colocar um pedaço de peixe empanado no forno.

Mas, no fim de semana, o tempo gasto fazendo massas aos frutos do mar frescos era uma distração eficaz do trabalho diário. Além do mais, encontrei uma maneira de aproveitar minhas visitas a prisões e obscuros abrigos psiquiátricos como uma oportunidade de visitar fornecedores de ingredientes interessantes, desde a delicatéssen siciliana Salvino's, perto da prisão de Holloway, até a Spice Shop no caminho de volta de Wormwood Scrubs e Coastline Galicia, uma das peixarias da velha escola que sobreviveu.

Nossos convidados naquela noite eram outros dois psiquiatras. Eu tinha aberto uma garrafa de um bom tinto encorpado e estava cozinhando um menu ambicioso. Ocupado como estava, levou alguns momentos para que o som do meu telefone de trabalho no corredor superasse a música "Max is Making Wax" do disco *Live at the Pasadena Civic Auditorium*, de Miles Davis, e, quando o tirei do bolso da jaqueta, tinha perdido a ligação.

Olhei para a tela, sentindo os primeiros sinais de inquietação. Era Doug Cardinal, nosso enfermeiro psiquiátrico responsável pelo contato com a polícia. Como sugere o cargo, Doug atuava como intermediário entre nós e a polícia. O simples fato de estar ligando significava algo ruim, um "incidente grave e desagradável" — SUI na sigla em inglês — havia ocorrido. O fato de ele estar *me* ligando — quando eu não estava de plantão — era motivo de grande preocupação.

Tentei ligar de volta para ele, mas caí em sua caixa postal. *Ele provavelmente está no subsolo, na sala de custódia*, pensei, e voltei para Miles Davis. Mas a calma da preparação do jantar estava desaparecendo, substituída por uma preocupação incômoda. O fato é que, enquanto todos os médicos se preocupam com a possibilidade de uma decisão errada prejudicar seus pacientes, nós, psiquiatras forenses, temos dois outros medos. O primeiro é que um paciente possa tirar a própria vida. O número de suicídios a cada ano é estimado em cerca de 800 mil em todo o mundo — o dobro do número de homicídios. Na Inglaterra e no País de Gales, houve 6.507 suicídios em 2018, um ano típico. Esse número foi quase dez vezes o número de homicídios naquele ano e superou as 1.770 mortes nas estradas. Desses suicídios, cerca de 1.700 são de pacientes de saúde mental; portanto, essa é uma característica trágica, mas relativamente frequente, do trabalho psiquiátrico. Contudo, o medo de que um paciente possa tirar a vida de outra pessoa é ainda pior. Homicídios por pacientes psiquiátricos representam, em média, 75 dos cerca de oitocentos assassinatos totais anualmente no Reino Unido (cerca de 10%), dos quais cerca de dois terços podem ser cometidos por um paciente que está sendo tratado por um psiquiatra.

Em outras palavras, homicídios cometidos por pacientes são relativamente raros. Mas, quando acontecem, são catastróficos e o pior pesadelo de um psiquiatra forense.

A essa altura, é claro que eu estava refletindo sobre os assassinos da minha lista e me perguntando qual dos meus pacientes poderia ter "explodido". Pensei em Gavin Faulkner, um homem de Glasgow com esquizofrenia que esfaqueou um estranho e o empurrou no Canal de Regent depois de aparentemente ouvir a vítima assobiando "David Watts" (Gavin sofria uma antiga alucinação de que Paul Weller o estava perseguindo). Ou talvez pudesse ser Paul Kennedy, um irlandês alegre que morava em uma moradia social ao lado de um pub. Ele havia decapitado um membro de seu grupo da igreja de Cientologia por causa de delírios de que seu colega estava tendo um caso com sua namorada, agindo em estado de ciúme mórbido ("mórbido" em termos médicos e psiquiátricos é qualquer estado afetado por doença ou fora do que chamamos de domínio dos estados mentais normais).

Meia hora depois, e outras duas ligações foram direto para a secretária eletrônica de Doug. Nossos convidados chegaram, e uma taça de vinho não conseguiu impedir que minha mente retornasse ao trabalho. Voltei à cozinha e apertei o botão verde de chamada para discar novamente o número de Doug. Desta vez — finalmente — ele atendeu e confirmou meus temores: algo sério estava acontecendo. Uma caça a um assassino, para ser mais preciso. Partes de um corpo humano tinham sido encontradas em uma lixeira. Havia várias linhas de investigação, mas um ex-paciente estava sendo procurado "para auxiliar a polícia nas investigações".

O paciente era Anthony Hardy.

Isso foi uma surpresa. Até onde eu sabia, Hardy estava sob internação civil (compulsória) nos termos da Lei de Saúde Mental, com uma ordem de tratamento de seis meses, e ainda deveria estar em St. Luke's. Na verdade, mais tarde eu viria a saber que ele fora liberado em novembro, tendo sido exonerado por um painel de revisão sem o meu conhecimento. Na época, fiquei chocado ao saber que ele estava livre e, mais ainda, sendo procurado como parte de um inquérito de homicídio.

Mesmo assim, havia uma centelha de esperança. Ele poderia ter sido adicionado à lista de suspeitos habituais por uma questão de rotina, já que uma jovem havia sido encontrada morta de ataque cardíaco em seu apartamento no início daquele ano. O fato de a polícia querer falar com Hardy poderia não significar nada. Agarrei-me a essa esperança por mais ou menos uma hora, até Doug me ligar novamente, desta vez enquanto eu estava cortando um pernil de veado ligeiramente malpassado e sangrento.

"Infelizmente", disse ele, "Hardy com certeza é o principal suspeito, Richard."

"Certo." Senti um peso em meu coração. "Por que diz isso?"

"Encontraram um torso sem cabeça envolto em sacos de lixo no apartamento dele."

Bem, isso é bem contundente, pensei, sentindo os pelos do meu pescoço se arrepiarem.

"Ele foi preso?", perguntei.

"Não, ele fugiu. Declararam estado de alerta."

Comecei a desenvolver uma estranha sensação dissociativa, como se isso não estivesse acontecendo. Um homicídio — não, um homicídio *duplo* — por um homem que tínhamos avaliado apenas alguns meses antes. Fiquei pensando como isso poderia ter acontecido. Minha mente voltou para o caso de Christopher Clunis, um homem com esquizofrenia que matou Jonathan Zito na estação de Finsbury Park, em 1992. Embora tenha havido inicialmente pouca atenção à história, uma longa campanha iniciada por Jayne, esposa de Jonathan, provocou uma sindicância pública minuciosa. Descobriu-se que Clunis tinha passado um tempo em nove unidades psiquiátricas ao longo de cinco anos e havia atacado outros pacientes e enfermeiras com facas. Na época de seu encontro fatal com Jonathan Zito, ele estava sendo atendido por várias equipes de atendimento psiquiátrico em Londres, havia recebido alta do hospital há pouco tempo e estava morando sozinho em uma quitinete, sem tomar sua medicação.

Publicada logo depois que comecei na psiquiatria, a sindicância do caso Clunis levou a uma grande mudança na direção da consciência de risco e prática defensiva, como evidenciado por uma discreta conversa que testemunhei na cantina do hospital entre dois psiquiatras seniores sobre um colega mencionado no relatório. A revisão dos protocolos de supervisão significou que teríamos de planejar, discutir e documentar rigorosamente todas as altas e acompanhamentos. Mas as avaliações de risco — como a que minha equipe havia feito em Anthony Hardy — eram algo totalmente diferente. Elas frequentemente envolviam pacientes que não estavam presos, mas apresentavam sinais de estados mentais ou comportamentos preocupantes. Sempre pensei que as avaliações de risco poderiam trazer problemas no futuro. Atualmente utilizamos ferramentas mais estruturadas e baseadas em evidências, que combinam abordagens atuariais e clínicas, mas elas não eram amplamente utilizadas em 2002. Nossas habilidades de previsão têm melhorado, mas continuam ruins, é parecido com tentar fazer uma previsão do tempo em setembro para 1º de julho do ano seguinte: você pode falar sobre os padrões climáticos prováveis, mas não pode prever a chuva em um determinado dia com algo além de uma vaga categorização sobre o risco baixo, médio ou alto.

Se não podemos prever o risco com confiabilidade, devemos pelo menos tentar gerenciá-lo. Portanto, a menos que a detenção imediata e a transferência para Broadmoor (um hospital psiquiátrico de alta segurança) fossem recomendadas, sempre havia a chance de uma tempestade tropical inesperada — um resultado fatal que poderia colocar nosso julgamento em questão. Como meus antigos mentores costumavam dizer: "Cubra sua retaguarda... deixe um rastro de papel", ou "Comece pela sindicância do caso e trabalhe de trás para frente".

No caso de Hardy, como em qualquer outra avaliação desse tipo, analisamos o histórico de risco, que foi baseado na conclusão de que Rose White havia morrido de causas naturais. Assim, embora o histórico de risco de Hardy sugerisse um potencial de violência, ameaças e assédio contra prostitutas ou parceiras íntimas, não incluía homicídio. A câmera no tripé tinha sido um detalhe perturbador e enervante, e levou a alguns pensamentos especulativos sobre o que mais poderia estar acontecendo. Mas — na ausência de qualquer filme na câmera — não havia nada nas informações que tínhamos sobre uso de *bondage* e práticas sexuais sadomasoquistas, e estávamos pouco qualificados para contestar os achados de um patologista do Ministério do Interior, então havíamos colocado essas suspeitas de lado.

Agora, porém, minha mente voltou ao corpo de Rose e como ela devia ter sido muito mais importante do que pensávamos originalmente. O que realmente havia acontecido com ela?

Muito mais tarde, nossos convidados partiram, e 2003 começava oficialmente. Fiquei sozinho na cozinha, enchendo a máquina de lavar louça, esses pensamentos dominando minha cabeça. Tive dificuldade para dormir naquela noite.

No dia de Ano-Novo, acordei com uma sensação de pavor na boca do estômago. Tentando manter as aparências, ajudei a acordar e preparar os meninos. O mais velho estava comendo ovos cozidos com pão em seu cadeirão.

Havia uma leve garoa e um céu cinzento. Olhando pelas nossas portas francesas voltadas para o jardim ao norte, eu conseguia ver a piscininha infantil se enchendo de água da chuva. Tentei desviar minha mente de ruminações mórbidas com tarefas mundanas, como limpar os restos de cera de vela da mesa de jantar. Não tinha sido a relaxante véspera de Ano-Novo que eu havia planejado.

Viciado em café, lavei o bule e coloquei alguns grãos da minha cafeteria favorita, a Algerian, no Soho, e acendi o fogão a gás. Minha esposa estava tentando me impedir de imaginar catástrofes sobre o provável resultado, acostumada como estava aos meus ataques de ansiedade forense.

"Nunca é tão ruim quanto você pensa", disse ela, sem dúvida se referindo a um homicídio ocorrido dois dias antes de nossa viagem de lua de mel tardia alguns anos antes. Fiquei grato por suas palavras de conforto, embora tivesse a sensação de que na verdade seria pior.

Pensei em Craig, meu estagiário. Consciente e atencioso, ele foi um dos melhores estagiários que tive, mas até agora ainda não sabia dos eventos da noite anterior. Esperei até as dez da manhã, andando de um lado para o outro na cozinha, três xícaras de café expresso não melhoraram em nada meu estado de nervos, antes de ligar para ele e contar as más notícias.

"Eu realmente gostaria de reler nosso relatório", disse a ele. "Acho que ele não era maníaco, você acha? Pelo que ouvi sobre os crimes até agora, ele parece organizado demais para isso."

Por "maníaco" quero dizer um período durante o qual o paciente tem níveis elevados de humor expansivo ou "irritável", bem como atividade ou energia anormal e persistentemente aumentada. Para que seja mania, precisa ocorrer durante a maior parte do dia por pelo menos uma semana e não estar relacionada aos efeitos diretos de drogas ou álcool.

Nenhum de nós sabia, é claro. Os detalhes naquele ponto eram, na melhor das hipóteses, incompletos. Mesmo assim, pude sentir o desconforto de Craig. "Não se preocupe", assegurei, "a responsabilidade é minha. Você estava sob minha supervisão."

Nenhuma dúvida sobre isso. A encrenca era minha.

Outra ligação para Doug Cardinal ajudou a esclarecer alguns detalhes: o alerta policial começou quando um sem-teto em busca de comida encontrou restos humanos em uma lixeira perto da casa de Hardy na rua Royal College, em Camden, no dia anterior à véspera de Ano-Novo. O morador de rua abriu um saco de lixo verde e, ao sentir um mau cheiro, descobriu que continha um par de pernas humanas. Ele informou a polícia, e a área foi isolada enquanto os policiais faziam uma busca. Os restos humanos foram posteriormente identificados como pertencentes a duas mulheres, Bridgette Maclennan, 34 anos, e Elizabeth Valad, 29, ambas conhecidas por trabalharem na área de King's Cross como prostitutas.

No dia seguinte, a polícia obteve um mandado para revistar o apartamento de Hardy com base nos eventos do início do ano, mas eles não precisavam nem ter se incomodado com isso. Quando chegaram, encontraram a porta da frente aberta.

Lá dentro, a luz estava acesa, mas o apartamento estava vazio. O quarto estava trancado, e um pano cobrindo a porta não impedia que um cheiro repugnante emanasse de dentro.

Quando a porta foi aberta, encontraram a parte superior do tronco de Bridgette, parcialmente envolta em sacos de lixo pretos e fita adesiva, além de dois pedaços de perna, que pertenciam a Elizabeth Valad.

Em uma lixeira industrial do lado de fora, a polícia encontrou os braços de Elizabeth, assim como o pé esquerdo e a parte inferior do tronco de Bridgette. Outras partes haviam sido descartadas em vários locais de Camden e foram posteriormente descobertas. As cabeças e as mãos das duas mulheres nunca foram encontradas.

Para mim — pensando novamente na câmera e no tripé — isso tinha todas as características de um homicídio sexual e em série. Eu estava familiarizado com a tipologia de análise da cena do crime de homicídio sexual desenvolvida por Robert Ressler e John Douglas[2] no FBI na década de 1980, e sabia que tais assassinatos haviam sido conceitualmente divididos em "organizados" e "desorganizados" (embora David Canter, um criminologista do Reino Unido, tenha posteriormente contestado a validade dessa dicotomia supersimplificada[3]). De qualquer forma, uma cena de crime organizada não ajuda a determinar a presença ou ausência de doença mental ativa, já que mesmo aqueles com delírios bizarros são capazes de planejamento. Mesmo assim, enrolar os troncos parecia demais para alguém em estado maníaco agudo.

Usei meu modem discado e, quando o som familiar da conexão cessou, digitei a senha criptografada do meu chaveiro de segurança e abri o e-mail de Craig contendo nosso relatório. Ao lê-lo, senti-me aliviado por ser muito completo. Isso, pelo menos, era um pequeno consolo.

* * *

O dia seguinte foi sombrio e cinzento. Combinava com meu humor enquanto eu me dirigia para o hospital psiquiátrico de segurança média, meu principal local de trabalho.

Hospitais psiquiátricos de segurança média ficam escondidos nos arredores de Londres, e, se você não conhece sua função, não sabe de sua existência. Minha base naquela época ficava em um antigo hospital geral distrital da Era Vitoriana, exatamente onde começa o cinturão verde, dentro da M25. É preciso contornar o sistema de mão única, passar por um estacionamento de vários andares e depois — antes de chegar ao necrotério — virar à esquerda descendo uma ladeira até os fundos do local, passando pela unidade de saúde mental, um prédio baixo com enfermarias de internação com cerca de quinze pacientes cada. Naquela época, esses pacientes estavam passando por internações hospitalares curtas, com duração de algumas semanas ou apenas alguns dias. Muitas unidades desse tipo tinham sido fechadas desde então, com ainda mais pacientes devolvidos à comunidade. (A retórica era de cuidados menos restritivos, mas a realidade tinha a ver com corte de custos.)

Na parte inferior da ladeira há uma série de edifícios de dois andares com tijolos marrons e telhados inclinados do início dos anos 1990. Essa é a unidade de segurança média. Depois que os manicômios foram fechados nas décadas de 1970 e 1980, ficou claro que havia um pequeno grupo de pacientes que não podiam ser atendidos na comunidade. Nossa unidade psiquiátrica local enviou mais de mil pessoas para várias formas de cuidados comunitários, mas um grupo remanescente de pacientes desafiadores e agressivos foi transferido para o que era conhecido como uma unidade de segurança provisória. Essas unidades de propósito específico foram projetadas para fornecer uma casa intermediária entre a alta segurança de Broadmoor e os serviços psiquiátricos locais. Também faziam parte de uma política de não mandar os doentes mentais para a prisão.

Era uma época mais liberal e otimista, inspirada pelos centros forenses de ponta e bem financiados da Holanda, como a Clínica Van der Hoeven, em Utrecht. Nos Países Baixos, a responsabilidade criminal é graduada numa escala móvel, com o tempo passado no hospital para tratamento e na prisão para confinamento dividido na mesma proporção. Os pioneiros em nosso campo foram inspirados pelos holandeses a ser mais ambiciosos no planejamento de nosso serviço de segurança média, um modelo de alto padrão e com bom financiamento em um sistema de saúde com pouco dinheiro.

Infelizmente agora, cerca de vinte anos depois, apesar dos enormes avanços nas evidências feitas pela psiquiatria forense, na qualidade dos serviços forenses e no melhor envolvimento de pacientes e cuidadores, o ímpeto está em outra direção. Mudamos para uma abordagem mais punitiva — e, ao mesmo tempo, avessa ao risco. Juízes dos Tribunais da Coroa são mais relutantes em mandar assassinos com transtornos mentais para o hospital do que para a prisão, e isso se refletiu na jurisprudência. Além dessa mudança nas atitudes legais e judiciais, há esforços conjuntos em andamento para reduzir os gastos com internação e atendimento psiquiátrico forense no sistema de saúde.

Ao chegar à unidade de segurança naquela manhã chuvosa, parei meu carro no estacionamento quase vazio. Eu tinha finalmente me livrado de

30 *Richard Taylor*

meu velho Alfa Romeo 164 vermelho após vários reparos e agora estava dirigindo um carro de quatro portas, algo mais sensato quando se carrega duas cadeiras de criança no banco de trás.

A entrada para a unidade de segurança era uma câmara dupla: dois conjuntos de portas eletrônicas controladas por uma recepcionista. Era 2002, e ainda estávamos há alguns anos da tecnologia biométrica de impressão digital que passaríamos a usar.

Na época, como agora, as áreas clínicas consistiam em quartos individuais para os quais os pacientes recebiam sua própria chave. Esse grau de liberdade relativa requer mais pessoal do que nas prisões, onde toda a ala pode ser trancada por um oficial de serviço. Ao contrário da prisão, todos os pacientes, uma vez estabilizados, recebem vários tratamentos sob medida: medicamentos, grupos de dependentes, psicologia individual e todos os tipos de terapia ocupacional.

Geralmente, a atmosfera é estável, mas, quando um incidente começa, tudo pode acontecer muito rapidamente, e os alarmes convocarão a equipe de resposta rápida para diminuir ou restringir ou, em casos extremos, isolar qualquer paciente severamente perturbado e violento.

Ao contrário das antigas instituições psiquiátricas, as enfermarias construídas para esse fim eram limpas e bem iluminadas, e seus tetos de pé-direito duplo criavam uma sensação de espaço e a ilusão de liberdade. O perímetro, com seus 5,2 metros de alambrado com arame farpado antiescalada, era uma questão diferente. Revistas de segurança e pessoal treinado em técnicas de "controle e contenção" baseadas em artes marciais — como eram chamadas na época — completavam o pacote.

Prendi minhas chaves e alarme pessoal ao meu cinto e entrei na unidade, juntando-me à desanimada discussão no escritório do nosso diretor clínico. Além dele, na reunião estavam dois de meus colegas — ambos psiquiatras forenses — e Doug Cardinal, pois ele estava no local quando tudo começou. Mais tarde, teríamos um consultor jurídico, mas neste momento estávamos pensando em eliminar qualquer risco adicional para outras pessoas. A contenção de danos viria mais tarde.

Os registros de saúde mental de Hardy tinham sido lacrados para evitar qualquer adulteração retrospectiva, então resumi o histórico do caso para o conhecimento dos presentes. O mais urgente era que ele ainda estava foragido, então discutimos quais informações precisávamos compartilhar com a polícia.

"Tenho certeza de que eles já devem saber sobre o incidente com a esposa, mas vou me certificar", eu disse, preocupado que ele pudesse ir atrás dela. Um ato final de vingança, talvez.

Qualquer jornalista seria encaminhado ao departamento de comunicação. Como era procedimento padrão com casos de alto perfil, não confirmaríamos nem negaríamos que Hardy era conhecido de nosso serviço nesta fase.

Conversar sobre Hardy, é claro, levou a discussão para outros homicídios bem conhecidos cometidos por pacientes psiquiátricos, e aqui eu não pude deixar de relembrar a sindicância do caso de Luke Warm Luke. O paciente, Michael Folkes, que mudou seu nome em uma homenagem bizarra ao personagem de Paul Newman no filme *Rebeldia indomável*, esteve sob supervisão psiquiátrica após um crime menos grave algum tempo antes. Folkes apareceu em um estado angustiado no hospital psiquiátrico Maudsley, mas foi autorizado a sair pela equipe clínica. No dia seguinte, ele esfaqueou Susan Crawford setenta vezes e a espancou com um extintor de incêndio apenas oito horas depois de ter sido assinalado para readmissão de emergência. Ele foi condenado por homicídio culposo no Tribunal de Old Bailey em 1995 e enviado para Broadmoor.

A sindicância subsequente, que se arrastou por quatro anos a um custo de 750 mil libras, recomendou acomodações de apoio para pessoas com doenças mentais e criticou a decisão que tinha permitido que Folkes mudasse do tratamento obrigatório com um medicamento injetável de ação prolongada para comprimidos autoadministrados. As consequências para o psiquiatra forense sênior que tinha supervisionado essa decisão foram graves.

Não muito tempo depois desse caso, foi tomada a decisão de reforçar os cuidados posteriores para casos forenses, com equipes especializadas monitorando mais de perto os pacientes que saem do hospital de custódia — especialmente aqueles que já mataram.

Após uma investigação de homicídio, é inevitável que os psiquiatras forenses se tornem mais avessos ao risco e cautelosos em conceder autorização de saídas do hospital e dar alta aos pacientes, mas é importante não deixar que esses instintos afetem a liberdade dos internos. Hoje em dia, "tomada de riscos positiva" e "fluxo de pacientes" tornaram-se frases de efeito usadas pelos administradores quando nos pressionam para dar alta a mais casos e economizar dinheiro. É tão simplista quanto parece: no final das contas, é o psiquiatra que terá de responder por sua decisão se tudo der errado.

Nada disso estava fazendo muito bem para o meu já frágil estado de espírito. Os colegas murmuraram palavras de solidariedade, mas todos sabiam que a realidade era que esses homicídios poderiam ser o fim da minha carreira. Uma avaliação ruim — mesmo que essa avaliação tenha sido baseada em informações incompletas — pode significar ser suspenso, demitido ou humilhado publicamente; pode significar enfrentar processos de negligência clínica ou investigação pelo Conselho Geral de Medicina. Inevitavelmente, é tudo uma questão de procedimento. Você tem o direito de cometer um erro de julgamento, a menos que suas ações sejam muito diferentes do que seus colegas teriam feito, mas os problemas reais incluem se você registrou formalmente seus achados e compartilhou informações com outras agências apropriadas.

No caso, levaria meses até eu depor ao painel do SUI e mais de um ano até a sindicância pública do homicídio.

Após a reunião, eu tinha uma série de tarefas importantes. Com o risco de danos graves sobrepujando quaisquer preocupações sobre a confidencialidade do paciente, liguei para meu contato policial e ele sugeriu que eu falasse diretamente com o responsável sênior pela investigação. Liguei para o celular e fui atendido pelo comandante Andy Baker, chefe do Departamento de Homicídios da Polícia Metropolitana. "Como posso ajudar, doutor? Estou bastante ocupado esta manhã — procurando cabeças humanas em um aterro sanitário."

Senti um nó em minha garganta. *Eu poderia ter evitado isso?* Deveria ter transferido Hardy para nossa unidade de segurança e pedido uma opinião de Broadmoor? Descrevi o assédio de Hardy à sua ex-mulher, e o comandante Baker confirmou que a equipe de investigação estava ciente disso e que policiais uniformizados tinham sido enviados para a casa da ex-mulher de Hardy.

Enquanto isso, Hardy permaneceu foragido por cerca de uma semana. A câmera que o capturou comprando sacos de lixo pretos no supermercado Sainsbury's local, e resgatando os pontos do cartão, sugeria um comportamento calmo e determinado na época em que ele estava desmembrando os corpos em seu apartamento.

Descobriu-se também que, no início de dezembro de 2002, Hardy havia telefonado para Frances Mayhew, uma moradora de Camden de 25 anos, para dizer que havia encontrado sua bolsa. Ela a havia perdido depois de uma noite em um pub em Camden, não muito longe do apartamento de Hardy. Frances declarou mais tarde que, quando ela foi ao apartamento dele para pegar a bolsa, Hardy tentou convencê-la a entrar, mas ela se recusou. Ela disse: "Comecei a ficar assustada e falei: 'Olha, você pode ficar com a bolsa, eu não a quero mais'. Quando tentei correr, ele disse: 'Tudo bem, pode ficar com ela'. E a jogou para mim". Três dias depois, ela recebeu cartas e um cartão de Natal de Hardy. Ela deixou a cidade durante as férias de Natal, mas em seu retorno a Camden descobriu que Hardy era procurado pela polícia e então se apresentou para contar a história. "Se ele tivesse sido violento e tentado me arrastar para o apartamento ou algo assim, a probabilidade de eu estar em pedaços agora seria muito alta", disse ela. Durante as buscas no apartamento de Hardy, foi encontrado um desenho de Frances Mayhew com uma corda no pescoço.

Com Hardy ainda solto, havia um medo muito real de que ele encontrasse outra vítima antes de ser pego.

Depois de alguns dias tensos, um policial de folga avistou Hardy em uma cafeteria no hospital infantil da Great Ormond Street. O hospital ficava a cerca de 2,5 km do apartamento de Hardy, e ele tinha ido à farmácia de lá para retirar sua insulina (talvez para evitar ser visto em uma farmácia de Camden). Quando tentaram prendê-lo, houve uma briga, durante a qual um policial ficou inconsciente e outro foi esfaqueado na mão e terminou com uma órbita ocular deslocada. O reforço chegou e Hardy, finalmente, foi detido em segurança. Após a prisão, um detetive que o revistava trocou suas luvas de exame forense por um novo par e Hardy riu, dizendo que preferia a marca Marigold. E, de fato, luvas Marigold foram encontradas quando a polícia revistou seu apartamento, junto com máscaras de diabo, que ele costumava colocar no rosto das vítimas antes de fotografá-las. Havia uma grande quantidade de fitas de vídeo pornográficas. A polícia recuperou cartas fantasiosas escritas por ele com a intenção de enviá-las para revistas descrevendo vários supostos encontros sexuais. Havia também uma garrafa de vidro com os dizeres: "Rose White Descanse em Paz".

Durante a busca de sete semanas no apartamento, a polícia encontrou vários grafites em forma de cruz e estranhos desenhos satânicos. Hardy também havia enviado negativos de filmes para um amigo, que foram revelados em um laboratório no Soho. As fotos incluíam 44 imagens de suas vítimas (já mortas, segundo o patologista forense, que notou a lividez da pele *post mortem*, uma vermelhidão causada pela sedimentação do sangue e pela ação da gravidade em cadáveres). Elas apareciam com rostos mascarados e em poses com brinquedos sexuais, e o laboratório que os revelou assumiu que eram fotos consensuais, já que não tinham treinamento para identificar as alterações na pele *post mortem*. No caso de Elizabeth Valad, Hardy a calçou com um par de meias Mr. Happy compradas em 6 de dezembro.

Analisar o comportamento antes, durante e depois de um crime é sempre importante para tentar determinar o estado de espírito no "momento material" (um termo técnico legal usado para se referir ao período imediato em torno do assassinato). As avaliações pré-julgamento de Hardy deveriam ser conduzidas por outros profissionais, sem ligação prévia com o caso, mas eu tinha de começar a pensar como seria o julgamento. Embora Hardy tivesse um histórico de depressão como parte de uma suspeita de transtorno bipolar, parecia não haver nenhuma evidência, até agora, de um estado mental perturbado por sintomas ativos. Entretanto seu duplo (ou triplo) assassinato tinha todas as características emergentes de um assassinato por motivação sexual por um provável psicopata ou sádico sexual.

É muito comum na psiquiatria forense que as informações coletadas na entrevista do sujeito sejam limitadas. Com Hardy, foi necessário tentar montar uma formulação baseada no que sabíamos dos registros disponíveis, tentando preencher as lacunas de seu relato, visto o resultado conhecido. Ele havia descrito a si mesmo como um caçador de emoções na infância, e a descrição de seu casamento sugeria um homem egocêntrico ou narcisista e insensível, que havia tratado sua esposa de maneira terrível enquanto buscava autogratificação em casos extraconjugais. Tínhamos evidências de uso intenso de pornografia, assim como contratação de prostitutas, e agora dois corpos, mortos sequencial-mente pelo que mais tarde se pensou ser asfixia por esmagamento. Em outras palavras, tendo matado a primeira, ele deve ter atraído a segunda para seu apartamento no que provavelmente havia começado como um encontro tran-sacional consensual, mas que logo se transformou em homicídio assim que ele assumiu o controle. A pose e a humilhação dos corpos pareciam sugerir um elemento sádico, com Hardy desfrutando de seu senso de controle sobre suas vítimas. A probabilidade de impotência relacionada ao diabetes alimentou a especulação de que essa dominação havia substituído o ato sexual.

Homicídios sexuais são raros e incluem o subtipo "compulsivo e organizado", no qual, como sugerido pelo psicólogo forense Louis Schlesinger, de Nova York, "uma fusão de sexo e agressão resulta em um poderoso impulso interno", de tal modo que o próprio assassinato é sexualmente gratificante.[4] De forma alternativa, os homicídios sexuais podem ser explosivos e desorganizados como resultado de uma ruptura de conflitos sexuais subjacentes. Os dois subtipos podem ser planejados ou não; por exemplo, um assassinato sexual pode ser oportunista se o assassino encontrar uma vítima adequada. Alguns assassinatos com um elemento sexual podem ser motivados por pânico após um ataque sexual, em uma vã tentativa de evitar a prisão. Cada crime é dife-rente, e as divisões acima são, até certo ponto, simplistas, mas fui guiado por algumas questões. Hardy era um assassino sexual compulsivo e organizado? Ele era um sádico sexual? Era, também, um psicopata?

No clássico forense de 1886 *Psychopathia Sexualis* — também um favorito nas livrarias fetichistas —, Richard von Krafft-Ebing observou o fato de que luxúria e crueldade com frequência ocorrem juntas, escrevendo: "Sadismo... também pode consistir em um desejo inato de humilhar, machucar, ferir ou mesmo destruir os outros para gerar prazer sexual... [e] pode se tornar um desejo ilimitado de subjugação".

É claro que muitas parafilias — ou preferências sexuais "intensas e persistentes" —, como certos fetiches que podem envolver excitação sexual por objetos inanimados, como roupas e sapatos, ou práticas sexuais consen-suais, como *bondage*, dominação ou sadomasoquismo, não são anormais ou criminosas. Mas quando envolvem "sofrimento psicológico, lesão ou morte" de outros — por exemplo, pedofilia ou filmar secretamente imagens voyeurísticas por baixo das saias de mulheres em locais públicos — cruzam a linha do desvio sexual, ou "distúrbios parafílicos", como são chamadas hoje, e se tornam crimes.[5] Essa distinção provou ser controversa, mas importante.

Ela se tornou a questão central — e levou a uma experiência bizarra e desconfortável para mim — no julgamento de um assassino obcecado por fetiche, Michael Wenham, no Tribunal de Reading. Ele havia matado uma prostituta durante uma crise de depressão causada por uma cirurgia de extensão de pênis malfeita, paga com 15 mil libras que ele e sua esposa estavam economizando para comprar um trailer. Houve uma discussão em seu julgamento sobre se alguém sofria em virtude das perversões sexuais dele, situações exemplificadas pela pornografia radical encontrada em seu computador. Assim, apesar de meus protestos de que um psiquiatra não tem experiência em julgar o estado mental de atores em filmes pornôs, o juiz decidiu que preferia que os dois especialistas resolvessem esse problema em outra sala. O raciocínio dele é compreensível, pois a alternativa seria transformar o tribunal em um cinema desprezível. Então, enquanto o júri teve uma pausa, eu me encontrei com um colega psiquiatra e meu assistente em uma sala de conferências cheia de advogados com perucas enquanto assistíamos às imagens pornográficas encontradas no laptop do assassino. As pessoas na filmagem estavam se divertindo ou estavam sofrendo? Em outras palavras, isso era parafilia ou transtorno parafílico?

Sugeri que a subjugação e a humilhação faziam parte do tema geral daquele tipo de pornografia. Meu especialista oponente, um distinto professor, deu a opinião oposta, a saber, que todos pareciam estar se divertindo.

Wenham, como seria de esperar, foi condenado por assassinato, independentemente da análise forense de sua coleção de pornografia. Ao me juntar aos passageiros no trem de Reading de volta a Londres, fiquei me perguntando, não pela primeira nem pela última vez, como acabei nesse ramo altamente peculiar da medicina.

Park Dietz, um renomado psiquiatra forense norte-americano e consultor técnico do programa de TV *Lei e Ordem,* havia descrito um padrão crescente de "parafilia" seguindo uma série de estágios. Estágio um: fantasias sexuais e masturbação. Estágio dois: seduzir um parceiro sexual para encenar a parafilia. Estágio três: pagar prostitutas para encenar a parafilia. Estágio quatro: sequestrar ou coagir vítimas a encenar a parafilia.[6] Wenham seguiu claramente esse padrão, pois ele persuadiu sua esposa a participar e contratou várias profissionais do sexo, incluindo uma dominatrix.

No hospital de alta segurança de Broadmoor, Malcolm MacCulloch, em um estudo com dezesseis criminosos sexuais psicopatas, observou que havia uma progressão de fantasias sádicas, que mudavam continuamente para manter a excitação e o prazer. Ele observou que "experimentos comportamentais" eram muito importantes em crimes sexuais compulsivos organizados.[7] Portanto, parecia plausível que Hardy estivesse desenvolvendo fantasias de dominação e assassinato. Mas ele também estava realizando "experimentos", fazendo com que as prostitutas, antes de Rose, concordassem em ser amarradas? O psiquiatra Eugene Revitch, de Nova Jersey, escreveu que, ao contrário da crença popular, ereção, ejaculação e relação sexual não acompanham necessariamente uma agressão ou assassinato violento (com motivação sexual), já que o ato brutal pode ser um substituto para o ato sexual.[8] Essa poderia muito bem ter sido a maneira de Hardy conseguir gratificação agora que o diabetes o tornara impotente.

O dr. Reid Meloy, psicólogo forense e professor da Universidade da Califórnia, entrevistou muitos assassinos sexuais em série e foi consultor para o FBI, avaliando Timothy McVeigh, que plantou uma bomba em Oklahoma, e Ted Kaczynski, o Unabomber, entre muitos outros casos de destaque. Meloy escreveu obras influentes sobre a mente psicopática,[9] violência predatória e avaliação de ameaças.[10] Ocorreu-me que Hardy estava começando a se encaixar nos padrões de sadismo sexual e violência psicopática observados por Meloy.[11] Um psicopata é alguém que tem uma pontuação elevada na Lista de Verificação de Psicopatia – Revisada (PCL-R) — ou teste do psicopata —, uma medida extensivamente pesquisada e desenvolvida pelo psicólogo canadense Robert Hare, que é amplamente utilizada em ambientes forenses, embora a confiabilidade da pontuação permaneça controversa.[12]

O teste mede traços de personalidade e comportamentos, incluindo insensibilidade, falta de empatia, mentira patológica, impulsividade e estilo de vida parasitário. Uma pontuação alta no teste tem sido associada a comportamento violento, função cerebral anormal[13] e raciocínio moral prejudicado.[14]

Nos Estados Unidos, o ponto de corte para ser considerado um psicopata é atingir trinta dos quarenta pontos possíveis, mas um ponto de corte mais baixo é frequentemente usado na Europa (já que "loquacidade ou charme superficial" é considerado um traço de personalidade mais comum nos EUA).

Chamar uma pessoa de psicopata é problemático. O psiquiatra forense John Gunn argumenta que o rótulo é estigmatizante por causa das associações, no uso comum, com crueldade e comportamento monstruoso.[15] Há também o perigo de reificação, isto é, ao dar um nome sofisticado (aqui, psicopatia) a uma hipótese, parece que os psicólogos e psiquiatras descobriram uma nova condição, quando na verdade é apenas uma descrição. No entanto, como aqueles com pontuação alta na lista de verificação são frequentemente encontrados entre os que cometem homicídio sexual, usarei o termo psicopata por ser conciso, embora impreciso e pejorativo. Farei isso com base no fato de que, quando usado neste livro, implica um indivíduo com traços de personalidade e comportamentos compatíveis com uma pontuação PCL-R acima de 27 em 40.

Meloy apontou que a "vontade" de matar o objeto de seus desejos sexuais é "peculiarmente compreensível" em alguns homens perturbados e agressivos, e decorre de uma combinação de desejo sexual e desvalorização agressiva do objeto de desejo feminino — talvez por causa de rejeições anteriores por parte das mulheres. Mas o "ato" — e não apenas a "vontade" — de matar intencionalmente o objeto do desejo sexual é a forma mais extrema de agressão sexual e é um evento relativamente raro, correspondendo a menos de 1% dos homicídios nos Estados Unidos. Entretanto, essa progressão de uma "vontade" de matar um objeto sexual para um "ato" homicida parecia se aplicar aos crimes depravados de Hardy.

Meloy também argumenta que os homicídios sexuais em série são exemplos de violência predatória, planejada, intencional e sem emoção. A base evolutiva da predação é a caça.[16] No caso de Hardy, os alvos eram jovens prostitutas vulneráveis, e o objetivo era agredir sexualmente, matar e dominar mesmo após a morte, colocando os corpos em poses humilhantes e depois desmembrando-os. Um tipo de violência mais comum, visto com muito mais frequência em casos de assassinato, é a impulsiva, reativa e emocional, muitas vezes chamada de violência "afetiva" ou "autopreservativa", que discutirei mais adiante.

A pesquisa mostrou que indivíduos psicopatas são muito mais propensos do que outros criminosos a se envolver em violência predatória e parecem ser particularmente aptos a fazer isso.

O comportamento do gato é um bom exemplo dessa diferença. Quando um gato é encurralado por um cachorro, seu pelo fica arrepiado e ele sibila, em modo de aviso, com dorso arqueado, olhos arregalados e dentes e garras expostos. Isso é "violência afetiva", um comportamento instintivo projetado para a sobrevivência contra uma ameaça iminente. No entanto, uma vez observei um gato no meu quintal perseguindo um melro e seus filhotes. Estava encolhido em cima do muro, sem fazer nenhum som, com dentes e garras retraídos. Durante a predação, o animal precisa inibir a excitação para ter sucesso em matar sua presa. Essa falta de emoção foi observada em casos de assassinato em massa de adolescentes e adultos, exemplos de violência criminal que são quase sempre do tipo predatória.

Meloy sugere que os psicopatas são melhores em violência predatória graças aos seus baixos níveis de excitação e reatividade, bem como aos seus senso de grandiosidade e autoimportância, distanciamento emocional e falta de empatia com o sofrimento de suas vítimas.

Isso se aplicava a Hardy, por ter assassinado e desmembrado suas vítimas, ou ele era apenas um sádico sexual? Há tecnicamente uma distinção, mas tanto os sádicos sexuais como os psicopatas tendem a infligir dor ou ferimentos nos outros e se desvincular emocionalmente do sofrimento que causam.

Sádicos sexuais e psicopatas usam extensa preparação fantasiosa antes de se envolverem em violência predatória, e parece provável que o uso de pornografia de Hardy possa tê-lo levado a passar de uma predileção mais benigna por *bondage* consensual e sadomasoquismo a uma forma extrema de sadismo; ou seja, o prazer por meio do domínio até o poder sobre a vida e a morte, com um desrespeito implacável pelos direitos e sentimentos de suas vítimas e suas respectivas famílias.

Tudo isso leva à questão de saber se esses indivíduos nascem ou se tornam sádicos e psicopatas. Descobriu-se que uma pequena proporção de crianças com distúrbios comportamentais possui traços frios ou insensíveis, e esses jovens psicopatas são mais propensos a se envolverem em um comportamento violento sério quando crescem. A pesquisa de Essi Viding, na UCL, confirma que o comportamento violento pode ser genético, isto é, herdado.[17] Mas uma predisposição genética para psicopatia e violência poderá ser agravada se a criança sofrer abuso significativo.[18]

Hardy pode muito bem ter sido frio e insensível, e sua reconhecida busca por emoção pode ter sido uma maneira de tentar se autoestimular devido à falta de excitação, mas, se ele tivesse sido maltratado na infância, poderia ter se tornado ainda pior?

Com a evidência de comportamento sexualmente sádico — que não havia sido identificado antes —, estava ficando claro que as crises de humor de Hardy, que os psiquiatras haviam diagnosticado como transtorno bipolar, eram pouco relevantes para os assassinatos.

Hardy foi avaliado por um psiquiatra indicado por sua equipe de defesa e esperava-se que todas essas questões fossem respondidas em um julgamento de grande notoriedade em Old Bailey, mas Hardy antecipou-se com uma inesperada confissão de culpa pelos três assassinatos.

Assim, os advogados de acusação e defesa tiveram que se preparar para a sentença, cada um apresentando agravantes e atenuantes de acordo. Não há muitos atenuantes aqui, você pode pensar, e, com prisão perpétua obrigatória, a única questão era a pena mínima de prisão antes de uma possível liberdade condicional.

De uma perspectiva moral, filosófica e legal, até que ponto a neurobiologia diferente, o nível de excitação reduzido e as habilidades empáticas prejudicadas de um psicopata, ou de um sádico sexual como Hardy, limitam ou ampliam seu livre-arbítrio? Geralmente no contexto legal, e especialmente nos Estados Unidos, o transtorno do sadismo sexual e a psicopatia são vistos como fatores agravantes em vez de atenuantes, entendidos mais como um defeito de caráter punível por lei, em vez de um transtorno mental que merece a redução da culpabilidade criminal.

Quando surgem casos brutais de assassinatos múltiplos como esse, as pessoas me perguntam por que ainda não temos a pena de morte. Claro que o retorno dos enforcamentos no Reino Unido seria popular entre alguns. Vi manifestantes com uma forca do lado de fora de Old Bailey quando os assassinos de Lee Rigby estavam sendo sentenciados em 2013. Esperemos que nunca haja um referendo sobre o assunto. Existem poucos argumentos a favor da pena de morte, como o maior senso de retribuição do "olho por olho", e um maior fator de dissuasão, que os políticos populistas — usando credenciais linha dura de lei e ordem — ocasionalmente endossam (incluindo a ministra do Interior Priti Patel). Mas também há muitos argumentos contra: a "punição cruel e incomum" inconstitucional de uma experiência prolongada no corredor da morte, a violação dos Direitos Humanos e a dificuldade de obter os medicamentos necessários para as injeções letais são apenas alguns. Talvez o argumento contrário mais convincente seja perguntar: podemos sempre ter 100% de certeza de que estamos enforcando, atirando, eletrocutando ou envenenando a pessoa certa? É melhor ter certeza de que não houve contaminação cruzada de DNA na cena do crime ou no laboratório forense, porque, se assim for, uma apelação bem-sucedida não servirá de grande conforto.

Em cerca de 58 países a pena de morte ainda é aplicada — geralmente por fuzilamento (China), decapitação (Arábia Saudita) ou enforcamento. Nos EUA, os cerca de sessenta detentos que aguardam a injeção letal levantam uma série de questões para os psiquiatras forenses. Por exemplo, fico feliz por não ser solicitado a atestar que a competência mental de um prisioneiro está recuperada o suficiente para que sua sentença de morte seja executada. Um médico pode tratar alguém para torná-lo apto para execução? Acredite ou não, nos EUA isso acontece.

Atualmente, um juiz do Reino Unido não tem poder discricionário de sentença após uma condenação por assassinato. Introduzida após a abolição da pena de morte em 1965, a pena de prisão perpétua obrigatória existe, no lugar do laço do carrasco, para assegurar ao público que os assassinos não escaparão levianamente depois de evitar a morte. Um assassino se tornará automaticamente um "perpétuo", o que significa que, após um longo período de prisão, ele só poderá ser liberto com uma "licença de vida" (condicional). Ou seja, eles serão supervisionados e passíveis de serem devolvidos à prisão pelo resto de sua vida natural, mesmo que posteriormente recebam a liberdade condicional. No entanto, o juiz fixa o prazo mínimo, o período que deve ser cumprido como punição antes de qualquer pedido de liberdade condicional. Os prazos mínimos de prisão perpétua para homicídio hoje começam em quinze anos e vão até trinta anos ou toda a vida, dependendo da gravidade das circunstâncias. Anos são adicionados ou subtraídos dependendo de fatores agravantes ou atenuantes.

Hardy se declarou culpado.

Três condenações por homicídio doloso — pena de prisão perpétua (três vezes).

Mais tarde, a pena de Hardy foi aumentada para prisão perpétua sem possibilidade de condicional, uma das apenas setenta aplicadas no Reino Unido, mas não a última que eu veria.

Um especialista que viu Hardy antes do julgamento — identificado como "dr. K" na sindicância pública — também opinou que, para Hardy, o início do diabetes foi um golpe enorme.

"Suas angústia, raiva e frustração com a diminuição de suas proezas sexuais foram expressas em atividades sexuais cada vez mais sádicas... Acredito que o crime esteja ligado à personalidade sádica do réu, sua intoxicação com álcool e a raiva por sua disfunção sexual induzida pelo diabetes."

Acho que isso resume adequadamente.

Nesse ínterim surgiu a questão de como e por que Hardy havia sido liberado do St. Luke's em novembro. Ocorreu que nosso relatório detalhado de avaliação de risco tinha ficado na mesa sem ser lido, mas o painel de revisão aconteceu de qualquer maneira. Nossa recomendação de informar a polícia via Mappa obviamente não foi seguida.

O Mappa estava no começo e seu papel não era bem compreendido. De qualquer forma, os psiquiatras tinham receio de compartilhar informações com a polícia. Mais tarde, eu me envolveria na tentativa de melhorar isso, e nosso serviço forense seria pioneiro no trabalho conjunto com a força policial, mas, em 2002, Hardy foi liberado por um painel de apelação e voltou para casa. Ele recebeu uma oferta de acomodação supervisionada, mas se recusou, dizendo que era muito rigoroso e que ele queria um lugar mais liberal. Ele podia escolher, pois o mecanismo legal para impor a acomodação só foi promulgado em 2007. Ele havia comparecido a uma das enfermarias psiquiátricas no dia 27 de dezembro para retirar alguns remédios e notou-se que parecia estável. A essa altura, é provável que ambas as vítimas já estivessem mortas em seu apartamento.

Alguns meses se passaram e o painel do SUI local começou a coletar evidências. Três membros do conselho interrogaram testemunhas sobre o caso e passaram a redigir um relatório. Mais de um ano depois, após muita cobertura da imprensa, a investigação independente sobre os homicídios seria convocada. Felizmente, nunca fui citado na imprensa — embora esteja me expondo agora. Havia cinco de nós que tinham atendido Hardy em 2002, e vários outros o atenderam nos anos anteriores.

Como você pode imaginar, a investigação era uma espada de Dâmocles pairando sobre mim. Esses pensamentos precisavam ser suprimidos para continuar meu trabalho. Questionei meu julgamento sobre cada decisão daquele ano. Nenhuma surpresa. Era a mesma tendência à aversão de riscos que é inevitável depois de um homicídio. Como psiquiatras forenses, fazemos o trabalho sujo e difícil da sociedade e ficamos presos em um dilema diário entre duas situações infelizes: de um lado, encarar o legista após um novo crime grave e, de outro, enfrentar uma contestação de sua decisão de não detenção de um paciente. Somos condenados por advogados, grupos de pressão e a mídia por deter, conter e medicar nossos pacientes, e ridicularizados por órgãos profissionais e painéis independentes por liberá-los quando tudo dá errado. A investigação pública completa seria presidida pelo conhecido advogado Robert Robinson, especialista em saúde mental, com dois professores de psiquiatria contribuindo para a revisão: o professor Tom Sensky, no painel, e o professor Tony Maden — então comandando o novo DSPD, ou unidade de Transtorno de Personalidade Severa Perigosa, em Broadmoor — como consultor especializado independente. Eu havia escrito uma declaração detalhada, que foi enviada às minhas seguradoras de negligência médica, a Medical Protection Society, para comentários, e passamos um dia nos preparando com advogados instruídos a representar o serviço forense.

Finalmente, em um dia ensolarado de 2004, peguei o metrô para Victoria e fui até os modernos escritórios de vidro do NHS, o Serviço Nacional de Saúde, em Londres. O professor Sensky e Robert Robinson me fizeram perguntas exploratórias sobre todos os aspectos do caso, desde avaliação e diagnóstico até avaliação de risco e compartilhamento de informações. Não me lembro das palavras exatas das perguntas que me fizeram naquele dia, mas lembro que tive aquela estranha sensação de desrealização que acompanha a ansiedade (ou exaustão após uma longa noite de plantão). É como se o chão estivesse se inclinando contra seus pés, como se você não estivesse realmente na sala e aquilo não estivesse realmente acontecendo, um estado levemente surreal. Devo ter voltado à realidade quando o professor Sensky perguntou: "Você considerou a possibilidade de que ele fosse um sádico sexual, um potencial assassino em série?".

"Não, não considerei", respondi. "Ele era claramente misógino, agressivo e perverso, mas tivemos de basear nossa avaliação na suposição de que a primeira morte tinha sido de causas naturais. Suas depressão e bipolaridade eram relativamente menores em comparação com outros casos. Além disso, ele tinha concordado em tomar remédios e a se engajar com sua equipe de tratamento. Resumindo, ele não podia ser detido de acordo com a Lei de Saúde Mental."

A essa altura, é claro, surgiram as falhas na autópsia original de Rose White. Quando a evidência de Freddy Patel foi posteriormente revisada por Nat Cary, um patologista forense mais experiente e altamente respeitado, notou-se que — incrivelmente — Patel não havia levado em consideração a cena do crime em seu relatório. Além disso, pelo sangue na nuca de Rose, o cérebro deveria ter sido enviado para a neuropatologia. Posteriormente, a provável causa da morte foi alterada para asfixia.

Patel foi posteriormente retirado do registro médico após o infame caso de Tomlinson (um vendedor de jornais que morreu após ser derrubado por um policial de choque excessivamente entusiasmado), e descobriu-se que a prática desleixada de Patel envolvia autópsias superficiais que sempre diagnosticavam mortes cardíacas. As consequências trágicas de suas ações não se limitaram ao caso Hardy, e o Conselho Geral de Medicina concluiu que seu trabalho "não estava no padrão esperado de um patologista forense competente e poderia levar ao descrédito da profissão médica".

Não me lembro exatamente do resto das perguntas que o painel fez, mas foram mais ou menos assim: "Você acha que a polícia deveria ter sido notificada de sua liberação?". Em referência à liberação de Hardy em novembro de 2002.

"Com certeza", respondi. "Recomendamos que ele fosse encaminhado ao Mappa."

"Mas isso não aconteceu, dr. Taylor. Pode explicar isso ao painel?"

"O Mappa é muito novo. As equipes de saúde mental não estão familiarizadas com o seu funcionamento. Psiquiatras e policiais não estão acostumados a conversar entre si."

Isso estava prestes a mudar, e esse caso foi fundamental nesse sentido.

"O senhor tem mais algum comentário a fazer?"

"Só que, com toda a honestidade, entendo que um painel de apelações terá de decidir se os critérios de detenção não forem atendidos, mas uma notificação à polícia via Mappa poderia ter permitido uma discussão entre as agências. Nossa avaliação foi baseada em informações incorretas desde o início. Não tínhamos como saber que ele era um sádico sexual."

A realidade é que, mesmo que a polícia soubesse de sua liberação, a única maneira certa de evitar os crimes teria sido a vigilância 24 horas e, por mais preocupada que a polícia pudesse estar, é muito improvável que isso tivesse acontecido.

Meus comentários foram anotados e, liberado, saí para a rua ensolarada. Os funcionários dos escritórios da região estavam saboreando seus sanduíches na hora do almoço, mas eu não tinha apetite e não senti alívio algum. Alheio ao tempo ensolarado, caminhei até a estação de metrô de St. James's Park, incapaz de enfrentar a multidão em Victoria. Enquanto caminhava, os rostos trágicos das vítimas de Hardy fervilhavam em minha mente.

Demorou mais um ano para que a sindicância publicasse suas descobertas — um ano inteiro daquela espada ainda pairando sobre minha cabeça. Enquanto isso, meu trabalho diário continuava: reuniões de revisão de pacientes internados, cada decisão de concessão de licença comunitária pensada e registrada em detalhes, cada recomendação e avaliação de risco era uma fonte de ansiedade corrosiva. Para mim, a ideia de outra sindicância de homicídio era algo que não queria contemplar. O trabalho continuou e os casos foram chegando: rondas nas alas de hospitais e tribunais, tentativa de homicídio e incêndio criminoso.

Mas então apareceu outro caso de homicídio sexual que me fez esquecer Hardy.

Estudo de caso: Lee Watson

Costumamos dizer que você não escolhe a psiquiatria forense, a psiquiatria forense escolhe você. Os atributos necessários para a profissão incluem ter resistência para longas viagens a prisões remotas, estômago forte e nervos firmes diante de pacientes violentos. Acrescente a isso uma compreensão das nuances detalhadas das linguagens psiquiátrica e jurídica, já que a liberdade ou não de um réu pode depender da formulação precisa de uma ou duas frases. Você também precisa ser casca grossa para enfrentar o interrogatório dos melhores advogados de Middle Temple ou Lincoln's Inn, as principais associações de advogados do Reino Unido. E isso é só o início. É bem diferente da medicina padrão. Para ser médico, você precisa estar pronto para receber uma ambulância e lidar com o que quer que surja; para ser um psiquiatra forense, você precisa estar pronto para receber um camburão policial vindo da prisão de Belmarsh e lidar com os indivíduos perturbados demais para ficar em uma prisão de alta segurança.

Nós, psiquiatras forenses, tendemos a nos enquadrar em três subtipos. Primeiro, os chamados "cirurgiões da psiquiatria" — tipos impetuosos e confiantes que vestem ternos, se orgulham de serem decididos e não ouvem seus colegas. Esses tipos tendem a ter uma abordagem mais inclinada à acusação, além de se recusarem a aceitar que possa haver alguma brecha em sua armadura. No outro extremo do espectro, você tem o que pode chamar de "brigada da auréola". Eles não estão interessados em assumir casos extras de assassinato como testemunha especializada; usam suéteres de lã cor de aveia com cotoveleiras e preferem tratar membros carentes e desprivilegiados da sociedade — não importa a perversidade que tenham demonstrado —, sempre com a reabilitação e o cuidado ao paciente no centro de seu trabalho.

Em algum lugar no meio, posição em que eu e a maioria de meus colegas gostamos de nos considerar, estão aqueles que são uma mistura de ambos: psiquiatras com atração por pensamento perspicaz e análise detalhada, mas também com a capacidade de ter empatia e se comunicar com homens e mulheres problemáticos e suas vítimas.

Não importa o tipo, todos precisamos ser capazes de formular interações complexas de cérebro, mente, relações sociais e comportamento. Assumimos a liderança em nossas equipes sabendo que somos responsáveis pela detenção e pela prescrição de psicotrópicos que alteram a mente. Precisamos traduzir cuidadosamente tudo isso em linguagem jurídica para o processo judicial e então, no caso de um julgamento, converter tudo em inglês ainda mais simples para o júri.

Portanto, não é um trabalho para os fracos de coração; muitos estagiários são desencorajados pela pressão, e tantos outros, atraídos pelo desafio.

O mais importante de tudo, na minha opinião, é compreender sua própria constituição psicológica e seus preconceitos culturais para que possa monitorar sua reação a um grupo diversificado de pacientes e cenários desafiadores, além de pensar e refletir antes de agir. Somente depois de um tempo trabalhando como consultor comecei a refletir, assim como muitos de meus colegas, sobre o trágico impacto da doença mental em minha própria família — algo que detalharei mais adiante. Essa reflexão e consciência da vulnerabilidade é o que nos dá, eu acho, a tolerância à loucura e à autodestruição, nos diferenciando de outros médicos e cirurgiões.

Eu precisava de todos esses fundamentos para o caso de Lee Watson.

Numa tarde de sexta-feira de março de 2003, enquanto esperava que o caso Hardy fosse concluído, minha secretária me alertou sobre um envelope de dez centímetros de espessura com a marca do escritório de advocacia Motts Lewis. Eu pretendia sair do trabalho um pouco mais cedo, mas a curiosidade me venceu, então eu o abri e comecei a folhear o conteúdo.

As páginas iniciais traziam o logotipo familiar do Crown Prosecution (o Ministério Público do Reino Unido). Cordões no canto superior esquerdo uniam as várias subdivisões de papéis: acusação, depoimentos de testemunhas, registro de custódia, ROTI (registro de entrevista gravada), imagens, material não utilizado e resumo do caso da acusação. Tirei duas xícaras de café sujas e alguns jornais fechados da minha mesa de canto e coloquei os papéis em pilhas separadas para uma leitura inicial, com notas adesivas e marcadores.

As primeiras declarações de testemunhas eram de policiais descrevendo a descoberta do corpo de uma jovem em uma floresta perto de uma passagem subterrânea da rodovia A2 nos arredores de Dartford. Os moradores entrevistados contaram que tinham visto um jovem de cabelos escuros e curtos vestindo uma jaqueta verde ou marrom. Pulei para as fotografias da cena do crime. Muita informação pode ser obtida ao analisar as evidências de comportamento na cena do crime. Bravo com um especialista em defesa que não havia considerado a cena do crime — e com o humor mórbido comum aos policiais —, um detetive de homicídios uma vez me perguntou: "Como você pode comentar sobre Picasso sem admirar sua obra?".

As fotos foram apresentadas em sequência, começando com imagens inofensivas de uma área de mata esparsa coberta de folhas de outono. O terreno ficava do outro lado de uma cerca baixa longe do acesso, onde a única indicação de que algo estava errado eram os sinais usuais de "preservação" do local, com fita policial ao fundo e placas de plástico para evitar eliminar possíveis pegadas.

O corpo havia sido descoberto por um cachorro, levando o dono a algumas pontas dos dedos saindo da vegetação rasteira. As fotografias da polícia mostraram as coberturas improvisadas sendo removidas em sequência: as folhas foram afastadas e, em seguida, as madeiras velhas de um palete podre foram removidas. Finalmente, o corpo nu de uma jovem de cabelos escuros foi revelado. Tratava-se de Chiara Leonetti, de 23 anos, de Milão, que trabalhava como vendedora na Bond Street.

Ao examinar a cena, eu já estava começando a formular uma impressão. Parecia um comportamento caótico e impulsivo, conduzido em plena luz do dia, provavelmente um trágico encontro casual, e não o comportamento predatório calculado de alguém como Hardy, que atraía suas vítimas para seu apartamento antes de dominá-las.

As fotografias do local do crime prosseguiram com o transporte do corpo para o necrotério e durante a autópsia, numa sequência que se iniciou com o corpo da vítima deitado em decúbito dorsal na mesa de patologia forense. Havia um ferimento terrível na perna esquerda — um pé estava faltando — e, embora isso depois ficasse entendido ser obra de uma raposa, outros ferimentos eram evidentes, especialmente feridas enormes no lado esquerdo do crânio e do rosto, consistentes com o uso de uma pedra pesada, como ficou estabelecido depois.

Fotografias subsequentes mostraram o patologista, dr. David Green, abrindo a caixa torácica, retirando os órgãos vitais para pesagem e dissecção, a fim de excluir a morte por causas naturais. Em seguida, o couro cabeludo e os tecidos faciais foram cortados para examinar com mais detalhes as lesões subcutâneas. Uma nova série de fotos mostrava o corpo da vítima sendo gradualmente desmantelado na meticulosa busca do patologista por provas que explicassem a causa da morte.

Ao final, o dr. Green concluiu que a vítima havia realmente morrido em decorrência dos terríveis ferimentos na cabeça, causados por repetidos golpes, incluindo vários utilizando um objeto contundente. Notou-se o fato de um tijolo manchado de sangue ter sido encontrado próximo ao corpo. Havia marcas de mordidas anteriores à morte na orelha esquerda, no seio esquerdo e no púbis, e várias escoriações posteriores à morte sugeriam que o corpo foi arrastado para sua posição final.

O pior de tudo, porém, foi a evidência de agressão sexual grave. A calcinha e o sutiã da vítima não estavam presentes, e o dr. Green encontrou ferimentos consistentes com mutilação grave do abdome e da área genital. Felizmente, esses ferimentos foram infligidos após a morte da vítima. Mas não havia evidência de DNA para sugerir estupro ou ejaculação pelo assassino.

Quando o caso, mais tarde, foi a julgamento, o dr. Green disse ao júri que, de mais de 20 mil autópsias que ele havia realizado, ele só tinha visto um outro caso com lesões tão graves de mutilação genital *post mortem*. Teria o assassino voltado mais tarde à cena do crime para mutilar ainda mais o corpo de sua vítima? Eu teria de perguntar a ele.

Perdi a noção do tempo, então decidi enfrentar o trânsito da noite de sexta-feira e voltar para casa. Enquanto dirigia, me perguntei se me arrependeria de ter lido aqueles documentos antes de sair do trabalho em uma sexta-feira.

No dia seguinte, levei as crianças ao parque local, vi pilhas de folhas de outono sob as árvores e, claro, não pude deixar de pensar na cena do crime, ou mesmo naquela noite, na cama, os cabelos escuros de minha esposa eram uma perturbadora lembrança do cadáver. Imagens dos documentos que eu havia lido emergiam em minha mente, maculando o que deveriam ter sido momentos felizes em família.

No domingo à noite, desisti de tentar tirar o caso da cabeça e comecei a ler alguns depoimentos de testemunhas.

O jovem que havia sido visto na área era Lee Watson.

A irmã de Watson, Candice, descreveu como seu comportamento havia ficado estranho depois dos vinte anos. Ela disse que ele mentia sobre seu trabalho e falava que havia sido preso por uma agressão que ela acreditava que ele havia inventado. Também disse que a mãe encontrou fotos de mulheres em seu quarto que pareciam prostitutas em poses sexuais.

Além disso, várias testemunhas, incluindo familiares, sua ex-namorada e conhecidos, relataram seu hábito de mentir repetidamente na forma do que chamamos de mentiras de autoexaltação. Mais tarde viria à tona que seus colegas de trabalho se referiam a ele como "Billy Mentiroso" por sua tendência a inventar histórias sobre namoradas e carros fictícios, e inventar desculpas para sua falta de pontualidade. De fato, sua terapeuta — a quem ele havia procurado devido à depressão — confirmou que ele havia começado a reconhecer suas mentiras e se sentia mal por isso ter levado ao rompimento de seu relacionamento. (Senti pena da terapeuta — esse caso ia um pouco além do treinamento que ela deve ter recebido.)

Enquanto isso, várias testemunhas que viram o réu perto da hora do ataque o descreveram como "louco", "maluco" e "doido". Ele alegou a uma delas que tinha uma arma e que alguém tinha acabado de espancar sua namorada. Disseram que ele era "bastante racista" e ficava "pulando, agindo de forma engraçada, bêbado ou drogado".

Enquanto isso, a polícia o vinculou a outros ataques a mulheres na área de North Kent, todos ocorridos no mesmo dia. Primeiro, ele se aproximou de Shireen Noor, de 44 anos, por trás, agarrando sua bolsa e seu braço e puxando seu cabelo com tanta força, que um grande tufo foi arrancado. Noor foi arrastada por cerca de quinze metros na direção de uma área arborizada antes que Watson fugisse.

Vinte minutos depois, uma vítima de 78 anos, Denise Wallace, foi atacada por trás. Quando Watson tapou sua boca, ela mordeu seus dedos com força, o que o fez soltá-la e fugir. Mais tarde, Tina Harris, de 51 anos, também foi atacada por trás antes de levar um soco no rosto. Watson fugiu com sua bolsa e foi visto correndo na direção da rotatória próxima.

Pouco tempo depois, naquele mesmo dia, aconteceu o assassinato. Chiara Leonetti tinha viajado para casa no ônibus 492 de Bexleyheath para Foots Cray, mas desembarcou antes. Por uma cruel reviravolta do destino, ela pegou um ônibus diferente do normal por causa do clima quente. Às 17h51, uma amiga telefonou de Milão para seu celular. A ligação foi atendida e sua amiga ouviu gritos de angústia, soluços ou lamentos, junto com o barulho de botões do telefone sendo pressionados.

O corpo de Chiara Leonetti foi encontrado no dia seguinte.

Tudo o que li reforçou minhas impressões iniciais do assassino como caótico e impulsivo, em vez de calculado e ponderado. Um homem que aproveitava encontros aleatórios em vez de planejar com antecedência. Eu já estava formulando perguntas para uma entrevista.

Na semana seguinte, viajei para entrevistar Lee Watson na prisão de Belmarsh, que é uma das oito prisões de segurança máxima do Reino Unido, construída em um antigo pântano próximo a Thamesmead e perto da estação de tratamento de esgoto Crossness, no extremo sudeste de Londres. Um prédio de tijolos sombrio e imponente, mas moderno, copiado de um modelo norte-americano, sem dúvida para poupar dinheiro com arquitetos.

Alguns dos agentes penitenciários mais calejados — e Belmarsh tem sua parcela — veem os psiquiatras visitantes com desdém e suspeita. Estamos lá para ajudar tanto a acusação como a defesa a entender esses casos, mas, mesmo que possamos ser instruídos pelos "mocinhos", os policiais nos veem como alguém que pode levar prisioneiros para um hospital confortável quando eles deveriam ficar atrás das grades.

Tudo isso significa que muitas vezes não recebemos as recepções mais calorosas e não é incomum que nossas viagens sejam em vão. "Desculpe, doutor", eles dizem, "ele não quer vê-lo, não vai sair da cela", só para ouvirmos mais tarde, de um advogado preocupado, que seu cliente estava esperando ansiosamente pela visita agendada, e ninguém jamais havia batido à porta de sua cela.

Hoje em dia sou mais assertivo em tais circunstâncias, insistindo em ser levado para a cela e pedindo para falar com um diretor se não permitirem. As circunstâncias mudam o tempo todo, é claro, e eu tenho de me ajustar — a adaptabilidade é outra qualidade necessária em minha profissão. Mais de uma vez entrevistei prisioneiros altamente paranoicos e agressivos através da portinhola na cela ou atrás de agentes penitenciários com equipamentos antimotim. Outras vezes, simplesmente não é possível fazer a entrevista. Se o prisioneiro não cooperar, ou estiver tão psicótico a ponto de estar inerte no chão da cela, sujo com as próprias fezes, então uma opinião deverá ser baseada apenas no comportamento observado e relatado.

Tendo passado pelo portão da frente de Belmarsh com minha confirmação por fax, deixei meu relógio, chaves e carteira em um armário, mantendo apenas papel e duas canetas (nada de clipes de papel ou elásticos). As verificações, um pouco acima do nível de segurança do aeroporto, envolvem detector de metais e revistas minuciosas, com a necessidade de remover todos os itens, incluindo abotoaduras, cinto e sapatos. Tive, então, de esperar pacientemente pela minha escolta, a enfermeira de saúde da prisão, antes de atravessarmos um pátio patrulhado por funcionários vestindo uniformes paramilitares pretos e fones de ouvido de rádio conduzindo pastores-alemães em coleiras.

É um lugar que instila medo e paranoia. Na minha primeira vez lá, me peguei pensando se algum dia conseguiria sair, se eles me deteriam por uma acusação forjada ou talvez por alguma transgressão menor há muito esquecida.

Como sempre, os camburões aguardavam os presos, como um ponto de táxi de alta segurança. Embora as pessoas imaginem que uma prisão com uma população de cerca de 1.500 pessoas seja em grande parte estática, as que estão em Londres têm até cem movimentações de detentos todos os dias. Isso inclui prisioneiros que vão ao fórum e voltam, os que são transferidos para a prisão de treinamento e novos detentos recém-condenados.

Cada prisioneiro é registrado, e os pertences pessoais devem ser ensacados e guardados. Uniformes são distribuídos, geralmente folgados macacões cinza ou vermelhos, dependendo da instituição. Há um exame de triagem de saúde superficial feito por uma enfermeira. Os formulários são preenchidos, e um clínico geral atenderá qualquer pessoa com problemas médicos mais graves. Até um terço dos presos sofrerão abstinência de drogas ilícitas, como a heroína, ou de álcool e precisarão de algum tipo de regime de desintoxicação para evitar que tenham convulsões ou outros problemas.

Normalmente, pacientes com distúrbios psiquiátricos graves e criminosos de alto risco são escoltados diretamente para uma cela individual no centro de saúde para observação. Isso é informado no "registro médico do preso" em uma pasta especial de cor laranja, que em 2003 também poderia ser acompanhada de uma segunda pasta chamada "2052SH" (SH significa "*self-harm*", ou "automutilação"). O centro de saúde consiste em alguns dormitórios com cerca de dez leitos, que abrigam pacientes com problemas de saúde mental menores que precisam de observação, bem como pacientes com problemas de saúde física significativos, como pernas engessadas ou outros problemas médicos. Os casos de alto risco ficam em celas individuais e são monitorados por câmeras. Os funcionários são uma mistura de enfermeiras uniformizadas e agentes penitenciários. Um alarme pode convocar uma equipe de resposta rápida composta por policiais corpulentos em segundos.

Passamos por uma série de pesadas portas de aço, cada uma exigindo uma chave especial cortada a laser ou checagem via circuito fechado de TV e confirmação verbal ao centro de controle de segurança de que nenhum prisioneiro estava tentando escapar com o visitante.

Eu estava querendo me encontrar com o monstro que tinha matado aquela bela jovem e, talvez por isso, estivesse impaciente demais para aguardar que uma sala de entrevistas ficasse disponível e insisti em vê-lo em sua cela. Finalmente entrei e lá estava ele: Lee Watson.

Muitas vezes me perguntam se posso determinar imediatamente a personalidade de alguém no primeiro encontro. Claro que não; não somos médiuns. Mas me dê uma ou duas horas com um entrevistado cooperativo e eu terei uma boa ideia do que está acontecendo. Uma avaliação padrão envolve uma história biográfica completa e um Exame do Estado Mental, que é um modelo estabelecido, mas flexível, que todos os psiquiatras usam para explorar o mundo interior do paciente.

Mas não é só o que o sujeito nos diz, é como ele nos diz: como se comporta e interage durante a entrevista. Registramos sua aparência, como fala: se é cauteloso e monossilábico ou tagarela e expansivo. Perguntamos sobre questões específicas como humor, pensamentos suicidas ou homicidas, ansiedade, obsessões e compulsões. Uma investigação detalhada sobre as várias formas de psicose é essencial.

Procuramos anormalidades de comportamento e estado mental que nos ajudem a compreender (e recriar para nossos colegas ou para os tribunais) a psicopatologia ou o mundo interno e os fenômenos mentais vivenciados pelo indivíduo. Isso é uma descrição pura de seus pensamentos e sentimentos, que podem apontar para um diagnóstico, e é parte da base de nossa profissão desenvolvida pela primeira vez pelo psiquiatra suíço-alemão Karl Jaspers há mais de um século. Tradicionalmente, as perguntas finais que fazemos ao sujeito são sobre como ele se vê: acha que algo está errado? Em caso afirmativo, o quê? Isso ocorre porque a questão de sua autoconsciência ou "compreensão" pode ser importante, especialmente mais tarde, ao pensarmos no tratamento.

Assim, uma entrevista psiquiátrica é um pouco como fazer um terno em um alfaiate. Começamos com uma estrutura padrão, mas as respostas individuais nos ajudam a montar uma imagem, ajustando e aparando gradualmente nossa impressão à medida que mais informações chegam. Fazemos perguntas abertas, como "Conte-me sobre sua vida familiar" ou "Você desenvolveu algum novo interesse recentemente?" — uma pergunta que gerou algumas respostas de arrepiar os cabelos. Se eles falam livremente, deixamos que continuem, mas podemos ter de interromper para esclarecer ou sondar quando as respostas são monossilábicas, obscuras ou se se desviam do tópico. É importante não mostrar muita reação se quiser que suas respostas não sejam modificadas pelo feedback; expressar choque pode impedi-los de contar tudo.

Watson era um homem quieto e esguio, com cerca de 1,65 m ou 1,70 m, cabelos bem curtos e um olhar perplexo no rosto. Fisicamente era como um colegial assustado, o garoto tímido que fica isolado no recreio. Ele não parecia, inicialmente, o psicótico desorganizado ou o psicopata ameaçador que a cena do crime havia indicado. Como tantas vezes acontece na psiquiatria forense, as suposições sobre como seria o assassino tiveram de ser reavaliadas.

Desde o início ele estava feliz em conversar comigo. O tédio de longos dias atrás de uma pesada porta de aço torna os entrevistados bastante cooperativos, mesmo os mais relutantes. Ele me disse que se declararia inocente de homicídio doloso, mas culpado de homicídio culposo, alegando: "Eu realmente não me lembro do que aconteceu, não sabia quem eu era ou onde estava".

A amnésia não é uma defesa válida, é claro, então ele obviamente entendeu mal algo que seu advogado lhe disse. Naquela época, o preceito legal a ser considerado era a antiga definição de "responsabilidade diminuída" da Lei de Homicídios de 1957, originalmente criada para salvar os mentalmente perturbados da pena de morte obrigatória por homicídio doloso. Embora tenha sido reforçada em 2009 para exigir uma "condição médica reconhecida", em 2003 Watson ainda teria de demonstrar uma "anormalidade mental" que houvesse "prejudicado substancialmente" sua responsabilidade.

(Claro, como eu sabia bem de minhas visitas a prisões e hospitais norte-americanos, apenas uma defesa de insanidade salvaria um assassino da força total de uma sentença nos EUA, e, em alguns estados, Watson estaria enfrentando a pena de morte.)

Então, esse era o meu parâmetro de avaliação: Watson tinha uma anormalidade mental? Em caso positivo, qual?

Ele me disse que estava em Belmarsh há cerca de dois meses e meio, na ala hospitalar (uma precaução padrão, pois homicídio seguido de suicídio costumava ser um problema significativo entre os assassinos na prisão). Contou que passava a maior parte do tempo em sua cela dormindo, comendo e lendo, e que estava se sentindo bem, sem depressão; na verdade, ele estava otimista sobre o futuro. "Posso ver uma luz no fim do túnel", declarou.

Discutindo a história de sua família, ele me disse que nasceu em Dartford, que seu pai tinha uma joalheria em Sidcup e que sua mãe sofria de depressão. Segundo ele: "Quando eu era criança, não era normal. Por dentro eu sentia um ódio... Nunca estava satisfeito com meus presentes de Natal... Sentia como se uma bomba estivesse explodindo dentro de mim".

Seria o viés de retrospectiva, eu me perguntava, depois de saber onde ele tinha ido parar?

Quando perguntei sobre hobbies, sua resposta foi alarmante. "Eu adorava atirar em animais no quintal com espingardas de pressão. Tinha uma grande coleção de armas, armas de festim, armas desativadas, balas de canhão, granadas e facões."

Eu suspeitava de um desenvolvimento perturbado, mas isso era bastante extremo. Tentei manter uma expressão de indiferença, gentilmente encorajando-o a me contar mais.

Ele descreveu sua coleção de armas: um rifle de ação de ferrolho Lee-Enfield desativado, uma réplica de metralhadora Uzi e uma réplica de pistola de ar Beretta 92FS. Também possuía uma faca Kukri Gurkha, um canivete militar norte-americano Ka-Bar, uma baioneta da Primeira Guerra Mundial, várias facas Buck e estiletes. Ele me disse que havia modificado o rifle e conseguido adaptá-lo para disparar munições de festim e que ficava empolgado quando manuseava sua coleção de munição, que ia de cartuchos de pequeno calibre a munição de tanque. Ele também adaptou suas armas de ar com molas e arruelas especiais para aumentar a potência além do limite legal.

"Eu costumava caçar pombos e faisões, estorninhos, coelhos e ratos com armadilhas", ele me contou, acrescentando que, se encontrasse um animal ainda vivo em uma armadilha, poderia observar seu sofrimento ou atirar nele para acabar com seu tormento. Um incidente que ele achou bastante divertido foi quando amarrou um coelho vivo a um skate e prendeu um grande foguete de fogo de artifício. Quando ele acendeu o pavio, o coelho disparou pela estrada enquanto o foguete o "explodiu em pedaços". Ele também riu enquanto descrevia como havia enfiado um pombo vivo em um ralo para "observá-lo morrer e apodrecer", e chutou outro pombo, "jogando-o longe".

Ele me disse que sofreu bullying no Ensino Fundamental em Gravesend; era sardento e muito pequeno para sua idade, o que o tornava um alvo fácil para a crueldade de outras crianças nos seus dias de escola. Ele se sentia ingênuo e amigável demais e emprestava brinquedos aos amigos, que depois não os devolviam. Ele era espancado antes da aula regularmente e, aos oito anos de idade, começou a faltar.

Foi para o Ensino Médio em Swanscombe, onde o bullying continuou. A essa altura, porém, ele estava revidando, e seus espancamentos de retaliação em outras crianças estavam indo longe demais. Ele disse que gostava de machucá-los se pudesse.

Após a escola, ele começou um curso profissionalizante por meio de um programa de qualificação profissional nacional em pintura e decoração e fez um estágio como montador de trailers. Ele varria e limpava com vapor caminhões e trailers, mas estava infeliz e sofria bullying do gerente, que o chamava de "merdinha". O bullying, segundo ele, continuaria por toda a sua vida profissional. Como resultado, ele muitas vezes faltava ao trabalho e passava o dia sentado na balsa de Gravesend para Tilbury, indo e voltando.

Demitido desse emprego pelas faltas, aos 22 anos ele se alistou no Royal Green Jackets do Exército como mecânico. Durante o treinamento básico, ele uma vez foi jogado para fora de um caminhão Bedford e era sempre provocado por colegas recrutas que sabotariam seus esforços, chegando a desmontar um motor que ele havia acabado de consertar. O exército permitiu sua dispensa sem penalidades.

Ele costumava ser negligente no trabalho, por exemplo, deixando as porcas das rodas soltas e faltando. Durante o tempo como carregador, disse que o gerente o provocou quando ele acidentalmente deixou cair uma barra de aço, e então Watson o "arrebentou", pensando: "Eu não vou deixar você tirar sarro de mim". Ele foi demitido por isso e disse: "Tudo o que eu sempre quis foi um trabalho que eu pudesse fazer sem que alguém me perturbasse. Eu revidava quando isso acontecia".

Depois de pintar e decorar, trabalhar com moldagem por injeção e reabastecimento de máquinas, ele ficou desempregado por cerca de um ano "em um verdadeiro caos", bebendo muito e terminando com sua namorada. "As coisas começaram a dar errado", me disse, o que era um grande eufemismo. Ele estava fumando "crack, maconha, tomando ecstasy, cocaína e *speed*" e frequentemente estava "doidão".

Ao ser perguntado sobre suas preferências sexuais, ele negou ter interesse em sadomasoquismo ou quaisquer outros fetiches ou parafilias. Declarou jamais ter frequentado clubes de striptease e, quando perguntei se já havia usado os serviços de uma prostituta, ele respondeu: "Não me lembro".

Contou que recentemente tinha passado algum tempo em chats de sexo on-line, mas mentiu para as mulheres com quem conversou, "só para conhecer alguém que me trataria com respeito, simples assim... elas achavam que eu era alguém importante; elas diziam: 'Você parece muito legal'".

Suas tentativas de restaurar sua autoestima eram claramente desesperadas se ele sentia que precisava mentir para garotas nos chats sexuais (isso antes da explosão do conteúdo on-line dedicado a todos os caprichos sexuais).

Até onde posso confiar no que ele está contando?, eu me perguntava. Ele parecia incrivelmente honesto sobre algumas coisas bem negativas. No entanto, eu suspeitava que havia detalhes ainda mais sombrios de sua vida que ele estava escondendo de mim. Investiguei mais, perguntando sobre seus antecedentes. Ele me disse que já havia sido acusado de tentativa de roubo. Estava olhando pela "janela de alguma garota".

"Eu estava fazendo xixi, saí correndo e ela abriu a janela." Segundo ele, não havia provas contra ele e "eu não tinha facas. Não estava espionando. Não havia nenhuma prova".

Isso soou como exibicionismo, talvez um "roubo de fetiche" abortado ou mesmo uma possível "invasão de domicílio para estuprar", confirmada por sua negação espontânea antes que eu lhe perguntasse.

"Eu nunca me expus e não tentei entrar no apartamento dela." Achei que ele estava protestando com muita ênfase. Isso poderia ser uma evidência de escalada parafílica? Os roubos de fetiche podem envolver o roubo de roupas íntimas e a masturbação, e são encontrados nas histórias de muitos assassinos sexuais. Exibicionismo, fantasias sobre sexo coercitivo, uma "experiência" com um roubo de fetiche, uma invasão para fins sexuais... Estupro com homicídio?

Suas mentiras tinham sido expostas recentemente quando sua namorada procurou sua família, mas ele admitiu que mentiu para "me fazer parecer mais importante". Ele dizia às pessoas que tinha carros caros, como um vw Golf Cabriolet, que afirmava estar na oficina para o conserto da junta do cabeçote. "Eu costumava mentir sobre tudo porque me sentia insignificante", disse ele, e explicou que fazia isso para sentir que "era igual aos outros". Ele tinha alguma depressão e pensamentos suicidas, e seus pais insistiram para que fosse ao médico, por isso procurou uma terapeuta, mas "quando eu a via piorava muito", ele dizia. Ele contou que a terapeuta disse coisas que ele não tinha pensado. Ele percebeu que as mentiras prejudicavam sua família e amigos e por essa razão não conseguiu continuar com as sessões.

Estava bem claro que suas mentiras o faziam se sentir melhor. Comecei a pensar que o aconselhamento bem-intencionado da terapeuta pode ter ajudado a empurrá-lo para o limite, tirando seu único meio de administrar sua baixa autoestima. Isso foi somado ao uso de drogas e à rejeição de sua namorada, enquanto o exibicionismo no incidente da janela era uma dica da frustração sexual e da hostilidade misógina que havia dentro dele.

Eu estava começando a construir uma imagem de como Watson tinha saído do controle.

* * *

O relatório psiquiátrico sobre um assassinato é melhor abordado com a construção inicial de uma linha do tempo. Começando pelas origens familiares, é importante trabalhar a biografia do sujeito e abordar gradualmente o tempo material com cada vez mais detalhes. Isso envolve perguntas cuidadosas sobre o dia anterior, a noite anterior, a manhã do crime e o próprio assassinato.

Alguns réus não suportam descrever os momentos reais do assassinato e você tem de forçá-los na linha do tempo até "chegar ao ato em questão". Perguntar sobre o crime é sempre delicado. Temos de tomar muito cuidado nesse momento, já que mais de uma vez fui testemunha de acusação. Se alguém nega ou explica o envolvimento em um assassinato, mas depois conta ao psiquiatra uma versão diferente da que deu à polícia, então um promotor de justiça (Conselheiro do Rei, QC na sigla em inglês) pode facilmente usar isso para enganar o réu (ou o psiquiatra) no julgamento. Portanto, temos de registrar fiel e cuidadosamente o que nos é dito, já que as notas da entrevista podem ser requisitadas judicialmente, com o advogado de defesa ou acusação procurando quaisquer discrepâncias.

Certa vez, passei dois dias desconfortáveis sentado atrás do advogado Bill Clegg em uma sala de audiências de Old Bailey, segurando minhas notas de entrevista e meu relatório, esperando para o caso de ele me chamar como testemunha de acusação em um caso de assassinato com espada de samurai no qual um réu havia confessado para mim, tendo negado anteriormente qualquer envolvimento no assassinato quando interrogado pela polícia.

Hardy, é claro, nunca havia contado a ninguém o que se passava em sua mente no momento dos assassinatos que cometeu, mas não havia esse problema com Watson. Ele descreveu como, nos dias anteriores, tinha "bebido muito e consumido drogas: maconha, *speed*, sete a oito Smirnoff Ice, quatro a cinco canecas de cerveja, vinho, vodca... Fazia duas semanas que eu não dormia direito".

Ele então me disse que, no dia em questão, estava perambulando e tomou mais algumas bebidas, não conseguia se lembrar em que pub. Também estava bebendo cervejas e usando *speed* e metanfetamina "até quando me prenderam".

Sobre o ataque a Shireen Noor, ele declarou: "Não consigo me lembrar. Lembro-me de ser atingido na cabeça com uma coleira de cachorro".

"Eu tinha um grande corte na cabeça e meu nariz sangrava. Devo ter pulado sobre uma garota."

"Só tenho algumas lembranças gerais... Lembro que minhas botas estavam cheias de lama."

Sobre os outros ataques: "Não me lembro, embora me lembre de dar um anel para algumas crianças — dei a eles minha aranha de prata".

Sobre Chiara Leonetti, ele disse: "Acho que ela estava saindo de um túnel do metrô quando esbarrei nela.

"Eu estava conversando com ela e esse tipo de coisa, mas eu estava fora de mim. Acho que a intenção era fazer amor. Ela estava passando por cima de uma cerca, ou ela caiu, ou fui eu ou foi ela. Não me lembro. Estávamos andando por árvores e, então, ela jogou uma pedra na minha cabeça."

A essa altura ele estava rindo.

"Lembro que minhas mãos e meus jeans estavam cobertos de sangue. Bati nela com uma pedra e provavelmente havia algo borbulhando em sua boca. Ela falou algo sobre HIV, ela disse: 'Eu tenho HIV'. Não sei, eu estava bêbado, mas estava tranquilo e relaxado."

Novamente ele riu.

"Lembro-me de ir para casa, tirar a roupa e ir para a cama."

Seu relato — claramente distorcido — me deu uma pista sobre o que provavelmente havia acontecido. Parecia que ele havia "testado" seu ataque no dia anterior ao encontro com Chiara. Ela provavelmente se deparou, sem ter ideia, com essa bomba-relógio humana e não teve muito tempo para reagir. Em um caminho arborizado isolado, ela sem dúvida rejeitou seus avanços. O que se seguiu devem ter sido seus esforços desesperados para se defender do ataque, que ele vinha fomentando há dias, alimentado por seus sentimentos reprimidos de rejeição e humilhação, com pouca ou nenhuma consciência que pudesse inibi-lo, dadas suas insensibilidade e falta de empatia.

Tive de perguntar sobre o estupro, e, com uma lógica distorcida, ele tentou afirmar que havia sido um ato consensual.

"Não sei se foi bom por causa do que eu tinha tomado. Lembro-me de beijá-la, acho que caímos", respondeu.

De uma forma horripilante, como se não fosse nada, disse que "provavelmente" havia enfiado os dedos na vagina dela.

Seu relato, apesar de distorcido, era bastante consistente com a cena do crime, embora a minimização de seu comportamento brutal fosse uma característica reveladora.

Mas e a tentativa desajeitada de esconder o corpo?

"Quando aconteceu o que aconteceu, fui a um pub em Bexley. Lembro-me de ter conseguido um pouco de crack."

Ele, então, declarou que voltou para "onde havia acontecido o que havia acontecido".

"Queria ver se ela ainda estava lá, então voltei. Tenho certeza de que tentei soprar um pouco de ar em seus pulmões. Lembro-me de colocar um palete em cima dela. Não tenho certeza se o pé estava faltando. Não me lembro, pode ter sido. Não me lembro do que disse à polícia sobre isso."

Ele disse que foi preso dois dias depois, no domingo, em Swanley, e havia dito coisas à polícia, incluindo: "Eu estava completamente doido".

Ao responder sobre as provas contra ele, afirmou: "Eu vi fotos dela. Senti pena da pobre vaquinha" e "ainda não consigo me lembrar de muita coisa".

"No meu modo de ver, o que aconteceu é atroz, mas não consigo sentir dor ou tristeza, nem penso nisso, não tenho nenhuma emoção.

"Gostaria de poder chorar por isso.

"Na verdade, eu não dou a mínima.

"Eu me sinto de volta ao normal. Não tenho nenhum sentimento por aquela garota. Meu coração sangra por ela. Meu companheiro de cela foi condenado por homicídio, ele tem '*back flashes*' [sic], mas eu durmo bem."

Sentado ali, pensei no criminoso de guerra nazista Adolf Eichmann e em como a escritora Hannah Arendt usou a expressão "a banalidade do mal" para descrever seu comportamento no julgamento. Era isso que ela queria dizer?

"Lembro-me de algumas coisas", continuou Watson à medida que a entrevista avançava.

"Por dentro me sinto confuso.

"Como posso encarar meus pais?

"O que estou fazendo com esses animais daqui?"

Mas então ele comentou que sentia o respeito de outros presos.

"Os outros caras percebem que tipo de pessoa eu sou... Não tenho que mentir mais... Não tenho que ficar me vangloriando."

Não havia nada especialmente revelador no Exame do Estado Mental, exceto que ele relatou ocasionalmente ouvir vozes internas na segunda pessoa chamando-o de "filho da puta" ou "nojento". Elas eram indistintas e pareciam ser pseudoalucinações, mas não havia evidência de verdadeira psicose.

Na psicose há uma perda de contato com a realidade, muitas vezes na forma de delírios — delírios de perseguição, por exemplo: uma sensação de que o corpo é controlado por uma força externa e que os pensamentos são transmitidos de fora da cabeça. Esses delírios podem ser acompanhados por verdadeiras alucinações, que podem envolver comandos.

A psicose pode ocorrer em adultos jovens após um desenvolvimento normal, mas no caso de Watson havia um claro padrão de desenvolvimento de conduta desordenada na infância — mentiras reiteradas, comportamento impulsivo, incapacidade de aprender com a experiência. Esse padrão mal-adaptativo de comportamento era consistente com o que conceituamos como um transtorno de personalidade antissocial.

Como alguém se torna antissocial? Esse é um assunto de extensa pesquisa, mas, em vez de ser um produto do nascimento, muitos transtornos de personalidade antissocial (TPAS) podem ser explicados em termos de criação ou experiência infantil. O diagnóstico requer evidência de conduta desordeira antes dos quinze anos e comportamentos adultos como conduta ilícita, impulsividade, imprudência e irresponsabilidade. O TPAS é comum, com até dois terços dos prisioneiros do sexo masculino se encaixando na descrição, de acordo com o estudo de Nicola Singleton e Jeremy Coid.[19] Mas há um pequeno subconjunto de pessoas com transtorno de personalidade antissocial que têm um distúrbio mais grave e que também atendem aos critérios para psicopatia (ou que têm pontuações altas na lista de verificação de psicopatia). É nesse grupo que há evidências crescentes de um conjunto mais hereditário de traços biológicos.

James Blair, pesquisador norte-americano do National Institute of Mental Health, sugeriu que a neurobiologia do cérebro explica o reduzido "raciocínio moral" nos psicopatas.[20] A amígdala, uma parte do cérebro localizada no lobo temporal, demonstrou em pesquisas ser uma estrutura-chave no processamento da memória, na tomada de decisões e nas respostas emocionais, como repulsa, medo, ansiedade e agressão. Nos psicopatas, a amígdala não envia os sinais corretos para as estruturas cerebrais de tomada de decisão (no córtex pré-frontal ventromedial). Mas isso não explica tudo, e precisamos entender como as experiências de vida podem fornecer uma ligação entre o cérebro e o comportamento.

Se você pegar alguém como Watson, que apresenta traços frios e insensíveis desde o nascimento, e jogar todo o bullying, o desajuste e a baixa autoestima, então tem os ingredientes de um psicopata. Lembrei-me de um menino da minha escola que se divertia arrancando as patas de moscas-grua para atormentar meninos mais novos. Não é surpresa, então, que ele gostasse de provocar brigas e acabou expulso mais tarde por ameaçar um professor de matemática idoso com uma raquete de tênis. Não sei o que aconteceu com ele depois disso, mas sua experiência posterior sem dúvida seria fundamental para o resultado. Vamos torcer para que ele não tenha ido parar no centro de detenção juvenil. As travessuras de Watson com pombos e ratos eram um indício de que, embora seu eu adulto possivelmente fosse moldado por suas experiências, ele não era apenas o produto de seu prolongado bullying.

Um problema que ligava Hardy e Watson era provavelmente a impo-tência. Eu só tinha o relato de Watson e os achados *post mortem* para apoiar essa hipótese, mas no caso de Hardy foi certamente causado por diabetes, e no caso de Watson provavelmente por abuso de substâncias. Ambos foram homicídios com motivação sexual, mas cometidos sem "estupro", segundo a definição legal na época.

Anos mais tarde, eu avaliaria um homem de família de classe média cujo desvio sexual havia escalado desde vários fetiches, inicialmente inofen-sivos, como a "objectofilia" do cigarro (pornografia ou atividade sexual com cigarros como componente) até *bondage* extrema e sadomasoquismo, troilismo (preferência por trios) e o candaulismo (ter prazer masoquista em ser traído), até muitos meses de fantasias intrusivas de assassinato parcialmente inspi-radas no filme de terror *O albergue*. Um dia ele acordou e, em vez de ir para seu escritório em um departamento do governo, marcou um encontro com uma prostituta e quase a decapitou com uma faca Stanley sem que nenhu-ma atividade sexual aparente ocorresse. Nesse caso, o assassinato tornou-se uma parafilia em si e pode ser chamado de "homicidofilia": uma excitação ou gratificação de matar, o estágio extremo do desvio sexual.

Veredito: homicídio doloso. Prisão perpétua; pena mínima de 26 anos.

Enquanto saía para digerir minha entrevista com Watson e começar a redigir meu relatório, procurei a opinião de colegas. Primeiro, sugeri que a equipe de defesa instruísse um psicólogo clínico. Os psicólogos clínicos não têm qualificação médica, mas também recebem uma formação longa e rigorosa ao longo de seis anos, muitas vezes incorporando pesquisas até o nível de doutorado. Trabalhamos em estreita colaboração com eles, pois fornecem outra perspectiva, adotando uma abordagem "dimensional" ou em escala móvel para distúrbios psicológicos e comportamentais, em vez da abordagem diagnóstica "categórica" ou do "modelo médico" dos psiquia-tras. Psicólogos clínicos fazem mais uso de entrevistas estruturadas, testes padronizados e escalas de classificação, e têm treinamento específico e experiência em várias "terapias de conversas" sem medicamentos essenciais em ambientes forenses.

Meu colega Ian Hunter, que estava em minha equipe supervisionando os pacientes de Camden, foi instruído pelos advogados e realizou uma bateria de testes em Watson em duas entrevistas. Embora a primeira delas tenha sido encerrada quando Watson ficou agressivo, ele se acalmou na segunda e foi capaz de realizar alguns testes cognitivos básicos para verificar o QI e a memória. O QI de Watson era de quase oitenta. Dado que a média é cem, isso significava que ele não era brilhante, mas certamente não tinha um déficit formal de aprendizado.

Ian também realizou o Inventário Clínico Multiaxial de Millon, um questionário detalhado de 195 itens elaborado para extrair traços de personalidade e síndromes clínicas. E finalmente havia o PCL-R, ou "teste psicopata", para quantificar os traços que eu havia identificado em minha entrevista clínica.

O PCL-R consiste em vinte "itens de pontuação". Estes incluem traços anormais de personalidade e padrões de comportamento desviantes, como loquacidade/charme superficial, necessidade de estímulos, mentira patológica, falta de remorso ou culpa, estilo de vida parasitário, falta de empatia insensível, incapacidade de aceitar responsabilidade, impulsividade, irresponsabilidade, falta de controle de comportamento, delinquência juvenil e versatilidade criminal.

Esses itens de pontuação são todos cuidadosamente definidos com um curso de treinamento de dois dias para melhorar a "segurança entre avaliadores".

Ian avaliou seus testes e não fiquei surpreso ao saber que o teste de Millon confirmou o transtorno de personalidade antissocial. Enquanto isso, a pontuação de psicopatia era alta, 28 de 40.

Essas escalas de classificação reforçaram nossas impressões clínicas e nos deram outro ângulo para auxiliar nossa compreensão desses extremos do comportamento humano.

Também sondei meus colegas médicos. Sempre considerei a revisão informal por pares uma parte essencial da minha prática, e hoje é uma etapa formal da revalidação profissional de todo médico. Depois de horas, quando o tráfego do corredor havia parado, vasculhei os papéis e fotos da cena do crime e apresentei o caso a um colega de confiança que trabalhava no escritório ao lado. É crucial, na minha opinião, trocar ideias com outros no campo. Os psiquiatras forenses que tentam atuar isoladamente perdem não apenas o teste de suas hipóteses sobre o diagnóstico, mas também a oportunidade de compartilhar e neutralizar o impacto emocional desses casos desafiadores.

Bill Hickok e eu estávamos desenvolvendo nossas habilidades forenses juntos e, à medida que cada um de nós assumia casos cada vez mais importantes e complexos, trocávamos ideias e testávamos opiniões antes de nos comprometermos no papel. Escrevi meu relatório sobre Watson durante alguns fins de semana, e Ian e eu apresentamos o caso em nosso seminário de sexta-feira, ou *"journal club"*, no qual casos interessantes e complexos ou trabalhos de pesquisa eram apresentados para discussão por colegas a fim de aprofundar a triangulação de nossos pontos de vista antes de uma edição final da crucial seção "opinião".

Toda essa preparação é uma maneira essencial de verificar os pontos frágeis. Eu estava aprendendo com os encontros agressivos no banco de testemunhas que aquilo que eu escrevesse seria examinado por advogados meticulosos e poderia voltar a me assombrar meses depois, sob o olhar fulminante de um advogado durante seu interrogatório em um julgamento de assassinato.

Com mais de vinte páginas, meu relatório sobre Watson cobriu nossas entrevistas e todos os testes que foram realizados. Observei no relato dele — confirmado por outros — como as reiteradas mentiras foram usadas para aumentar sua autoestima, ampliar suas realizações e criar um "falso eu". Afinal, ele havia dito abertamente que contava essas mentiras para descrever coisas que desejava que fossem verdadeiras, uma forma de comportamento mentiroso conhecido como *"pseudologia fantástica"*, "mentira patológica" ou "síndrome de Walter Mitty", nome tirado do clássico conto de James Thurber.

A mentira patológica envolve a criação de uma rede de mentiras fantásticas, que podem começar como instrumental no sentido de trazer vantagem ou prestígio. Em sua forma mais extrema, a *pseudologia fantástica* pode se tornar um caos de fantasias, que envolve tanto o autoengano como enganar os outros.

Watson era um solitário, com uma infância dominada por raiva, bullying e humilhação na escola, e uma vida adulta que continuou na mesma linha. Ele desenvolveu baixa autoestima crônica e paranoia, e criou um falso eu para lidar com situações sociais. Ele provavelmente tinha traços frios e insensíveis, caracterizados por seus hobbies de colecionar crânios e armas e torturar animais. A perda de seu emprego e de sua namorada, o crescente abuso de drogas e as tentativas de sua família e da terapeuta de confrontá-lo sobre suas mentiras pareciam tê-lo levado ao limite.

Com o incidente de exibicionismo e o relato de sua irmã sobre as fotografias de prostitutas em poses sexuais em seu quarto, parecia provável que houvesse alguma escalada em suas fantasias e comportamentos sexuais. Mas as evidências para confirmar isso só surgiriam anos mais tarde.

Levando em conta a despreocupação insensível de Watson pelos sentimentos dos outros, a atitude grosseira e persistente de irresponsabilidade, a incapacidade de manter relacionamentos duradouros e a baixa tolerância à frustração, ele claramente preenchia os critérios para transtorno de personalidade com características predominantemente antissociais.

Seu riso inapropriado e tolo ao descrever o crime juntamente com sua falta de remorso e comentários insensíveis sobre a vítima eram evidências dos traços psicopáticos medidos pelo PCL-R. A cena do crime e os achados *post mortem* sugeriram um ataque oportunista e desorganizado envolvendo extrema violência e degradação da vítima.

Enquanto a cena do crime de Watson sugeria um assassinato espontâneo e desorganizado, os ataques perturbadores de Hardy foram planejados e organizados. Esses dois casos ilustram muito claramente os dois tipos de "assassinato de luxúria" descritos por Ron Hazelwood e John Douglas, do FBI. Eles conduziram uma série de entrevistas profundas com 36 assassinos com motivação sexual condenados, incluindo Ted Bundy e Edmund Kemper. Bundy foi posteriormente executado depois de ser condenado por apenas alguns de seus crimes, embora estivesse ligado a mais de trinta assassinatos. Kemper, um assassino múltiplo e necrófilo, foi preso, depois solto à revelia do parecer psiquiátrico e voltou a matar.

Delinquentes organizados e desorganizados deixam diferentes cenas de crime. Um criminoso organizado, como Hardy, usará planejamento e controle, o que se refletirá no que será encontrado pela polícia. O criminoso organizado é mais propenso a usar uma abordagem verbal com as vítimas e ter uma inteligência acima da média. Hardy, um engenheiro, claramente atraiu suas vítimas para seu apartamento. Por outro lado, um infrator desorganizado como Watson terá cometido o crime no calor do momento, não exibindo nenhum planejamento ou pensamento prévio, e usando itens que já estão na cena do crime (ou seja, o tijolo). Ele ou ela também será menos inteligente e menos competente socialmente.

No entanto, a classificação de crimes do FBI não foi a questão que tivemos de abordar no julgamento de Old Bailey. Ian e eu concordamos que havia evidências suficientes para sugerir que o estado mental de Watson no momento do assassinato preenchia os critérios legais de uma "anormalidade mental", ou seja, transtorno de personalidade antissocial com traços psicopáticos. Se a anormalidade mental havia prejudicado substancialmente sua responsabilidade era uma questão jurídica e, em última análise, caberia ao júri. Posteriormente, a lei mudou para colocar mais ônus sobre o especialista em relação ao que chamamos de "questão final". Os especialistas podem opinar, mas essas questões precisam ser decididas por um júri.

Apresentei meu relatório aos advogados. Sendo esse um caso criminal, e não um processo cível bem financiado, não haveria conferência pré-julgamento com os advogados e nenhuma viagem para tomar café e biscoitos nos elegantes escritórios deles. Nossa discussão se limitou a uma hora de vozes abafadas em torno de uma mesa de conferência no imponente salão com teto abobadado — pintado com imagens da Blitz de Londres — do lado de fora da sala de audiências número quatro de Old Bailey, na parte mais antiga do fórum, construída em 1907.

O Old Bailey, ou Tribunal Criminal Central, como é tecnicamente conhecido, exala história e seriedade em igual medida, construído no local da notória prisão de Newgate. Mesmo a mais recente ampliação, de 1973, é feita de sólido mármore de Carrara, com espadas da justiça invertidas, em latão, tal qual o corrimão, e dezoito salas de audiências onde são julgados, em um ano típico, mais de 150 assassinatos e todos os casos criminais de grande apelo midiático.

Ian e eu estávamos bem cientes de que essa defesa psiquiátrica estava, com toda probabilidade, fadada ao fracasso. Um júri de Old Bailey — sem dúvida também impressionado com o ambiente — ficaria plenamente ciente da depravação do crime. Mas a minha opinião, quando há indícios de transtorno mental, precisa ser apresentada à equipe de defesa e ao réu para que eles decidam se deve ser levada a julgamento. Já defendi alegações de "responsabilidade diminuída fraca" em várias ocasiões, em parte porque se o psiquiatra tentar agir como juiz e júri, descartando a possibilidade injustamente, o réu poderá culpar seus advogados por não apresentarem uma hipótese de defesa psiquiátrica, por mais fraca que fosse. Se eles se declararem culpados por influência do aconselhamento, poderão se arrepender posteriormente dessa decisão, pois terão muito tempo para refletir sobre isso. Mais tarde poderão decidir recorrer ao Tribunal de Apelação, argumentando que as provas de peritos psiquiátricos lhes negaram a oportunidade de um julgamento justo. Isso já aconteceu com mais de um dos meus colegas.

Resumindo, era nosso trabalho relatar fielmente o que descobrimos em relação à anormalidade mental. Apostando em ganhar uma redução para homicídio culposo, com pena de prisão perpétua discricionária em vez de obrigatória no caso do homicídio doloso, Watson foi avisado de que poderia acrescentar anos à sua pena mínima antes da liberdade condicional se submetesse a família ao sofrimento do julgamento. Mas ele ansiava por seu momento diante do júri. Um de meus mentores e outro pioneiro forense, Paul Bowden, disse depois de anos de casos de assassinato em Old Bailey que os réus conseguiriam resultados melhores se apenas chorassem e se declarassem culpados. Expor a psicopatia no tribunal é uma maneira certeira de convencer o juiz de que você é uma ameaça à sociedade, garantindo uma sentença que corresponda a essa impressão.

Julgamentos de assassinato são, a meu ver, uma forma de teatro social catártico. O réu no banco dos acusados, a família da vítima na plateia e a tese de acusação apresentada depois que todas as provas admissíveis tenham sido aceitas. É o teatro da corte, com suas togas e perucas, a forma como a sociedade traz ordem e encerramento a casos como esse, que envolvem tanto caos e crueldade? Isso ajuda a família da vítima ou aumenta sua angústia? Muitas vezes me fiz essas perguntas.

Com um caso psiquiátrico como esse, a única evidência de defesa seria apresentada por Ian e por mim, já que os fatos do caso da acusação para o crime de homicídio já tinham sido aceitos. A pergunta para o júri não era "Quem?", mas, sim, "Por quê?". A promotoria contratou um de seus especialistas psiquiátricos favoritos para refutar nosso argumento, sendo isso o que chamamos de "responsabilidade diminuída contestada". O perito da promotoria era muito confiante em plenário, mas tinha o irritante hábito de se dirigir ao júri como se fosse um advogado, e não um perito imparcial.

Ian e eu assistimos à última manhã das provas da acusação. Pouco antes do recesso da hora do almoço, eu estava no banco das testemunhas prestando juramento.

Primeiro, havia o interrogatório, ou exame direto, as perguntas fáceis feitas pelo advogado de defesa e defendem a tese do meu parecer. Eu, então, tive de me preparar para o contrainterrogatório, ou exame cruzado, as perguntas feitas pela acusação que refutam meu parecer com base na opinião do especialista oponente. Ao longo dos anos, aprendi a antecipar prováveis linhas de questionamento ao escrever os relatórios, mas é sempre uma tarefa tensa e desafiadora — um pouco como um exame oral na faculdade de medicina com todas as suas férias de verão em jogo (a reprovação no exame significava que você teria de estudar durante as férias para se preparar para a prova de recuperação em setembro).

"Doutor, o senhor diz que, na época dos fatos, o réu sofria de uma anormalidade mental."

"Sim."

"Doutor, posso pedir que nos ajude? O que é a 'mente' e o que exatamente o senhor quer dizer com 'uma anormalidade da mente'? Pode explicar isso ao júri?"

Certa vez, me encolhi só de observar um especialista incapaz de responder que isso havia sido definido em 1960 em um caso anterior, Coroa versus Byrne. Como Watson, Byrne havia matado uma jovem e mutilado seu cadáver, e tinha um histórico de "desejos violentos". O Tribunal de Apelação decidiu que a mente deveria ser entendida como as atividades mentais em todos os seus aspectos, denotando não apenas a percepção de atos físicos, mas a capacidade de formar um julgamento racional quanto a certo ou errado. A mente também incluiria a capacidade de exercer força de vontade para agir da maneira que tal julgamento racional sugeria. Os juízes do Tribunal de Apelação também disseram, com uma circularidade confusa, que uma anormalidade mental deve ser tão diferente do normal, que uma pessoa razoável a chamaria de anormal.

Por outro lado, uma definição psiquiátrica de "mente" consideraria que ela está localizada dentro da estrutura física e química do cérebro. A função da mente incluiria a percepção — como ver, ouvir, cheirar —, o processamento de sentimentos e emoções, além de consciência, linguagem, memória e raciocínio. A mente nos permite imaginar, reconhecer e apreciar, e é ela que armazena nossas crenças, atitudes e esperanças e permite que formemos um julgamento racional. São questões complexas, mas um psiquiatra que compareça ao banco das testemunhas para opinar sobre a mente de um assassino sem tê-las considerado de antemão terá dificuldade em persuadir um juiz ou júri de que possui a perícia necessária. Pode parecer incrível, mas acontece.

A psiquiatria forense na arena jurídica envolve o mapeamento de conceitos psiquiátricos contemporâneos em definições jurídicas misteriosas e muitas vezes desatualizadas — um exercício intelectual desafiador para qualquer especialista, mas principalmente em uma ciência inexata como a psiquiatria, já descrita por Nigel Eastman, professor de psiquiatria forense da Universidade de St. George's, como jogar críquete com uma bola de rúgbi.[21]

Meu testemunho foi interrompido pelo almoço. No Old Bailey, os juízes são tratados como *My Lord*, não como Meritíssimo, pois, embora sejam juízes de primeira instância, recebem o título honorífico de um juiz de alta corte. O magistrado me lembrou, um tanto severamente, de que não deveria discutir meu depoimento com ninguém durante o intervalo, pois eu ainda estava sob juramento. Não havia possibilidade de que os advogados aparecessem para treinar seu especialista. Então, embora tentado pelos bares de sushi e bistrôs localizados ao lado do fórum, optei por um sanduíche de pão integral e queijo processado na cantina do terceiro andar — uma chance de reler meu relatório e me preparar para as perguntas que viriam, muitas das quais tentariam minar minha experiência, bem como minha análise das evidências.

Quando a apresentação da defesa termina, o perito da promotoria tem a última palavra na "refutação" da defesa psiquiátrica. Nos EUA, os promotores podem empregar um "especialista em refutação de atenuantes da pena de morte" para contestar qualquer tentativa psiquiátrica de evitar uma injeção letal. Esse é um dilema ético que estou feliz por não ter de enfrentar.

O especialista da promotoria usou uma tática inteligente extraída da técnica da sociedade de debates estudantis. Ele concordou com quase todos os pontos em nossos relatórios, mas, tendo concordado com o diagnóstico, argumentou que, se a gratificação sexual era considerada parte do crime, então o júri deveria considerar isso como um comportamento intencional, e a responsabilidade não deveria ser diminuída de forma alguma, apesar da anormalidade mental. Esse estratagema calculado permitiu que o especialista da promotoria evitasse ter de argumentar contra nosso diagnóstico cuidadosamente considerado. Também evitou a questão central, a saber: o estado mental anormal explica o assassinato?

A segunda parte da defesa contra homicídio, que questiona se houve um comprometimento substancial da responsabilidade criminal, é uma questão moral, não médica. Sempre evitei opinar sobre responsabilidade, a menos que fosse muito pressionado por um juiz para uma resposta. Mesmo assim, eu diria que cabe ao júri julgar: "*My Lord*, eu argumentaria que a anormalidade mental foi capaz de prejudicar substancialmente a responsabilidade, mas se ela realmente prejudicou a responsabilidade no momento dos fatos é uma questão não para mim, mas para os julgadores — esta corte de justiça e, em última análise, vocês, os membros do júri". Watson foi condenado por assassinato com um veredito unânime.

Reproduzimos uma parte da entrevista em que ele começou a chorar. Pelo que ele disse durante nossas sessões, todos concordamos que estava chorando por si mesmo, e não por sua vítima. A sentença: prisão perpétua com um mínimo de 25 anos antes da primeira revisão da liberdade condicional.

Anos mais tarde, durante uma revisão de caso arquivado, Watson seria condenado por duas agressões sexuais graves e um estupro especialmente violento que ocorreu no período anterior a esse último estupro seguido de assassinato. Fazia sentido para mim, já que uma escalada tão repentina para um assassinato sexual parecia algo extremo na época.

Quando fiz minha pergunta final na entrevista original com Watson, estava pensando em seu regime em Belmarsh. Ele era mantido em segurança máxima — em outras palavras, em uma cela sozinho para sua própria proteção, vinte horas por dia atrás das grades, comida servida em uma bandeja, sem luz natural, caminhadas no pátio sem companhia, revista de cavidades corporais antes e após cada visita legal, ligações telefônicas restritas e monitoradas, sem álcool ou drogas e comida bastante horrível. Perguntei como ele estava lidando com tudo isso. Ele sorriu e disse: "Estou bem, doutor. É aquecido, e me sinto muito seguro aqui. Finalmente sinto que estou no lugar certo".

O julgamento de Watson foi concluído em 2004, mas tive de esperar até 2005 para a publicação da sindicância do caso Hardy. O atraso inevitável começou a consumir o prazer dos dias mais ensolarados enquanto esperávamos pelo nosso veredito.

Quando a decisão finalmente saiu, não pude comparecer à coletiva de imprensa — isso seria demais. Mas, enquanto dirigia por Muswell Hill em uma manhã clara, ouvi notícias no rádio, e nos jornais do dia seguinte uma manchete anunciava: "Psiquiatras exonerados na sindicância do caso do Estripador de Camden".

O inquérito concluiu que Hardy não poderia ter sido detido por mais tempo sob a Lei de Saúde Mental com base no que os profissionais de saúde mental sabiam no momento de sua liberação. A acusação original de assassinato de janeiro de 2002 havia sido retirada, então os dois psiquiatras que o avaliaram na prisão de Pentonville estavam corretos em mandá-lo para o hospital psiquiátrico. Ele foi tratado com base no fato de ter cometido danos criminais enquanto bebia muito, e, dado seu histórico de transtorno bipolar, um período no hospital psiquiátrico foi considerado uma opção melhor do que ser liberado direto da prisão.

Uma vez no hospital, ele havia cooperado com o tratamento, inclusive tomando lítio para seu transtorno bipolar, e concordou em participar do serviço comunitário de drogas e álcool para tratar seu consumo de bebidas. Ele estava no hospital há vários meses e não apresentava comportamento perturbado. Os motivos de sua detenção foram examinados por um painel independente, e eles tiveram de julgar se mais confinamento era "necessário para a saúde ou segurança do paciente" e/ou se era necessário "para a proteção de outras pessoas", já que o tratamento "não pode ser fornecido a menos que ele seja detido com base nesta lei".

Com o ônus da prova desses exames recaindo sobre o hospital, e como Hardy havia concordado com o tratamento e acompanhamento comunitário, não havia como mantê-lo encarcerado. Sobre a indicação de multiagências ou

Mappa, isso era muito novo e seus delitos eram de nível muito baixo, não o qualificando para o Mappa (que exige delitos mais graves).

O considerável desconforto da equipe que trabalhou com Hardy surgiu do fato de que a morte de Rose White aconteceu em circunstâncias inexplicáveis e da percepção de que Hardy não era confiável, era manipulador e emocionalmente distante. Em outras palavras, ele deixava as pessoas "assustadas" — o que não é suficiente para deter alguém, obviamente.

A sindicância não encontrou evidências de negligência e disse que seu transtorno bipolar não contribuiu para os assassinatos. Também descobriram que a detenção adicional, em um hospital psiquiátrico sob a Lei de Saúde Mental, não teria reduzido o risco de cometer assassinato. O presidente da sindicância, Robert Robinson, reconheceu que isso não trouxe conforto para as pessoas que queriam a certeza de que tais eventos não aconteceriam novamente.

Claro, agora sabemos que Hardy era de fato um sádico sexual frio e devia estar entre o primeiro e o segundo assassinato, em uma série de três, quando foi admitido no St. Luke's. Ele não tinha "a loquacidade e o charme superficial" de um assassino psicopata como Andrew Cunanan ou Ted Bundy, mas sua natureza não confiável e manipuladora significava que a entrevista psiquiátrica padrão provavelmente nunca revelaria o quadro completo. A única maneira de seu verdadeiro diagnóstico emergir seria com base no fato de seu comportamento ser identificado corretamente pelo sistema de justiça criminal. Em outras palavras, os assassinos em série não admitem o que fizeram, a menos ou até que sejam pegos.

Na época, também havia um debate sobre se os psicopatas poderiam ser tratados, mesmo que Hardy tivesse sido diagnosticado. A Lei de Saúde Mental foi reformada, em 2007, para resolver isso, a fim de incentivar melhores tratamentos hospitalares para transtornos de personalidade mais benignos. Mas, para os psicopatas no extremo grave do espectro, as unidades hospitalares para transtorno de personalidade grave e perigoso (TPGP) foram todas abandonadas posteriormente, pois pelo menos metade dos psicopatas se recusava a participar da terapia, muito menos fazer qualquer progresso. Eles também são hábeis em colocar uma fachada falsa e "pseudocooperar", é claro. A gestão desse grupo foi, nos últimos anos, transferida de volta para o sistema prisional de alta segurança, em locais como a prisão de Whitemoor.

Tudo se resumia à autópsia imprecisa e negligente. Se ela tivesse sido feita corretamente, Hardy estaria cumprindo prisão perpétua, com pena mínima de pelo menos quinze anos antes de poder pedir a condicional, e não teria ficado livre para matar suas outras duas vítimas mais tarde naquele ano. Então, para mim, foi um alívio, depois de quase três anos de tensão. Eu poderia esquecer Hardy. Mas ele deixaria uma marca indelével na minha prática pelo resto da minha carreira. Cada caso exigia uma reflexão sobre o pior cenário, e a necessidade de antecipar todos os resultados possíveis significava que a questão "O que eles diriam em uma sindicância de homicídio?" tornou-se um refrão comum quando eu considerava se deveria tomar ou não um determinado curso de ação.

Hardy provavelmente canalizou seu ressentimento, sua misoginia e sua impotência diabética para o sadismo sexual, humilhação e assassinato. O assassinato e o descarte do corpo faziam parte de uma necessidade perversa e sádica de exercer controle sobre a vida e a morte. A depressão e o transtorno bipolar tinham sido uma pista falsa, e, de qualquer forma, a indicação de problemas psiquiátricos relevantes no momento do crime foi evitada por sua confissão de culpa pelos três assassinatos.

Mas os diagnósticos psiquiátricos e as tipologias da cena do crime ainda são apenas descrições da vida interna e das ações criminosas de nossos sujeitos. Apesar dos avanços da neurociência, da psiquiatria forense e da criminologia, sempre lutaremos para dar sentido a crimes terríveis como os de Hardy. Mais recentemente, um número cada vez maior de homens tentou evitar a condenação por homicídio alegando que a morte resultou de sexo violento que saiu do controle. Mas você não pode consentir com sua própria morte. A alegação implausível de Hardy foi de que suas vítimas morreram sufocadas sob o peso de seu corpo depois que ele adormeceu, nos restando apenas especular sobre sua verdadeira motivação e comportamento. Ele provavelmente levará todos os detalhes do que fez para o túmulo.

Homicídio psicótico

Estudo de caso: Daniel Joseph

Um fio de sangue venoso vermelho corria por seu antebraço para ser absorvido pela gaze branca estéril. Usando luvas cirúrgicas, limpei mais sangue e continuei a costurar a pele com fios de seda 3-0 em uma agulha. Cheryl, a paciente, havia usado uma lâmina de barbear para fazer dois extensos ferimentos ao longo do antebraço esquerdo. Os cortes eram limpos e profundos, atingindo a gordura subcutânea amarela por baixo.

O ano era 1998 e estávamos na Unidade de Recuperação de Crises do Hospital Bethlem Royal. A missão da unidade era gerenciar aqueles que repetidamente se automutilam, muitas vezes sendo diagnosticados com um transtorno de personalidade limítrofe. A maioria dos pacientes da unidade tinha história de abusos na infância. Desenvolvida pelo dr. Michael Crowe e pela enfermeira consultora Jane Bunclark, a unidade usava uma nova abordagem: em vez de tentar prevenir fisicamente comportamentos repetitivos, não suicidas e de autoagressão, o objetivo do tratamento era reforçar o autocontrole.[1] Isso significava que, ao contrário de muitas unidades psiquiátricas padrão, os instrumentos cortantes não eram escondidos e tratados como contrabando. Em vez disso, os pacientes tinham acesso a lâminas de barbear estéreis (e até, em uma ocasião, soda cáustica), o que, por sua vez, significava que era um procedimento padrão para o psiquiatra júnior (ou "especialista", como éramos chamados naqueles dias) suturar qualquer ferida. Como único psiquiatra ou médico de qualquer tipo no plantão noturno, era meu trabalho lidar com problemas médicos e psiquiátricos fora do expediente. Minha experiência recente em pronto-socorro provou ser mais útil do que minhas habilidades psiquiátricas incipientes a esse respeito.

Quanto à automutilação, nos pediram para não recompensar o comportamento, mas também não puni-lo. Em outras palavras, você não pode ser muito consolador e, portanto, fornecer atenção positiva, enquanto, por outro lado, não pode ser excessivamente severo e desdenhoso. Isso ocorre porque os motivos para a automutilação são complexos: o derramamento de sangue, a experiência da dor, o desejo de punição e a resposta dos outros podem ser "reforçadores". Em vez disso, o que era necessário era uma abordagem "Cachinhos Dourados" ou "na medida certa", o que significava manter uma atitude calma e neutra enquanto reparava diligentemente o dano causado.

Preparei mais 5 ml de lidocaína e avisei Cheryl que ela sentiria uma picada forte enquanto eu injetasse o anestésico local ao redor do segundo ferimento. Fiz uma pausa para deixá-lo agir e, então, em uma atmosfera de silêncio calmo, dei oito pontos no segundo ferimento e limpei o sangue fresco. A enfermeira me ajudou borrifando um pouco de iodopovidona e colocando curativos estéreis. Cheryl sorriu e me agradeceu pela sutura. Fiz o melhor que pude para manter minhas feições neutras. Nenhum sinal de exasperação. Nenhuma tentativa de consolá-la.

Concluído o procedimento, saí da enfermaria — era uma unidade aberta, sem portas — e voltei para o carro disponibilizado para o médico de plantão, um Nissan dilapidado com uma alavanca de câmbio defeituosa e um kit de ressuscitação completo, incluindo desfibrilador, no porta-malas.

Era uma noite úmida e fria, então limpei o interior embaçado do para-brisa, puxei o afogador e liguei a ignição. Eu tinha mais algumas chamadas para atender antes de terminar e segui pela estrada interna do hospital, mantendo o limite de velocidade de 24 quilômetros por hora. Uma raposa passou correndo pela frente do carro enquanto eu pegava uma estrada lateral para o estacionamento da unidade de segurança média, minha última chamada da noite. Ao meu redor, o hospital estava quieto.

O Bethlem também é conhecido como St. Mary of Bethlehem. E talvez mais ainda como Bedlam. Sem dúvida você conhece o nome. Outrora o arquétipo da desumanidade da era dos manicômios inspirou a obra de William Hogarth, *The Madhouse*, a tela final da série *The Rake's Progress*, que por sua vez inspirou o filme de Boris Karloff *Ironia do destino*, de 1946. Em 1998, o hospital acabava de comemorar seu 750º aniversário. O Bethlem foi fundado em 1247, sediado em Bishopsgate, fora dos muros da cidade de Londres, depois mudou-se para Old Street, Moorfields, no século XVII. Uma nova mudança no início do século XIX levou-o a St. George's Fields, em Southwark (agora o Museu Imperial da Guerra). Uma ala do prédio de Southwark tornou-se o primeiro manicômio para criminosos, depois separado e transferido para Broadmoor. A transferência mais recente de Bethlem para terrenos espaçosos (com áreas gramadas ao ar livre, um pomar e até um campo de críquete) perto de Beckenham, em Kent, foi em 1930. Mais tarde foi vinculado ao Hospital Maudsley e evoluiu para um hospital psiquiátrico moderno e de ponta, com centros nacionais de excelência, e a unidade forense foi a mais recente adição. Nem todas as mudanças são para melhor, no entanto. Durante uma expansão em 1999, brigas e rivalidades levaram o nome Bethlem, que já tinha 752 anos, a ser trocado pelo insosso "South London". Imagine o Hospital Johns Hopkins sendo renomeado como "East Baltimore".

Ainda assim, o passado notório do hospital é lembrado nas estátuas de Caius Gibber que retratam a loucura "delirante" e "melancólica". Elas já enfeitaram a entrada do hospital; agora estão preservadas no museu interno.

Chamadas para o médico de plantão podem ser para qualquer lugar de Bethlem: por exemplo, para lidar com pacientes como Cheryl na Unidade de Recuperação de Crises, ou para a Unidade Nacional de Psicose, uma ala aberta que lida com casos de esquizofrênicos resistentes ao tratamento, encaminhados de todo o país. Ou eu poderia ser chamado para uma das outras unidades especializadas: dificuldades de aprendizagem, fobias, desintoxicação e recuperação de álcool (há muito tempo fechada por cortes no orçamento para tratar adições), problemas de adolescentes e transtornos alimentares, que teve um programa intensivo para anorexia e bulimia com risco de vida. A maioria dos pacientes era livre para ir e vir como quisesse, pois, em geral, era mais provável que representassem um risco para si próprios do que para outros. Minha última ligação da noite foi para a unidade forense de segurança média, a Denis Hill, um prédio novo do final dos anos 1980, onde eu deveria redigir algumas prescrições repetidas. Toquei a campainha e uma enfermeira me deixou passar por portas duplas de vidro pesado. A enfermaria, que tinha 24 quartos em dois corredores, estava estranhamente quieta. Apenas alguns pacientes estavam assistindo à TV tarde da noite na sala de estar comum. Os pacientes forenses, depois de estabelecido o tratamento e com foco na reabilitação, geralmente estão encaminhados e fazendo o possível para seguir em frente com suas vidas (até que não estejam, é claro, e então é realmente um caos). E, assim, nessa noite tudo estava calmo. A área de cuidados intensivos, ou de desescalada (uma parte separada da enfermaria onde um paciente perturbado pode ser tratado longe dos outros), e a sala de reclusão estavam vazias.

Passei alguns minutos preenchendo dois prontuários e cruzando registros médicos para verificar um plano de tratamento. As anotações dos casos dos pacientes eram mantidas em fichários com apontamentos manuscritos — lombadas vermelhas para períodos de internação e lombadas azuis para períodos ambulatoriais. Nas unidades forenses, os arquivos tendiam a ser volumosos, mas bem organizados, com um histórico detalhado e uma análise do crime mais significativo que levou à internação psiquiátrica — que nós e nossos pacientes chamamos de "crime índice". Foi essa abordagem rigorosa da avaliação que me atraiu para a psiquiatria forense, além da atitude digna das enfermeiras seniores, que pareciam serenas diante do comportamento perturbado. Isso contrastava com a atmosfera caótica das enfermarias para pacientes psiquiátricos em internações de curto prazo, onde uma agressão ocasional perpetrada por um paciente parecia causar pânico desnecessário.

Terminadas as minhas tarefas da noite, voltei para os espartanos aposentos de plantão do hospital, um apartamento de um quarto com uma pequena cozinha e sala de estar. Comparado a uma noite movimentada em um hospital geral, era normalmente bem tranquilo no Bethlem depois da meia-noite. A menos que houvesse algum comportamento perturbador que exigisse tranquilização rápida ou uma emergência médica aguda, havia uma perspectiva razoável de dormir algumas horas.

Limpei as sobras do curry que havia comido. Como a cantina tinha fechado, lamentei a escolha do frango jalfrezi extra-apimentado, que tinha trazido da casa de curry perto de West Wickham. Eu sabia que meu estômago reclamaria no dia seguinte. Tentei dormir um pouco, ainda ligado pelo excesso de café que me ajudava a aguentar a jornada de trabalho de quinze horas, mas devo ter cochilado.

Acordei com um sobressalto. O porteiro informava que eu deveria me dirigir à unidade forense o mais rápido possível. Eu nem pensei no carro, apenas vesti a roupa e corri.

Estava quase na hora de entregar o bipe para o médico que assumiria o plantão, mas essa chamada era minha. Ao passar pela entrada, vi que todos pareciam muito tensos e ouvi gritos vindos da área de desescalada. Tinha um banco baixo de madeira preso firmemente com parafusos de latão, móveis macios e uma televisão atrás de uma tela resistente de Perspex. Sylvia, a enfermeira responsável pelo plantão, disse que um paciente havia sido transferido algumas horas antes da UTIP (unidade de terapia intensiva psiquiátrica) de baixa segurança do hospital principal, o Maudsley, em Camberwell.

Os detalhes do delito do paciente eram escassos nessa fase, mas esses terríveis eventos são descritos em detalhes no relatório da sindicância independente, e vou resumi-los aqui. Por volta das 7h45 da manhã de quinta-feira, 22 de janeiro, Daniel Joseph, dezoito anos, havia chutado a porta do apartamento de sua amiga Carla Thompson, invadido o quarto onde ela dormia e a arrastado para fora pelos cabelos. Ele começou a espancá-la severamente, quebrando todo o apartamento durante a luta, batendo a cabeça dela contra o aquecedor e o batente da porta, chutando sua cabeça e pisando nela. Durante a selvageria, ele tentou incendiar o cabelo dela, mas não conseguiu, então, em vez disso, enrolou uma corda em volta do pescoço da vítima e a arrastou para fora do apartamento, que ficou todo ensanguentado, até o estacionamento do lado de fora.

Lá, ele pegou um pedaço de madeira e quebrou várias janelas de carros antes de jogar um tijolo na janela da cozinha do apartamento de Agnes Erume, de 53 anos. Ele então entrou no apartamento de Agnes e a arrastou para fora, descendo os degraus. Ele a deitou ao lado de Carla e amarrou as duas mulheres pelo pescoço, continuando a chutar e pisar nelas muito tempo depois de já estarem inconscientes.

A essa altura, vários policiais chegaram ao local e Daniel assumiu posturas de kung fu na frente das mulheres. Os oficiais usaram gás CS, mas parecia não ter efeito. Com reforços chamados, os policiais avançaram sobre Daniel enquanto ele subia no capô de um carro e batia no peito "como Tarzan", depois pulou e começou a atirar objetos neles. Ao todo, eles levaram mais de vinte minutos para dominá-lo e colocá-lo em uma viatura da polícia.

Vinte e uma horas depois, Carla Thompson morreu em decorrência dos mais de cinquenta ferimentos. Agnes Erume, embora inicialmente não se esperasse que sobrevivesse, teve uma recuperação notável e, felizmente, não se lembra de nada sobre o ataque.

Normalmente, após um homicídio, o preso é detido pela polícia durante a noite, comparece em juízo pela manhã e é encaminhado sob custódia para um presídio de categoria B, onde pode ser feita uma avaliação psiquiátrica. Mas este já era um cenário inusitado. Sylvia disse que eles queriam que eu fosse com a equipe de resposta para administrar uma rápida tranquilização, pois o paciente estava agitado e irracional.

A tranquilização rápida só é usada em último caso, quando a segurança e a saúde do paciente são primordiais. Este parecia ser o caso. Solicitei que um kit padrão de tranquilização rápida fosse preparado, incluindo uma agulha-borboleta, algodão com álcool, duas seringas de 10 ml e vários frascos de Diazemuls (uma forma branca, leitosa e injetável de diazepam que não usamos mais em psiquiatria) e haloperidol, um antipsicótico que pode ser administrado por via intramuscular ou, na época, por via intravenosa.

Quando tínhamos tudo pronto, informamos a equipe de resposta (convocada de outras alas) sobre o plano de ação. A contenção tem má fama e, se for utilizada, deve ser rigorosamente monitorada e revisada, preferencialmente por câmeras de circuito interno. As técnicas, denominadas PMVA (prevenção e manejo da violência e agressão), visam conter o paciente de forma controlada, segura e humanizada por apenas alguns minutos para permitir a administração de medicamentos de emergência ou a transferência para isolamento.

Estávamos prontos para entrar quando as duas enfermeiras que observavam Joseph saíram, batendo a porta atrás delas. Espiei pela escotilha de observação de vidro e dei minha primeira boa olhada nele. Um jovem musculoso e de constituição forte, com dois metros de altura, ele estava empenhado em tentar arrancar uma das ripas de madeira do banco. Tentando até conseguir destruí-lo, ele facilmente arrancou os pesados parafusos de latão e, então, começou a quebrar a cobertura até então tida como inquebrável sobre a tela da TV embutida na parede. Havia uma preocupação real de que ele pudesse se machucar, mas também de que fosse capaz de sair da área de terapia intensiva e nos atacar.

Nesse momento, ouvi sirenes e nos informaram que a polícia de choque havia chegado. A caminho do estacionamento, vi policiais saindo de três vans e colocando seus equipamentos. Falei com o sargento responsável, que me disse que eles já tinham sido chamados duas vezes, uma no momento da prisão e a segunda depois que Joseph tinha começado a destruir a ala de baixa segurança.

Atrás das vans do choque havia um carro da polícia e outra van, com um adestrador de cães e dois policiais armados, cada um carregando uma Glock e uma Heckler & Koch mp5 de 9 mm. "Se ele passar por nós, não passará por aqueles dois", explicou o sargento, notando meu olhar cauteloso.

A essa altura, isso era claramente um incidente sério e, claro, vi meu chefe entrando no estacionamento. O dr. David Mottershaw era experiente, decidido e sensato – um homem de Lancashire com seu típico sotaque. Ele tinha sido informado da situação a caminho do trabalho e se juntou ao nosso grupo, informando-me que o caso já estava sendo discutido pela cúpula do hospital. Dada a perturbação desse paciente, ele claramente precisava ser mantido em uma instalação de segurança máxima, e o Hospital Broadmoor, em Berkshire, já havia concordado em aceitá-lo sem o longo procedimento de encaminhamento habitual.

Enquanto eu discutia a situação com o dr. Mottershaw, chegou uma ambulância. O sargento do choque e o comandante de estratégia da polícia se juntaram a nós para elaborar um plano. Como Joseph agora usava ripas de madeira extraída do banco como arma, a PMVA era muito arriscada, então foi decidido que o choque nos ajudaria a conter o paciente com seus escudos. Tentaríamos sedá-lo e, se conseguíssemos isso com segurança, pensaríamos nos aspectos práticos de uma transferência para a alta segurança.

Enquanto isso, Joseph continuava destruindo a área de terapia intensiva e, depois de alguma demora para a decisão de como proceder, o dr. Mottershaw estava ficando impaciente. Ele disse ao sargento que eles precisavam entrar rapidamente porque havia uma preocupação real de que Joseph pudesse tentar o suicídio. O sargento pediu ao dr. Mottershaw que informasse sua equipe sobre o que esperar, e os policiais do choque se reuniram em um grupo de ação, com cerca de trinta homens equipados com capacetes táticos, viseiras, protetores de perna e escudos antimotim.

David Mottershaw olhou para eles e, em seu estilo tipicamente direto, disse: "Ele tem dois metros, é lutador e fisiculturista, e está completamente louco. Provavelmente vai pensar que vocês vieram para matá-lo e ainda por cima é surdo, então nem precisam tentar argumentar com ele. Basta colocá-lo no chão com seus escudos. Vamos sedá-lo e tirá-lo de lá".

Eu podia ver os olhares arregalados dos policiais sob as viseiras. Não era um cenário comum de tumulto; estava claramente fora da zona de conforto deles.

A capacidade de um psiquiatra de colocar agulhas-borboleta, cânulas e drogas intravenosas no lugar certo diminui rapidamente a cada ano longe da medicina "real". Percebi, quando o dr. Mottershaw disse aos oficiais "vamos sedá-lo", que ele realmente estava falando que *eu* iria fazer isso.

Todos os outros pacientes foram escoltados para outras enfermarias, de modo que a tropa de choque passou pela entrada, que havia sido aberta, movendo-se como uma falange de legionários romanos até que estivessem do lado de fora da porta. Uma enfermeira os aguardava com a chave e, após uma rápida contagem regressiva previamente combinada, a porta foi aberta.

Os oficiais entraram com os escudos erguidos, gritando para Joseph se deitar, evidentemente esquecendo o que o dr. Mottershaw lhes dissera. De qualquer forma, eles devem ter sido uma visão aterrorizante, pois o jovem foi rapidamente subjugado. Alguns gritos e grunhidos abafados depois e os oficiais estavam gritando: "Médico!".

Era eu. Entrei e vi Joseph no chão com seus antebraços musculosos duplamente algemados atrás das costas e me ajoelhei para administrar a injeção. A técnica de sedação intravenosa envolve passar álcool para esterilizar a pele. Com uma agulha-borboleta verde calibre 23, uma veia adequada deve ser encontrada no antebraço. O êmbolo da seringa é então retirado para obter um refluxo de sangue e verificar se a agulha está no lugar certo. O Diazemuls pode então ser injetado lentamente enquanto a frequência respiratória e o pulso são monitorados.

Diazemuls é um sedativo normalmente conhecido como Valium em sua forma oral, mais familiar, e é do grupo das drogas psicoativas conhecidas como benzodiazepínicos. Administrado por via intravenosa, pode induzir sedação e semiconsciência com uma dose de 5 a 10 mg em idosos ou doses mais altas em um adulto jovem. Trabalhando na Austrália, certa vez administrei mais de 100 mg a um enorme jogador de rúgbi que estava sofrendo de uma recaída bipolar sob efeito da cocaína e que precisou que a polícia montada efetuasse sua prisão em Manly Beach e o transferisse para a Ala Leste do Hospital Manly. Hoje em dia, por razões de segurança, injetamos no músculo, mas na década de 1990 era prática padrão injetar por via intravenosa. Como também era prática padrão, segui com 10 mg de haloperidol (novamente, por via intravenosa), com o objetivo de proporcionar um efeito calmante mais duradouro e uma redução dos sintomas psicóticos, como a paranoia.

Logo Joseph estava dormindo tranquilamente e, enquanto as enfermeiras monitoravam seu pulso e a frequência respiratória, saí para conversar com o dr. Mottershaw e o comandante de estratégia.

"Por quanto tempo ele vai ficar dormindo, doutor?", perguntou o comandante.

"Difícil dizer. Levará de quarenta minutos a uma hora até o efeito do Diazemuls passar."

"Então, qual é o plano depois disso?"

"Broadmoor o aceitou na alta segurança."

"Broadmoor está pronto para recebê-lo agora?"

"Sim, há um leito em Luton, a ala de admissões. Estamos autorizados a conduzi-lo direto pelos portões. Só precisamos levá-lo até lá em segurança."

"Certo", disse o chefe da polícia, "vamos levá-lo para Broadmoor, mas quero que o choque e um veículo de resposta armada fiquem conosco caso ele acorde."

Ficou combinado que Julie, uma enfermeira sênior, e eu iríamos na ambulância com Joseph em uma maca. Tínhamos dois oficiais de choque na ambulância conosco, e os outros seguiriam em vans.

Joseph foi colocado na ambulância pelos paramédicos, ligado a um oxímetro, monitor cardíaco e de pressão arterial, dormindo pacificamente e, portanto, não foi algemado. Peguei uma pequena bolsa com medicação extra e amarrei o cinto de segurança para a viagem. Um carro de polícia liderava o comboio, uma coluna de seis veículos, incluindo a van de resposta armada, a ambulância e as viaturas do choque, e estávamos indo entre 130 e 140 quilômetros por hora, velocidade máxima para a ambulância. Eu tinha recentemente dirigido a Broadmoor para um seminário e levei uma hora e meia para chegar lá de Bethlem, mas naquele dia chegamos em quarenta minutos.

Quando chegamos, os portões se abriram e estacionamos ao lado da ala de admissões. Os paramédicos levaram Joseph, ainda adormecido, sob a custódia de fortes enfermeiros psiquiátricos, vários deles tatuados e mais parecidos com jogadores de rúgbi. Eles, por sua vez, levaram Joseph para uma sala de admissão limpa, segura e completa, com cama, vaso sanitário e pia, e sem objetos pontiagudos ou algo que pudesse ser usado como corda. Lá ele foi colocado cuidadosamente na cama, e as enfermeiras monitoraram sua saúde física.

Depois da transferência, que durou cerca de meia hora, a equipe da ambulância concordou em nos dar uma carona para casa e voltamos pela A322 em direção ao entroncamento Bagshot com a M3, sentindo a tensão aliviar. Percebi que minha camisa estava encharcada de suor e meus pés doíam. Pela primeira vez naquele dia, comecei a sentir frio. Para piorar as coisas, a ambulância parou no acostamento da estrada por superaquecimento. Por sorte, as três viaturas da tropa de choque vieram pelo mesmo caminho e de pronto nos ofereceram uma carona. Eles estavam comendo sanduíches e pastéis da Cornualha, bem-humorados após uma missão bem-sucedida. Assim, resgatados, voltamos a Beckenham ouvindo uma perseguição de carro no sul de Londres pelo rádio da polícia.

De volta à base, fui ao posto das enfermeiras para fazer o relatório e depois ao meu escritório para trabalhar em um resumo do caso para apresentá-lo aos colegas na revisão semanal na sexta-feira. Eu estava lutando para me concentrar e, quando os porteiros me ligaram para dizer que o médico de plantão queria a chave do apartamento, peguei minha mala e fui para Camden. Meu apartamento estava vazio, e eu me servi de uma grande taça de vinho tinto e me joguei no sofá, aliviado por meu agitado turno de 36 horas ter terminado sem um desastre. Mesmo assim, fiquei abalado ao digerir o impacto dos acontecimentos do dia, pensando nas consequências dos estados mentais anormais pelos quais eu estaria assumindo a responsabilidade.

Só então a adrenalina começou a diminuir e descobri que não conseguia me concentrar o suficiente para assistir ao noticiário. Sentindo-me desorientado, mas sem conseguir dormir, fiquei apenas olhando pela janela, perdido em meus pensamentos.

O dr. Mottershaw parecia tão calmo e imperturbável com tudo aquilo. Eu seria capaz de alcançar esse nível de confiança e experiência? Eu não teria a menor ideia do que dizer àqueles policiais de choque, mas ele foi direto e sucinto, disse a eles tudo do que precisavam saber para cumprir a tarefa, e Joseph foi transferido para o hospital psiquiátrico mais seguro de todo o país, sem ferimentos ou danos à equipe ou ao paciente. Eu ainda tinha muito a aprender.

Na manhã seguinte, os antecedentes completos do caso começaram a surgir. Daniel Joseph era surdo desde o nascimento. Após a interrupção de seus estudos, ele nunca desenvolveu adequadamente a fluência na língua de sinais, ainda tinha grandes problemas de comunicação. A história de vida conturbada de Joseph e o histórico de contato com serviços psiquiátricos antes e depois de matar Carla são narrados em detalhes no relatório da sindicância. Diagnosticado com transtorno bipolar, ele foi descrito por quem o conhecia como um menino simpático e amigável, embora de imensas proporções físicas — um gigante gentil que era bom ter por perto. Ele ficou obcecado por se tornar um lutador mundialmente famoso e, por meio de exercícios e dieta, aprimorou sua estrutura em um físico compatível com a luta livre profissional no mais alto nível. Mais recentemente, havia sofrido um colapso psicótico, durante o qual essas crenças irreais atingiram proporções delirantes e ele se convenceu de que poderia acabar com sua surdez, viver no mundo dos ouvintes e se tornar um lutador filiado à Liga Mundial de Wrestling.

Uma noite, ele levou uma mala e seu passaporte para uma luta da liga na London Arena na esperança de poder viajar de volta aos Estados Unidos com os lutadores. Quando foi escoltado para casa naquela noite pelos seguranças da Arena, ficou bravo com sua família, alegando que eles o impediram de ir para os EUA. As coisas pioraram e Joseph acabou jogando uma das pedras do meio-fio por uma janela da frente da casa; a polícia foi chamada e Joseph, tendo passado pelo psiquiatra dr. Peter Hindley, foi internado pela primeira vez.

Mais tarde, Joseph ficaria desapontado com a má coordenação dos serviços de saúde mental e surdez; de fato, uma sindicância subsequente estabeleceu as várias dificuldades de coordenar os cuidados psiquiátricos e a disponibilidade limitada de profissionais de saúde mental com conhecimento de língua de sinais.

Infelizmente, após um novo colapso psicótico, Joseph mudou-se para outro bairro do sul de Londres, coberto por outra equipe de saúde mental, e foi colocado em um albergue comunitário, que ele mais tarde optou por deixar. Ele fez amizade com Carla Thompson, uma ex-usuária de álcool e drogas (que pode ter tido problemas de saúde mental no passado). Carla encontrou a religião e acolhia vários jovens com problemas de drogas ou de saúde mental em seu apartamento de um quarto. Infelizmente, ela convenceu Joseph a parar com a medicação e usar a oração como substituta. Isso, em retrospectiva, foi um erro catastrófico e, em última análise, fatal.

Joseph estava dormindo no sofá dela por várias semanas quando, após ficarem preocupados com seu estado, os profissionais de saúde mental realizaram uma avaliação (infelizmente prejudicada pela chegada tardia do intérprete de língua de sinais, que recebeu o endereço errado). Essa avaliação descreveu as condições de moradia como desleixadas e sujas.

Enquanto isso, Joseph ficou brevemente na casa de outro amigo e, um ou dois dias depois, voltou ao apartamento de Carla por volta das 21 horas, quando houve uma discussão sobre se ele poderia ter engravidado uma jovem. De acordo com o inquérito, essa foi a última vez que os dois se falaram antes do ataque.

Assim que os oficiais do choque finalmente subjugaram Joseph após o ataque, ele teve os punhos e os tornozelos algemados. Em seguida, foi levado para a delegacia de polícia de Brixton e atendido por um médico de lá, que aplicou bandagens molhadas em seus punhos. Comunicando-se por meio de um intérprete, descobriu-se que Joseph estava ansioso e irritado.

Uma experiente inspetora-chefe, Sue Hill, foi chamada para lidar com a situação. Ela imediatamente percebeu que, apesar da seriedade de suas ações, Joseph era um jovem vulnerável que precisava de ajuda. Mais tarde, no inquérito, a inspetora-chefe Hill descreveu que Joseph parecia extremamente assustado. Decidiu-se por não interrogá-lo ou acusá-lo, mas providenciar a transferência dele para o hospital o mais rápido possível. Foram feitos vários telefonemas tentando encontrar um psiquiatra que fosse à delegacia, e, por fim, o especialista sênior de plantão (residente sênior, um nível abaixo de consultor) do Maudsley foi contatado pelo celular. A caminho do hospital para tratar de outro assunto, ele concordou em ir à área de custódia da polícia, onde decidiu recomendar que Joseph fosse admitido para uma avaliação mais aprofundada nos termos da Seção 2 da Lei de Saúde Mental do Reino Unido. Joseph foi colocado em reclusão em uma ala de baixa segurança para pacientes psiquiátricos com distúrbios agudos, a unidade de terapia intensiva psiquiátrica. Apesar dos melhores esforços dessa ala, onde os funcionários estão acostumados a comportamentos violentos e desafiadores, Joseph ficou tão agressivo, que a polícia de choque foi chamada pela segunda vez para transferi-lo para a Unidade Denis Hill, de segurança média, onde eu entrei em cena.

Joseph estava perturbado demais para ser levado ao Tribunal de Camberwell, e uma sessão especial foi convocada em Broadmoor. Lá, ele respondeu rapidamente ao restabelecimento de sua medicação e, após um pequeno incidente, voltou a ser o jovem envolvente e amigável que era antes do ataque.

Houve quatro sindicâncias locais e uma pública sobre seus cuidados. Foi reconhecido que ele havia sofrido uma recaída de transtorno bipolar, caracterizada por seus delírios de grandeza e seu comportamento agitado e agressivo. A sindicância apontou a falta de profissionais de saúde mental aptos a usar a língua de sinais e problemas na transferência de cuidados entre as diferentes equipes, um tema comum em sindicâncias de casos de homicídio. Várias recomendações foram feitas sobre cuidados de saúde mental para pessoas surdas.

Como era comum no final da década de 1990, tratava-se de uma revisão de avaliação, que buscava melhorar os serviços. A realidade, cerca de vinte anos depois, tem sido a fragmentação dos serviços comunitários de saúde mental, subfinanciamento e fechamento de leitos para internação de curta duração. Assim, apesar do trabalho de investigação confidencial sobre homicídios e suicídios de doentes mentais, e em um contexto de queda das taxas de homicídio em geral, a taxa de homicídios por pessoas com, por exemplo, esquizofrenia tem resistido aos esforços para reduzi-la. Parece que muitas das lições aprendidas com essas investigações foram ignoradas ou esquecidas. Com uma pressão cada vez maior para reduzir o custo dos serviços psiquiátricos, muitos dos leitos dos hospitais locais foram fechados. Esse é o tipo de unidade em que alguém como Joseph poderia ter sido ajudado em uma crise, mas essa é uma opção que frequentemente não está disponível.

* * *

Na psiquiatria, dividimos as principais doenças mentais em duas grandes categorias: transtorno bipolar (ou maníaco-depressivo, como costumava ser conhecido) e esquizofrenia, e temos feito isso desde 1899, quando a distinção foi definida pela primeira vez pelo psiquiatra alemão Emil Kraepelin, o pai da psiquiatria moderna.

Acontece que pesquisas genéticas recentes sugerem que essa separação precisa ser reconsiderada e, de qualquer forma, existe uma terceira categoria, chamada transtorno esquizoafetivo, que está entre as duas. Mas, até que as evidências das pesquisas se tornem mais claras e sejam traduzidas na prática clínica, continuamos a distinguir entre bipolar e esquizofrenia.

Na mania, você vê pensamentos acelerados, sono reduzido, euforia, bom humor contagioso e aumento da sociabilidade. Anos depois, na prisão de Holloway, avaliei uma dona de um pub com um longo histórico de transtorno bipolar, que cantava alegremente quando entrei na cela para entrevistá-la. Durante um episódio maníaco, bebendo muito e dançando de calcinha no jardim, ela deixou velas acesas em seu apartamento térreo. Uma delas caiu e o incêndio gerado atingiu e matou seu vizinho idoso do andar de cima, cujo cadáver carbonizado foi encontrado pelos bombeiros caído no vaso sanitário, resultando em acusações de homicídio doloso e incêndio criminoso para minha paciente. Descobriu-se que um psiquiatra contratado para fornecer atendimento de curto prazo (um substituto temporário) recentemente a tinha rediagnosticado com transtorno de personalidade e interrompido a prescrição de lítio — com consequências inevitáveis. (Eu mencionei que os psiquiatras muitas vezes discordam?)

O transtorno bipolar geralmente não está associado à violência e é compatível com uma vida profissional normal entre os episódios. Tornou-se até um diagnóstico da moda, principalmente em sua versão mais branda, Bipolar 2. No entanto, irritabilidade, desinibição e características de psicose, como delírios, podem resultar em comportamento imprudente com risco de vida ou violência, como foi o caso de Daniel Joseph.

Mas o que queremos dizer com "psicose" e como isso pode levar ao assassinato? "Psicose" é um termo abrangente que cobre qualquer transtorno mental grave em que o pensamento, as percepções e as emoções são tão prejudicados, que o contato com a realidade externa é perdido. A psicose é vista na esquizofrenia, mas existem outros transtornos que apresentam "psicose" ou "perda de contato com a realidade", como transtorno delirante, episódios psicóticos breves e psicose induzida por drogas. No entanto, o transtorno bipolar e a esquizofrenia são os que nos preocupam na maioria das vezes. Das duas, a esquizofrenia é a condição mais evidente entre os pacientes forenses, e, de fato, esse diagnóstico é encontrado em cerca de três quartos dos pacientes internados em nossas unidades seguras.

Assim como no transtorno bipolar, a maioria das pessoas que sofre de esquizofrenia não é violenta. É uma condição relativamente comum com uma prevalência de cerca de 0,7% da população adulta. A maioria das pessoas com a condição é mais propensa a ser vítima do que perpetradora de violência, além de ter um risco muito maior de suicídio. No entanto, vinte estudos realizados por Seena Fazel demonstraram que os psicóticos são dezenove vezes mais propensos a cometer um homicídio do que a população em geral.[2]

No passado, não conseguíamos concordar em como diagnosticar a esquizofrenia de forma consistente. Até o início da década de 1980, alguns dias ouvindo vozes podiam significar um diagnóstico. Hoje em dia está muito melhor definido. Por exemplo, um breve episódio de psicose não conta como esquizofrenia até que haja pelo menos seis meses de alteração no estado mental. Mas a esquizofrenia pode apresentar uma ampla gama de características em pessoas diferentes. Os primeiros episódios geralmente ocorrem no final da adolescência e início da faixa dos vinte anos, e é por isso que costumava ser chamado de "demência precoce" antes que o rótulo confuso de esquizofrenia fosse introduzido. (Confuso porque a esquizofrenia não envolve uma mente dividida, exceto no sentido de que a mente de uma pessoa pode operar de uma maneira muito diferente durante um episódio agudo do que quando mentalmente estável.) A doença pode começar repentinamente ou com um início insidioso e, muitas vezes, tem episódios repetidos, com declínio gradual no funcionamento social ao longo dos anos, embora alguns tenham uma boa evolução após um episódio psicótico e consigam se recuperar.

A esquizofrenia é definida por experiências e comportamentos anormais, como alucinações, delírios, pensamento e fala desorganizados, distúrbios comportamentais e sintomas negativos. As alucinações parecem reais para o indivíduo e as vozes podem comentar suas ações. Em alguns casos, podem dar comandos, que o sujeito pode decidir obedecer. Isso pode ter consequências alarmantes, por exemplo, quando os comandos alucinatórios são para matar. Delírios são crenças fixas que resistem ao convencimento e muitas vezes envolvem temas de perseguição, grandiosidade e religiosidade.

"Percepção delirante" é uma interpretação delirante de uma percepção normal (por exemplo, um carro piscando uma luz pode ser interpretado como indício de um sistema de vigilância). Isso pode ser precedido por um "humor delirante" (uma sensação de desconforto ou estranheza). Delírios sobre estar sob vigilância, ou sentir-se sob ameaça de ataque ou morte, podem resultar em retraimento e medo, ou levar a um comportamento agressivo de autodefesa. Há delírios de amor, ciúmes (de que falarei mais adiante) e identificação errônea (entes queridos substituídos por impostores). Delírios de ser alvo de vigilância ou controle mental são muito angustiantes e muitas vezes impactam o comportamento dos pacientes — por exemplo, incitando-os a prestar queixas e assediar as pessoas que eles acreditam que os estão perseguindo, ou levando-os a usar capacetes de proteção bizarros. Essas crenças às vezes são inofensivas e podem ocorrer como uma variante da psicose que chamamos de "transtorno delirante". Mas delírios de ser alvo também foram encontrados em perpetradores de incidentes de tiroteio em massa nos EUA, como Aaron Alexis, que atirou em treze pessoas no Washington Navy Yard acreditando estar sendo alvo de ondas de rádio de frequência ultrabaixa.

Alguns delírios podem ser horríveis, como acreditar que se foi vítima de experiências bizarras ou que teve órgãos internos retirados. Em um exemplo bizarro da vida imitando a arte, alguns acreditam que estão sendo levados à loucura por *"gaslighting"* (um termo adotado de adaptações cinematográficas da peça *Gaslight* de Patrick Hamilton). Membros da família igualmente iludidos podem alimentar ou reforçar delírios em um *"folie à deux"* (uma psicose compartilhada), enquanto as comunidades on-line podem validar as crenças de pessoas que compartilham delírios "grupais" em um *"folie à plusieurs"*. Na Unidade Nacional de Psicose, admitimos uma jovem cuja mãe psicótica a convenceu de que suas entranhas estavam apodrecendo. Separada de sua mãe, as crenças rapidamente se dissiparam e ficou claro qual delas realmente precisava de tratamento.

Os delírios bizarros e diversos fenômenos alucinatórios da psicose geralmente ocorrem em combinação, lançando a pessoa em um mundo estranho e assustador. Essa experiência angustiante provoca uma intensa resposta emocional. A mente delas está tão perturbada, que sua capacidade de raciocinar é prejudicada. Para ajudar a compreender, pense em uma espécie de *O show de Truman* invertido. Imagine que não houvesse show, mas que a imaginação iludida de Truman o levasse a interpretar a interferência no rádio ou o comportamento estranho de outros como prova de que ele estaria cercado de atores e sua vida estaria sendo controlada como parte de um reality show de TV. É assim que os delírios devem ser — para o paciente, eles podem ser tão assustadores quanto viver em um filme de terror.

As mudanças de comportamento podem incluir agitação, agressividade e catatonia. Sintomas negativos, como emoções embotadas, pobreza de fala (alogia) e impulso reduzido ou apatia, tendem a ocorrer mais tarde, após a psicose aguda ter diminuído com o tratamento.

Essas descrições da estranha experiência interna da psicose são difíceis de imaginar até que você as tenha ouvido em primeira mão. Quando comecei na Unidade Nacional de Psicose do Maudsley, atendi um paciente que descreveu a existência de microchips em seu carburador que ouviam seus pensamentos; um rapaz que acreditava ser um gato que foi atacado por Arfur, o leão, no zoológico de Londres; um jovem estudante que tinha dirigido em alta velocidade por uma rodovia para escapar de perseguidores; e, em um dia especialmente memorável, um paciente que chegou algemado, escoltado por três policiais rodoviários britânicos, com as roupas e o rosto cobertos de manchas de graxa preta. Acontece que ele havia saltado para os trilhos do metrô na estação Lambeth North em uma tentativa de suicídio à qual, milagrosamente, sobreviveu. Quando uma carta com uma hora marcada para uma consulta no ambulatório do Maudsley foi encontrada em seu bolso, os oficiais decidiram levá-lo até mim. Gravemente deprimido e psicótico, ele ouvira anjos chamando-o para "o outro lado". Fiquei tão preocupado, que consegui uma segunda opinião para interná-lo, para suas próprias saúde e segurança. Não achei que a viagem de metrô para casa fosse uma boa ideia.

À medida que comecei a ganhar experiência e a desenvolver algumas habilidades clínicas, senti um certo grau de euforia por ser capaz de lidar com situações como a dessa pessoa que quis pular na frente do metrô (assim como eu havia experimentado como médico ao fazer meu primeiro dreno de tórax ou um cateterismo). Rapidamente comecei a desenvolver esse sentido de reconhecimento de padrões, mantendo sempre em mente que cada caso é diferente, é claro.

O comportamento perturbado do ponto de vista psiquiátrico pode ser dramático e desconcertante para os membros da família que se deparam com isso pela primeira vez e depois acabam visitando um parente no Bethlem ou no Maudsley. Mas, para quem está tentando aprender psiquiatria, não há um lugar melhor para estar. Ao trabalhar em um centro de referência nacional, conheci um grupo altamente seleto de pacientes, expondo-me a toda a gama de fenômenos psicóticos ao mesmo tempo em que aprendia a lidar com crises psiquiátricas agudas nas horas livres na clínica de emergências. Essa clínica desempenhou uma função importante por fornecer um espaço seguro para avaliação cuidadosa, bem como por manter alguns dos doentes mentais agudos fora do pronto-socorro do Hospital do King's College do outro lado da rua (embora tenha sido fechado em 2007 por corte de custos).

Encontrei muitos outros exemplos bizarros, mas intrigantes, de psicose durante meus primeiros seis meses no Maudsley, e logo percebi que havia descoberto a especialidade médica que mais me agradava. Somado a isso, fui testemunha de profundas mudanças nas bases da prática e dos serviços psiquiátricos. No início da década de 1990, o foco da atividade de pesquisa e do financiamento de subsídios estava se afastando dos fatores ambientais e sociais da psicose para os genéticos e biológicos. Estava ficando claro que a esquizofrenia é um distúrbio de conexões neurais interrompidas (tecido cerebral), com fatores de risco genéticos e ambientais que influenciam o desenvolvimento do cérebro.

A partir de imagens cerebrais, descobrimos que há mudanças estruturais no córtex cerebral. Mas, assim como as imagens estáticas anormais, a imagem "funcional" consegue observar o cérebro enquanto ele funciona, escaneando pessoas enquanto realizam uma tarefa mental, como um cálculo. Esses exames funcionais encontraram mudanças na memória, na tomada de decisões e no processamento de emoções. Mas a esquizofrenia não se trata apenas de genes e da estrutura física do cérebro. Eventos estressantes da vida, uso de maconha ou ferimentos na cabeça podem levar alguém ao limite da psicose. Em outras palavras, a condição é uma combinação de natureza e criação, mas com maior inclinação à natureza do que outros transtornos mentais.

Então, como tratá-la? A resposta está principalmente no uso de medicamentos antipsicóticos desenvolvidos pela primeira vez na década de 1950 e aprimorados e refinados desde então. No entanto, eles não são isentos de efeitos colaterais, e o tratamento involuntário continua sendo uma questão espinhosa. Passo muito tempo com um paciente avaliando sua capacidade para entender os tratamentos oferecidos, e há salvaguardas limitadas caso ele não queira tomar a medicação.

É claro que, em um passado não muito distante, o tratamento psiquiátrico tinha uma péssima reputação graças ao uso de terapia do coma insulínico e psicocirurgia, conforme retratado no filme estrelado por Jack Nicholson, *Um estranho no ninho*. O problema era que a psicocirurgia (isto é, operar o cérebro, como a lobotomia feita no personagem de Nicholson) tinha benefícios incertos e podia ter efeitos colaterais terríveis.

Sei disso muito bem. Minha tia materna, Georgina, sofreu uma psicose pós-parto no final dos anos 1950. Ela foi hospitalizada e tratada com lobotomia frontal. Parece ter detido sua psicose, mas ela ficou com inibições sociais prejudicadas, um dos efeitos colaterais mais leves de danos cirúrgicos deliberados na substância branca frontal do cérebro, o que significava que muitas vezes ela precisava ser lembrada de não contar piadas pesadas na frente das crianças no Natal. Ela também não suportava ursinhos de pelúcia ou bonecas — algo que eu só entendi mais tarde.

As atitudes em relação à doença mental estão melhorando à medida que aumenta a conscientização pública, mas o estigma ainda perdura. A doença mental da minha tia, e de outros membros da família, não havia sido discutida abertamente entre nós, e, embora eu estivesse ciente de algumas partes da história, foi somente depois do início de meus estudos de psiquiatria que comecei a sondar os membros mais velhos da família para obter maiores detalhes. No geral, eles parecem ter achado catártico falar sobre doença mental de uma forma que antes era proibido.

Mas eu não estava no Maudsley para entender a história da minha família — pelo menos, não naquele momento. Embora eu tivesse uma sensação cada vez maior de que esse era um campo que me agradava, nessa fase inicial da minha carreira eu ainda não tinha começado a destrinchar todos os fatores que contribuíram para a minha decisão de seguir esse caminho. Eu estava muito ocupado tratando pacientes.

Neste ponto, devo enfatizar que a medicação não é o único tratamento que usamos. Longe disso — também empregamos tratamentos psicológicos comprovados, além de uma série de outras abordagens, como trabalhar com famílias e encontrar atividades ocupacionais significativas. De fato, pesquisas demonstraram que as intervenções familiares podem reduzir as taxas de recaída na esquizofrenia, embora o financiamento e a provisão para esse tipo de abordagem sejam lamentavelmente inadequados apesar da base de pesquisa.

No entanto, os medicamentos antipsicóticos são cruciais para a minha prática diária e podem ter efeitos benéficos centrais para a melhoria das condições de vida dos pacientes — além de poder evitar homicídios.

Acredita-se que funcionem bloqueando ou estimulando parcialmente os receptores de dopamina, interferindo nas vias que dão origem a percepções anormais, como alucinações auditivas, e pensamentos que fogem do padrão, como delírios. Alguns pacientes respondem muito rapidamente. Aqueles que mataram durante estados psicóticos podem se recuperar após algumas semanas de tratamento. E, quando resgatam a percepção, têm que enfrentar as terríveis consequências do que fizeram.

Estamos melhorando na ajuda a pacientes com doenças mentais graves, como esquizofrenia, mas esse progresso pode ser prejudicado quando eles não se qualificam para o tratamento devido a descontinuidade de serviços e reorganizações imprudentes e motivadas por questões financeiras.

No final dos anos 1980 e início dos 1990, a sociedade não estava disposta a aceitar que incidentes psicóticos violentos, incluindo homicídios, fossem eventos aleatórios. Cada vez mais havia a necessidade de encontrar uma pessoa ou organização para culpar, bem como um impulso para desvendar falhas sistêmicas que poderiam ter levado a qualquer evento adverso. Isso se refletiu em outras áreas de saúde e segurança: o desastre ferroviário de Clapham, a tragédia *Marchioness* e, mais tarde, as sindicâncias sobre proteção infantil de Haringey. O caso de Christopher Clunis e a campanha de Jayne Zito, esposa de sua vítima, que culminou na criação do Zito Trust, um fundo de apoio a vítimas de agressores com transtornos mentais, foram fundamentais para chamar a atenção para as inadequações no atendimento comunitário e os homicídios de doentes mentais, mostrando que nos primeiros anos, após o fechamento dos manicômios, esse atendimento vinha sendo mal planejado, era demasiado otimista e mal coordenado. Houve melhorias significativas na prática e nos procedimentos no final da década de 1990 e início dos anos 2000.

O Zito Trust foi fechado em 2009, depois que seu trabalho foi considerado concluído, mas reabriu como Zito Partnership em 2016 após mais um homicídio na sequência de cortes contínuos de serviços.

No entanto, o ímpeto de reintegrar pacientes psiquiátricos e com déficit de aprendizado à comunidade é louvável e importante. Embora tentemos evitar internações psiquiátricas, há momentos — especialmente durante uma recaída — em que uma ou duas semanas de internação podem ser cruciais. A medicação pode precisar ser alterada; o risco de suicídio, gerenciado com segurança; e o comportamento violento, combatido com um retorno gradual à comunidade por meio de um período de licença experimental. Essas admissões de curto prazo podem ser seguidas por cuidados comunitários de alta qualidade, idealmente de uma única equipe da área de abrangência.

Ainda assim, mesmo esses pequenos números de leitos foram progressivamente cortados, o que significa que internações apressadas de um ou dois dias são comuns. Com um número pequeno e fixo de leitos nas enfermarias gerais de adultos, há reuniões diárias com o objetivo de rever os casos atuais e dar alta aos menos perturbados para abrir vaga para uma crise mais recente, independentemente das variações diárias no número de pacientes que deveriam ficar um pouco mais.

Ao mesmo tempo, o caminho para os serviços de saúde mental tornou-se mais complexo, com procedimentos de encaminhamento confusos e burocráticos e equipes separadas para pacientes em diferentes estágios de doença. Meu colega Simon Wilson recentemente publicou um artigo[3] sobre esses problemas, do qual fui coautor. Ressaltamos que as pessoas que sofrem um colapso psicótico em que perdem completamente o contato com a realidade agora devem lidar com cartas perguntando se gostariam de optar por receber ajuda com sua doença mental. Como você pode imaginar, isso cria mais barreiras, pois eles podem não ter um endereço fixo — porque os delirantes e perseguidos costumam se mudar com frequência — ou a correspondência pode não ser aberta por pessoas que estejam passando por um colapso mental profundo.

Enquanto isso, equipes geograficamente localizadas que costumavam aceitar encaminhamentos de todos os tipos foram substituídas por outras menores, como equipes de resolução de crises, de intervenção precoce e de psicose prodrômica, que lidam apenas com casos que apresentam sintomas e sinais muito precoces que precedem as manifestações características da psicose aguda e plenamente desenvolvida.

Portanto, é mais difícil conseguir tratamento do que costumava ser, enquanto, ao mesmo tempo, a saída do tratamento psiquiátrico pode ser brutalmente rápida, sendo cada vez mais comum que a alta seja dada por médicos de clínica geral sobrecarregados. Recentemente, levei cinco meses para convencer um serviço de saúde mental a avaliar um paciente com comportamento de alto risco, num caso em que a mãe do paciente também havia notado alguma mudança e estava pedindo ajuda. Uma coisa que aprendi no meu trabalho é que mães preocupadas de pessoas com doença mental devem sempre ser levadas a sério, pois, tragicamente, a violência psicótica é muitas vezes direcionada a pessoas próximas, ou seja, amigos e familiares — especialmente as mães.

Membros da realeza e jogadores de futebol aposentados falam apaixonadamente sobre reduzir o estigma e melhorar o acesso ao tratamento para o "bem-estar mental" geral (em oposição a "doenças mentais" mais sérias), bem como para depressão, ansiedade, Tept e vício. Esse é claramente um objetivo nobre, mas a realidade é que, embora existam agora mais terapias psicológicas por meio do programa de Melhoria do Acesso a Terapias Psicológicas (IAPT, de acordo com a sigla em inglês) os tratamentos específicos de dependências estão enfrentando uma espiral descendente de cortes. E para doenças mentais sérias, enquanto a retórica do Serviço Nacional de Saúde do Reino Unido é sobre cuidados na comunidade, a realidade, novamente, é a economia financeira. Os leitos de internação custam dinheiro, pois exigem funcionários 24 horas por dia, mas estamos muito abaixo da massa crítica necessária para fornecer cuidados seguros.

Assim, apesar de todos os chavões sobre a equivalência entre saúde mental e saúde física, a realidade é que esses leitos cruciais para crise foram fechados e o abismo entre as unidades forenses bem financiadas e o caos do atendimento geral de adultos na comunidade está crescendo cada vez mais. Os pacientes são encaminhados para pareceres forenses sobre risco, mas às vezes parece que o encaminhamento é na verdade um pedido para a equipe forense entrevistar o paciente e escrever um relatório, já que as equipes de adultos em geral estão tão sobrecarregadas com o número de casos ambulatoriais, que não têm tempo para uma avaliação mais aprofundada.

Como foi dito, a esquizofrenia pode estar ligada à violência de várias maneiras, e fatores de risco gerais — ser um homem jovem com histórico de violência, transtorno de personalidade, uso de drogas e impulsividade — devem ser considerados. Muitos dos nossos pacientes forenses têm o "azar triplo" de uma infância de negligência e maus-tratos afetando negativamente sua personalidade, abuso precoce de drogas e um colapso psicótico quando jovem. Acrescente um delito violento grave ou um homicídio cometido durante o primeiro colapso psicótico e você tem um paciente forense bastante típico.

Mas a violência na esquizofrenia pode ser motivada apenas por experiências psicóticas, especialmente alucinações de comando, delírios persecutórios e de ser controlado por forças externas.

Peter Adeyemi, um dos pacientes mais psicóticos que já entrevistei, declarou: "Acho que estava sendo influenciado... Eu suspeitava que tinha inimigos... eles estavam usando substâncias químicas no meu cérebro, aplicavam pelo ouvido... ácidos, pós, pólvora, cáusticos e ácido clorídrico... Suspeitava que alguém tivesse um molho de chaves reserva do meu apartamento".

Ele acreditava que seus pensamentos haviam sido interceptados por telepatia e que pessoas que ele conhecia haviam sido substituídas. "Alguns conhecidos não são quem dizem ser, são clones. Existem pessoas que parecem iguais, mas eu não tenho provas substanciais."

Ele disse que as vozes "mandavam que eu fizesse coisas que eu não queria fazer até que eu ficasse exausto e então fizesse o que elas diziam", e ele suspeitava que um "alto-falante em miniatura" energizado por "sais corporais" havia sido colocado em seu ouvido.

Com um estado mental como esse, o assassinato brutal, com múltiplas facadas no pescoço, de um vizinho idoso que ele pensava estar envolvido em seu tormento não é menos chocante, mas talvez menos surpreendente.

Lidar com um caso como o de Peter sempre será um desafio. Os cuidados ministrados foram criticados — ele não estava tomando medicação e faltava às consultas —, embora nunca tivesse sido violento. Mas qual é a qualidade dos serviços atuais de saúde mental no tratamento de casos em que se sabe que há um risco claro de violência?

Para ter a resposta, basta recorrer às reportagens sobre Simon Grachev. Esse não foi um dos meus casos, mas um relatório de domínio público delineou a longa história de doença mental de Grachev, desde os dias de universidade, quando ele se tornou fumante assíduo de maconha. Foi internado em várias ocasiões e usou facas para ameaçar os pais e um psiquiatra. Sua condição se estabilizou com o tratamento por cerca de uma década após 2000.

Antes do ataque, ele estava com a mãe, mas começou a se sentir mentalmente doente quando sua psicose começou a ressurgir. Tanto ele como a mãe entraram em contato com a equipe de saúde mental e pediram repetidamente que ele fosse internado no hospital. Grachev disse a um profissional de saúde mental que pensou que "poderia machucar sua mãe". Ele foi identificado como necessitando de internação psiquiátrica, mas não havia leito disponível.

Dois dias depois, enquanto esperava por uma vaga no hospital psiquiátrico, ele esfaqueou a mãe até a morte e depois incendiou o apartamento.

O caso destacou não apenas os sinais de alerta ignorados, mas a decisão de cortar mais de cem leitos de psiquiatria nos quatro anos anteriores.

Nas matérias da imprensa, o executivo-chefe de uma instituição de caridade de saúde mental afirmou: "É um escândalo que Aileen Grachev tenha perdido a vida... os serviços de saúde mental estão em colapso".

Grachev se declarou responsável por homicídio culposo com responsabilidade diminuída e incêndio criminoso, tendo anteriormente negado o assassinato. O juiz decretou uma ordem de restrição sob a Lei de Saúde Mental para mantê-lo no hospital indefinidamente.

A mensagem é clara. Se você tem uma doença mental grave e deseja atendimento hospitalar psiquiátrico de alta qualidade, com uma avaliação detalhada, acesso a terapias personalizadas e gerenciamento de risco diligente, às vezes parece que a melhor maneira de conseguir isso é se tornar um paciente forense.

A polícia está acostumada a lidar com doentes mentais e muitas vezes usa seus poderes para transferi-los para um local seguro no hospital apenas para que recebam alta no mesmo dia. Um relatório de 2018 da Inspetoria de Polícia e Serviços de Bombeiros e Resgate de Sua Majestade declarou:

> O serviço policial está intervindo para suprir as deficiências nos serviços de saúde (...): transportar alguém para o hospital porque não há ambulância disponível; esperar com um paciente no hospital até que uma vaga de saúde mental esteja disponível; averiguar o bem-estar de uma pessoa quando há preocupação com sua segurança. Muitas vezes, como serviço 24 horas por dia, 7 dias por semana, o policial é o único profissional disponível para atendimento, pois a pessoa está em crise fora do horário de expediente. Acreditamos que deve haver uma investigação rápida sobre a situação e, se necessário, propostas para mudanças fundamentais.

Tragicamente, em alguns casos, nos quais a avaliação ou o tratamento são adiados ou negados apesar dos sinais de alerta, somente após um ato de violência grave ou uma prisão por homicídio o sistema garantirá o atendimento.

Pesquisas recentes mostraram um declínio nos homicídios na população britânica em geral. Os homicídios de pessoas com transtornos mentais também caíram, mas menos do que a queda na taxa geral, enquanto os homicídios de pessoas com esquizofrenia aumentaram.

Isso é resultado de cortes nos serviços de saúde mental? É muito cedo para dizer, e o homicídio ainda é um evento de baixa taxa básica, com ocorrência infrequente, então as tendências são difíceis de interpretar. Mas a forma como os serviços estão organizados agora me parece mais um jogo de dados do que um programa de gerenciamento de risco.

Os mentalmente perturbados podem matar em um estado mental anormal, mas, como muitos assassinos, também são mais propensos a matar um membro da família do que um estranho, muitas vezes no contexto de uma briga ou discussão. Aqueles que matam em um estado profundamente psicótico podem ter tido vidas anteriores irrepreensíveis ou ter um histórico de comportamento antissocial antes do assassinato. Mas, mesmo que tenham um histórico de violência — como terem sido membros de gangue —, o assassinato geralmente é extremo e fora do comum em comparação com seus delitos anteriores. Como se pode imaginar, os membros antissociais de gangues que matam em estado psicótico são os mais desafiadores.

Os homicídios cometidos por pessoas com esquizofrenia chegam a cerca de 5% a 8% globalmente, portanto, no Reino Unido, podemos esperar cerca de três por mês, dois dos quais teriam sido cometidos por alguém que teve contato anterior com um psiquiatra.

Mas e os casos não conhecidos pelos serviços de saúde mental? É provavelmente um fato da vida, ou uma "constante epidemiológica", que uma certa proporção de pessoas com doença mental não detectada cometerá violência homicida em um dado momento durante um primeiro colapso psicótico. A questão desses assassinatos é a mesma em todo o mundo.

Depois de dois anos no Maudsley, fiquei confiante o suficiente em minhas habilidades recém-descobertas para fazer um intercâmbio de seis meses em

Sydney, Nova Gales do Sul, Austrália. Enquanto estava lá, conheci o psiquiatra forense Olav Nielssen, pesquisador do Hospital St. Vincet's. Ele reuniu estudos do mundo todo e descobriu que um terço de todos os homicídios perpetrados por doentes mentais tinha sido cometido por casos iniciais: pessoas que nunca foram diagnosticadas ou encaminhadas a um psiquiatra antes de matar. Em outro estudo internacional realizado em quatro países, Olav fez outra descoberta importante. O assassinato de um estranho por pessoas com esquizofrenia é extremamente raro, ocorrendo a uma taxa de um homicídio por 14 milhões de pessoas anualmente — ou seja, cerca de três por ano no Reino Unido. Os criminosos que mataram estranhos eram mais propensos a serem sem-teto e a exibirem comportamento antissocial do que aqueles que mataram membros da família, e eram menos propensos a já terem sido tratados antes.

Então, às vezes, um assassinato pode ser o primeiro sinal de que alguém teve um colapso mental, ou seja, uma psicose. A única maneira de prevenir esses assassinatos é melhorar a conscientização sobre como é a psicose emergente — principalmente para os parentes daqueles que a estão desenvolvendo pela primeira vez. Talvez este livro ajude.

Estudo de caso: Jonathan Brooks

Em um serviço forense em Londres, no qual eu trabalhava como consultor, nossa reunião de encaminhamento seria realizada às 10 horas de uma sexta-feira. A maioria dos estagiários forenses e membros da equipe de enfermagem e outras disciplinas se reuniam para repassar os pacientes internados e destacar quaisquer altas futuras ou possíveis casos críticos. Depois disso, os encaminhamentos seriam revistos. Poderia haver entre um e oito por semana.

O encaminhamento de Jonathan Brooks foi mais um caso de rotina. Embora claramente psicótico, não era agressivo e já havia iniciado o tratamento. A prisão de Wormwood Scrubs, onde ele estava detido por assassinato, queria que considerássemos sua transferência para o hospital para uma avaliação.

No Reino Unido, como nos países nórdicos, é relativamente fácil transferir um prisioneiro para um hospital de custódia se necessário. Mesmo um preso condenado pode ser transferido, embora dependa de sua sentença e possa ser devolvido à prisão. A situação é muito diferente nos Estados Unidos. Lá, a única maneira de um prisioneiro ir para um hospital psiquiátrico judiciário é ser considerado legalmente insano no momento do julgamento, o que significa que vários detentos com doenças mentais graves definham entre os 2 milhões de prisioneiros. Em muitas outras partes do mundo, o tratamento psiquiátrico seguro de infratores com transtornos mentais é um luxo da sociedade civilizada que simplesmente não pode ser financiado em face de outras prioridades.

Eu estava inscrito na lista de visitantes oficiais do Scrubs e decidi não participar dos encaminhamentos naquela semana. Era agosto de 2013, e eu dirigi pela A40 ouvindo o debate parlamentar sobre a intervenção militar na Síria e, depois, mudei para um CD. No entanto, os tons discordantes de *Live at the Half Note: One Down, One Up* de John Coltrane me deixaram mais irritado, então desliguei o som e segui pela estrada em silêncio até pegar a saída para White City, passando pelo Hospital Hammersmith e seguindo para Scrubs, uma prisão vitoriana de tijolos vermelhos que abrigava mais de 1.200 detentos em vastas alas com galerias.

Parei no estacionamento de cascalho esburacado dos visitantes e depois me esquivei das poças no caminho para a entrada. As prisões têm uma maneira de fazer com que até mesmo os visitantes oficiais se sintam indesejados, e os funcionários do Scrubs eram famosos por não ajudarem em nada, mesmo quando vínhamos a pedido deles. Acrescente a isso o cheiro de suor, lixo, comida de prisão e desinfetante Lysol, e o efeito geral é deixar você sentindo que precisa de um banho quando sai.

Passei pela habitual triagem de raios X e, para evitar a caminhada de volta ao carro, tive de jogar fora uma lapiseira com ponta de fibra Rotring 0,3 mm de que gostava muito porque estava além das duas canetas permitidas.

Minha escolta me levou pela lateral da Ala B, passando longe o bastante da parede para evitar os detritos de pontas de cigarro, comida indesejada e sacos de excremento jogados das janelas das celas acima. Fui aconselhado a manter o rosto virado para o lado esquerdo caso arremessassem mais objetos.

Esperando em uma sala de entrevistas, levantei os olhos de meus papéis quando Jonathan Brooks foi trazido para o recinto. Um pós-graduado com mestrado em seus vinte e poucos anos, vestido com o macacão da prisão, ele andava devagar e parecia temeroso. Quando conversamos, aparentava calma e falava baixo, embora tenha se soltado à medida que a entrevista avançou.

Depois de perguntar sobre sua situação atual — alimentação, exercícios e visitas —, perguntei sobre seu passado. Ele disse que seu pai, Paul, havia trabalhado em consultoria marítima, tendo estado na Marinha Real. Ele morava em Southampton, mas também costumava viajar para Annapolis, Newport e Boston, nos EUA.

A entrevista avançava muito lentamente enquanto eu tentava convencê-lo a me contar sua história.

Limpei a garganta e comecei. "Queria que me falasse sobre sua família. Conte-me sobre seu pai. O que ele fazia para viver?"

"Perdi meu pai", ele me disse.

"Quando foi isso?"

"Este ano."

Como eu estava descobrindo, suas respostas eram curtas e ele não as elaborava espontaneamente.

"Você se dava bem com ele?"

Ele balançou a cabeça negativamente.

"Não o conhecia muito bem. Não nos dávamos bem."

Minhas perguntas continuaram e, à medida que ele ficou mais à vontade, consegui perceber que sua mãe, Veronica, tinha 51 anos quando morreu e que ela era cozinheira na escola primária local.

"Minha irmã, Ann, é assistente jurídica", ele me disse.

"Ela estava morando com sua mãe também?", perguntei.

"Ela se mudou antes de tudo isso acontecer."

Assenti, satisfeito, pois parecia estar chegando a algum lugar finalmente. "Conte-me sobre sua educação. Como era na escola?"

"Tudo bem... Não tinha muitos amigos."

"Diga-me, o que você fez depois que se formou no ensino médio?", perguntei. "Continuou estudando? Praticava algum esporte? Trabalhava?"

"Fui para Hull para fazer um bacharelado em economia."

"Como foi?"

Ele encolheu os ombros.

"Tudo bem... Eu me formei com distinção."

Continuei a pressioná-lo.

Depois de muito esforço, Jonathan se matriculou em um curso de mestrado em finanças na Anglia Ruskin, mas seu pai morreu pouco antes do término do período. Durante seu tempo em Cambridge, ele morou em uma casa de estudantes e novamente parece ter ficado um pouco isolado. Concluiu o mestrado e voltou para casa para morar com a mãe e a irmã. Lá, ele começou a se candidatar a empregos e esperava obter um estágio nas áreas de computação ou finanças.

Foi para uma entrevista para um cargo de estagiário de contabilidade, mas disse que ficou cauteloso quando lhe pediram para tirar o paletó e que, depois, foi apresentado a outro candidato na sala de espera que ele achou "suspeito" e que estava lá para tentar "obter informações" dele. Disse que tinha uma "sensação geral" de que havia algo "estranho" acontecendo.

"Tudo parecia impressionante demais", ele me disse, acrescentando que permaneceu inquieto por alguns dias após aquele momento, mas que esses pensamentos foram melhorando gradualmente — até que foi para outra entrevista, na quinta-feira, 11 de julho de 2013.

Era em uma empresa de software. "O escritório me ligou para confirmar." Ele pegou um trem e chegou a tempo, mas sentiu que a entrevista não correu bem. Achou que talvez a longa jornada tivesse afetado seu desempenho. Pegou o trem de volta e comprou uma xícara de chá na viagem.

Disse que não viu o assistente fazer o chá, que ele o tirou da parte de baixo do balcão do vagão-restaurante. Ele bebeu e, posteriormente, adormeceu por cerca de duas horas.

"Eu desmaiei até que alguém me sacudiu para acordar. Eu me sentia muito cansado." No dia seguinte, ele começou a suspeitar que seu chá havia sido batizado. Começou a se sentir mal todas as manhãs e acreditava que havia sido drogado, mas não tinha ideia do porquê ou quem poderia ser o responsável. Isso o preocupou e conectou o acontecimento com uma notícia que ouviu no rádio sobre contaminação da água por plástico.

Disse que contou à mãe sobre suas preocupações e que ela o aconselhou a consultar o médico. Ele queria procurar a polícia em vez de seu médico de família, mas sua mãe o convenceu de que não havia provas suficientes para levar à polícia. Ele continuou a se sentir ansioso, assustado e convencido de que algo ruim estava acontecendo ao longo da semana seguinte, e descreveu ter ido ao correio com sua mãe no sábado e que sentiu medo de uma van branca estacionada ao lado da loja da esquina, que ele acreditava ser um veículo de vigilância. Ele viu um homem varrendo folhas, mas pensou que estava fingindo e que tinha um rifle escondido na cerca viva. Em um parque local, também acreditava que as pessoas estavam ouvindo a conversa dele.

Quando acendeu a luz na manhã de segunda-feira, 15 de julho, um fusível queimou, e Jonathan começou a suspeitar que havia alguém na casa.

Ele insistia para que sua mãe ligasse o alarme da casa antes de ir para a cama todas as noites e ficou com tanto medo de ficar no próprio quarto, que dormiu no chão do quarto da mãe na terça-feira. Ele acreditava que havia veículos rondando sua casa. Também começou a ouvir sussurros, que pareciam ser pessoas descrevendo seus movimentos, embora não fosse capaz de ver ninguém. Seriam ecos de dispositivos de escuta?, ele começou a se perguntar.

Na quarta-feira ele visitou a casa de sua avó com sua mãe, mas se recusou a comer o sanduíche ou o bolo, pois viu uma fotografia de seu avô com alguns amigos usando terno e começou a pensar que os maçons poderiam estar envolvidos em algum tipo de conspiração para mantê-lo sob vigilância; ele achava que tudo isso estava ligado às suas entrevistas de emprego.

Enquanto descrevia suas experiências, pude ver como havia desenvolvido um modo delirante, delírios persecutórios, alucinações auditivas — todos sintomas clássicos de esquizofrenia.

Declarações de testemunhas e exposições incluídas no pacote da promotoria fornecem mais dados para seu estado mental, como um e-mail de Brooks para os recursos humanos da empresa de software:

> Recentemente participei de uma entrevista... Fiquei surpreso com o comportamento peculiar dos entrevistadores. Em primeiro lugar, nunca fui a uma entrevista em que o entrevistador principal sugerisse que eu tirasse o paletó (...). Em segundo lugar, quando hesitei brevemente em responder a uma pergunta, o entrevistador disse: "Você está bem?". Ele então falou: "Você disse 'sim'?". Eu categoricamente não havia dito "sim".
>
> Eu estava preocupado com o comportamento de um membro da equipe na recepção que era claramente um impostor. Também estou preocupado que um membro da equipe estivesse me observando pela câmera enquanto eu estava participando da entrevista. Tendo em conta o acima citado, desejo retirar a minha candidatura ao emprego no seu estabelecimento (...).
>
> Atenciosamente,
> Jonathan Brooks

A preocupação de Brooks com a vigilância havia evidentemente começado e aumentaria até atingir uma intensidade delirante mais tarde. O registro de recrutamento feito pelo entrevistador fornece mais evidências de sua imersão em um estado psicótico. Lembre-se de que ele é pós-graduado, de forma que está bastante acostumado a entrevistas:

> Respostas monossilábicas com apenas uma ou duas frases, apesar de muitas tentativas de sondagem (...). Nenhuma evidência de interação interequipe, exceto para fornecer conhecimento técnico (...). Jonathan é um candidato muito retraído, que parecia bastante relutante em falar, apesar das sugestões e sondagens dos entrevistadores. A comunicação com ele era muito difícil.

Ann Brooks, sua irmã, declarou:

> Jonathan começou a falar coisas estranhas. Disse que pensou que alguém tinha colocado algo em seu chá quando tinha viajado no trem. Pensou que tinha desmaiado por cerca de duas horas. Ele estava convencido de que não se lembrava de nada da viagem e acreditava que alguém o tinha cutucado quando o trem chegou a Birmingham para avisá-lo de sua chegada e acordá-lo.
>
> Ele disse que um motorista de táxi era estranho e tudo era estranho. Tentamos sugerir que ele provavelmente tinha adormecido. Jonathan estava convencido de que alguém havia colocado algo em seu chá. Jonathan não havia mencionado o ocorrido no trem antes de sábado. Tentei argumentar com ele e perguntei onde ele tinha conseguido o chá. Ele falou que tinha comprado no bar do trem (...), mas eu não acreditei que isso pudesse ter acontecido.
>
> Na segunda-feira, Jonathan ainda estava fisicamente doente e não conseguia comer nada (...). Ele falou comigo sobre um corte de energia na noite anterior (...). Dizia que achava que alguém tinha nossa casa como alvo. Ele parecia muito assustado.

Nem mamãe nem eu conseguimos convencê-lo de que foi um corte de energia que afetou a rua. Ele acreditava que alguém tinha feito algo especificamente em nossa casa (...).

Eu estava ficando preocupada com o comportamento dele, então levei meu periquito para o meu novo apartamento.

Falei com mamãe naquela segunda-feira e na quarta-feira. Sugeri que Jonathan fosse ao médico. Mamãe pensou que poderia ser um colapso nervoso que estava causando uma dor de estômago. Mamãe disse algo como: "Faz um tempo que ele não está bem".

Na quinta-feira, às 8h54, uma testemunha, William James, ligou para a polícia e reclamou que um vizinho, o sr. Brooks, apareceu em sua garagem e parecia aterrorizado.

Mais tarde, outra testemunha, o funcionário do correio, Andrew Wong, descreveu que Brooks entrou na loja e parecia agitado, constantemente olhando por cima do ombro. Ele disse que Brooks estava claramente angustiado e exibia sinais de problemas de saúde mental.

Amelia Davenport também relatou ter visto Brooks do lado de fora do prédio de seu parceiro no mesmo dia. Ela estava sozinha em seu carro quando viu um homem caminhando em sua direção segurando um molho de chaves. Embora não parecesse agitado, ela disse que ele parecia completamente confuso e encarava as pessoas.

Também naquela manhã, um amigo da mãe de Brooks chamou a polícia. Ele estava preocupado por não ter visto a sra. Brooks desde a sexta-feira anterior por volta das duas da tarde. A polícia visitou o endereço, rapidamente entrou em sua casa e a encontrou morta por várias facadas.

Às 9h54 da mesma manhã, a polícia recebeu outra ligação de uma loja da esquina, a cerca de cinco minutos a pé. O pessoal da loja tinha visto um homem na rua com sangue nas mãos. A polícia chegou às 10h05 e encontrou Brooks escondido em uma grande lixeira no pátio da estação ferroviária próxima. Ele tinha cortes na mão direita e sangue nas roupas e nos braços. Jovens próximos o filmavam e riam, e foram solicitados a parar, pois "o homem estava claramente doente". Quando tentaram convencê-lo a sair da lixeira, ele resistiu ferozmente, até ser contido, algemado e levado para a delegacia de polícia.

Jonathan me contou o que havia acontecido. Na manhã do crime, ele se levantou por volta das oito horas e foi à cozinha tomar o café da manhã. Ele comeu flocos de milho, mas logo depois sentiu náuseas, e atribuiu isso a beber chá envenenado na viagem de trem (embora a entrevista tivesse ocorrido quase três semanas antes).

Em seguida, ele ficou desconfiado de que alguém estivesse interferindo no rádio da casa. Toda vez que ele trocava de estação parecia haver uma notícia sobre poluição ambiental, e ele achava que isso estava ligado a seu envenenamento. Ele acreditava que alguém estava controlando as informações que entravam na casa e, quando viu uma manchete denunciando políticos corruptos, teve certeza de que isso era mais uma evidência de uma conspiração.

Ele disse que durante a semana entre sua última entrevista e o dia do crime ele estava convencido de que sua vida estava em perigo. Tudo o que via, ouvia e sentia parecia confirmar seus piores temores. Acrescentou que começou a desconfiar de sua mãe, pois não havia mais ninguém na casa, então ela poderia estar envolvida. Ao longo de vários dias, ele teve certeza de que sua mãe era uma espiã que estava controlando sua vida.

Ela não parecia a mesma e estava se comportando de forma estranha, e ele começou a pensar que alguém havia assumido sua identidade enquanto sua mãe verdadeira havia sido sequestrada. Estava com medo de que houvesse algo o vigiando fora da casa e também acreditava que a mãe poderia ter sido responsável por sua náusea matinal — em outras palavras, que ela o estava envenenando. Continuou a ouvir vozes sussurrantes descrevendo suas ações, e era como se elas estivessem conversando entre si.

Jonathan se lembrava de ter entrado na cozinha vindo do corredor e batido na mãe com um sapato, depois pegado uma faca de cozinha e a apunhalado no pescoço por trás.

Sentiu como se não estivesse realmente no controle do que estava fazendo e descreveu como sua mãe correu para o telefone no corredor e ele a seguiu, esfaqueando-a repetidamente. Durante o ataque, cortou os dedos quando a lâmina deslizou e lembrou-se de ter deixado a faca cair no chão. Então percebeu que a vigilância continuava e correu para fora para tentar encontrar um lugar seguro para se esconder. Tinha vagas lembranças de ver outras pessoas, mas a essa altura estava convencido de que seria morto.

Ele negou ter quaisquer pensamentos violentos antes do ataque ou de planejá-lo.

Disse: "Eu realmente me senti como se estivesse sendo observado... Tinha sido envenenado... Culpei minha mãe por isso".

Ele ainda não conseguia entender como tinha feito aquilo.

Com o olhar distante, claramente perplexo com o que havia acontecido e com a amenização dos sintomas graças à medicação antipsicótica, ele ainda não era capaz de aceitar que suas experiências de perseguição não fossem reais: "É uma tragédia terrível (...). Não tive permissão para ir ao velório dela".

Jonathan foi acusado pelo homicídio doloso de sua mãe, Veronica Brooks, na quinta-feira, 18 de julho de 2013.

A partir dessa entrevista, você pode identificar os sintomas psicóticos de Brooks. No momento de suas entrevistas de emprego, ele tinha uma "percepção delirante" e uma interpretação delirante de eventos normais: a van branca, o varredor de folhas, a fotografia da família e a maneira como lhe entregaram a xícara de chá no trem, um sinal de ter sido envenenado. Convenceu-se de que estava ameaçado e vigiado e, aos poucos, incorporou sua mãe, substituída por uma impostora, a esses delírios persecutórios.

Esse foi provavelmente seu primeiro episódio de doença mental séria na forma de esquizofrenia, embora só o tempo poderia dizer. Incontestável era o fato de que, com sintomas psicóticos tão profundos, esse aluno de mestrado havia se tornado um assassino.

Quatro psiquiatras, inclusive eu, concordaram que ele era psicótico devido a uma condição médica reconhecida no momento do assassinato, prejudicando substancialmente sua capacidade de formar um julgamento racional. A promotoria aceitou uma confissão de homicídio culposo em razão de responsabilidade diminuída, então não havia necessidade de um julgamento por júri. Essa é uma defesa parcial para assassinato — a responsabilidade criminal é reduzida, mas não é completamente isentada — desde que, é claro, a anormalidade ofereça uma explicação para o assassinato. Nesse caso, não havia explicação racional alternativa para ele ter matado a mãe (algo que a polícia sempre procurará descartar). Na audiência de sentença, foi decretada sua detenção em um hospital de custódia com restrição de liberdade sem limite de tempo. Jonathan teria que começar o longo processo de tratamento e reabilitação e aceitar o que havia feito.

A imprensa local anunciou: "Um esquizofrênico que esfaqueou a mãe até a morte foi detido indefinidamente em um hospital de custódia. Ele não deu uma razão para seu ataque selvagem na casa da família" — embora tenha ficado claro que ele *havia* explicado e era bastante racional em seu estado mental delirante. Afinal, quem não agiria contra um impostor que estava envolvido em uma conspiração para envená-lo e o mantinha sob vigilância? A analogia do filme de terror tornado real se aplica novamente aqui.

No caso de Jonathan, não precisei realmente entrevistá-lo para fazer o diagnóstico. Toda a história ficou clara ao ler os depoimentos das testemunhas. Sua irmã havia descrito corretamente sua psicose, mas como ela ou sua mãe poderiam entender o que estava acontecendo?

Lembro-me de ler os documentos do caso. Era uma daquelas tardes de fim de verão pouco antes do retorno das aulas. Eu havia lido as declarações com uma sensação crescente de terrível inevitabilidade sobre o rumo que a história estava tomando.

Claro, se um psiquiatra tivesse entrevistado Jonathan a tempo, feito o diagnóstico e oferecido algum tratamento, então o assassinato poderia ter sido evitado. A visão retrospectiva é sempre tentadora, mas esse foi mais um lembrete para sempre extrapolar os possíveis resultados adversos futuros em qualquer caso psiquiátrico.

Aqueles que matam suas próprias mães são cerca de seis vezes mais propensos a ter uma doença psicótica em comparação com outros autores de homicídio.[4] É por isso que os psiquiatras forenses levam as mães aflitas a sério. Sempre aceitamos encaminhamentos de matricidas, pois invariavelmente são pacientes forenses. Tenho visto muitos casos de pessoas que mataram suas mães sob a influência de delírios sobre bruxaria ou feitiços, possessão por espíritos malignos ou o diabo, e muitas vezes acompanhados de cenas de crimes bizarras: decapitações, répteis de estimação mutilados, garfos enfiados no corpo. Alguém capaz de matar seu cuidador primário, sua mãe biológica, deve ser mentalmente anormal, certo? As estatísticas falam por si mesmas.

Pense no impacto disso na irmã de Jonathan. Ela não apenas perdeu a mãe, mas também o irmão, para um longo período em um hospital psiquiátrico de segurança e a inevitável distância criada entre os dois para o resto da vida pelo que ele fez com a mãe, por mais perturbado que estivesse.

Uma morte por suicídio tem um impacto terrível nas famílias, muito pior do que a morte por causas naturais, pois os parentes podem ficar pensando no que poderia ter sido feito de forma diferente. Mas a morte de um membro da família pelas mãos de outro muitas vezes significa que duas vidas são perdidas: a da vítima e a do agressor.

* * *

Minha própria família experimentou essa dupla perda de vidas de uma forma que afetaria profundamente meus avós Edward e Katherine. Meu avô materno, Edward, ingressou na Marinha Real logo após o fim da Primeira Guerra Mundial e, enquanto servia no navio *Iron Duke*, testemunhou a evacuação de refugiados gregos durante o grande incêndio de Esmirna em 1922. Ele passou a maior parte do período entreguerras em navios na Frota do Mediterrâneo.

Seu exterior duro mascarava um comportamento mais suave como mentor gentil para os homens mais jovens sob seu comando, embora, pelo que me lembro da minha infância, era preciso se esforçar bastante para encontrar esse interior. Ele era um pugilista talentoso e campeão dos pesos-meio-pesados da Associação de Boxe dos Serviços Imperiais no início dos anos 1930, quando as Forças Armadas do Império Britânico ainda eram enormes. Torneios de boxe eram realizados a bordo de navios de guerra — no caso de Edward, entre a tripulação do *Revenge* e a do *Hood*, antes de ser afundado — ou em bases navais como Portsmouth e Malta. As finais de boxe entre membros das Forças Armadas eram realizadas no Stadium Club, em High Holborn.

Um recorte de jornal de uma edição do *Evening Standard*, por volta de 1931, descreve sua vitória contra Kennedy, do Exército, na categoria dos meio-pesados: "Kennedy não tentou disfarçar sua intenção de vencer por nocaute, mas teve um grande choque no segundo round quando Alberts o derrubou. Foi uma luta emocionante no último round. Alberts derrubou

Kennedy cinco vezes, e, em um final bastante selvagem, o próprio Alberts também caiu duas vezes, mas fez o suficiente para obter o veredito com folga".

Ele se qualificou como mergulhador e, durante a Segunda Guerra Mundial, quando o navio *Queen Elizabeth* foi perfurado por um torpedo italiano no porto de Alexandria, foi enviado sob as águas turvas com um capacete de mergulho tradicional e botas de chumbo para lidar com os danos ao casco. Ele foi mencionado em despachos duas vezes por essas façanhas e de alguma forma conseguiu evitar a morte em um naufrágio, ao contrário de alguns de seus camaradas.

Mas a vida naval cobrou seu preço de minha avó Katherine. Edward estava quase permanentemente no mar nos anos 1930. A filha mais velha deles, minha tia Georgina, só conheceu o pai quando completou três anos e, quando ele voltou para casa, ela ficou aparentemente zangada e ressentida com a perda da atenção total de sua mãe. Katherine foi deixada novamente sozinha com Georgina e seu segundo filho, também chamado Edward. Como muitas outras, Katherine passou a guerra como mãe solo, recebendo rações de guerra. Havia um medo real de uma invasão alemã, e meu avô havia deixado um revólver com instruções para Katherine de que, caso os nazistas chegassem, ela deveria atirar nas crianças e depois disparar contra si mesma. Portsmouth era um dos principais alvos da Luftwaffe, e viagens frequentes ao abrigo antiaéreo nos fundos do jardim aumentavam o estresse.

Apesar dos foguetes v-1 em Portsmouth e dos torpedos no Mediterrâneo, toda a família sobreviveu à guerra. Edward retornou a Portsmouth e estendeu seu serviço para se tornar instrutor na escola de artilharia, sem dúvida contando suas histórias de guerra. Mas, como deve ter sido comum para muitos casais em tempos de conflito, o tão esperado reencontro não foi tão feliz. Georgina era uma criança difícil e sempre parecia criar problemas entre meus avós, exacerbando as tensões. Na adolescência, Georgina começou a desenvolver uma forma de paranoia, acreditando que todos no ponto de ônibus estavam olhando para ela. Também ficou paranoica com sua própria família, acusando seus pais e irmãos de bisbilhotarem seu quarto e — bizarramente — de mexerem nos protetores de nariz de seus óculos.

Minha mãe e sua irmã mais nova nasceram pouco depois da guerra, e parece que, com quatro filhos e o agravamento dos problemas de Georgina, os nervos de minha avó ficaram cada vez mais abalados. Criou-se uma separação: Edward regularmente levava as outras crianças para passear de bicicleta ou para longas caminhadas à beira-mar enquanto Katherine ficava em casa para cuidar de Georgina, que não tolerava sair com os irmãos.

Só recentemente ouvi a versão completa dessa história, que, como você pode imaginar, ainda provoca lágrimas quando contada em voz alta. Embora Georgina tivesse seus problemas, para observadores externos a família era normal e respeitada. Mas minha mãe tem lembranças de uma infância em que tentava manter a paz dentro de casa, não apenas entre seus pais, mas também entre Georgina e seus irmãos.

Mais tarde, meu tio Edward deixou Portsmouth e tornou-se jornalista no *Manchester Guardian*, mas Georgina continuou na casa dos meus avós e estudou para ser secretária. Ela começou a namorar Charlie, que também servia na Marinha Real, e assim se predispôs às separações e à solidão da rotina naval. Diz-se, na minha profissão, que as crianças às vezes repetem, de forma impensada e compulsiva, as escolhas de vida e os erros dos pais. Seriam as decisões de Georgina um exemplo disso?

Georgina e Charlie se casaram e viajaram para Malta para se juntar à comunidade da Marinha Real de lá. Pouco depois do casamento, Charlie foi enviado de volta ao mar e sua primeira filha, Louisa, nasceu em Malta. Mas ela era um bebê que sofria de cólicas e chorava constantemente, e, sem apoio da família (ou serviços de acompanhamento pós-natal), Georgina não conseguia suportar a situação. Em desespero, ela escreveu para Charlie dizendo que ela "não estaria ali" quando ele voltasse. A hierarquia da Marinha Real ficou sabendo desses problemas e deve ter percebido que isso não seria bom para o moral a bordo, então Charlie foi transferido para um posto em terra perto de Portsmouth. O casal então foi morar em um apartamento perto da casa da família, na esquina do Hotel Queens, em Southsea.

De volta a Portsmouth, embora estivesse com Charlie, Georgina ainda não lidava bem com a maternidade. Louisa não era uma criança tranquila e chorava com frequência. Apesar disso, minha mãe se lembra de acalentar a sobrinha de cinco meses, levá-la para longas caminhadas no carrinho e sentir muito orgulho de sua irmã. Mas o estado mental de Georgina se deteriorou, sua paranoia piorou e ela desenvolveu a convicção delirante de que outros a observavam com a intenção de machucá-la. Convencida, também, de que estava contaminada, ela se esfregava com pó de limpeza Vim no banho. Gradualmente foi entrando em um estado psicótico pós-parto, mas havia pouco entendimento dessa condição na época, e, com o apoio de algumas pessoas, continuou a cuidar de seu bebê.

Algum tempo depois, minha mãe, então com catorze anos, estava em casa quando receberam a visita de Charlie. Minha mãe entrou na sala perplexa ao ver seu pai sentado com a cabeça entre as mãos, arrasado com o que Charlie acabara de lhe contar.

Deve ter sido difícil para Edward descrever para sua filha o que havia acontecido entre a irmã mais velha e sua sobrinha. Ele explicou que Georgina havia matado a bebê e que a polícia a prendera. Perplexa com essa notícia, minha mãe se lembra de ter sido levada para a delegacia de polícia por seu pai. Mas, quando Edward foi para a área de custódia para visitar Georgina, minha mãe ficou esperando do lado de fora. Ela se lembra de ter se sentido profundamente chateada e zangada com o que sua irmã havia feito com sua sobrinha, Louisa. Terminada a visita, ela voltou para casa de braços dados com meu avô, que, compreensivelmente, estava chorando.

Minha mãe diz que o que mais doeu foi ver seu pai, o inabalável "herói de guerra", tão devastado pelo que sua irmã havia feito.

No dia seguinte, minha mãe estava na fila do correio para pegar alguns selos quando ouviu duas mulheres mais velhas conversando. Uma disse para a outra: "Você viu as notícias sobre aquela mulher que matou sua bebê? Espero que a enforquem".

Naquele momento, minha mãe sentiu sua raiva em relação à irmã se transformar em simpatia e compaixão, misturada com um profundo sentimento de vergonha. Porque, é claro, a abolição da pena de morte ainda iria demorar mais de cinco anos, e Georgina de fato enfrentava a perspectiva de ser enforcada por assassinato, a menos que houvesse alguma explicação psiquiátrica.

Mais de sessenta anos depois, Georgina descreveu os eventos para mim. Louisa chorava constantemente. Havia breves períodos de trégua, por exemplo, quando a levava para andar de carrinho, só que o choro recomeçava assim que o movimento parava. Atormentada por sua paranoia e ainda se sentindo desamparada — parece que Charlie se ressentia de sua transferência do posto no navio —, Georgina continuava sofrendo.

Certa manhã, depois que Charlie foi trabalhar, Georgina não aguentou mais o choro. Disse que pegou o travesseiro, colocou-o sobre Louisa e ficou "assustada demais" para tirá-lo.

Sua memória do que aconteceu a seguir é incompleta, mas Georgina disse que percebeu o que havia feito. As chegadas do médico e depois da polícia são um borrão. Ela se lembra de ter sido levada para a prisão de Holloway, que todos os seus pertences foram retirados e de ter sido colocada em uma cela individual. Disseram que ela não poderia ficar em uma ala comum por medo de que as outras presas pudessem matá-la quando descobrissem que ela havia tirado a vida de uma criança.

Georgina diz que a cela individual era horrível e implorou para ser retirada de seu confinamento solitário. Mas, quando acabou sendo colocada em um dormitório, foi ainda pior. Ela estava em uma cama ao lado de uma mulher que havia matado dois bebês, aparentemente para se vingar do marido, que a havia deixado. Georgina presenciou brigas e viu uma mulher urinar nas roupas de outra durante a noite. Após cerca de cinco semanas, ela estava mentalmente perturbada demais para permanecer na prisão, então foi transferida para o Hospital St. James', em Portsmouth. Seus delírios de contaminação se tornaram mais graves, e ela não suportava que ninguém tocasse em suas roupas ou em sua cama.

Ela tentou o suicídio várias vezes e, pouco depois, foi tratada com terapia eletroconvulsiva. Enquanto isso, seu julgamento se aproximava, e, assim, Georgina começou a jornada de todas as mães que matam seus bebês.

MULHERES QUE MATAM CRIANÇAS

Estudo de caso: Grace Kalinda

Era o meio da manhã e Colin estava dirigindo seu ônibus de dois andares de West Croydon para Perry Hill. Havia apenas alguns passageiros no andar inferior depois da hora de entrada escolar matinal, e os pontos de ônibus em seu trajeto estavam quase vazios. Ao olhar pela Northcote Road, no entanto, ele viu um casal sentado na próxima parada. Eles eram estranhos. Enquanto o homem claramente não tomava banho há dias, a mulher parecia bem-vestida, e, quando Colin parou o ônibus e abriu a porta, eles não fizeram nenhum movimento para embarcar.

Foi só então que ele notou uma menina, de quatro ou cinco anos, sentada entre eles. A garotinha estava com o rosto machucado. Seus olhos fechados pelo inchaço. Enquanto observava, a mulher levantou uma lata de cerveja em direção aos lábios da menina. Sentindo a raiva brotar, Colin estava prestes a intervir, mas pensou melhor. Em vez disso, ele procurou seu celular — um Nokia 6300 com um jogo da cobrinha que sua filha de seis anos adorava — e ligou para a polícia.

Os policiais levaram apenas sete minutos para chegar e menos tempo ainda para chamar reforços. Eles colocaram a garotinha na parte de trás da viatura e partiram rapidamente, com luzes e sirenes ligadas, para o pronto-socorro mais próximo, o Hospital Mayday, em Thornton Heath.

Presos no local, Grace Kalinda, de Uganda, e David Johnson, de Catford, foram levados para a delegacia de South Norwood. Às 11h31, foram acusados de negligência infantil e de embriaguez enquanto cuidavam de uma criança.

Sem dúvida, Colin deu um abraço mais longo que o normal em sua própria filhinha quando chegou em casa do trabalho naquela noite.

O Hospital Mayday, notório por ser extremamente movimentado e com poucos recursos, servia à grande área de Croydon e — hoje renomeado como Hospital Universitário Croydon — ainda o faz. Eu o conhecia bem. Durante minha qualificação, em 1990, tive de completar duas residências de seis meses em clínica e cirurgia antes de me formar. Cursávamos as disciplinas teóricas na faculdade e devíamos cumprir um período na linha de frente. Pensando que a experiência de um hospital geral concorrido me faria bem, inscrevi-me para um cargo em clínica geral e respiratória no Mayday.

Meu primeiro plantão foi em um fim de semana quente no início de agosto. Eu me sentei na cantina na hora da troca de turno das nove da manhã tomando um café anêmico com a equipe médica, que consistia em Rhys Thomas, um colega residente; Graham Berlyne, residente sênior; e Charlie Easmon, médico especialista. Naquela época, Charlie estava no comando, pois só víamos o médico consultor na ronda do plantão.

"Bem, parece bem tranquilo", eu disse.

"Apenas espere", retrucou Charlie, "não vai ficar assim por muito tempo...".

Com certeza, em poucos minutos fomos chamados para nosso primeiro encaminhamento e, naquele fim de semana, avaliamos 48 pacientes encaminhados pelo pronto-socorro. Tive de aprender rápido e trabalhar duro. Meu turno de 56 horas começou no sábado às nove da manhã e terminou às cinco da tarde de segunda-feira. Isso foi antes da campanha pelo limite de jornada de trabalho dos médicos residentes e antes de as preocupações com a segurança começarem a ganhar força.

A transição da vida estudantil foi um choque enorme, pois eu tinha pouco ou nenhum tempo para uma vida social. Certa segunda-feira à noite, depois de um turno como esse, durante o qual eu tinha dormido apenas algumas horas, deveria encontrar alguns amigos em um bar. Era por volta das seis da tarde, então, com uma hora de sobra, decidi tirar uma soneca rápida no meu quarto de plantão antes de sair. Acordei depois do que pareceu um momento, mas olhei para o meu relógio para ver que já era terça de manhã. Eu tinha dormido por treze horas seguidas, já estava atrasado para o meu próximo turno e nunca recuperaria aquela noite de descontração, tão desejada.

Então, anos depois, a pequena Nancy Kalinda foi levada para o Hospital Mayday. Na chegada, ela estava angustiada, mas parecia em boa saúde geral e estar bem nutrida, com peso adequado para sua idade, suas respostas verbais e motoras indicando uma Escala de Coma de Glasgow normal (a escala de quinze pontos usada para medir o nível de consciência), exame neurológico normal e sem evidência de interferência sexual ou abuso de longo prazo.

No entanto, como já havia sido reportado, seu rosto estava machucado e inchado com ambas as pálpebras fechadas, e ela também tinha vários outros hematomas e arranhões recentes em todo o corpo. Ao todo, o quadro clínico era indicativo de lesão aguda não acidental.

Sedada para permitir que o oftalmologista pediátrico examinasse seus olhos, descobriu-se que Nancy tinha hemorragias subconjuntivais, com o branco de seus olhos tingido de vermelho pelos vasos sanguíneos capilares rompidos, sugerindo golpes no rosto. Felizmente, sua visão estava normal, sem sinais de inflamação ou aumento da pressão ocular.

De volta à delegacia de South Norwood, foi rapidamente estabelecido que o adulto do sexo masculino no ponto de ônibus, David Johnson, era um alcoolista sem-teto. Em um encontro casual, ele ofereceu à mulher, Grace Kalinda, um gole de sua lata de cerveja superforte, que ela aceitou, embora não estivesse embriagada ao fazer o bafômetro. Em vista dos ferimentos em sua filha de quatro anos, Nancy, a acusação de Grace foi elevada para agressão ocasionando danos corporais reais nos termos da Seção 47 da Lei de Crimes contra a Pessoa.

Enquanto isso, Grace estava se comportando de forma bizarra em sua cela na sala de custódia da polícia. Às 23 horas daquela noite, ela foi observada cantando, rindo e fazendo estranhos gestos com a mão. O sargento de custódia chamou o médico-legista (um clínico geral com treinamento forense), que observou: "Ela estava gritando (...), hostil e ao mesmo tempo angustiada, agitada, acreditando que estávamos lá para matá-la (...), pulando de assunto em assunto (...), falando sobre Jesus, o diabo e o sacrifício de crianças". Ela foi considerada inapta para ser interrogada, e a equipe de saúde mental foi chamada para uma avaliação mais detalhada.

Na ala infantil do hospital, Nancy tinha parado de chorar e estava sendo persuadida por uma enfermeira a tomar um suco. Ela perguntou à enfermeira por sua irmã e, quando questionada, parecia estar dizendo que tinha uma irmã em casa, que dormia no berço.

Isso foi rapidamente repassado aos policiais, que ainda estavam tentando descobrir a identidade e o endereço de Grace. Assim que conseguiram essas informações, policiais uniformizados foram despachados para uma casa com terraço subdividida em dois apartamentos com uma porta da frente comum. Lá, os policiais encontraram a porta comunitária ligeiramente aberta, mas a do apartamento, trancada. Quando não houve resposta depois de terem batido e tocado a campainha, eles forçaram a porta, usando seu poder de polícia para entrar sem mandado para salvar uma vida, e começaram a vasculhar o local.

O apartamento parecia limpo, mas havia sinais de um distúrbio recente, com louça quebrada no chão da cozinha. A policial Brown vasculhou a cozinha vazia, a sala de estar e o quarto de Nancy, o menor dos dois quartos. O quarto principal estava escuro, as cortinas fechadas, com roupa de cama espalhada pelo chão. No canto havia um berço branco simples da Ikea com um bebê muito pequeno, dormindo, cuidadosamente enrolado sob um cobertor de crochê branco.

No entanto, quando a policial Brown se aproximou, ficou claro para ela que a criança não estava respirando. Além do mais, ela estava fria e rígida ao toque, com hematomas severos nos braços e no peito, e uma secreção nas narinas. Era a irmã de Nancy, Dembe, de seis semanas.

O dr. Peter Herbert, médico-legista, compareceu ao local e declarou a morte às 13h03. O corpinho foi levado para o necrotério do Hospital Mayday para aguardar a autópsia.

Após a descoberta do corpo da bebê Dembe, Grace foi presa novamente e sua acusação passou de agressão para assassinato. Ela não respondeu à acusação, olhando vagamente para a frente, aparentemente preocupada com alguma experiência interna alucinatória anormal. Dois psiquiatras foram chamados para examiná-la. Apesar de algum desacordo sobre se o que ela cantava poderia ser parte de um culto religioso e se o melhor seria deixá-la na prisão, Grace Kalinda foi direcionada para uma avaliação psiquiátrica.

Ela foi transferida para a ala psiquiátrica de baixa segurança próxima do Bethlem, onde disse à equipe que "Deus havia me dado poder... desde a semana passada... o diabo está ao meu redor... Jesus Cristo estava me enviando para curar as pessoas". Lá, seu humor oscilou rapidamente de períodos de calma para episódios durante os quais ela pulava e olhava para a equipe de maneira ameaçadora. Em uma dessas ocasiões, apontou para uma enfermeira dizendo: "Aquela mulher tem um demônio". Ela foi colocada sob observação de dois enfermeiros para sua própria segurança, mas não recebeu medicamentos antipsicóticos para que um estado mental básico pudesse ser estabelecido. Nesse meio-tempo, foi diagnosticada com provável psicose pós-parto, a complicação psiquiátrica mais grave do parto.

As semanas após o parto podem ser alegres, mas é claro que as novas mães são vulneráveis a uma série de possíveis estados mentais alterados, como tristeza materna (mais de 50%), depressão pós-parto (mais de 10%) e, muito menos comum, psicose pós-parto (cerca de um a dois por mil nascimentos vivos).

A psicose pós-parto pode surgir alguns dias ou semanas após o nascimento. Se não for percebida por familiares ou profissionais de acompanhamento pós-natal, pode resultar em comportamento seriamente perturbado e até na morte do bebê pelas mãos da própria mãe.

Esse foi o destino trágico de Dembe, e também de minha prima Louisa, sufocada até a morte por minha tia Georgina. Ao contrário de Grace, Georgina não foi direto para o hospital psiquiátrico e seu caso teve de passar pelo sistema de justiça criminal. Os casos de crianças mortas pelos pais são sempre terríveis, mas esses eventos nem sempre são resultado de psicose. Até que ponto esse terrível crime é comum e como ele varia ao redor do mundo?

* * *

No século XIX, as opções econômicas e sociais para mães solo eram severamente limitadas, aumentando o risco de infanticídio como ato de desespero. De fato, nos 24 anos entre 1863 e 1887, 3.225 crianças menores de um ano foram mortas por um dos pais na Inglaterra e no País de Gales, perfazendo uma média de cerca de 150 mortes por ano.

A lei já vinha reconhecendo essas questões há algum tempo, com potencial de absolvição ou perdão real para aqueles considerados insanos. Em meados do século XIX, a defesa de insanidade havia sido codificada na Regra de M'Naghten após a absolvição de Daniel M'Naghten por um assassinato cometido enquanto sofria de delírios persecutórios. A Regra de M'Naghten, que continua a ser a lei relativa à insanidade no Reino Unido e nos EUA, exige que o acusado apresente "deficiência da razão por doença mental" no momento do assassinato.

A visão emergente era que qualquer mulher que assassinasse seu próprio filho deveria, por essa definição, ser considerada insana e não poderia ser responsabilizada por suas ações. Após a Comissão Real sobre Punição Capital em 1864, as mulheres seriam condenadas à pena de morte obrigatória, mas nunca tiveram essa sentença cumprida.

A Lei de Infanticídio de 1922 instituiu tal crime para que a promotoria pudesse começar com uma acusação reduzida, mas a questão ainda seria apresentada a um júri, e um veredito de homicídio doloso continuava sendo possível. Em 1938, a Lei do Infanticídio revisada — que continua vigente — aumentou o limite de idade para até doze meses, de modo que o infanticídio é definido por lei no Reino Unido como a morte de um bebê de até um ano de idade causada pela mãe quando seu "equilíbrio mental foi perturbado (...), não tendo se recuperado totalmente do efeito de ter dado à luz a criança ou (...) o efeito da lactação consequente ao nascimento".

A linguagem dessas definições legais pode parecer arcaica, mas, apesar dos avanços na psiquiatria (por exemplo, a lactação não é mais vista como causa de transtorno mental), ainda usamos esses critérios legais bastante ultrapassados. Dada a antiguidade dessas disposições legais, fica claro que a lei há muito tempo tenta fazer concessões para as mães que matam, porque, embora todos os tipos de homicídio sejam predominantemente cometidos por homens — cerca de nove entre dez casos —, uma alta proporção de mulheres assassinas matam seus próprios filhos.

Por quê? As questões de "desespero" da Era Vitoriana foram amplamente erradicadas. Hoje em dia, as causas têm maior probabilidade de serem psicológicas, e qualquer um que trabalhe com mulheres que sofram de problemas psicológicos reconheceria que elas, mais do que os homens, tendem a direcionar sua agressão para os próprios corpos, ou para o próprio sistema reprodutivo, em um sentido geral, ou para os filhos. Estela Welldon escreveu que as mulheres não eram apenas vítimas de violência, também podiam ser perpetradoras. No livro *Mother, Madonna, Whore*,[1] Welldon argumentou que as mulheres têm impulsos agressivos, que sua agressão pode ser ocultada e sua violência pode, muitas vezes, ser contra seus filhos.

Isso, é claro, desafia a noção de que as mães não poderiam decidir machucar seus filhos a menos que seu "equilíbrio mental estivesse perturbado".

As crianças menores de um ano são, de fato, a faixa etária mais propensa a ser vítima de homicídio. Em 2018, na Inglaterra e no País de Gales, houve 77 vítimas de homicídio infantil (com menos de dezesseis anos) e, em média, cerca de metade a três quartos das vítimas infantis são mortas por um dos pais, com apenas algumas crianças assassinadas por um estranho (uma estatística muitas vezes obscurecida pela enorme atenção da imprensa sobre os, felizmente, raros homicídios por pedófilos).

Como dissemos, o assassinato de crianças é mais comumente cometido pelas mães do que pelos pais. E distúrbios mentais de uma forma ou de outra são frequentemente encontrados na mãe das vítimas, por exemplo, no contexto de delírios ou psicose aguda, como nos casos de Grace Kalinda e, muitos anos antes, minha tia Georgina.

A perturbação mental não se limita à psicose pós-parto, é claro, pois a depressão grave, em que a mãe não vê futuro para si ou para seus filhos (em sua forma mais extrema conhecida como delírios niilistas), pode envolver o que chamamos de "suicídio ampliado", às vezes chamado de "familicídio".

Um exemplo relatado na imprensa foi o de Navjeet Sidhu, 27 anos, que sofria de depressão provocada em parte porque seu primogênito não era um menino e em parte por causa da pressão de sua família. Após um casamento arranjado sete anos antes, houve um conflito com seu marido, Manjit, durante uma viagem à Índia. Ele só havia retornado com a condição de não fazer nenhum trabalho doméstico (se você ainda não é feminista, será quando terminar este livro).

Em 31 de agosto de 2006, enquanto os passageiros na estação de Paddington embarcavam no trem de alta velocidade Heathrow Express, Navjeet deixou sua casa em Greenford, oeste de Londres, com seu filho Aman, de 23 meses, em um carrinho de bebê, e sua filha Simran, de cinco anos — os movimentos do trio foram capturados pelas câmeras de segurança enquanto ela se dirigia à estação Southall. Testemunhas mais tarde relataram ter visto Navjeet com os dois filhos, aparentemente vagando pela plataforma às onze da manhã. Um dos seguranças da estação ficou preocupado e se aproximou dela.

"Perguntei o que ela estava fazendo, e a mulher disse: 'Estou levando meus filhos para ver os trens rápidos'. Informei que não era permitido perambular por ali, e ela aceitou. Parecia muito calma e controlada."

Navjeet telefonou para o marido e disse: "Vou para muito, muito longe e vou levar as crianças comigo". Manjit dirigiu pela vizinhança procurando por ela e finalmente a viu entrando na estação Southall, mas não havia vaga para estacionar. Quando chegou à plataforma, já era tarde demais.

A próxima pessoa a ver Navjeet foi o condutor do trem Heathrow Express às 13h20. Ele a viu segurando Aman contra o peito e Simran pela mão enquanto se jogava da plataforma com as crianças em frente ao trem de alta velocidade. O maquinista disse à Polícia de Transportes Britânica que tentou frear, mas não conseguiu parar a tempo. Navjeet e sua filha morreram instantaneamente. O corpo de Simran estava tão danificado, que ela só pôde ser identificada formalmente por suas impressões digitais. Aman inicialmente sobreviveu a seus múltiplos ferimentos, mas morreu duas horas depois.

Quando um assassino simultaneamente tira a própria vida, não há julgamento criminal. No inquérito, o legista fez uma constatação de suicídio para Navjeet e assassinato de seus dois filhos.

Parece que Navjeet nunca teve a oportunidade de receber tratamento psiquiátrico, mas Grace Kalinda, por outro lado, estava tão perturbada mentalmente, que (como Daniel Joseph) conseguiu evitar a prisão e foi encaminhada diretamente para o hospital. No entanto, a maioria das mulheres presas por violência grave, homicídio ou tentativa de homicídio de seus filhos, como Georgina, será mantida sob custódia prisional. Em 2001, comecei a trabalhar em Holloway, na época a maior prisão para mulheres na Europa.

130 *Richard Taylor*

Mais adiante falarei sobre acontecimentos que me levaram a Holloway, mas foi lá que avaliei uma série de casos com os quais aprendi a maior parte do que sei sobre infanticídio, violência criminal, abuso ou negligência cometidos por mães contra seus bebês e crianças.

Andrea Wood, esposa de um militar de classe média que avaliei em Holloway, estava gravemente deprimida com delírios niilistas e se convenceu de que não havia futuro possível para ela e sua filha de seis anos a não ser a morte e a decadência. Ela tentou afogar sua filha em uma banheira e cortou seus próprios pulsos (cortes graves e profundos que chegaram a uma artéria, não foi uma automutilação superficial). A filha sobreviveu, as incisões de Andrea foram reparadas cirurgicamente e ela foi acusada de tentativa de homicídio. Mais tarde, sua depressão melhorou com o tratamento em Holloway, mas, ainda atormentada pela culpa, ela se declarou culpada de tentativa de homicídio, recusando os esforços de seus advogados para atenuar o delito e, mais tarde ainda, fez uma tentativa de suicídio muito séria, provavelmente continuação da anterior.

Esse foi um caso desesperadamente angustiante de fracasso na transferência para o hospital. Eu havia encaminhado Andrea para o hospital psiquiátrico judiciário para o tratamento do que era, na minha opinião, uma depressão profunda. Mas a avaliação do psiquiatra local foi que sua automutilação estava relacionada à personalidade, não à doença mental, e, portanto, ela deveria ficar na prisão (em outras palavras, em vez de triste ou insana, Andrea era má).

Algumas semanas depois, recebi uma ligação matinal informando que ela havia sido transferida para o pronto-socorro do hospital universitário local. Andrea foi tirada de uma forca improvisada, já roxa e perto da morte.

Cheguei ao hospital e soube que ela estava na UTI. Seu cérebro tinha sido danificado permanentemente pela privação de oxigênio. Então, eu a encaminhei para o serviço de psiquiatria forense local pela segunda vez, não para tratamento de depressão, mas para tratamento de longo prazo em uma unidade permanente de lesão cerebral. Dessa vez, ela foi aceita.

Essas decisões de transferência são de vida ou morte, mas não houve nenhuma investigação exaustiva sobre esse caso. Andrea era apenas uma prisioneira. Eu estava certo, mas é difícil imaginar uma validação mais infeliz de minha opinião clínica.

Um dos meus mentores disse uma vez que, se você quiser o resultado certo, às vezes terá de deixar outra pessoa levar o crédito por isso. Descobri ao longo dos anos que uma diplomacia discreta e uma leve pressão, como reiterados encaminhamentos do mesmo caso, funcionam melhor do que uma abordagem de confronto. Se você insistir demais ou criticar outra opinião, é provável que o colega que esteja tentando persuadir finque o pé por pura obstinação.

Ocasionalmente, no entanto, tive de chegar ao extremo com a ameaça de revisão judicial e manipulação via indiciamento ou reclamações formais. A história de uma paciente ilustra isso muito bem.

Cherelle estava em Holloway por delitos leves, mas estava em nossa cela fechada para permitir uma observação atenta, tendo se tornado agudamente perturbada em seu estado mental e seus comportamentos. Ela tinha incendiado sua cela, seu cabelo e suas roupas, e estava se automutilando com uma lâmina de barbear que tinha escondido em sua vagina. Embora aceita para transferência, ficou em uma lista de espera por semanas enquanto os funcionários da prisão tentavam mantê-la segura em um ambiente irremediavelmente inadequado. Ao prestar depoimento no Tribunal de Southwark sobre seu caso pela terceira vez, com a transferência para o hospital ainda sem solução, o juiz perguntou se eu tinha alguma opinião. Sugeri que ele considerasse pedir ao executivo-chefe do serviço de saúde mental pertinente do serviço de saúde pública que explicasse por que nenhum leito fora encontrado. Ele emitiu uma intimação de testemunha, e uma vaga foi encontrada em 24 horas. Só usei essa opção extrema em três ocasiões, que me lembre. Deve ser usada com moderação, mas é muito satisfatório quando funciona. Cherelle melhorou rapidamente após sua transferência para o hospital.

Mas, apesar das altas taxas de automutilação e até suicídio pós-crime, a maioria das mulheres que estão sob custódia após violência grave contra uma criança sobrevive para enfrentar o processo judicial — assim como Georgina, apesar de várias tentativas de suicídio. Atualmente a lei cria uma categoria singular de infanticídio que, do ponto de vista de um psiquiatra forense, pode ser classificada em seis subtipos.[2] O primeiro é o "neonaticídio", o assassinato de um recém-nascido nas primeiras 24 horas de vida, que parece ser diferente de outras formas de infanticídio, o assassinato de bebês entre um dia e um ano de idade.

Estatísticas oficiais sugerem que esse é um evento muito raro, mas o verdadeiro número de neonaticidas é desconhecido, pois eles podem ser ocultados, e ainda hoje vemos notícias de corpos de recém-nascidos mumificados ou restos de esqueletos sendo encontrados em sótãos ou enterrados. Em 1861, 150 bebês recém-nascidos ou muito jovens foram encontrados mortos nas ruas de Londres. Então hospitais para órfãos, como o de Mecklenburgh Square, perto do Hospital Great Ormond Street (agora um museu), foram criados para aqueles encontrados ainda vivos.

Historicamente, os bebês eram mortos para fins rituais ou porque não eram desejados. Os astecas, os antigos gregos e os romanos faziam isso. A prática persistiu durante a política do filho único da China e continua a persistir em partes da Índia, onde o infanticídio seletivo por sexo ocorre, pois bebês do sexo masculino são preferidos por razões culturais e econômicas. O neonaticídio também é comum em períodos históricos ou em sociedades contemporâneas nos quais a contracepção é limitada ou indisponível. Muitas vezes acontece com mães jovens e imaturas, que ainda moram com os pais, de quem a gravidez foi ocultada. Isso pode fazer com que os bebês nasçam em segredo em quartos de hotel, depois sejam afogados em pias ou banheiras, estrangulados ou sufocados.

O próximo subtipo é a síndrome de Medeia, às vezes chamada de assassinato por vingança do cônjuge.

Na antiga tragédia grega de Eurípides, *Medeia*, a protagonista era uma mulher desprezada. Seu status social no mundo grego foi ameaçado quando Jasão a deixou em favor de Glauce, uma princesa coríntia. Ele planejava manter Medeia como amante, mas, não querendo aceitar essa perda de status (e talvez, como foi argumentado, tentando assumir o controle de sua vida em uma sociedade patriarcal), Medeia se vinga assassinando Glauce, bem como o novo sogro de Jasão, o rei Creonte, com um truque envolvendo mantos envenenados. Ela, então, esfaqueia até a morte seus dois filhos com Jasão, destruindo assim o símbolo de seu casamento e impingindo a Jasão a vingança mais extrema que se pode imaginar.

Mais de 2 mil anos depois, usamos o termo "síndrome de Medeia" quando as crianças se tornam vítimas fatais no conflito psicológico tóxico entre os pais. O assassino pode ter um transtorno mental, como depressão grave, ou ser um pai ou mãe vingativo e narcisista: "Se não posso tê-los, ninguém pode".

Isso nem sempre envolve vingança direta, pois a síndrome de Medeia abrange todos os cenários em que a motivação para o assassinato não se origine de um problema com a criança, mas de um relacionamento problemático entre os pais dela e outra pessoa ou pessoas (que podem ou não ser o outro progenitor).

Um exemplo simples seria a chegada de um novo parceiro (geralmente homem) que acha as crianças inconvenientes, levando a mãe a se livrar de um filho para não perder o novo relacionamento. Isso pode parecer incompreensível, mas acontece. Em um caso mais extremo, Louise Porton, 23 anos, sufocou Lexi Draper, 3, e estrangulou Scarlett Vaughan, de 16 meses, em Rugby, Warwickshire, em 2018, aparentemente porque as crianças "atrapalhavam sua vida sexual". Ela não parecia angustiada com a morte de Lexi e aceitou 41 pedidos de amizade no aplicativo de namoro Badoo um dia depois. O júri levou apenas seis horas para considerá-la culpada de ambas as acusações de homicídio doloso após um julgamento de quatro semanas no Tribunal de Birmingham. Durante o julgamento, foram apresentadas evidências de que Porton muitas vezes deixava suas filhas aos cuidados de outros, ou sozinhas, enquanto saía para buscar homens atrás de sexo e dinheiro. Porton foi condenada por duas acusações de homicídio doloso e sentenciada à prisão perpétua com um período mínimo de 32 anos antes de poder pedir a condicional.

Os casos neste grupo incluem um "extermínio familiar", geralmente causado por um dos genitores que se envolve em uma disputa pela guarda da criança após um relacionamento fracassado, que também pode acabar com a pessoa tirando a própria vida. Em uma demonstração da ambivalência distorcida do genitor que mata o próprio filho nesse contexto, o instinto de cuidar da criança é mantido apesar do ato homicida. Eles muitas vezes deixam a vítima ou as vítimas na cama com seus brinquedos de pelúcia favoritos, mostrando um carinho residual pela criança. Mas o desejo de se satisfazer ou se vingar do parceiro ou amante é mais poderoso.

Vi fotos de cenas de crimes de tais assassinatos e elas podem ser demais para suportar: o corpo de um menino de seis anos, por exemplo, assassinado por seu pai, mas cuidadosamente colocado em sua cama com seu Nike Air Max 95s favorito e uma fantasia de Super-Homem, com a mãe também morta no quarto ao lado. Você já deve ter visto a típica manchete de um caso como esse: "Uma família de cinco pessoas foi encontrada morta. A polícia não procura por suspeitos".

Outro exemplo apareceu no jornal *Sun* em julho de 2019. Uma mãe "materialista" afogou seus próprios gêmeos de 23 meses Jake e Chloe na banheira em sua casa em Kent. Ela estava em conflito com o parceiro depois que perdeu seu estilo de vida luxuoso no Catar e acabou, em suas próprias palavras, em um "buraco de merda" em Margate. A polícia foi chamada para uma colisão na estrada A299 com destino a Londres em 27 de dezembro de 2018, depois que a mulher deliberadamente colidiu com a traseira de um caminhão a uma velocidade de 160 km/h. Ela estava "histérica" e disse à polícia: "Apenas me deixe morrer. Matei meus bebês". Ao chegar à casa dela, os policiais acharam duas crianças deitadas em suas camas, mortas, mas completamente vestidas.

Os especialistas psiquiátricos discordaram quanto à explicação para esse crime (raiva narcísica versus depressão profunda), e isso se refletiu na sentença de "ordem híbrida" de dez anos, a serem cumpridos parte em um hospital de custódia e parte na prisão.

O fato de que os infanticídios podem ser agrupados em subtipos observáveis significa que o padrão de assassinato de crianças ano a ano é perturbadoramente familiar. Além do sufocamento dos recém-nascidos, dos infanticídios psicóticos e da síndrome de Medeia, também há assassinatos por "misericórdia" de crianças gravemente deficientes, assassinatos para eliminar uma criança indesejada e assassinatos de crianças como extensão de abuso ou negligência infantil.

Um caso bem divulgado de um assassinato chamado de "misericórdia" ou "altruísta" foi o de Tania Clarence em 2015. Sua família era de classe média alta, mas ela era uma mãe gravemente deprimida, aparentemente sobrecarregada pelo enorme desafio de cuidar de três filhos deficientes.

Olivia, de quatro anos, e os gêmeos Ben e Max, de três anos, sofriam de uma condição rara, mas devastadora e terminal, de enfraquecimento muscular, que exigia repetidos tratamentos invasivos e cirurgias. Tania sufocou-os durante o sono e depois tentou o suicídio.

Veredito: três condenações por homicídio culposo em razão de responsabilidade diminuída. Prisão hospitalar.

* * *

As mães que eliminam um filho indesejado podem não ter nenhum transtorno psiquiátrico além de uma personalidade anormal, mas pode haver uma história de conflitos familiares e maus-tratos. O primeiro caso de homicídio com o qual me deparei na psiquiatria foi o de Stella North, uma mulher isolada de vinte e poucos anos que havia sido transferida para um hospital de custódia enquanto enfrentava uma acusação de homicídio doloso de seu bebê recém-nascido. Quando me juntei à equipe, ela estava na metade de uma avaliação psiquiátrica aprofundada de três meses. Um relatório estava sendo preparado para auxiliar a promotoria em sua decisão sobre se a acusação de homicídio (com uma sentença de prisão perpétua obrigatória) seria substituída por uma de infanticídio (em que todas as opções de sentença estariam abertas, incluindo a prisão hospitalar ou mesmo uma pena não privativa de liberdade, como suspensão condicional da pena).

Na minha inexperiência, achei óbvio que, como se tratava de uma mãe que havia matado um bebê recém-nascido, "o equilíbrio de sua mente deveria estar perturbado" — ainda o critério legal para o infanticídio.

Eu provavelmente tinha a história da minha tia em mente quando fiz essa simples suposição. Mas a psiquiatria forense é um campo em que não se deve presumir nada.

O caso de Stella havia sido discutido em nosso seminário semanal com um psicoterapeuta forense. Entender um assassinato requer diferentes abordagens. Um psicoterapeuta formado em teoria psicanalítica pode nos dar uma perspectiva diferente.

Entrei no seminário quinzenal segurando minhas anotações, pronto para apresentar o caso a Calista, a psicanalista designada para nossa equipe. Ela me disse para guardar minhas notas e, em vez disso, descrever a história de Stella para o seminário e acrescentar como era estar em uma sala com ela. Apresentei o contexto, de memória, e comentei que Stella parecia estar desconectada do assassinato e de seu bebê morto. A discussão passou a considerar não apenas seu estado mental perturbado, mas também sua capacidade homicida em relação a seu bebê indesejado. Stella havia ocultado sua agressão aparentemente separando-se das próprias ações. Ela parecia desconectada de qualquer sentimento em relação ao bebê morto, como se ele nunca tivesse existido.

O debate sobre Stella me forçou a repensar meu modelo simplista de "doença mental" no infanticídio. Também me trouxe um pensamento desconfortável. Minha prima Louisa tinha sido uma criança não planejada. Ela também era um bebê difícil que não parava de chorar. Embora não houvesse dúvida de que Georgina havia sido afetada por seu estado mental perturbado, ela possuía um grau de capacidade homicida em relação a Louisa? A essa altura, eu não tinha ouvido o relato de Georgina sobre o sufocamento, que agora sei que foi uma reação ao choro incessante, embora em um estado mental altamente perturbado. O caso de Stella foi o primeiro caso de infanticídio que vi profissionalmente, e deve ter sido quando comecei a refletir adequadamente sobre a história de Georgina, que, por sua vez, me colocou na jornada de investigação que finalmente me levou ao meu trabalho em Holloway.

Outros detalhes revelados no caso de Stella sugeriam um nível de "capacidade homicida" difícil de conciliar totalmente com o infanticídio. Ela havia telefonado para a polícia de seu apartamento no quarto andar informando que seu bebê havia desaparecido. Os policiais estavam por toda parte: dezenas de agentes uniformizados revistaram a área, fazendo investigações de casa em casa e procurando evidências em câmeras de segurança. Após uma busca de 24 horas, o corpo frio e morto do recém-nascido foi encontrado na grande lixeira comunitária.

Você pode imaginar a indignação dos policiais que conduziram essa busca acreditando se tratar de um sequestro ao descobrir que a própria mãe havia se livrado do bebê. Ela não era psicótica, mas a gravidez não havia sido planejada e era indesejada — ela era imatura, isolada e estava sofrendo de depressão pós-parto.

Alguns anos depois, coincidentemente me vi como consultor recém--qualificado (em um posto interino ou temporário) supervisionando Stella como paciente ambulatorial. Depois de um ano em um hospital de custódia, ela havia recebido uma pena não privativa de liberdade e foi submetida à supervisão da liberdade condicional com exigência de tratamento psiquiátrico. Mas ela parecia alegremente despreocupada com o que havia feito (dissociada, na terminologia psiquiátrica), muitas vezes chegava atrasada e frequentemente cancelava as consultas.

Ela estava em um novo relacionamento e pensava em começar uma família, apesar do que havia acontecido com seu primeiro bebê. Se ela conti-nuasse com seus planos de ter outro filho, uma equipe do juizado de menores estaria de olho nela e haveria uma conferência de caso pré-natal. Eles teriam de responder a perguntas difíceis. Stella poderia ser autorizada a cuidar de outra criança? Seria seguro permitir que ela segurasse o bebê por alguns minutos após o nascimento? Essas foram questões que mais tarde tive de enfrentar ao cuidar de mulheres grávidas com transtornos mentais graves — o que chamamos de psiquiatria perinatal.

Crianças mortas por pais ou cuidadores como extensão do abuso infantil foi um tema constante na mídia enquanto eu estava em Holloway, quando as mortes de Victoria Climbie e do Bebê P, ocorridas no norte de Londres, atraíram a atenção da mídia. A publicidade em torno desses casos concentrava-se quase exclusivamente nas falhas percebidas nos serviços sociais e parecia ignorar a culpa dos pais (outro exemplo de nossa cultura de culpa contemporânea).

Já vi muitos casos de negligência criminosa levando à morte e abuso letal deliberado, mas alguns exemplos permanecem em minha memória.

Em Holloway, fui chamado para atender Amelia Stevenson, que estava detida por acusação de homicídio doloso. Ela havia sido uma criança enjeitada, abandonada ao nascer e encontrada em um saco plástico na porta de um hospital antes de ser enviada para um lar adotivo temporário e um orfanato.

Ela exibiu um comportamento perturbado na escola, abandonou os estudos e progrediu do uso recreativo de drogas ilícitas para o vício em heroína. Teve várias gestações não planejadas, e seu primeiro bebê morreu poucas semanas após o nascimento, de pneumonia. Ela perdeu a guarda de seu segundo filho a pedido do serviço social, e a criança estava em processo de adoção permanente.

Amelia voltou a injetar heroína — "se não pode vencê-la, junte-se a ela", disse — e depois engravidou novamente do namorado, Seth.

Durante a terceira gravidez, o serviço social concordou — o que é estranho, você deve estar pensando — que ela deveria passar por um teste para medir sua capacidade de cuidar do bebê com amplo apoio. Ela consentiu em ficar sem usar heroína durante a gravidez para não passar sua dependência para o filho. Mas rapidamente teve uma recaída e conseguiu esconder isso das parteiras e assistentes sociais (usando metadona "de rua" e depois voltando para a heroína).

Quando o bebê, James, nasceu, Amelia pôde ver que ele estava "muito doente", mas só ela sabia que ele tinha abstinência de heroína, que produz sintomas semelhantes aos da gripe: dores musculares, febre e calafrios. O bebê angustiado chorava com frequência.

"Em vez de obter ajuda profissional, pensamos que poderíamos cuidar disso sozinhos (...), pensamos que, se provássemos que poderíamos cuidar dele, nos deixariam ficar com ele. Joe conseguiu um pouco de metadona (...), demos a ele com sua alimentação e ele parecia melhorar (...). As parteiras e as enfermeiras vinham diariamente, mas conseguimos esconder delas."

Um dia Amelia acordou tarde, sentindo-se grogue pelo efeito da heroína.

"Na manhã seguinte, ele ainda estava na cama (...). Eu tive um pressentimento; sabia que algo estava errado (...). Meu namorado gritou: 'Amelia, ele está morto'. Eu pensei que ele ainda estava dormindo, mas estava frio. Tentei alimentá-lo, mas seu corpo já estava rígido."

Homicídio culposo — cinco anos de prisão.

Apesar da automutilação significativa, Amelia não conseguiu um leito no hospital psiquiátrico, seu homicídio negligente não suscitou muita simpatia.

No caso de Amelia, sua negligência com James foi escondida dos profissionais de saúde. Essa ocultação de negligência ou comportamento abusivo em relação a crianças não é incomum e pode assumir muitas formas, como descobri no início de minha carreira médica.

Por acaso, enquanto trabalhava na equipe de pneumologia do Hospital Mayday, encontrei alguns casos psiquiátricos incomuns que nunca esqueci. Durante aqueles seis meses lá, já tinha sido bastante difícil acompanhar a torrente de encaminhamentos do pronto-socorro, buscando resultados de exames de sangue e substituindo acessos intravenosos entupidos. Naquela época, eu provavelmente cheguei mais perto de jogar a toalha e abandonar completamente a medicina. Sim, foi ruim assim, mesmo depois de seis anos de faculdade. Apesar da nossa exaustão, precisávamos ficar alertas, pois os pacientes mais doentes lutavam por suas vidas — e às vezes perdiam. Mas, entre esses pacientes genuínos, detectávamos alguns que estavam fingindo um problema médico. Presumíamos que estavam fazendo isso para receber a atenção que acompanha uma internação hospitalar, ou talvez para se divertir nos enganando e nos fazendo perder tempo. Mas o que motiva alguém a fingir a dolorosa cólica de uma pedra nos rins, chegando a cortar a ponta do dedo para pingar gotas de sangue em uma amostra de urina na tentativa de nos convencer?

Esses casos iam muito além da tentativa de conseguir analgésicos, que levou à substituição de medicamentos com potencial para abuso. Uma vez descobertos, esses pacientes recebiam uma bronca e eram banidos do hospital, sem nem sequer uma opinião do "médico de doidos" (termo meio carinhoso, mas depreciativo para minha futura profissão, usado pelos clínicos e cirurgiões).

Um caso em especial desse grupo me chamou a atenção. Uma jovem, Tamara Atkinson, havia sido internada na ala médica sofrendo de epilepsia mal controlada. Ela foi acusada de envenenar seu próprio filho com sua medicação antiepiléptica e depois apresentar a criança ao médico com sintomas inexplicáveis. Quando a criança foi internada em uma enfermaria pediátrica para observação, Tamara havia adulterado o soro, causando uma infecção com risco de vida por contaminação da infusão e colocando seu filho na UTI.

Em seguida, Tamara sofreu uma aparente convulsão sob custódia policial e foi transferida para a emergência do Mayday.

Admitida na enfermaria, ela continuou a ter ataques descontrolados, apesar do tratamento adequado, e solicitamos às pressas uma tomografia do cérebro e um teste de ondas cerebrais (eletroencefalograma), preocupados de que ela pudesse ter um tumor cerebral. Quando os exames deram todos negativos, ficamos desconfiados. Eu a observei tendo uma convulsão em seu leito. Parecia convincente, com contrações rítmicas, a cabeça arqueada para trás. Ela até se deu ao trabalho de molhar a cama, o que geralmente acontece em ataques genuínos.

Enquanto tentávamos confirmar que eram "pseudoconvulsões", Tamara começou a desenvolver vários furúnculos grandes, infectados e cheios de pus nas pernas e no braço esquerdo. A investigação de abuso infantil ficou em segundo plano quando ficamos preocupados de que haveria algo errado com seu sistema imunológico. Verificamos o sangue dela para HIV e fizemos um painel completo de exames de sangue padrão e *swabs* de microbiologia procurando por alguma infecção inexplicável. Após uma busca na literatura por condições raras e incomuns, um possível candidato saltou da página, a saber, "síndrome de Jó". Com o nome da figura bíblica, essa é uma disfunção dos glóbulos brancos, que geralmente combatem infecções, e pode levar à formação descontrolada de pústulas. Parecia se encaixar nos sintomas, então marcamos para que Tamara fizesse um teste em um hospital especializado vizinho.

Enquanto isso, nosso consultor havia sido chamado para depor em juízo sobre o estado médico de Tamara e se ela estaria apta a comparecer ao processo criminal e da vara de família. Enquanto estávamos tentando desvendar tudo isso, um porteiro do hospital me procurou um dia e, em um sussurro conspiratório, disse: "Doutor, não quero interferir, mas acabei de ver algo que pensei que o senhor gostaria de saber. Sabe aquela senhora na cama sete? Acabei de vê-la espetando agulhas na perna".

Descobrimos que Tamara estava contaminando agulhas com suas próprias fezes e espetando sua pele para produzir os furúnculos. Ela tinha tanto a síndrome de Munchausen como a de Munchausen por procuração (a criação deliberada em si mesmo e a indução em um outro vulnerável de uma condição médica "fictícia"). Tamara claramente tinha um distúrbio de personalidade importante, e ela teria de comparecer em juízo e enfrentar suas acusações, afinal.

Fascinado pelo processo de desfazer a ginástica mental que deve ter sido necessária para pensar e se comportar como Tamara, apresentei seu caso, completo com slides das lesões causadas, em nossa rodada médica mensal. Depois, fiquei surpreso quando o dermatologista sênior me disse: "Tudo muito interessante, mas da próxima vez nos traga uma verdadeira erupção cutânea".

Eu estava percebendo neste estágio inicial que eu teria de encontrar um ramo da medicina que fosse mais do que superficial. A psiquiatria me atraía. Para mim, a aflição de Tamara era uma erupção muito real. Outras erupções cutâneas podem revelar condições médicas subjacentes, como sarna, sífilis ou lúpus eritematoso sistêmico (uma doença autoimune que apresenta erupções faciais características). A dela era uma janela aberta para sua personalidade altamente perturbada: um exemplo de uma mulher que descontava sua agressividade contra o próprio corpo e seu sistema reprodutivo, ou seja, seu filho — um processo descrito por Welldon.

A condição, ou padrão de comportamento, conhecida como Munchausen por procuração constitui uma forma grave de abuso infantil e geralmente é um delito criminal. É normalmente encontrado em mulheres que são a mãe, cuidadora ou enfermeira da criança. Elas apresentam a criança aos médicos com uma doença aparente, que mais tarde se descobre ter sido induzida pela cuidadora por meio de relatos falsos de sintomas, ferindo ou envenenando a criança.

Pesquisas médicas controversas envolvendo vigilância oculta descobriram que algumas mães de crianças com problemas respiratórios estavam, na verdade, sufocando os próprios bebês. Os vídeos são muito impressionantes. As mães podem ser vistas repetidamente tentando sufocar seus próprios filhos e depois alegavam ter sido uma cessação espontânea da respiração (um ataque de apneia). Os bebês estavam conectados a monitores cardíaco e respiratório e enfermeiras observavam pela câmera, prontas para entrar e prevenir o pior. Essa pesquisa sugere que, embora a grande maioria das mortes em berços seja genuína e devastadora, uma proporção muito pequena provavelmente representará infanticídio oculto se o sufocamento não for detectado a tempo. Apesar das evidências, tem havido uma relutância em aceitar que as mães são capazes dessa combinação distorcida de dissimulação e dano.

A dissimulação permite que essas mães neguem seu impulso agressivo contra o filho e também se sintam exultantes ao enganar os médicos, amenizando assim seus próprios sentimentos de desamparo? Essa é uma tentativa de uma "formulação psicológica", mas os mecanismos permanecem em grande parte sem resposta. Essas mães muitas vezes apresentam sinais de abuso ou negligência grave, automutilação ou transtornos alimentares, e podem ter apresentado sintomas inexplicáveis e/ou ter passado por internações e operações desnecessárias.

Elas também têm dificuldade em expressar sua angústia, algo que nós, psiquiatras, chamamos de "alexitimia", traduzido livremente como "ausência de palavras para descrever um estado de espírito".

A experiência que ganhei como médico residente, incluindo casos como o de Tamara, me ajudou a entender mais tarde alguns dos casos de abuso infantil que vi como psiquiatra na prisão de Holloway.

Eu havia aprendido que assassinatos de crianças como uma extensão de abuso e negligência acontecem de muitas formas, e o abuso que precede o assassinato pode ser ocultado. Mas às vezes há práticas culturais e religiosas em relação às crianças que podem ser toleradas ou até mesmo incentivadas em outras sociedades, mas que constituem delitos no Reino Unido e que, em casos extremos, podem levar a fatalidades.

A mutilação genital feminina (MGF) — que afeta 200 milhões de mulheres e meninas em todo o mundo segundo a Five Foundation — é um exemplo disso. No Reino Unido é ilegal, com a aceitação agora (ao menos pelo Parlamento) de que suscetibilidades culturais equivocadas devem ser deixadas de lado para proteger as meninas de danos irreversíveis causados por esse abuso culturalmente sancionado. Da mesma forma, outros abusos físicos e emocionais praticados em algumas comunidades — no contexto de crenças envolvendo vodu, ocultismo e possessão demoníaca — devem ser desafiados e são passíveis de sanções penais.

Mas, do meu ponto de vista como psiquiatra forense, essas práticas precisam ser diferenciadas dos delírios. Delírios podem responder ao tratamento psiquiátrico, enquanto crenças culturalmente normativas sobre feitiçaria, não. Ideias não psicóticas sobre as forças malévolas de espíritos malignos ou feitiçaria são surpreendentemente comuns, especialmente em uma cidade culturalmente diversificada como Londres. Por exemplo, crenças sobre "*djinn*" (ou gênios) são comuns em algumas comunidades islâmicas e "espíritos malignos" ou "demônios" aparecem muitas vezes nos países da África subsaariana.

Estudos que examinaram as atitudes religiosas e culturais em diferentes países descobriram que 15% dos ugandenses e até 95% da população da Costa do Marfim creem na existência de espíritos malignos. Crenças culturais sobre possessão demoníaca resultaram em violência significativa contra crianças, com relatos descrevendo procedimentos de exorcismo envolvendo pimenta-malagueta sendo colocada nos olhos de crianças, espancamentos e até assassinatos rituais, particularmente de crianças albinas, pois acredita-se que partes de seus corpos possuem poderes especiais.

Em 2008, mais de trezentos casos de assassinatos e desaparecimentos ligados a cerimônias rituais foram relatados à polícia em Uganda. O governo do país nomeou uma força-tarefa especial da polícia para combater o sacrifício humano, pois houve várias prisões de pais e parentes acusados de vender seus filhos a feiticeiros para sacrifícios rituais que garantiriam riqueza e prosperidade.

Claro, Londres não é estranha ao assassinato ritual de crianças. Em 2001, o caso de "Adam" envolveu a descoberta do torso de um menino desconhecido no Tâmisa. Após uma investigação complexa, acredita-se que ele tenha sido traficado de Benin City, Nigéria, via Alemanha, para o Reino Unido. Ele havia sido envenenado (areia salpicada de partículas de ouro foi encontrada em seu estômago), bem como sangrado e habilmente desmembrado, provavelmente como parte de um assassinato ritual "muti" ou "vodu".

Na prisão de Holloway, vi outros exemplos de violência culturalmente aprovada contra crianças. Em um caso especialmente angustiante, uma jovem maurícia que estava em um relacionamento com um homem da África Ocidental foi convencida por seu parceiro de que sua filha de seis anos estava possuída por espíritos malignos. O casal a espancou várias vezes, queimou-a com velas quentes e depois a costurou em um saco, planejando jogá-la no canal perto de Kingsland Road.

Por sorte, eles foram interrompidos por um vizinho e não seguiram com seu plano assassino. Quando a criança apareceu na escola chorando e desgrenhada, os professores fizeram um encaminhamento para o serviço social e a história toda veio à tona. Embora seu parceiro tenha claramente a influenciado, a mãe não mostrou evidências de doença mental — ela foi tratada com todo o peso da lei e recebeu uma sentença de prisão substancial.

Apesar dos detalhes perturbadores de toda essa violência contra crianças, descobri que nessa fase da minha carreira eu era capaz de me concentrar em desvendar as evidências clínicas e forenses de casos de assassinato sem me distrair demais com a natureza do tema. Dizem que demora cerca de cinco anos para se estabelecer como consultor na maioria das especialidades médicas, o que me parece correto. Com o tempo, descobri que minha ansiedade forense havia diminuído. Também aprendi a gerenciar meus níveis de estresse não aceitando todos os encaminhamentos ou convites para ministrar aulas, tentando não ser onipotente na prevenção de todos os crimes psicóticos em minha área e protegendo meu tempo nos fins de semana com a proibição de escrever relatórios aos sábados.

Talvez a psiquiatria forense tenha se tornado, em grande parte, apenas mais uma profissão para mim, e eu tenha me acostumado à violência e suas consequências. Algumas pessoas vão trabalhar para observar uma tela de negociação, projetar prédios, ensinar uma classe de crianças ou ler manuscritos, mas alguns percorrem as prisões entrevistando assassinos e tentando entendê-los.

Quando perguntado "O que você faz?" em ocasiões sociais, eu apenas digo: "Sou médico de um hospital público", para evitar a inevitável discussão sobre o significado do mal. "Será que todos os assassinos são loucos?" ou "Por que não podemos enforcar todos eles?".

* * *

Quando fui entrevistar Grace Kalinda alguns meses após o tratamento de sua psicose, tive de determinar, em retrospecto, seu estado mental no momento do assassinato. Também estava curioso para ver como ela havia respondido ao tratamento e que relato me daria de sua vida anterior e como isso levou aos terríveis acontecimentos em seu apartamento.

Nascida em Kampala, Uganda, Grace teve uma história comum. Não houve abuso em sua infância e ela completou o Ensino Médio. Chegou ao Reino Unido cerca de três anos antes do assassinato, com 23 anos e planejando aprender inglês. Ela havia se separado e deixado o pai de Nancy, de quatro anos, em Kampala, mas em uma visita breve eles reataram e ela acabou grávida da bebê Dembe. Uma vez de volta a Londres, ela morava em um apartamento alugado em Thornton Heath e estava lá há cerca de seis meses, trabalhando como auxiliar de enfermagem e babá, enquanto participava de aulas semanais de inglês em grupo. Era uma adventista do sétimo dia devota, bem conhecida em sua congregação local. Disse que não tinha experiência anterior com demônios, "até que eu os vi... pouco antes de minha filha morrer". Ficou claro, então, que suas crenças sobre feitiçaria eram psicóticas, e não cultural ou religiosamente normativas.

Perguntei a ela como eram os demônios. "São escuros, com olhos, não como humanos, eles estavam entrando em meus filhos... Eu estava com medo, estava sozinha com meus filhos."

"Tentei tirar os demônios batendo neles com minhas mãos... Bati na cabeça deles e massageei seus corpos... o espírito me disse para fazer isso... o espírito me disse para tirar os demônios deles."

Ela estava convencida de que a única maneira de se livrar do demônio era pelo "exorcismo", que significava deixar a parte branca dos olhos de Dembe vermelha. Depois de espancá-la até que seus olhos mudassem de cor, ela pensou que o "demônio havia deixado Dembe", mas "ele saltou de volta para Nancy... e achei que eles iriam acordar".

Perguntei a ela quais seriam as consequências se ela não tivesse expulsado os demônios de suas filhas. "Elas teriam tido uma vida ruim... os espíritos malignos as destruiriam... O espírito estava na minha cabeça, repetindo para mim o que eu tinha de fazer. Não conseguia tirá-lo da cabeça, estava como uma prisioneira, não conseguia pensar direito."

Com minha entrevista concluída, peguei o trem rápido de volta a Londres. Eu estava sob pressão, como sempre, para fazer o relatório. Fiz um café forte quando cheguei em casa e, me refugiando da aula de violino do meu filho, sentei-me do lado de fora em nosso pequeno jardim para ler os depoimentos.

Um amigo que tinha ajudado Grace a cuidar de crianças disse que notou uma mudança no comportamento dela algumas semanas antes do assassinato. Ela estava enviando mensagens de texto bizarras e parecia irritada e "diferente em comparação com antes". Outra testemunha a descreveu "falando em sua própria língua — ela parecia ansiosa e preocupada e achei que ela estava se comportando de maneira estranha... como uma louca". Isso era consistente com o fato de ter desenvolvido crenças delirantes sobre possessão demoníaca e outros sintomas psicóticos, como alucinações auditivas, que pioraram pouco tempo antes dos assassinatos.

Os policiais que compareceram ao ponto de ônibus a descreveram com um comportamento bizarro e desinibido. Ela estava beijando Johnson, que não tomava banho há algum tempo. Ela tinha cheiro de álcool e, quando tentaram prendê-la, agarrou a barba de Johnson, derrubando-o no chão. Ela foi descrita como "sorrindo estranhamente" quando levada para a viatura, segurando uma Bíblia e balançando-se para frente e para trás.

Após dez dias de observação no hospital, ela foi tratada com medicação antipsicótica e, ao longo dos meses seguintes, seu estado mental e seu comportamento melhoraram gradualmente.

O diagnóstico final: "psicose pós-parto", caracterizada por crenças religiosas ilusórias, delírios de possessão de espíritos e a alucinação de que poderia expulsar demônios usando violência.

O sistema de justiça criminal oferece várias opções para mulheres como Grace evitarem a sentença de prisão perpétua obrigatória — ou, até 1965, a forca — por homicídio doloso. Era minha tarefa considerar as questões de infanticídio, responsabilidade diminuída e insanidade, e eu tinha que estar atento ao fato de que o parâmetro legal para essas três opções fica mais alto ou mais difícil à medida que o infanticídio progride para a insanidade.

Foi fácil para mim argumentar que ela preenchia os critérios para infanticídio (distúrbio psíquico) e responsabilidade diminuída (anormalidade mental). Mas seu estado estava tão perturbado, que ela havia atingido o patamar mais alto da insanidade legal? Mais uma vez, diagnósticos psiquiátricos mais atualizados precisam ser mapeados sobre conceitos jurídicos do século XIX, neste caso os critérios de insanidade da Regra de M'Naghten, de 1843. Para que uma defesa de insanidade fosse aceita, Grace precisava estar claramente sofrendo de uma "doença da mente" no momento do assassinato. Também era preciso argumentar que ela não sabia que o que estava fazendo era errado. Dado seu estado de espírito, e o fato de que ela esperava que a bebê Dembe acordasse depois que os espíritos fossem exorcizados e não fez nenhuma tentativa de esconder suas ações ou fugir da polícia, a defesa de insanidade era uma possibilidade real.

De qualquer forma, assassinatos de crianças, como esse, são tão terríveis, que o relato psiquiátrico fornece uma explicação, o que torna os fatos do caso mais suportáveis para todos os envolvidos, inclusive para advogados e médicos.

Ninguém queria um julgamento nesse caso, mas a insanidade "legal" tem de ir a júri, mesmo quando todos os psiquiatras estão de acordo. O risco é que um júri ignore os psiquiatras e retorne um veredito inesperado de homicídio doloso. Você deve se lembrar de que, no julgamento de Peter Sutcliffe, o Estripador de Yorkshire, que matou treze mulheres e tentou matar outras sete no início da década de 1980, o júri ignorou a opinião unânime dos psiquiatras de que ele era mentalmente doente e tinha "responsabilidade diminuída" e decidiu por um veredito de culpado por várias acusações de homicídio doloso e tentativa de homicídio, garantindo vinte sentenças de prisão perpétua. Naquela ocasião, o juiz, o júri e a sociedade em geral ficaram compreensivelmente mais felizes com esse resultado.

Mas o julgamento de Grace foi curto, com apenas um psiquiatra fornecendo as provas e o juiz resumindo: "Membros do júri, o veredito é com vocês, mas seria um júri imprudente se optasse por ignorar as opiniões iguais de nada menos que quatro eminentes psiquiatras".

Veredito: inocente por motivo de insanidade. Prisão hospitalar e ordem de restrição sem limite de tempo.

Normalmente, um paciente como Grace passará muitos anos em um hospital psiquiátrico de custódia e, é claro, provavelmente nunca mais poderá ter responsabilidade parental sobre crianças.

Em outras jurisdições, como nos EUA, não há lei específica de infanticídio, então as mães que matam seus filhos enquanto estão sob ataques psicóticos não têm outra opção senão provar que eram legalmente "insanas" no momento do assassinato — o que, como eu disse, é algo difícil de fazer, legalmente falando. Veja o caso de Andrea Yates no Texas em 2001. Ela afogou seus cinco filhos em uma banheira em resposta a delírios de influência satânica. Estava enfrentando a pena de morte depois que sua defesa por insanidade fracassou, mas foi condenada à prisão perpétua com um mínimo de quarenta anos em regime fechado. Somente após uma apelação por erro no testemunho psiquiátrico ela conseguiu o veredito de insanidade, resultando em sua internação em uma instituição psiquiátrica de custódia.

Por volta desse mesmo período, fiquei sem poder dirigir por causa de uma batida na traseira do carro, então decidi que era hora de aumentar minhas habilidades ciclísticas. Eu ia de bicicleta até a unidade de custódia, cerca de 23 quilômetros em cada sentido. O primeiro mês foi difícil. Subir na bicicleta, especialmente quando o céu estava cinza ou chuvoso, parecia uma tarefa árdua, mas, à medida que minha forma física melhorava, a volta para casa se tornou um ótimo momento para limpar minha mente e aumentar minha frequência cardíaca. Comecei a perder os quilos extras acumulados em todas aquelas horas sedentárias. Eu poderia até pedalar de Camden seguindo o rio até Belmarsh (embora tenha recebido alguns olhares curiosos dos oficiais da prisão quando me esgueirava para me trocar nos banheiros do centro de visitantes). Descobri que, depois de uma avaliação na prisão ou clínica, quarenta minutos ou mais na bicicleta realmente me faziam reviver.

Mas a viagem para Holloway levava apenas alguns minutos, então, depois de trancar minha bicicleta, eu mostrava minha identificação do Ministério do Interior para a sala de controle no portão principal e passava pela entrada para pegar minhas chaves.

Muitas vezes, enquanto caminhava pelo corredor de conexão entre as alas de Holloway — pensando em casos como o de Grace —, eu ficava impressionado com a visão de mães carregando seus bebês em carrinhos depois que as outras prisioneiras tinham sido trancadas em segurança nas celas.

A MENTE DO ASSASSINO 149

Essas mulheres muitas vezes cumpriam pena por delitos importantes, mas não violentos, como as mulas de drogas do Caribe e da América Latina que foram pegas em Heathrow por terem ingerido vários pacotes de cocaína. As prisioneiras que chegaram grávidas podiam se candidatar a cuidar do filho entre o nascimento e os nove meses, sob supervisão, na unidade maternal. Claro, havia uma triagem rigorosa para garantir que não houvesse risco a esses bebês. Eles não eram prisioneiros e podiam ser levados para casa por outros parentes, desde que esses parentes estivessem na lista de aprovados. Uma série de relatórios sugere que seria melhor tentar evitar trazer os bebês para um ambiente tão difícil, embora pelo menos assim eles possam manter contato com suas mães durante os primeiros nove meses de vida — crucial para a conexão mãe-filho.

Mais tarde, eu entenderia melhor os efeitos da separação durante esses primeiros meses de vida ao refletir sobre a prolongada hospitalização de Georgina após a morte de minha prima Louisa. Isso teria um impacto duradouro em sua capacidade de ser uma mãe razoavelmente boa nos anos seguintes.

✳ ✳ ✳

Esta seção se concentrou predominantemente em mulheres que matam crianças sozinhas, mas é claro que homens que sequestram e matam podem ter uma cúmplice.

O rapto e o assassinato por pedófilos do sexo masculino são raros: em 2018, houve apenas quatro vítimas com menos de dezesseis anos que foram mortas por um estranho. No entanto, a publicidade em torno desses casos é enorme — e ainda mais se o agressor do sexo masculino tiver uma cúmplice do sexo feminino (como o exemplo arquetípico dos Assassinos da Charneca, Ian Brady e Myra Hindley).

Em 2002, tiramos férias em família e, determinado a me desconectar, desliguei meu telefone durante nossa estadia em um celeiro reformado nas colinas do noroeste da Itália. Férias com crianças pequenas podem parecer um pesadelo logístico — por que você transportaria uma rotina já estressante de alimentação e troca de fraldas para um local quente e desconhecido? Mas, apesar dessas dúvidas, aproveitei o descanso e, nas duas últimas noites, fomos de carro até Santa Margherita para passar alguns dias na costa antes de voltar.

Na manhã seguinte, tomando café da manhã com vista para a baía, vi que o jornal *La Repubblica* tinha uma história de primeira página com uma foto colorida de duas meninas em camisas de futebol.

Eram Holly e Jessica, as duas vítimas dos assassinatos de Soham. Eu tinha perdido toda a cobertura da mídia sobre a busca pelas duas garotas e não sabia que a professora Maxine Carr havia sido presa por "auxílio a criminoso" depois de fornecer um álibi ao suspeito, Ian Huntley.

Quando voltei ao trabalho, Maxine havia sido mandada para Holloway e as outras presas berravam dia e noite: "Pervertida... assassina de crianças... a nova Myra Hindley". Maxine não foi encaminhada para nossa equipe, embora eu a tenha visto uma vez sendo escoltada pela prisão. É uma questão de registro público que Maxine teve de ser transferida para o hospital geral local depois que sua anorexia de longa data se tornou mais grave, exigindo fluidos intravenosos, mas nenhum problema psiquiátrico foi alegado em seu julgamento.

Foi aceito que Maxine não sabia que Huntley havia matado Holly e Jessica, mesmo após o evento, mas ela foi condenada pela acusação menor de obstrução de justiça pelo falso álibi e sentenciada a três anos e meio de prisão.

Mesmo assim, o ódio contra mulheres associadas aos predadores sexuais masculinos é tal, que Maxine Carr, após fazer uma cirurgia plástica e vivendo sob uma nova identidade para sua própria segurança, sempre será demonizada ao lado de Rosemary West e Myra Hindley. Quando Hindley morreu em 2002, a manchete do *Daily Mail* anunciava: "Myra recebe o funeral que suas vítimas infantis nunca tiveram".

As circunstâncias das mães que matam os filhos são incrivelmente angustiantes e já vi muitos outros casos envolvendo violência extrema, como evisceração para remover espíritos malignos. Para advogados, médicos e a sociedade em geral, as explicações psiquiátricas nos ajudam a entender alguns desses terríveis crimes, mas não todos. Matar crianças nem sempre é resultado de distúrbios psiquiátricos, e as mulheres que matam seus filhos por meio de abuso ou negligência não serão exoneradas por desculpas psiquiátricas.

Mas e o caso de minha tia Georgina, que foi detida sob custódia em Holloway depois de sufocar minha prima Louisa de cinco meses? Minha mãe se lembra do enterro simples de Louisa no Cemitério Milton, em frente ao Hospital St. Mary's. O minúsculo caixão branco foi levado para o túmulo nas mãos de um único carregador antes de ser baixado na cova aberta no chão.

Não houve serviço fúnebre. Nem velório. Quando sua vida é interrompida com menos de um ano de idade, você não recebe uma grande despedida.

Georgina não compareceu ao enterro, claro, por estar presa. Claramente sofrendo de uma perturbação no equilíbrio da mente, sua acusação original de homicídio doloso foi substituída por uma de infanticídio. Sujeita a uma ordem judicial, Georgina foi enviada para o Hospital St. James' em Portsmouth, mas o tratamento não correu bem e, após uma tentativa de suicídio (não incomum entre assassinas de bebês), ela acabou sendo submetida aos extremos da psicocirurgia.

Mesmo assim, Georgina acabou se recuperando da lobotomia. Seu marido, Charlie, ficou ao lado dela, apesar do curso tempestuoso de seu tratamento, e ela acabou liberada do St. James' e voltou a morar com o marido. A vida retornou à normalidade e, depois de um tempo, ela engravidou.

Claro, a esperança era de que a vida fosse melhor para o bebê David. Com tratamento psiquiátrico contínuo e supervisão para manter Georgina mentalmente estável, essa estava sendo uma segunda chance.

Mas não foi assim. Foi um parto em casa e nem tudo estava bem. Georgina sofria de dores abdominais como resultado de uma suposta cistite. Mas aí ela teve uma "perda do tampão mucoso", que é sinal de que o trabalho de parto começou. Minha mãe foi enviada para chamar o médico, mas ele se recusou a ir. Talvez tenha havido alguma atitude negativa em relação a Georgina, dado o que aconteceu com o bebê da última vez — e, ao contrário da prática atual, não houve uma conferência de caso pré-natal para proteção da criança envolvendo parteiras, policiais e assistentes sociais. David nasceu fortemente cianótico (um azul-turquesa, como minha mãe se lembra). Ele foi levado às pressas para o Hospital St. Mary's, nas proximidades, mas só viveu por algumas horas. Charlie voltou do hospital no final do dia e disse a Georgina de uma maneira bem direta: "Ele morreu".

Só posso imaginar o sentimento de tristeza e fracasso de minha avó, Katherine, depois de todos aqueles anos criando quatro filhos sozinha, ao ver seus dois primeiros netos perderem a vida de maneiras tão infelizes. Além da vergonha inevitável em torno do infanticídio de Georgina, a saúde mental e física de minha avó foi prejudicada. Uma nuvem escura parecia pairar sobre a família.

No entanto, apesar dessa dupla tragédia, Charlie e Georgina permaneceram juntos e, em 1962, ela deu à luz outra menina, minha prima Hannah. Hannah teve um começo de vida melhor do que seus dois irmãos e ela era a menina dos olhos dos meus avós. Uma neta realmente preciosa.

Ainda assim, o impacto dos eventos anteriores foi devastador e se disseminou por toda a família por muitos anos. Eu não estava consciente do efeito que essa história familiar provavelmente teve durante meus primeiros anos na medicina, mas deve ter influenciado a carreira que escolhi. Acho que essa formação me deu uma sensibilidade e uma curiosidade sobre os distúrbios mentais e a destrutividade humana, essenciais para a psiquiatria forense — mais, talvez, do que outros ramos da medicina. E depois de todos os casos de infanticídio, é claro, percebi tardiamente que Holloway era o único lugar onde eu poderia desenvolver alguma compreensão da terrível experiência de minha família mais de quarenta anos antes. Como eu disse, você não escolhe a psiquiatria forense; a psiquiatria forense é que escolhe você.

Não fui direto para a psiquiatria depois daquele trabalho loucamente atribulado no Hospital Mayday. Há outro ditado na psiquiatria que diz que são nossos colegas médicos que determinam se seríamos bons psiquiatras antes de nos darmos conta. Meu colega Graham Berlyne foi um exemplo disso — quando ele sugeriu que a psiquiatria seria uma boa escolha para mim, fiz uma anotação mental. Mas eu não estava pronto, então decidi passar seis meses na medicina de urgência. Entre todos os grandes traumas, facadas e paradas cardíacas, foram os casos psiquiátricos que ficaram gravados em minha mente.

E foi lá também que tratei de vítimas de abuso doméstico — inevitavelmente mulheres atacadas por homens. Além de suturar lábios partidos e tratar hematomas e marcas de mordidas, lembro-me até de avaliar uma jovem noiva agredida em seu próprio casamento depois de uma briga de bêbados, assim como uma mulher com fraturas na coluna que havia sido jogada pela janela durante um ataque doméstico violento aparentemente causado por ciúmes. Em 2018, estima-se que 2 milhões de adultos sofreram abuso doméstico — ou seja, cerca de seis em cada cem. Com esse tipo de violência tão comum, não é de surpreender que muitas vezes possa levar a um resultado fatal.

HOMENS QUE MATAM

AS PARCEIRAS

Estudo de caso: Jai Reddy

Perdido perto de Crawley, encontrei-me em um beco sem saída que quase me levou ao estacionamento de longa permanência no Terminal Norte do Aeroporto de Gatwick. O layout da estrada deve ter mudado nesse meio-tempo, confundindo meu GPS. Xinguei e fiz a volta. Se não dá certo da primeira vez, tente de novo.

Era 2009 e eu estava indo ver um prisioneiro chamado Jai Reddy. Reddy havia sido acusado do assassinato de sua esposa, Jannat, no local de trabalho da mulher algumas semanas antes. Depois de cortar o próprio antebraço, ele foi transferido da prisão de High Down para um hospital de custódia para uma avaliação de seu estado mental. Ele, é claro, ainda voltaria à penitenciária dependendo de seu progresso e do resultado de seu julgamento futuro.

O advogado de defesa havia me avisado que ele era um cliente difícil. Assim que foi levado à sala de entrevistas, Reddy começou a reclamar do meu atraso, dizendo que estava esperando um telefonema de seu irmão, antes de iniciar um relato desconexo sobre os problemas de sua esposa — tudo isso antes mesmo que eu tivesse uma chance de falar.

Ele estava vestido com uma berrante camisa polo arroxeada, e logo ficou desagradavelmente claro que sofria de halitose severa, sem dúvida explicada pela placa amarelada em torno de seus dentes inferiores. Com tudo isso, ele provocou uma impressão muito desagradável.

No entanto, meu trabalho era escrever um relatório especializado para a equipe de defesa. Tive de manter minha objetividade para entender como poderia ser estar dentro da cabeça dele — ou, pior, sob o mesmo teto que ele — e então tentei deixar minhas primeiras impressões de lado e lhe dar uma chance.

Ele continuou com sua narrativa pungente e desorganizada, intermeada com uma análise causal póstuma do comportamento de sua falecida esposa. Contou como suas personalidades eram diferentes e ele não se dava bem com a família dela, mas depois começou a chorar falando sobre sua filha, Sarmila: "Não quero que fique órfã". (Sarmila estava, então, estudando para um mestrado na Universidade de Newcastle, mas, como era testemunha de acusação, Jai não podia ter qualquer contato com ela.)

Entreguei um lenço de papel a ele e fiz uma pausa enquanto recuperava a compostura. Estávamos sentados em poltronas em uma sala de atividades cercada por 360 graus de janelas de vidro. Do outro lado do corredor, eu podia ver os funcionários no posto de enfermagem.

Recuperando a compostura, Reddy disse que, por ter algum conhecimento de assuntos de saúde, sempre foi seu trabalho cuidar de Sarmila quando ela estava doente e que sua esposa era bastante ineficaz nesses momentos. Questões médicas eram claramente um problema no relacionamento. Ele reclamou que, quando foi hospitalizado com pedras na vesícula, sua esposa não estava "mental ou fisicamente apta para me ajudar".

Em seguida, ele saiu pela tangente sobre uma ocasião em que Jannat havia ficado mais tempo em uma visita familiar à Malásia. Ficou tão ansioso para ver Sarmila, que viajou para Kuala Lumpur, tentando dar a entender, pensei, que fora ele quem fizera esforços para manter o casamento. Mas, recentemente, o relacionamento deles "ficou pior devido ao comportamento dela". Em relação às discussões, ele disse: "Eu não a estava controlando... talvez em uma ocasião eu possa ter batido nela... em apenas uma ocasião".

Ao ouvi-lo reclamar, comecei a desejar ter deixado meu carro no estacionamento de longa permanência e pegado um voo para algum lugar quente ou frio — qualquer lugar, francamente, menos aquela sala de entrevistas, que parecia uma estufa sem janelas com o desagradável sr. Reddy. Tentei levar as coisas de volta ao meu modelo usual de informações biográficas e antecedentes ao crime começando por perguntar a ele sobre sua história familiar.

Ele me disse que seu pai, Raimaiah, era um engenheiro formado no Imperial College que havia sido professor na Universidade de Kuala Lumpur e que sua mãe havia trabalhado em um banco. Nascido em Penang, Reddy mais tarde começou, mas não concluiu, um curso de ciências antes de conseguir um emprego no banco estatal da Malásia. Ele jogava no clube de críquete local e era um doador de sangue regular, daí o que ele considerava ser seu conhecimento superior de todos os assuntos médicos.

Chegando ao Reino Unido em 1999, Reddy estudou contabilidade e, após uma série de trabalhos mal remunerados, conseguiu um emprego em uma empresa de processamento de faturas na Rentokil.

Seu casamento com Jannat tinha sido meio arranjado. Ele disse que se sentia preso pelas circunstâncias da relação, "mas, depois que concordei com o casamento, eu fiquei com ela por 22 anos... Respeitei-a e fiz tudo para sustentá-la".

Ele foi posteriormente transferido para o cargo de assistente em outro setor, com uma redução de 3 mil libras no salário, e ele e Jannat discutiram sobre dinheiro. Perguntei se havia alguma violência doméstica, sabendo pelos autos que ele havia sido condenado por isso. Mas, apesar de ter acabado de admitir para mim que havia batido nela, disse: "Isso era falso... ela estava me acusando falsamente... ela armou isso deliberadamente... ela sabia que era segunda-feira e eu estava estressado, minha pressão estava sempre alta às segundas-feiras".

Em outras palavras, ele não tinha batido nela, mas, se tivesse, seria porque ela não deveria tê-lo provocado na segunda-feira. Quem gosta de segundas-feiras? Isso era negação e atenuação no mesmo hálito fedido.

Em maio de 2008, ele espancou Jannat com um cinto, ameaçou a esposa e Sarmila com uma chave-inglesa e as expulsou da casa da família. Depois de se declarar culpado do crime de agressão, foi condenado a pena não privativa de liberdade sob a forma de trabalho comunitário, com a obrigatoriedade de comparecer a um programa de abuso doméstico administrado pelo serviço de liberdade condicional. Ele disse: "A violência doméstica era falsa, mas eu cumpri o serviço comunitário honestamente. Toda quarta-feira tinha de sofrer a tortura mental de responder à mesma pergunta: 'por que você fez isso?'... Mas eu não tinha feito aquilo".

Eu estava me sentindo irritado com essa minimização flagrante, mas, como sempre, mantive o foco no trabalho que estava realizando, o que significava anotar a discrepância entre o relato dele e as fontes colaterais.

Mas, em retrospecto, sei o que eu preferia estar fazendo. No carro, mais cedo, eu estava planejando a próxima viagem daquela noite para os campos de críquete em Regent's Park. Meus meninos estavam passando por diferentes interesses esportivos: o *taekwondo* tinha sido abandonado pelo críquete, aqueles caros trajes de artes marciais substituídos por uniformes brancos, almofadas, bastões, capacetes e protetores faciais. Era uma noite quente no início do verão, e, se eu conseguisse encontrar uma boa rota para furar o trânsito, poderia voltar a tempo de pegar o final do jogo.

Reddy, enquanto isso, continuava minimizando tudo. Apesar das condenações por agressão e brigas, ele negou qualquer coisa além de violência trivial. Conduzi-o de volta à narrativa cronológica. Segundo seu relato, em janeiro ele ficou sabendo que sua mãe adoecera em Penang e queria ir à embaixada para obter um visto para visitá-la, mas precisava de documentos de identidade e contas de serviços públicos.

"Fiquei chateado, foi demais... ela [Jannat] estava me matando aos poucos... não me deu os documentos." Aí, no entanto, a entrevista terminou quando uma enfermeira bateu na janela para dizer a Reddy que seu irmão estava ao telefone de Johor Bahru, Malásia.

Voltei para Londres pela M25, evitando os intermináveis semáforos de Purley e Croydon. Na psiquiatria forense, você acaba conhecendo a geografia local tão bem quanto qualquer representante de vendas de fotocopiadoras. Prisões como Brixton e Pentonville e fóruns criminais como Isleworth e Snaresbrook estão em todos os pontos da bússola, então uso vários meios de transporte: carro, bicicleta, trem, metrô, táxis e meu favorito —— nem sempre prático, mas sempre mais agradável —, o Thames Clippers, o serviço de transporte de barco pelo rio Tâmisa.

Eu me distraí com o solo de flauta de *Tourist*, de St. Germain, já que a viagem durou bem mais de uma hora e meia. Mas cheguei ao campo a tempo de ver as últimas jogadas, aqueles preciosos momentos de contato com os pais de que eu tanto sentia falta quando tinha a idade deles. A vida na Marinha Real significava que meu pai passou longos períodos da minha infância no mar. Na verdade, ele só chegou a tempo de um único evento esportivo: minha última partida pelo time sub-18 do clube de rúgbi de Winchester, quando sofremos uma goleada por 25 a 0 nas mãos do Bristol Colts, time bastante superior.

Além das ausências no mar, eram frequentes as mudanças de casa. Os postos em terra ocorriam por todo o país, de Plymouth a Chatham e Rosyth. Isso significa que eu frequentei nove escolas diferentes, com sete mudanças antes dos onze anos. Parecíamos estar constantemente empacotando ou desempacotando caixas cheias de louças, e me cansei de ser o novo garoto no parquinho e de ter de me adaptar a um novo currículo escolar. Mais tarde na vida, tentei fazer desse desenraizamento uma virtude e, antes da psiquiatria forense, aproveitei todas as oportunidades que tive para estudar ou trabalhar no exterior. Mas eu não queria que meus filhos tivessem a mesma instabilidade naqueles primeiros anos. Você não pode mudar sua própria infância, mas pode tentar aprender com ela e dar aos seus filhos uma experiência diferente.

Como psiquiatra forense, eu ouvia relatos de experiências muito mais danosas do que meras separações e mudanças de casa. Negligência e abuso graves eram a norma nas histórias da maioria dos presos e pacientes que eu entrevistava, e as evidências pareciam claras para mim de que há uma transmissão intergeracional de pais abusivos e negligentes.

Todos os pais devem se precaver contra a replicação de sua própria experiência de infância.

Durante meus estudos de psiquiatria infantil, aprendi a respeito da pesquisa sobre o que faz um bom pai, à qual retornarei mais adiante, porém, é esperado que alguns aspectos da paternidade venham naturalmente — você só precisa estar por perto. Naquela noite, com a análise teórica da paternidade longe da minha mente e satisfeito por ter conseguido ver meus meninos jogarem, caminhei com eles até Primrose Hill para desfrutar do pôr do sol, tomando sorvete e olhando para o sul, contemplando a vista do Zoológico de Londres, o Regent's Park, a Telecom Tower, a London Eye, o Canary Wharf, até o mastro de rádio do Crystal Palace a caminho de Bethlem, e, mais distante ao leste, a Barreira do Tâmisa e a prisão de Belmarsh.

Alguns dias depois, voltei aos papéis do caso Reddy. Examinando a pilha, encontrei depoimentos de testemunhas descrevendo-o como ciumento e controlador. Sarmila disse que ele ficava bravo depois de beber e que lhe deu um tapa na cabeça e espancou sua mãe em diversas ocasiões — uma história conhecida, mas angustiante, de violência masculina contra uma parceira íntima.

Embora eu tenda a ver os resultados fatais, a violência doméstica que não resulta em morte é muito comum. Também chamada de violência do parceiro íntimo, a violência doméstica pode ocorrer em qualquer tipo de relacionamento romântico ou sexual, independentemente da identidade de gênero ou orientação sexual dos parceiros envolvidos. Pode até ocorrer em ligações relativamente casuais. Como você se lembrará do capítulo um, atos violentos podem ser planejados e predatórios ou repentinos e afetivos (emocionais), e é nesta categoria, a afetiva, que se enquadra a violência entre parceiros íntimos.

A violência contra a mulher é, globalmente, um importante problema de saúde pública. De acordo com dados do Escritório das Nações Unidas sobre Drogas e Crime, em 2017 uma média de 137 mulheres em todo o mundo foram mortas por um parceiro ou membro da família por dia, contabilizando em um ano 19.700 vítimas de assassinato na Ásia, 13.400 na África, 6.900 nas Américas e 3.300 na Europa. No México, a taxa de feminicídio dobrou para mil por ano nos últimos cinco anos. A questão veio à tona depois que Ingrid Escamilla, de 25 anos, foi assassinada em 9 de fevereiro de 2020 por seu marido. Ele disse mais tarde em sua confissão que eles discutiram porque ele bebia. Depois de matá-la, ele esfolou seu cadáver e a estripou para jogar seus órgãos no esgoto. O jornal *Pasala* publicou fotos vazadas do cadáver com a manchete: "Foi culpa do Cupido". Em resposta a isso, as mulheres do México tomaram as ruas com protestos em massa contra o assassinato de mulheres e meninas e o fracasso de sucessivos governos em intervir.

Fatores que aumentam o risco de homens serem violentos com suas parceiras incluem, como seria de esperar, baixa escolaridade, histórico de abuso infantil ou testemunho de violência familiar, álcool e suspeita de infidelidade. O risco é maior em sociedades que atribuem status mais elevado aos homens do que às mulheres e/ou enfatizam a honra familiar e a pureza sexual, ou aprovam culturalmente o merecimento sexual masculino em detrimento dos direitos das mulheres.

As conquistas do feminismo estão sob ataque em todo o mundo, e não apenas nas sociedades mais tradicionais. Na Itália, as leis antiassédio introduzidas em 2009 para proteger (principalmente) as mulheres contra o assédio foram descriminalizadas em 2017, de modo que, mediante o pagamento de uma multa, o perpetrador pode evitar que o caso vá a julgamento. Nos EUA, em sete estados, um homem que estupra uma mulher pode reivindicar os direitos de paternidade, enquanto Alabama, Ohio, Mississippi e Louisiana aprovaram leis que proíbem o aborto a qualquer momento, sem exceções para estupro ou incesto — uma disposição que anteriormente havia sido um componente padrão de toda a legislação sobre aborto. Apesar de uma mudança na lei e da campanha altamente eficaz da ativista Nimko Ali, a mutilação genital feminina não foi totalmente erradicada no Reino Unido, pois algumas meninas podem ser levadas para o exterior pelos pais para passar por esse procedimento devastadoramente abusivo. Um marido nigeriano tem permissão de bater em sua esposa, nos termos da Seção 55 do Código Penal de seu país, com o objetivo de corrigi-la. Nas partes mais puritanas e wahabistas do mundo islâmico, o papel das mulheres está sujeito a restrições mais severas, como na Arábia Saudita, onde as mulheres só recentemente foram autorizadas a dirigir. O mais pernicioso de tudo é a misoginia violenta extrema vista entre o Talibã e o Estado Islâmico, com exclusão da educação, apedrejamento e escravidão sexual. Mas é a dificuldade que muitas mulheres têm em deixar um relacionamento abusivo que é tão impressionante. Nas áreas tribais do Paquistão, pode ser quase impossível para uma mulher deixar um marido abusivo, mas essas dificuldades podem ser psicológicas, como resultado do abuso, bem como provenientes de barreiras legais e culturais.

Sendo tão comuns, os homicídios domésticos ou de parceiros íntimos são denominados homicídios "normais" — facilmente resolvidos pela polícia e geralmente resultando em penas substanciais de prisão, não internação. Mas, como veremos, esses assassinatos não são isentos de distúrbios do estado mental, com distúrbios de personalidade, intoxicação, ciúme, depressão e comportamento de perseguição, todos desempenhando um papel juntamente com perda de controle ou raiva.

Alguns, mas não muitos, perpetradores chegam às nossas unidades de custódia, com a maioria dos assassinos de cônjuges cumprindo pena em presídios, e a principal questão é se a sentença é de prisão perpétua obrigatória por homicídio doloso ou de homicídio culposo se houver alguma "justificativa" psiquiátrica.

Na minha viagem seguinte a Gatwick, deixei essas considerações de lado. Desta vez eu fui realmente usar o estacionamento de longa permanência do aeroporto para uma tão esperada viagem de fim de semana à Itália. Eu estava treinando para a Maratona dles Dolomites, uma competição de ciclismo.

A primeira passagem de montanha começa após o breve terreno falso plano na aldeia de Corvara, mas, quando entrei no ritmo e encontrei uma velocidade que conseguiria manter, tornou-se masoquistamente agradável. O ar fresco da montanha e o puro esforço implacável de alguma maneira limparam minha mente de todo sofrimento e violência da prisão de uma forma que é difícil de obter durante o tempo de folga em Londres. Comemoramos nossa conquista no churrasco pós-corrida e, mais tarde, com uma taça do tinto local roxo-escuro chamado Lagrein no bar Stefano's Siriola, no Hotel Ciasa Salares.

Para mim, uma pausa curta, mas intensa, como essa rende benefícios por semanas. O problema com uma pausa mais longa é que a semana antes da minha partida se torna um esforço frenético para fechar todos os relatórios e atualizar os indicadores-chave de desempenho do sistema público de saúde para pacientes internados, que consistem em páginas intermináveis de quadrículos computadorizados, a maioria das quais nunca são lidas. Mas nesse intervalo de dois dias eu consegui banir os pensamentos da minha carga de trabalho até estarmos de volta, circulando sobre Gatwick, esperando nossa vez de pousar. Quase cochilando quando as rodas atingiram a pista, voltei à realidade e me peguei pensando que, em algum lugar entre as luzes ao redor do aeroporto, Reddy estava trancado em segurança. Eu teria de voltar a vê-lo para saber o resto da história.

Voltando a Crawley, eu estava determinado a controlar a segunda entrevista e pressionei Reddy para falar sobre as últimas 24 horas antes do assassinato. "Eu não tinha a intenção de machucar minha esposa", ele me disse. "Decidi ir para a TK Maxx, onde ela trabalhava, porque tinha certeza de que ela estaria com os documentos [de identidade] de que eu precisava. Achei que, se conseguisse os documentos, chegaria à embaixada antes que fechassem e então poderia viajar para a Malásia logo."

Eu o pressionei a me dizer o que aconteceu em seguida.

"Jannat estava na seção de jaquetas masculinas... Eu me desculpei. Disse que precisava dos documentos, tinha 100% de certeza de que ela estava com eles (...). Ela parecia relutante e me levou para os fundos da loja, dizendo: 'Por que você está aqui?'

"Ela ficou em silêncio e então disse: 'Venha comigo'. Meu instinto dizia para não ir, mas eu a segui. Era um corredor em forma de L. Quando ela fez a curva, tentou fugir de mim... ela entrou em um escritório, mas a fechadura da porta estava com defeito (...) Achei que iria chamar a polícia (...). Corri até lá e ela me empurrou, e isso deu início a tudo... só me lembro de um ferimento, ao redor da garganta (...). Eu não sei o que aconteceu (...), não tinha visto o sangue saindo (...). Percebi que a faca estava na minha mão só uns dez minutos depois.

"Perdi completamente o controle da minha mente (...). Não quero deixar minha filha órfã, mas por tanto tempo guardei aquela raiva dentro de mim... ela me causava dor... Não podia viver a vida que eu queria viver."

Como entendemos essa sequência de eventos: ressentimento, raiva e ódio?

O conceito de "catatimia" é uma tentativa de um modelo explicativo de violência assassina do tipo raiva. Fredric Wertham, um psiquiatra de Nova York, descreveu-o pela primeira vez em 1937 como uma explicação para alguns tipos de crimes violentos. É mais ou menos assim: a catatimia é uma experiência psicológica que envolve uma tensão emocional insuportável e extrema, na qual o pensamento se torna mais egocêntrico. De repente, chega-se a um ponto de cristalização, com a ideia de que a violência é a única maneira de liberar a pressão provocada pela sensação avassaladora de tensão. Depois de uma luta interior, o ato violento é realizado. Isso é seguido pela resolução da tensão emocional, mas a percepção do que aconteceu pode só começar a se desenvolver meses depois. O processo pode ser repentino ou ter um período de incubação lento.

A catatimia é meramente uma teoria explicativa, não um diagnóstico médico ou psiquiátrico. Afinal, a lei espera que sejamos capazes de controlar nossos sentimentos de raiva e pensamentos assassinos. Você pode sentir um ressentimento forte por um cara provocador do escritório, pode até sonhar acordado que ele está sendo atropelado por um ônibus a caminho do trabalho (uma fantasia assassina relativamente comum), mas, se o acúmulo de tensão levar a uma crise catatímica com extrema violência, será responsabilizado por suas ações.

Nos depoimentos das testemunhas, dois colegas de trabalho de Reddy contaram que ele fazia comentários raivosos contra sua esposa e, em uma ocasião, afirmou que poderia matá-la. Após o assassinato, a polícia encontrou do lado de fora do TK Maxx uma mochila contendo uma garrafa de vinho (*pinot grigio*) e uma embalagem vazia de duas facas de chef de aço inoxidável, além de um recibo. A comparação do código de barras no pacote de facas e os registros do computador na loja mostraram que as compras foram feitas às 9h42 no dia do assassinato. Havia imagens de circuito fechado de TV que mostravam Reddy comprando os itens em um supermercado local. As imagens do circuito interno da TK Maxx, a cena do crime, mostraram como ele fingiu andar pelos corredores de camisetas por cerca de 25 minutos antes de confrontar sua esposa quando ela apareceu. O ataque foi testemunhado por várias pessoas. Os colegas de Jannat vieram pelo corredor e viram Reddy esfaqueá-la no peito, empurrá-la e depois sentar-se sobre ela e cortar sua garganta.

Uma autópsia realizada pelo dr. Jacob Swallow conclui que a causa da morte foram as lesões cortantes no pescoço, tórax e abdome. Houve um ferimento profundo no pescoço, que cortou as artérias carótidas e a laringe. Havia quatro facadas profundas no peito, uma das quais havia entrado no tórax frontal direito, danificando o pulmão. Havia feridas de defesa no polegar direito, no dedo indicador direito e em todos os dedos da mão esquerda. Isso significa, em outras palavras, uso excessivo de força frenético, com mais de um ferimento com capacidade letal.

* * *

Onde o caso de Reddy se encaixa no espectro de homens que matam suas parceiras?

Existem algumas variações sutis na mentalidade e nos comportamentos desse subgrupo de assassinatos, e as categorias não são mutuamente exclusivas, pois muitos assassinatos terão mais de uma característica. Um dos subtipos é aquele relacionado a pessoas com doença mental grave, conforme abordado no capítulo dois, que podem matar parceiros íntimos no contexto de psicose.

No caso de Reddy, o assassinato parece ter sido uma extensão da violência abusiva de longo prazo.

Mas há outros cenários comuns, que agrupei em uma tipologia vaga e não oficial, e vou considerá-los um de cada vez.

Assassinato motivado por possessividade e ciúme (com ou sem transtorno mental)

Muitos dos homicídios de parceiros íntimos que vi, como foi o caso de Reddy, envolveram relacionamentos que estavam se rompendo não como resultado de uma extensão da violência preexistente, mas de possessividade (não vá embora, você é minha) ou ciúmes (não vou perder você para outra pessoa).

Como exemplo de possessividade que leva ao assassinato, vejamos o caso de Suzy, uma egressa de Harvard que trabalhava em uma instituição de caridade. Tendo conhecido um arquiteto, Javier, no metrô de Londres, ela concordou com uma troca casual de números de telefone — um daqueles momentos inconsequentes que mudam o curso da vida. Mais tarde, cansada de seu comportamento possessivo e controlador, ela estava tentando terminar o relacionamento e começou a trocar mensagens com alguém mais compatível de sua rede social da Ivy League.

Inicialmente sem saber do novo amigo de Suzy, Javier foi incapaz de lidar com a perda gradual de seu objeto de amor. Depois que ele descobriu uma mensagem de texto no celular dela de alguém chamado Paul, ficou bravo por uma semana, então a confrontou. Suzy disse que queria terminar o relacionamento, mas não por causa de Paul.

Javier mais tarde descreveu sentimentos de traição, raiva, ódio cego e "névoa vermelha". Ele matou Suzy com várias facadas e a jogou no banheiro. Esperou até o dia seguinte para ligar para o serviço de emergência e, quando os policiais chegaram, ele lhes entregou um testamento. Alegou ter escrito a nota após o evento e, mais tarde, disse ao júri que o ataque aconteceu no calor do momento, depois que ele explodiu, e como resultado de seus traços de personalidade.

Alguns assassinos parecem estar cientes de que precisarão vencer seu autocontrole natural. Eles fazem isso abusando previamente de álcool ou cocaína ou arquitetando um confronto — sabendo mais ou menos como isso terminará. A análise especializada dos metadados relacionados ao "testamento" de Javier por um especialista forense em TI mostrou que ele tinha sido editado no Microsoft Word ao longo de uma semana. Isso significava que ele não havia escrito depois de matá-la e, por inferência, devia estar pensando no resultado potencialmente fatal. Ele havia pesquisado on-line a citação de Oscar Wilde: "Todo homem mata aquilo que ama. (...). O covarde faz isso com um beijo, o valente, com uma espada".

Veredito: homicídio doloso. Prisão perpétua; pena mínima de vinte anos.

Esse é frequentemente o caso no final de um relacionamento. Sentimentos de traição, desconfiança, ressentimento, inveja e ciúme podem levar à raiva e ao ódio. Essas emoções fazem parte da vida cotidiana, mas todas podem ser amplificadas a um grau letal — com ou sem transtorno mental —, o que o professor Paul Mullen, uma autoridade mundial em psiquiatria forense, especialmente nos campos de assédio e avaliação de ameaças, chamou de "as extensões patológicas do amor".[1]

Rivalidade, inveja e ciúme são muitas vezes confundidos, mas existem diferenças importantes, como explica Mullen.[2] A rivalidade envolve a agressão competitiva em relação a um rival que tem afeição pela mesma pessoa desejada. A agressão não é dirigida ao alvo do desejo. Com a inveja, percebe-se que o rival está em posse da pessoa desejada, e a agressão destrutiva ao rival surge da vontade de privá-lo da relação invejada. O ciúme, por outro lado, refere-se a uma situação em que a pessoa desejada já é um parceiro, mas existe um rival competindo por atenção ou afeto. O ciúme envolve tanto a agressão ao rival como a agressão (misturada com amor e desejo) ao parceiro.

Certa vez, ouvi a diferença sendo explicada a um grupo de psiquiatras forenses assim: inveja é o que você pode sentir quando passa por um café e vê um casal de mãos dadas olhando nos olhos um do outro. Ciúme é como você se sente quando, ao se aproximar, percebe que um dos dois do casal é sua esposa, marido, parceiro ou pessoa amada.

Em outras palavras, a inveja envolve duas pessoas (por exemplo, você pode invejar a felicidade de outra pessoa), mas o ciúme envolve três pessoas — o clássico triângulo amoroso.

O ciúme pode provocar possessividade erótica, mas também sentimentos de humilhação com intenção raivosa e destrutiva. Mullen sugere que homens ciumentos podem se torturar com imagens vívidas de atividade sexual entre seu parceiro e o rival, ou por serem ridicularizados como cornos.

É claro que o corno sempre foi uma figura ridícula. Na cultura popular italiana, um árbitro de futebol que erra uma falta é insultado por ser um corno, pois ele não consegue ver o que está acontecendo pelas suas costas (*cornuto* em italiano — a besta mítica com dois chifres). Em *Otelo*, o ciúme é o "monstro de olhos verdes" e o corno é alguém "que idolatra, mas duvida, suspeita, mas ama intensamente". Mas é o objeto de suas afeições, e não o rival, que está em maior risco.

Na psiquiatria forense, tentamos distinguir entre ciúme normal e ciúme "mórbido" (síndrome de Otelo), no qual a opinião de que um ato de infidelidade ocorreu baseia-se em uma crença delirante, e não em evidências razoáveis. A ilusão de infidelidade com um suposto rival pode levar a sentimentos intensamente desagradáveis, extenso questionamento ou comportamento anormalmente violento. O problema com essa distinção entre ciúme normal e delirante é que a "verdade real" — se a pessoa amada está sendo infiel — pode ser difícil de verificar. O parceiro infiel de um paciente pode não revelar a verdade a um psiquiatra ou a um assistente social, por exemplo.

Às vezes, a diferença entre o ciúme normal e o mórbido pode ser direta, como quando o ciúme está claramente ligado ao início recente de outros delírios bizarros, como a crença de que está sendo deliberadamente envenenado pelo parceiro.

Em outros casos, é a extensão dos comportamentos associados que torna o ciúme anormal ou "patológico", em vez da presença ou ausência de delírios.

O ciúme pode se originar de uma interpretação delirante de eventos inofensivos, como uma chamada perdida, e então levar a uma verificação frenética — de mensagens de texto, do paradeiro do ente querido, até das roupas íntimas. O comportamento severamente controlador como um esforço desesperado para reduzir o risco de infidelidade pode ser chamado de patológico, mesmo que não se suspeite de um rival. Já vi casos em que um dos parceiros em um relacionamento íntimo não acredita necessariamente que o outro o esteja traindo, mas é consumido pela ansiedade de que seu parceiro possa cometer um erro, em uma noite de trabalho, por exemplo. Então, embora isso não seja ciúme delirante, a ansiedade, a possessividade e o assédio, como telefonemas intermináveis enquanto o parceiro sai com os amigos, são claramente patológicos.

O ciúme patológico tem sido associado há muito tempo a um risco aumentado de assassinato, e, embora o risco seja predominantemente voltado ao objeto de amor, e não ao rival, atendi um amante traído que, enquanto ciumento e psicótico, matou sua parceira *e* o amante, para piorar. Veredito: duas condenações por homicídio culposo, com pena de detenção em hospital de custódia, sem limite de tempo.

O ciúme patológico tem sido associado a uma ampla gama de transtornos mentais, incluindo psicose, depressão e abuso de álcool, mas também a personalidades anormais, como os superficialmente narcisistas e autoconfiantes, que no fundo têm uma profunda insegurança pessoal.

Quando o ciúme é claramente delirante, muitas vezes há um pedido de tratamento. No entanto, quando eu, como psiquiatra forense, me envolvo, assumo a responsabilidade de manter todos seguros, o que não é tarefa fácil. O que, por exemplo, um psiquiatra forense faz quando um paciente realiza ameaças de morte durante o tratamento?

A resposta é que usamos tratamento e contenção, mas devemos estar cientes de que essas medidas podem não impedir o risco — por exemplo, se o paciente recusar o tratamento, fugir ou for liberado do hospital psiquiátrico na apelação. Também costumamos alertar a vítima em potencial com o que chamamos de "aviso de Tarasoff".

Tatiana Tarasoff era uma estudante da Universidade da Califórnia no final dos anos 1960. Ela teve um breve relacionamento com Prosenjit Poddar, que era um estudante de Bengala, na Índia. Tatiana rapidamente percebeu que eles tinham ideias diferentes sobre o relacionamento, enquanto Prosenjit assumiu que era uma relação séria. Tatiana o rejeitou, dizendo que estava saindo com outros homens. Era o final dos anos 1960 na Califórnia, afinal, e as diferenças culturais provavelmente foram acentuadas pelas atitudes sociais liberais predominantes da época. Prosenjit ficou arrasado com a rejeição de Tatiana, deprimiu-se e negligenciou sua saúde e seus estudos.

Prosenjit procurou ajuda do dr. Lawrence Moore, mas durante a terapia confidenciou sua raiva e seu ressentimento e disse que queria matar Tatiana. O dr. Moore agiu, envolvendo a polícia e recomendando precaução, mas não tomou nenhuma providência para avisar Tatiana. O supervisor do dr. Moore, dr. Powelson, contrariou Moore e declarou que Prosenjit não deveria ser detido. (A responsabilidade fica com o supervisor, certo?)

Tarasoff fez uma longa viagem ao exterior, durante a qual o estado psicológico de Prosenjit melhorou. Mas, depois que ela voltou, Prosenjit fez amizade com o irmão dela para persegui-la e, em outubro de 1969, cumpriu sua ameaça e a esfaqueou até a morte.

Tatiana nunca recebeu um aviso. Se tivesse, talvez pudesse ter evitado o ex-namorado, ou pelo menos chamado a polícia ao avistá-lo.

Você gostaria de que o terapeuta de seu ex-parceiro quebrasse a confidencialidade profissional e o avisasse que sua vida estava em perigo se ele tivesse revelado pensamentos de matá-lo — ou seja, *representando* uma ameaça sem *fazer* uma ameaça para você diretamente?

As leis de Tarasoff foram criadas em memória de Tatiana e impõem aos psiquiatras ou terapeutas o dever de alertar os ameaçados por seus pacientes. Como dizia a decisão, "o privilégio de sigilo termina onde começa o perigo público".

As leis de Tarasoff são formalizadas em estatuto em 23 estados dos EUA e são influentes em outras partes do mundo, incluindo o Reino Unido, mas não estão realmente consagradas nas leis do país. Por outro lado, a polícia do Reino Unido é obrigada a fazer advertências de "ameaça à vida" a potenciais vítimas quando tais ameaças são conhecidas pela força policial, e fizeram isso em mais de setecentas ocasiões somente em 2017. Essas advertências foram introduzidas após um assassinato ocorrido em 1988, no qual a polícia não havia repassado a ameaça à vítima em potencial.

Para ilustrar como isso funciona na prática, considere Helmut Schneider, encaminhado a mim para uma segunda opinião por uma equipe psiquiátrica local. Helmut tinha um casamento estável com três filhos e uma esposa dedicada, Svenja. Mas Helmut havia acusado repetidamente sua esposa de infidelidade, apesar de seus protestos, de suas reafirmações de seu amor por ele e de sua aquiescência às restrições impostas à sua vida social.

Após extensas investigações do serviço social, a equipe psiquiátrica local estava convencida de que seu ciúme era delirante, pois não havia evidência de um rival genuíno. Helmut havia feito ameaças violentas contra a esposa, mas também estava tão atormentado pelo ciúme, que poderia cometer suicídio. Ele foi internado em uma enfermaria psiquiátrica voluntariamente para tratamento com medicação antipsicótica e terapia psicológica. Depois de um tempo, não apresentava mais comportamento suicida, e seu ciúme "delirante" havia respondido à medicação, pois ele não suspeitava mais da infidelidade de sua esposa. Como estava cooperando com o plano de tratamento, não poderia ser detido e recebeu alta, concordando em continuar com a medicação, a terapia psicológica e a supervisão ambulatorial.

Antes de sua alta do hospital, uma reunião foi marcada com Svenja, na qual ela recebeu um aviso de Tarasoff sobre o risco aumentado de violência grave, até homicida, de Helmut, e foi informada de que a separação poderia ser a única maneira verdadeiramente segura de gerenciar o risco. Mas deve ser difícil deixar alguém que você ama. *Como ele poderia querer me machucar? Ele me ama demais para isso.*

É difícil se você ama seu parceiro, mas acaba se irritando com as falsas acusações. Helmut concordou em viverem separados por um tempo, mas, com o sucesso do tratamento e o fim das acusações, o casal passava gradualmente mais tempo junto.

Um pouco depois, Svenja e as crianças reservaram férias em uma casa alugada na Cornualha e Helmut foi convidado na esperança de que a viagem os ajudasse a reparar a separação.

Infelizmente, sem contar a ninguém, Helmut havia interrompido sua medicação antipsicótica. Durante um confronto furioso na viagem, Helmut mais uma vez acusou a devota Svenja de dormir com outro homem e, durante a briga, ele a esfaqueou até a morte na frente das crianças.

Tudo o que era possível tinha sido feito. A equipe psiquiátrica não podia ordenar que Svenja se separasse de Helmut e ele não podia ser detido. Como poderiam saber que ele havia parado de tomar a medicação?

No entanto, ao revisar as notas da entrevista de Helmut para a sindicância, senti calafrios na espinha. Quando perguntado sobre seus sentimentos por Svenja, ele disse: "Eu a amo tanto, eu a amo até a morte".

Veredito: homicídio culposo em razão de responsabilidade diminuída. Internação hospitalar e ordem de restrição sem limite de tempo.

Esse foi o caso que arruinou minha lua de mel. Casado havia apenas algumas semanas, e com a tinta no meu certificado de especialização ainda fresca, a notícia do assassinato veio quando eu estava prestes a voar para Umbria para passar duas semanas à beira da piscina em um apartamento alugado perto da pacata cidade de Umbertide.

Eu estava consumido pela preocupação e queria estar de volta ao hospital para participar da revisão urgente do caso e avaliar o que poderíamos ter feito de forma diferente. Na segunda semana da viagem, houve uma conferência obscura sobre "Loucura, ciência e sociedade" na Universidade de Florença. Eu não tinha planejado ir, mas decidi que precisava da companhia de meus colegas. Saí de Umbertide antes das seis da manhã para a louca viagem de ida e volta de 268 quilômetros no mesmo dia até a Toscana. O plano para o dia era visitar uma cidade medieval próxima. Mas eu estava inconsolável e precisava sentir como se estivesse fazendo algo que pudesse influenciar os acontecimentos, consciente da dura realidade de que posso ser responsabilizado se não internar alguém que depois comete um homicídio.

Eu era apenas um dos vários profissionais envolvidos no caso de Svenja — e, além disso, eu nem tinha sido o psiquiatra responsável —, mas, mesmo assim, não pude deixar de ser autocrítico. Começar essa viagem de um dia parecia me dar algum senso de propósito, por mais fúteis que fossem meus esforços para mudar retroativamente o curso dos eventos. Mas não é possível desfazer o passado. A morte pode vir em um instante, e isso aconteceu com Svenja, de uma forma que não conseguia parar de pensar que poderia ter sido evitada. Não havia tempo para visitas à Galeria Uffizi e à Piazza della

Signoria, o que significava perder a chance de contemplar um pouco de vingança artística contra homens violentos na representação da decapitação do tirano rei Holofernes por Judite, conforme pintada por Artemisia Gentileschi e esculpida em bronze por Donatello.

Em vez disso, fiquei um dia inteiro no local da conferência nos arredores da cidade. Eu me lembro do legítimo café expresso italiano em pequenos copos de plástico — muito longe do café marrom aguado dos locais de conferência do Reino Unido —, mas não me lembro de nenhuma das palestras a que fui naquele dia, exceto uma sobre vampirismo e licantropia. Por puro acaso, Bruce, um dos psiquiatras juniores da equipe que estava tratando e supervisionando Helmut, estava lá. Quando comentei sobre o caso, Bruce imediatamente entendeu minha inquietação e foi capaz de compartilhar as últimas novidades comigo, ou seja, que o aviso de Tarasoff havia sido dado e estava bem documentado, a detenção por saúde mental havia sido considerada, e assim por diante.

Embora tenha sido um alívio saber que provavelmente estávamos cobertos em termos de processo, isso não me ajudou a parar de ruminar sobre o terrível resultado. E, apesar do sol glorioso, as duas semanas de férias já estavam arruinadas de qualquer maneira.

Assim, o caso de Helmut e Svenja ficou comigo. Os psiquiatras forenses sempre levam a sério o ciúme mórbido. Quando nos deparamos com ele durante uma entrevista, nunca deixa de ser um cenário arrepiante (especialmente para mim, depois do caso de Helmut, que costumo usar como um conto de advertência para meus estagiários). O único tratamento verdadeiramente seguro é o geográfico, ou seja, separar o acusador do amante, seja por distância física, seja por liminar ou hospitalização.

Como psiquiatras forenses, sempre vemos os casos que dão errado, já que pacientes como Helmut acabam em uma unidade forense após o evento. Mas ficamos frustrados quando nossos colegas de psiquiatria não especializada de adultos não levam os sinais a sério de antemão.

Não muito tempo depois de Helmut, fui convidado para ver Andrew, que, quando seu time não estava indo bem durante a final da Copa da Inglaterra, atacou sua namorada, Sarah, fazendo um corte superficial em sua garganta. Ele, então, correu na frente de um ônibus que, felizmente para ele, estava viajando lentamente. Após isso, ele e Sarah foram internados na sala de emergência de um hospital de Londres.

Sarah não queria fazer uma queixa criminal, e foi aqui que a equipe de crise de saúde mental local errou. Eles persuadiram a polícia a não intervir, garantindo que os serviços de saúde mental poderiam lidar com a situação. Paradoxalmente, é o envolvimento do sistema de justiça criminal que faz um caso receber mais atenção dos serviços de saúde mental, pois o processo criminal faz parte dos critérios de admissão dos serviços forenses especializados. Portanto, se as acusações forem retiradas, o caso cairá na lista de prioridades, mesmo que o comportamento violento tenha sido realmente preocupante. Isso pode parecer estranho, mas é um problema perene na psiquiatria, em parte porque a polícia tem outras prioridades mais urgentes quando alguém como Andrew está recebendo algum tipo de tratamento de saúde mental.

Como eu disse anteriormente, tenho visto o acesso aos cuidados psiquiátricos se deteriorar nos últimos oito ou nove anos por causa da fragmentação dos serviços de saúde mental, com divergências sobre qual equipe é responsável antes mesmo de o paciente ser avaliado. Mas, quando os delírios da psicose não são percebidos, pode haver sérias consequências adversas, até mesmo homicídio. Muitas vezes, em minha experiência, as equipes de crise, que são as portas de entrada dos cuidados psiquiátricos agudos (não forenses), estão tão sobrecarregadas, que não têm tempo para uma avaliação completa do histórico e do estado mental. A pressão da administração do sistema público de saúde para manter a ocupação de leitos baixa é tão forte, que mesmo um curto período voluntário no hospital não está disponível. Mas essas admissões, mesmo que relativamente breves, permitiriam uma avaliação mais aprofundada das questões de risco.

Esse foi o caso aqui. Ninguém jamais obteve um histórico psiquiátrico adequado de Andrew, e sua parceira Sarah não foi contatada para fornecer um histórico colateral do que estava acontecendo. Algumas semanas após o incidente, foi tomada a decisão de que talvez fosse uma boa ideia solicitar uma avaliação de risco forense e fui chamado para fazer isso. Entrevistei Andrew em uma sala sem janelas, escondida no ambulatório do hospital universitário. Ali, ele minimizou o incidente como simplesmente um caso de excesso de bebida e negou qualquer animosidade entre ele e Sarah, mas parecia cauteloso e evasivo.

Com sua permissão, liguei para Sarah para obter um histórico colateral. Ela revelou, para minha preocupação imediata, que tinha sido alvo de uma litania de abusos anteriores: acusações de ciúmes, comportamento controlador e ameaça de violência. Ela me garantiu que não havia base na realidade para as suspeitas de Andrew sobre sua infidelidade. Ela estava se perguntando como lidar com o problema e ficando farta.

Então, Andrew atacou Sarah com uma faca, mas teve pouco a ver com o segundo gol de Freddie Ljungberg pelo Arsenal na final da Copa da Inglaterra, garantindo a derrota do Chelsea — e tudo a ver com o ciúme patológico e "delirante" de Andrew.

Entrei em ação no caso de Andrew. Rapidamente finalizei e divulguei minha avaliação de risco. Insisti para que Sarah recebesse um aviso de Tarasoff, e, quando a assistente social envolvida ficou mais ciente do risco, Sarah também foi encaminhada para um programa de violência doméstica. Foi oferecido tratamento a Andrew, mas ele não aceitou. Após outro incidente ameaçador, ele foi internado, mas escapou de uma unidade psiquiátrica de baixa segurança. Não foi fácil, mas até onde sei Sarah estava segura.

Por tudo isso, recebi algumas críticas de um colega não forense, um entusiasta de equipes de crise, que reclamou que meu relatório forense "tinha muito peso".

Só pude responder: "Espero que sim".

A violência doméstica em um relacionamento pode começar muito rapidamente, com o curto período de alegria inicial interrompido brutalmente. A raiva alimentada pelo ciúme degenera em brigas, espancamentos e até estupro e, finalmente, assassinato. É comum ver acusações de infidelidade, mesmo por parte de quem é infiel. Em outras palavras, "eu posso ter o que eu quiser, inclusive você, mas você deve ser leal a mim". O egocentrismo do narcisismo é um tema comum que encontramos em muitos tipos de assassinos, de agressores domésticos a assassinos em massa e atiradores de escola.

Isso é masculinidade tóxica? Houve um ressurgimento dos papéis de gênero masculino que esperam que meninos e homens sejam o macho alfa e controlem suas emoções, a menos que seja para expressar raiva? O excesso de agressão masculina não é um problema novo, mas não pode ser ignorado, já que os homens representam 95% da população carcerária do Reino Unido. Tampouco se deve apenas a diferenças biológicas alimentadas por testosterona, já que, é claro, expectativas sociais e culturais e "modelagem" equivocada de comportamento paterno claramente desempenham um papel.

ASSASSINATOS BASEADOS EM ASSÉDIO E PERSEGUIÇÃO
(E COMO TERMINAR UM RELACIONAMENTO COM SEGURANÇA)

Perseguição é definida como "comunicações ou abordagens repetidas e indesejadas, que causam angústia ou medo e/ou receio de violência". Pesquisas dos psiquiatras forenses professores Paul Mullen e Michele Pathé (dois especialistas internacionais em perseguição) analisaram os comportamentos, a psicopatologia e a motivação subjacente dos perseguidores encaminhados a uma clínica forense para avaliação e tratamento e identificaram cinco subtipos de perseguidores.[3] O primeiro e mais predominante grupo contém pessoas que foram "rejeitadas" por um amante e cujo comportamento de perseguição é direcionado a alguém que já foi íntimo. Os outros quatro grupos são:

- Aqueles que estão buscando intimidade — o que pode incluir indivíduos com delírios de que outra pessoa os ama.
- Os chamados pretendentes incompetentes — por exemplo, indivíduos no espectro autista que podem ser incapazes de perceber que suas atenções são indesejadas.
- Os ressentidos, que fazem queixas ou reclamações formais de uma maneira incomumente vexatória, por exemplo, contra um empregador que os demitiu.
- Os mais raros, perseguidores predatórios, que estão planejando um delito sexual e perseguindo sua vítima em potencial (veja o capítulo um).

Nesta seção, são os antigos íntimos rejeitados que nos interessam.

Se você for dispensado sem cerimônia ou rejeitado educadamente, poderá enviar alguns textos suplicantes, algumas flores, talvez dar alguns telefonemas indesejados. As definições variam, mas após quatro semanas e dez comunicações, todas sem resposta, é hora de seguir em frente. Além disso, se o seu comportamento causa angústia ou, pior, medo de violência, você está entrando em território de assédio criminal. Pense na personagem feminina em *Perversa paixão* que persegue Clint Eastwood, ou o personagem masculino em *Dormindo com o inimigo* que ataca Julia Roberts.

Perseguidores rejeitados podem se sentir humilhados; podem ser excessivamente dependentes ou narcisistas e sobrepujados por sentimentos de merecimento. Como Paul Mullen e Michele Pathé descreveram, o comportamento de perseguição é motivado por uma mistura complexa de desejo de reconciliação e vingança, ou uma mistura flutuante dos dois. Para perseguidores rejeitados, uma sensação de perda pode ser combinada com frustração, raiva, ciúme e vingança. A perseguição é um substituto para a intimidade perdida, criando uma "aparência de proximidade e um simulacro de relacionamento".[4]

Meu colega Frank Farnham[5] estava entre os que examinaram uma série de casos de assédio ao longo de um período de anos e fizeram uma descoberta impressionante, muito divulgada na imprensa da época: a maior taxa de violência entre perseguidores foi por ex-companheiros íntimos rejeitados (em oposição a buscadores de intimidade e outros subtipos). Além disso, o risco de violência aumenta se o perseguidor agrediu ou entrou na casa da pessoa que já tinha sido íntima, o objeto de sua perseguição.

Portanto, se o seu ex incomodar você por mais de duas semanas, pesquisas sugerem que haverá uma chance muito maior de o assédio persistir por mais de seis meses. O limite de duas semanas foi confirmado pelo estudo de Rosemary Purcell com mais de quatrocentos casos de perseguição,[6] que mostrou que os perseguidores que persistiam além de duas semanas estavam mais propensos a continuar seu comportamento por seis meses ou mais. Eles também eram mais propensos a colocar sua vítima sob vigilância, seguir, telefonar repetidamente ou entrar em contato via cartas, fax ou e-mail. Eles também eram mais propensos a submeter sua vítima a ameaças explícitas, agressões físicas e danos materiais.

Se, depois de lhe enviar flores indesejadas, seu ex a agredir fisicamente ou invadir seu apartamento, você correrá o risco de violência grave,[7] e, até mesmo, de se tornar uma vítima de assassinato. Também é importante notar que homens rejeitados sem antecedentes criminais são capazes de escalar para uma súbita raiva catatímica homicida.

Em um caso particular de assédio por parte de um companheiro rejeitado, tratei de um certo sr. Francis Chapman, um entusiasta da Audi e diretor de uma pequena empreiteira industrial. Ele estava passando por um doloroso divórcio de sua esposa, Rebecca. Durante uma disputa sobre a venda da casa, ele enviou mensagens de texto, deixou mensagens de voz e voltou repetidamente à sua antiga residência conjunta para reclamar com ela. Certa vez, quebrou o vidro da estufa em um acesso de raiva. Em outra ocasião, ao ver que Rebecca tinha saído, ele invadiu a casa, ostensivamente buscando retomar seu domínio.

"Paguei muito dinheiro por esta casa; trabalhei muito nela, e ela não fez nada, e depois quer a porra toda. Como vou economizar dinheiro e comprar uma casa nova? O juiz deveria ser preso." Os autos do processo confirmaram que ele gritou com o juiz e o chamou de "idiota".

À medida que o divórcio avançava, ele estava se sentindo "muito zangado, eu queria minha casa de volta ou 50% dos bens do divórcio... Puta merda... Paguei muito dinheiro pela cerca do jardim. Foi um maldito roubo".

O casal discutiu sobre o descarte de lixo. Ele me explicou que sempre foi muito arrumado e organizado, mas que "ela colocava a caixa de flocos de milho em cima da lixeira de reciclagem quando já estava cheia em vez de trocar o saco. Ela não dobrava a caixa. Ela deixava os últimos flocos de milho dentro da caixa de papelão (...). Joguei a caixa de flocos de milho no chão e ela disse: 'Que merda você fez?'".

Muitas disputas domésticas não violentas são sobre dinheiro, ou sexo, ou a divisão de tarefas domésticas e responsabilidades com os filhos, e muitos casais têm opiniões diferentes sobre níveis de limpeza aceitáveis, ou a etiqueta apropriada para reciclagem e eliminação de lixo. Mas, por favor, tome cuidado se as disputas de reciclagem levarem a sentimentos assassinos ou homicidas.

No dia em que saiu o divórcio, Chapman pegou uma faca com a intenção de implorar a Rebecca para dividir o dinheiro obtido com a venda da casa e, se necessário, ameaçar suicídio. Ele disse: "Pensei que, se eu a assustasse, talvez se ainda sentisse um pouco de amor poderia dizer sim".

Ele encontrou Rebecca quando ela desceu do ônibus e implorou para que dividisse o valor da venda da residência e dos móveis. "Eu não vou vender, e é isso... É minha casa agora", disse ela, de acordo com Chapman.

Mas, em vez de ameaçar se matar, ele a matou em um violento ataque de faca testemunhado por um ônibus lotado de pessoas atônitas e aterrorizadas. Um desses passageiros, Jock Hollis, foi ver o que poderia fazer por Rebecca, mas, dada a natureza horrível de seus ferimentos, logo percebeu que ela estava morta e cobriu o corpo com um casaco. Chapman, enquanto isso, fugiu para o lar conjugal. Ele não sabia que sua sogra havia chegado para visitar Rebecca. Ele a matou também.

Algo bastante importante é que ele havia comprado a arma do crime na manhã do assassinato e, embora tivesse traços de personalidade narcisista ("é minha casa") e obsessiva (os flocos de milho), não houve defesa psiquiátrica. No julgamento, ele tentou persuadir o júri de que havia tido uma súbita perda de controle, provocada pelas últimas palavras de Rebecca quando ela se recusou novamente a vender a casa. Ainda irritado com o acordo de divórcio, ele também estava tentando apelar de sua cela na prisão.

Veredito: duas condenações por homicídio doloso. Prisão perpétua; mínimo de trinta anos de pena antes da possibilidade de condicional.

Tudo isso levanta a questão: como terminar um relacionamento com segurança? Depende até certo ponto dos traços de personalidade do seu parceiro. Melhor evitar os tipos narcisistas, egocêntricos, possessivos, controladores, ciumentos ou vingativos, se possível (mais fácil falar do que fazer!). Também é uma boa ideia tomar cuidado com um extremo "bombardeio de amor". Esse termo, originalmente cunhado por membros da Igreja da Unificação nos EUA, conhecidos como "Moonies", refere-se a atenção, elogios, demonstrações de afeto e declarações de amor extraordinariamente excessivas. Grupos de culto às vezes usam isso para encorajar novos membros a se juntarem a eles, mas também pode ser visto em relacionamentos íntimos. Isso pode ser apenas um comportamento inofensivo (talvez irritante) de alguém que quer mimá-lo ou convencê-lo a topar um encontro, mas também pode ser um sinal de comportamento manipulador e, mais tarde, virar controle e abuso.

Mas não importa o nível de compromisso entre você e seu parceiro, seja um encontro casual, namoro, casamento, pagamento de dote, troca de alianças ou sepulturas conjuntas pré-pagas, é melhor ter o rompimento definitivo com uma mensagem clara quando o relacionamento termina, algo como: "Desculpe, isso não está funcionando, não é você, sou eu". E, se os telefonemas suplicantes e as flores indesejadas persistirem além de, digamos, duas semanas, então uma intimação formal pode ser necessária, possivelmente seguida, no devido tempo, de um "diário da perseguição" e um relatório à polícia para uma intimação formal, embora a prática atual seja avançar diretamente para uma medida protetiva. Por fim, pode ser necessário uma liminar ou um processo criminal, que pode levar a uma ordem de restrição, uma pena não privativa de liberdade com exigência de reabilitação ou, em última instância, prisão.

A perseguição é uma questão séria que foi grosseiramente subestimada no passado. No entanto, estamos nos recuperando, e a polícia e a psiquiatria estão colaborando cada vez mais, em programas conjuntos inovadores em andamento. Mesmo assim, o fato é que a vida não é simples e um rompimento definitivo e tranquilo pode ser difícil de conseguir. Pode haver ambivalência, reconciliação temporária e mensagens contraditórias. O que você acha que é "sexo de despedida" pode ser mal interpretado como "sexo de reconciliação".

Com base em evidências da minha experiência em muitos casos ao longo dos anos, eu desaconselho fortemente inflamar deliberadamente o ciúme, por exemplo, dizendo ao seu futuro ex que você encontrou um novo parceiro quando, na verdade, não há ninguém e você simplesmente deixou de amá-lo. Um amigo estudante sugeriu que isso poderia ser melhor do que ferir os sentimentos deles, dizendo que não são bons o suficiente, não são inteligentes ou atraentes o suficiente e que você não os ama mais. Não, não é uma boa ideia. A introspecção forçada de seu ex-parceiro sobre diferenças de personalidade, falhas pessoais ou higiene dental é melhor do que as torturantes imaginações de seus encontros sexuais com um novo parceiro — especialmente se não houver um.

Dizer a alguém, falsamente, que você está grávida de um rival também é uma má estratégia. Encontrei dois casos em que isso levou ao assassinato. A autópsia em ambos os casos confirmou a ausência de gravidez. Em um caso, descobriu-se que a vítima estava tentando pensar em uma maneira de demonstrar categoricamente que o relacionamento havia terminado e, na vã esperança de conseguir que seu ex-parceiro continuasse com a vida dele, ela mentiu e disse que estava grávida de outra pessoa.

Testemunhas, incluindo um amigo e uma irmã da falecida, confirmaram que a vítima havia dito a eles que planejava mentir. Seus motivos, embora bem-intencionados, tiveram consequências terríveis e imprevistas. O assassino relatou após o evento, em entrevista comigo, que ficou furioso com a ex-parceira dizendo que não apenas havia um rival na situação, mas que ele a havia engravidado.

Às vezes, um rompimento de relacionamento tem de ser feito sob supervisão em uma delegacia de polícia, escritório de liberdade condicional ou clínica psiquiátrica, e, em casos extremos, você pode precisar de um refúgio já programado, por razões já mencionadas.

Como você pode esperar, trabalhar com esses casos extremos de relacionamentos que terminam em perseguição seguida de assassinato faz com que reflitamos sobre nossa própria experiência. Todos nós provavelmente já passamos por um rompimento de relacionamento em algum momento, e dói quando percebemos que nosso afeto não é mais correspondido. É uma resposta bastante comum a essa rejeição tentar salvar a situação, talvez com uma carta sincera, flores, uma garrafa de um vinho favorito ou muitos telefonemas durante alguns dias. Mas há um ponto limite, além do qual a simpatia e o leve arrependimento por parte de seu ex podem se transformar em irritação ou até medo se você persistir. De qualquer forma, se alguém pede espaço, a pior coisa que você pode fazer é sufocá-lo com afeto indesejado. Nos meus dias de estudante, quando eu demorava a perceber que um pedido de espaço era apenas uma tentativa de separação gentil, um amigo íntimo brincou inutilmente: "Dê a ela espaço suficiente para que ela se sinta como Neil Armstrong". Muito mais fácil dizer do que fazer, é claro.

Ao examinar essa experiência em retrospecto, se você extrapolar a partir da sensação compreensível e empática de autoestima ferida, é possível ver como, nas pessoas com traços de personalidade anormais, esses sentimentos benignos podem ser amplificados em uma profunda descompensação narcisística. "Como eles podem dizer que não me amam? Eu sou irresistível."

Neurocientistas da UCL detectaram atividade aumentada no giro cingulado no cérebro de cobaias que estão apaixonadas. O giro cingulado é uma dobra curva de tecido cerebral e um componente do sistema límbico no cérebro que está envolvido no processamento de emoções e na regulação do comportamento. O funcionamento cerebral nos ajuda a entender melhor essas experiências e comportamentos humanos? Ou é um erro tentarmos reduzi-los a um processo biológico? Afinal, temos um vasto cânone de literatura, em grande parte anterior à ciência moderna, para nos ajudar a entender que "o curso do amor verdadeiro nunca foi tranquilo".

Uma vez sugeri uma separação supervisionada para um ex-paciente de alta segurança. A acusação de homicídio doloso aconteceu quando a parceira anterior o largou depois de confrontá-lo sobre textos lascivos encontrados em seu telefone enviados por uma série de parceiras sexuais casuais. Sua resposta a essa combinação de humilhação e rejeição foi matar a parceira que queria deixá-lo com facadas no rosto e no pescoço.

Uma década depois, perto de receber alta do hospital de custódia após um tratamento extensivo, ele estava namorando uma jovem bem instruída que conheceu pelas redes sociais. (Sim, mesmo assassinos com transtornos mentais podem ser atraentes para alguns.)

A equipe forense garantiu que a nova parceira fosse informada do histórico de delitos de nosso paciente (ou seja, matar uma parceira no momento de um rompimento) e, sem se deixar intimidar por essa informação, o relacionamento floresceu por um tempo.

Mas quando, alguns meses depois, a nova parceira ficou com medo e quis deixar essa relação de alto risco, pensamos que uma separação supervisionada em um ambiente seguro seria prudente. Também organizamos um alerta para os serviços de emergência caso fossem chamados para algum confronto posterior.

O resultado foi uma separação amigável e uma alta bem-sucedida para a comunidade, você ficará aliviado ao saber.

ASSASSINATOS PROVOCADOS POR INFIDELIDADE
(QUE SE SOBREPÕEM AO CIÚME, É CLARO)

Homens que são incapazes de controlar a raiva, ou que ficam repentinamente violentos em uma explosão de raiva, são com mais frequência responsabilizados criminalmente por suas ações. Mas defesas parciais envolvendo "perda de controle" ou "anormalidade mental" são comumente apresentadas.

No passado recente, alegações de perda de controle (ou provocação, como era conhecido anteriormente) resultaram em acusações de homicídio doloso reduzidas a homicídio culposo quando um homem matava uma parceira depois de descobrir sua infidelidade. Havia uma preocupação crescente com isso, bem como o fato de que as mulheres que matavam um parceiro abusivo nunca tiveram sucesso com uma defesa semelhante.

Em 2009, a lei do Reino Unido foi reformada com o objetivo de acomodar melhor os cenários em que as mulheres podem matar um parceiro abusivo, ao mesmo tempo em que torna mais difícil para homens ciumentos e controladores serem desculpados por assassinar uma vítima do sexo feminino, especialmente em caso de infidelidade.

Sob a nova lei, os juízes têm o dever estatutário de instruir os júris a desconsiderar a infidelidade sexual ao considerar a perda de controle como defesa.

O caso a seguir ilustra por que a infidelidade deve ser ignorada e mostra como é fácil para a polícia resolver assassinatos de parceiros íntimos.

Outro marido violento e controlador, Ray Thompson, descobriu que sua esposa havia sido infiel. Christine, frustrada com a miséria da vida com ele, estava nos estágios iniciais de um relacionamento com um novo homem — embora ainda não fosse íntima dele — e estava tentando encontrar uma maneira de terminar o casamento com segurança.

Tendo sido informado de que sua esposa havia sido vista com outro homem em um momento em que ela deveria estar em outro lugar, Thompson não a confrontou imediatamente, mas se ofereceu para buscá-la no trabalho mais cedo e levá-la às compras. Em vez de dirigir até o shopping, ele a levou para uma estrada isolada em uma área de parque próxima às lagoas, onde, insatisfeito com a resposta da esposa a seus questionamentos, ele a matou com vários golpes profundos de uma velha baioneta militar que guardava na garagem.

Ele voltou ao centro da cidade e relatou que ela e seu carro estavam desaparecidos. Em pouco tempo, o corpo foi descoberto por um passeador de cães, embora os bombeiros tenham levado três horas para cortar o veículo traneado, pois Thompson disse que não havia chave reserva. A original, segundo ele, havia sido roubada junto com o carro.

Mais tarde, um dos detetives me disse no fórum que desconfiava do marido, mas não havia, inicialmente, evidências suficientes para um mandado de busca.

A Polícia Metropolitana é capaz de resolver cerca de 90% dos casos de assassinato. Isso ocorre porque eles alocam recursos significativos para investigações de homicídio, e um grande número de policiais uniformizados é destacado durante essas 24 horas de coleta de provas. Certa vez, organizei uma conferência durante a qual um detetive sênior delineou as três ferramentas de investigação mais importantes em casos de assassinato: análise da localização do celular, imagens de câmeras e evidências de DNA — às vezes, nessa ordem.

No caso de Thompson, as imagens mostraram o carro indo na direção das lagoas, não das lojas, embora Thompson não pudesse ser identificado como o motorista na filmagem granulada. Após várias semanas de análise cuidadosa, os dados das antenas de celular (que podem geolocalizar onde um celular se conecta à rede) estavam completos, e os registros permitiram que a polícia colocasse o celular do suspeito no local onde o carro e o corpo de Christine foram encontrados, dentro do prazo estimado pelo patologista para o assassinato.

Além do mais, o telefonema era de Thompson para seu tio, conforme confirmado pelos registros telefônicos e pela declaração anterior do tio de que Thompson havia telefonado para informar: "Christine está desaparecida".

Com base nessas provas, foi concedido o mandado de busca. A baioneta ensanguentada foi encontrada escondida em um saco plástico, com o DNA dele e o sangue dela, atrás do sifão da pia da cozinha. Então, Thompson, exaltado, alegou que havia "perdido o autocontrole" quando ela admitiu o início de um caso amoroso. A defesa da provocação relacionada à descoberta de sua infidelidade foi apresentada e fracassou por causa da natureza intencional do homicídio e das tentativas de ocultá-lo. Sob a nova lei — introduzida desde o caso de Thompson —, a perda de controle deve ser especificamente excluída da consideração do júri.

Veredito: homicídio doloso. Prisão perpétua.

Depressão e responsabilidade diminuída

Excetuada a provocação, a defesa parcial alternativa da responsabilidade diminuída é sempre bem-sucedida quando um homem mata uma mulher no final de um relacionamento?

As questões difíceis levantadas por um suposto homicídio depressivo podem ser ilustradas por um caso do final da década de 1990 da esposa de um médico que aparentemente foi levada à loucura com a mesquinhez do marido. Ela pediu uma geladeira nova. Em vez disso, ele ofereceu uma de segunda mão, usada para armazenar amostras no laboratório de patologia. E, apesar de ter mais de 800 mil libras em contas de sociedades de crédito imobiliário, ele insistia em levar a família ao McDonald's para seus aniversários e fazer os convidados pagarem por sua própria comida! Incapaz de aguentar mais, ela procurou um advogado e entrou com uma ação de divórcio.

Mas ele não podia aceitar que o casamento havia acabado e sempre implorava para que ela reconsiderasse. Ele começou a beber muito, se auto-prescreveu tranquilizantes e parecia abatido e infeliz para os colegas. Certa manhã, estava em casa quando sua esposa retornou após deixar os filhos na escola. Enquanto ela tomava um café no pátio, ele passou segurando um martelo — aparentemente com a intenção de quebrar um caminho de concreto no jardim dos fundos —, mas então "explodiu" quando ela fez um comentário.

A autópsia mostrou que ele a atingiu pelo menos sete vezes com o martelo, e que muitos dos golpes foram desferidos quando ela já estava no chão. Em seguida, ele a envolveu em um saco de lixo e um lençol, arrastou seu corpo ensanguentado para o quarto do segundo andar — sabendo muito bem que ela ainda estava viva — e depois a jogou pela janela, fraturando sua coluna e causando sua morte. Esse é um exemplo de "encenação" de um crime na tentativa de redirecionar a investigação policial; é bastante raro, ocorrendo em cerca de 1% dos homicídios.[8]

Ele ligou para a ambulância várias horas depois, inicialmente dizendo à polícia que estava na garagem quando sua esposa despencou pela janela do quarto, antes de finalmente admitir seu papel, dizendo a eles: "Eu não poderia viver com a vergonha".

Agora, você pode concluir que um profissional respeitado que de repente mata a esposa em um momento de fúria assassina, sem qualquer violência prévia, deve ser mentalmente perturbado, certo? De fato, sem um julgamento, o juiz sênior de Londres confirmou que a promotoria havia aceitado relatórios psiquiátricos de que o médico estava sofrendo de depressão grave, provocada por saber que a esposa queria o divórcio e a guarda dos dois filhos. Essa depressão havia diminuído substancialmente sua responsabilidade. Seus advogados haviam usado com sucesso a defesa psiquiátrica para reduzir a acusação de homicídio doloso para culposo, evitando assim uma sentença de prisão perpétua. Ao saber que ele poderia ser liberto em apenas dois anos e meio, a mãe da vítima disse: "É só isso que vale a vida da minha filha?".

O preceito legal agora se tornou mais restritivo e exige que uma condição médica reconhecida deva prejudicar substancialmente várias faculdades mentais, como a tomada de decisão racional, além de fornecer uma explicação para o assassinato. Em outras palavras, embora a depressão possa explicar por que alguém tem uma visão sombria e pessimista do futuro que prejudica seu julgamento racional, a depressão também deve explicar por que ele empunhou o martelo. Não tenho certeza se esse caso teria sido encerrado com tanta rapidez hoje em dia. Essa foi a reação de um homem deprimido, devastado pela perda de seu casamento? Ou foi a rigidez que pode acompanhar a severa parcimônia de um rico avarento que resmunga e ataca quando confrontado com a perda do controle sobre sua família e seus bens? A interpretação alternativa teria somado mais uma década na sentença. E se ele fosse um mero instalador de carpetes e ex-soldado em vez de um médico respeitado que também era ex-reservista? Teria sido tratado da mesma forma? Esses são os meus pensamentos quando analiso esse caso.

Havia uma anormalidade mental, sem dúvida, como eu havia concordado na época, mas quanto à responsabilidade, diminuída ou não, a questão era — e continua sendo — mais moral do que médica. Às vezes, a moralidade e os julgamentos de valor são medicalizados para torná-los mais palatáveis, e a acusação ainda precisa decidir se aceita uma declaração de culpa por uma acusação menor. O que um júri faria com esse caso agora, sob a lei atual, mais restritiva?

Assassinatos de parceiros íntimos baseados na honra

E os chamados "crimes de honra"? Esses geralmente envolvem sequestro e assassinato para impedir que uma mulher exerça sua escolha de parceiro íntimo e são usados para interromper relacionamentos intercastas e inter-religiosos. Nesse contexto, um marido pode matar a esposa porque ela se tornou muito ocidentalizada ou está tentando deixá-lo.

Já tive um caso desse tipo de assassinato, ilustrando como os conceitos de honra podem levar à raiva assassina. Envolvia uma família do sudeste asiático que vivia no Reino Unido há quase trinta anos. O sr. Nimol, um chefe de família beberrão e desempregado, estava zangado porque, segundo ele, a esposa o desonrava, desrespeitava e insultava os pais dele.

Houve vários incidentes de violência doméstica, todos relacionados a esses problemas, e principalmente quando ele bebia. Uma noite, bêbado, e depois que a polícia já havia dito para que deixasse sua casa, ele voltou às 4h30. Sua esposa, mesmo relutante, deixou que entrasse, eles voltaram a discutir e ele a matou com duas facadas, uma pelas costas, que atingiu a aorta, e outra pela frente, que atingiu o fígado. As duas feridas tinham capacidade letal.

Ele foi preso e, quando entrevistado sob custódia no dia seguinte, disse: "Eu me senti realmente humilhado como marido... é inadmissível uma mulher, uma esposa, desrespeitar o marido, para os orientais... ela insultou meus pais... ela me desonrou pelo jeito como se vestia (...). Eu a esfaqueei uma vez pelas costas e outra pela frente".

Ele disse que estava bebendo cerveja e destilados. "Eu estava me sentindo tão humilhado, que não conseguia me controlar, estava tão bravo e chateado." No entanto, ele disse que pretendia apenas "esfaqueá-la levemente".

Um caso de rápida solução, certo?

Nesse caso, as evidências psiquiátricas foram contestadas de forma inesperada. Quando as provas da acusação foram apresentadas, incluindo a autópsia e depoimentos de testemunhas, o advogado de defesa instruiu um psiquiatra a explorar possíveis defesas para a acusação de homicídio doloso. Chamamos isso de "investigação psiquiátrica especulativa", pois, com base nos fatos básicos do caso, parecia um assassinato "normal" de parceiro íntimo.

No caso do sr. Nimol, foi indicado um psiquiatra, o dr. Icarus. Ele tinha alguma experiência em processos cíveis, mas não em casos criminais mais graves. O dr. Icarus havia entrevistado Nimol, na prisão, três meses após o assassinato, enquanto a polícia o havia interrogado imediatamente após sua prisão. A essa altura, talvez em uma tentativa de racionalizar o que havia feito, o réu disse ao dr. Icarus que o ato de esfaquear sua esposa parecia "irreal" e que era "como se" sentisse a "presença do seu falecido irmão".

O dr. Icarus, portanto, apresentou o parecer de que essa desrealização era uma anormalidade mental, o que explicava o assassinato.

Havia dois problemas: o primeiro e mais gritante era que o psiquiatra havia deixado de ler a transcrição do interrogatório policial, na qual o réu havia feito um relato incriminador na época do delito. Eu destaquei esse erro no meu relatório e também salientei que a desrealização é muito comum, e não é uma forma de psicose; é um "sentido" alterado da realidade, mas não uma "perda de contato" com ela. É aquela sensação de distanciamento que você pode ter quando está cansado ou muito ansioso — por exemplo, quando está depondo em um julgamento de assassinato em Old Bailey, como o dr. Icarus estava prestes a descobrir.

Claro, todos nós, em algum momento, temos nosso dia ruim no tribunal, e minha vez chegaria. Mas o dr. Icarus estava aparentemente alheio ao que o aguardava e ainda não pedira para ver a transcrição do interrogatório. A evidência especializada é como o pôquer, um jogo de apostas iguais. Se o outro lado aumentar as apostas com uma transcrição do interrogatório, é melhor você pagar a aposta e ler o material adicional.

O dr. Icarus foi gentilmente obrigado a repassar suas provas pelo advogado de defesa. Ele explicou por que achava que a desrealização equivalia a uma diminuição da responsabilidade. A parte amigável e incontestada de sua evidência acabou, ele saiu do banco das testemunhas e começou a se dirigir para a saída. Mas aparentemente desconhecia os procedimentos dos tribunais criminais.

Quando já estava no meio da sala de audiências, o juiz disse: "Ah, dr. Icarus, por favor, não esqueça o contrainterrogatório...".

Você pode imaginar como foi. As perguntas da promotoria foram mais ou menos assim:

"Dr. Icarus... o senhor mantém seu relatório nos termos em que foi escrito?"

"Sim."

"Doutor, o senhor considerou todo o material relevante para formar sua opinião?"

Lembrando, agora, de se virar e responder ao juiz, ele disse: "Sim, considerei, *My Lord*".

"Dr. Icarus, o senhor concorda que a declaração do réu sobre a noite em questão é altamente pertinente para entender seu estado de espírito na época?"

"Sim, claro que é, *My Lord*."

"Doutor, o senhor já teve a oportunidade de examinar o interrogatório policial?"

"Ah, não."

"Doutor, posso pedir que leia para o júri o que o réu disse à polícia doze horas depois de matar a esposa? O senhor encontrará isso na aba amarela, na página 76 dos autos à sua frente..."

O dr. Icarus leu, hesitante: "... Ela me desonrou pelo jeito que se vestia... Eu a esfaqueei... levemente".

"Doutor, o senhor pode explicar ao júri por que prefere a versão dos fatos que ele lhe deu cerca de três meses após o interrogatório policial?"

"Dr. Icarus, pode dizer ao tribunal quais critérios usou para *anormalidade da mente*?"

"Dr. Icarus, o que é *mente*, em termos exatos?"

Foi um espetáculo doloroso de assistir, mas a promotoria queria uma condenação por homicídio, dados os fatos do caso, e assim a prova pericial tinha de ser questionada.

Nos processos cíveis, uma omissão flagrante como essa seria detectada bem antes de um julgamento por meio de uma declaração conjunta de especialistas.

Mas nos processos criminais, em que não há grandes orçamentos, com uma promotoria sobrecarregada e advogados de defesa instruídos no último minuto, é comum que uma defesa desastrosa como essa desmorone diante de um júri.

Veredito: homicídio doloso. Prisão perpétua; pena mínima de dezoito anos antes da possibilidade de condicional.

* * *

Alguns meses depois do meu primeiro encontro com o sr. Reddy, chegou a hora de seu julgamento por assassinato em Old Bailey. Eu o entrevistei quando o verão estava apenas começando, mas então, as primeiras folhas de outono rodopiavam na brisa nos arredores de Fountain Court, em Middle Temple. Era hora de uma rápida consulta com o advogado de defesa em King's Bench Walk para refrescar minha memória do caso antes de apresentar provas médicas no julgamento de Reddy alguns dias depois.

Em meu relatório, apontei o "conflito de provas" entre sua descrição do casamento em comparação com os relatos de terceiros, incluindo o de sua falecida esposa. Mas eu tive de reconhecer que os colegas de trabalho o descreveram como preocupado com sua separação da filha, além de deprimido, emocionalmente instável, choroso e incapaz de se concentrar no trabalho. A autolesão pós-crime pode ter sido uma reação ao que ele havia feito, ou uma tentativa frustrada de "suicídio após assassinato" (que também é bastante comum nesse tipo de crime).

De qualquer forma, os manuais de diagnóstico psiquiátrico incluem algumas variantes de estados mentais e emocionais que não estão muito distantes da experiência cotidiana. E assim o sr. Reddy preencheu os critérios para um "transtorno de ajustamento", que é descrito na classificação internacional como "[um estado de] angústia subjetiva e perturbação emocional (...) no período de adaptação a uma mudança significativa de vida (...) as manifestações variam e incluem depressão, ansiedade, preocupação (...), um sentimento de

A MENTE DO ASSASSINO 191

incapacidade de lidar com as situações, de planejar com antecedência (...) comportamento dramático ou explosões de violência".

Sugeri que esse diagnóstico relativamente menor, embora de fato fosse uma "anormalidade do funcionamento mental" e "uma condição médica reconhecida", provavelmente não convenceria o júri de que ele tinha uma "capacidade substancialmente prejudicada de formar um julgamento racional ou exercer autocontrole". Mas, diante da possibilidade de mandar seu cliente se declarar culpado de homicídio doloso, começar a chorar e aceitar uma sentença de prisão perpétua, o advogado disse que seria melhor deixá-lo ter seu dia no tribunal. Caso contrário, ele poderia apelar e passar anos culpando os advogados, e não o júri, por sua sentença.

Então tive de ir ao banco das testemunhas e apresentar um caso robusto de transtorno de ajustamento como base para a responsabilidade diminuída, embora eu estivesse ciente de que o advogado de acusação e o especialista oponente desafiariam meu parecer com veemência.

Mas o júri não estava tão preocupado com as minúcias dos critérios de diagnósticos para o transtorno de ajustamento. Eles viram o caso da promotoria se desenrolar ao longo de vários dias, com resumos técnicos de registros telefônicos, imagens de câmeras de segurança e recibos, e ouviram depoimentos de testemunhas. Além de todas essas informações, tiveram a chance de formar sua própria impressão do homem no banco dos réus.

O advogado de defesa, me atualizando com as provas dos dias anteriores ao julgamento, disse que, quando a filha de Reddy, chorando, forneceu provas da violência doméstica — por trás de uma cortina no banco das testemunhas para que não tivesse de encarar o pai —, ele gritou "vadia imunda" do outro lado da sala de audiências.

Sarmila estava realmente órfã agora, como Reddy temia. Sua mãe havia sido cremada há muito tempo e seu pai estava prestes a receber uma sentença de prisão perpétua — além de agredi-la verbalmente do banco dos réus.

O júri estava descobrindo, como eu, que homem desagradável ele podia ser.

Durante a última parte do interrogatório de Reddy, quando ele foi questionado sobre as feridas profundas no pescoço de sua esposa, que tinham rompido as principais artérias e causado a morte dela, provocou um suspiro perplexo de todos os presentes.

"Se não fosse pela resposta totalmente inadequada e lenta do Serviço de Ambulâncias de Londres, ela poderia estar viva hoje."

Admiti que sua *anormalidade do funcionamento mental* era de menor grau e que se suas habilidades estavam *substancialmente* prejudicadas era uma questão para o júri decidir. Mas, em seu depoimento, Reddy havia revelado a conduta e o comportamento que a esposa e a filha haviam tolerado por todos aqueles anos, e o transtorno de ajustamento não era a causa.

O júri levou apenas noventa minutos para chegar a uma decisão.

Veredito: homicídio doloso. Prisão perpétua; pena mínima de dezoito anos antes da possibilidade de condicional.

As primeiras impressões nem sempre ficam, mas, nesse caso, eu me senti aliviado ao deixar tudo isso para trás.

Descrevi minha reação a Reddy ao longo de seu histórico de caso. Isso me ajudou a entendê-lo e acho que a provável reação dos membros do júri deve tê-los ajudado a entender o assassinato também.

Minha reação àqueles que avalio ou trato pode me levar a uma série de respostas altamente instrutivas. Às vezes eles me fazem sentir irritado, zangado, entediado ou até me divertem. Tenho um paciente que é tão engraçado, que não consigo parar de rir. Mas ele é bipolar e já foi suicida no passado, então tenho de ter cuidado para não permitir que a alegria que ele induz me faça deixar de ver sua tristeza subjacente.

Essas respostas me dizem muito quando estou tentando entrar na cabeça de qualquer paciente, especialmente de um assassino, e podem me ajudar a entender por que alguém matou ou tentou matar. Lembro-me de ter ficado surpreso quando um colega anunciou: "Não sinto nada por meus pacientes... Prefiro permanecer completamente neutro". Para mim, esse não é o caso, e é mais provável que eu descubra que reações pessoais surgem durante entrevistas de avaliação e, então, tornam-se mais importantes durante o tratamento prolongado.

O que não quer dizer que sempre é bom ser sensível, porque, ao mesmo tempo, é importante manter um grau de objetividade. Digamos, por exemplo, que um psiquiatra forense tenha experimentado o suicídio de um dos pais na infância: ele pode reagir emocionalmente a um caso envolvendo a perda dos pais. O desafio não é necessariamente ignorar os sentimentos evocados pelo caso, mas estar ciente desses sentimentos para utilizá-los na compreensão das experiências do entrevistado e evitar que esses sentimentos se tornem um ponto cego.

Os psicanalistas (que geralmente têm formação em medicina nos EUA, o que ocorre menos no Reino Unido e em outras partes do mundo) são obrigados a passar por terapia e supervisão pessoal dos casos em que atuam como parte de seu treinamento. Na psiquiatria forense no Reino Unido, há uma certa divisão, com alguns psiquiatras forenses optando por se submeter a terapia pessoal e outros, não — não é obrigatório.

Quando comecei meus estudos, estava inicialmente cético e provavelmente um pouco apreensivo com o que poderia acontecer. Mas acabei optando por fazer terapia depois de avaliar um caso de psiquiatria infantil que me marcou pessoalmente. O meu tratamento foi relativamente breve, composto por uma sessão semanal ao longo de cerca de três anos. Psicoterapeutas e psicanalistas, por outro lado, podem ter até cinco sessões por semana por um período de cinco a dez anos.

Seja qual for o caminho tomado, ainda acho que meu colega estava errado. Decidir ser totalmente isento de reações a casos forenses significa perder a oportunidade de usar uma ferramenta de diagnóstico muito poderosa, a saber:

Como é estar na sala com essa pessoa? Como ela o faz se sentir?

Sua reação ajuda a entender como os outros reagem a eles? Sua reação ajuda a entender por que eles assassinaram alguém?

Minha reação a Reddy me ajudou a entender um pouco do que sua esposa deve ter sofrido. Ela fez o possível para deixá-lo, mas não conseguiu escapar dos abusos — e pagou por isso com a vida.

Mas o que acontece quando uma mulher que não consegue escapar tenta se defender de seu agressor?

Os resultados podem ser imprevisíveis...

MULHERES QUE MATAM OS PARCEIROS

Estudo de caso: Charlotte Smith

Tudo começou depois que Charlotte foi se encontrar com uma mulher para comprar um cachorro. Um de seus quatro filhos, Sharon, de quinze anos, queria um cão, e Charlotte, por sua vez, queria fazer Sharon feliz. Afinal, elas tinham acabado de se reencontrar depois da permanência de oito meses de Charlotte numa clínica de reabilitação para alcoolistas. Mas, finalmente, as coisas pareciam estar melhorando para a família.

Ou pelo menos tinham melhorado, até a quarta-feira, 29 de agosto de 2001, logo após o feriado, quando Charlotte esfaqueou fatalmente seu parceiro, Lennie Jones, no coração, com uma faca de cozinha de trinta centímetros.

No dia em que conheci Charlotte na prisão de Holloway, eu estava cumprindo meu plantão para avaliar novos prisioneiros e fazer acompanhamentos, procurando casos que precisassem de transferência para o hospital, além de ver qualquer outra pessoa com quem os carcereiros pudessem estar preocupados por várias razões: automutilação, risco de suicídio ou até mesmo a exibição de comportamento estranho, sugerindo possível doença mental.

O papel de um psiquiatra de prisão é muito diferente daquele de um psiquiatra de internação hospitalar. Estamos lá para gerenciar doenças mentais ou sofrimento psíquico grave entre os presos que despertam a preocupação dos carcereiros com o simples imperativo de que, além de processar os presos e evitar fugas, as prisões devem reconhecer e gerenciar o transtorno mental e manter seus presos vivos para enfrentar outro dia.

Holloway, sendo então a maior prisão feminina da Europa Ocidental, tinha capacidade para 591 detentas e recebia milhares de transferências por ano. A instituição havia recebido um relatório de inspeção condenatório seguido por uma revisão altamente crítica, e assim nosso serviço forense foi abordado com um pedido para fornecer ambulatórios psquiátricos para apoiar a sobrecarregada ala hospitalar da prisão. Na época, eu estava prestes a instalar um desses ambulatórios em Pentonville, a prisão masculina próxima. Tinha passado pela admissão de segurança, então tive de pedir autorização para me juntar à nova equipe de Holloway, o que causou uma certa dor de cabeça administrativa.

Além disso, trabalhar com mulheres em ambientes forenses é uma escolha menos popular e considerada mais desafiadora. Como explica a criminologista Loraine Gelsthorpe, a maioria dos crimes é cometida por homens, e não por mulheres.[1] Isso pode explicar em parte a observação de que as mulheres que acabam sob custódia estão muitas vezes mais perturbadas psicologicamente após experiências abusivas, tendem a internalizar sua angústia e têm altos índices de automutilação. Olhando em retrospectiva, minha decisão deve ter sido pelo menos parcialmente motivada pelo infanticídio em minha família, despertando minha curiosidade para me voluntariar para essa unidade impopular em 2001.

A principal sanção da prisão é a perda da liberdade, mas os profissionais de saúde carcerários no passado recente consideravam que era obrigação deles garantir que qualquer contato com o médico fosse precário e desagradável o suficiente para fazer parte da punição.

Não será preciso dizer que chegamos a Holloway com ideias um pouco mais progressistas. Durante o treinamento, fomos ensinados que não seria possível ajudar um prisioneiro que decide abandonar a sessão e sai batendo a porta, por isso era crucial estabelecer um relacionamento e lidar com questões imediatas como sono, alimentação, contato com a família e pensamentos suicidas. Assuntos difíceis, como o delito e as experiências traumáticas da infância, poderiam esperar.

Foi com isso em mente que me dirigi à sala de entrevistas no C1, a ala hospitalar no porão da prisão onde os agentes de saúde me pediram para ver Charlotte.

Na sala de entrevistas havia duas cadeiras velhas de aço e uma mesa lascada com tampo de fórmica. Rabiscos de grafite marcavam as paredes pintadas de branco. A única ventilação era uma fenda fina em uma pequena janela de vidro pesado, inquebrável, mas arranhado. Do lado de fora havia um pátio rebaixado, do qual era impossível sair, e, além dele, muros altos, encimados por uma abóbada antiescalada.

Charlotte era alta e magra, com cabelos com mechas loiras, um pouco longos demais e ainda emaranhados com um pouco do sangue de Lennie. O encontro acontecia apenas dois dias após o assassinato. Ela tinha unhas sujas e quebradas, hematomas no antebraço direito e um lábio partido, que cicatrizava, mas ainda estava inchado e machucado. Em silêncio, olhava para o chão.

Ela havia sido presa depois da meia-noite do dia 29 e passou o dia seguinte sob custódia policial. Cooperando com os interrogatórios da polícia, fez uma breve aparição em juízo, durante o qual a fiança foi negada, e ela foi mantida na prisão.

Fiz minhas apresentações e perguntei como ela estava se sentindo e se havia alguma maneira de ajudar, certificando-se de focar o momento atual.

Ela esfregou os olhos e não respondeu a princípio, até que finalmente perguntou como poderia ver seus filhos.

Perguntei sobre eles e ela começou a se abrir. Lee, de dezessete anos, estava se preparando para a segunda chamada das provas finais do Ensino Médio; Sharon, de quinze anos, estava achando difícil se adaptar à nova escola; Kevin, de dez anos, estava indo bem; assim como Liam, de três anos, o único dos quatro que não foi enviado a um lar temporário durante o período de reabilitação de Charlotte. No entanto, agora, todos estavam em um orfanato de emergência, e Charlotte estava preocupada com eles — se ficariam juntos e poderiam apoiar um ao outro. Eu lhe assegurei que a equipe de serviço social cuidaria disso imediatamente.

Ela disse que parecia "irreal" e "não conseguia acreditar que Lennie estava morto". Seus problemas de sono de cerca de quatro a seis meses antes melhoraram e ela "se recompôs". No entanto, desde que foi detida, estava se sentindo "terrível... deprimida... entorpecida", e disse que era "praticamente impossível dormir" na prisão. Ela me disse que estava se sentindo exausta e pensando em maneiras de tirar a própria vida: overdose, cortar os pulsos, enforcamento. Apenas o pensamento em seus filhos a impedia.

Em 2002, houve 95 suicídios em prisões na Inglaterra e no País de Gales, com mulheres presas tendo um risco vinte vezes maior de tirar a própria vida dentro do sistema carcerário. Em 2011, a taxa anual de suicídios nas prisões do Reino Unido havia diminuído para 57, em parte por meio de uma melhor triagem de saúde de novos prisioneiros desenvolvida pelos psiquiatras forenses Luke Birmingham e Don Grubin.[2] Essa redução também se deveu à melhoria dos serviços psiquiátricos nas prisões, bem como ao trabalho inovador da professora Alison Liebling, criminologista de Cambridge que desenvolveu uma medida da "qualidade moral" dos ambientes prisionais para reduzir o assédio e incentivar o comportamento legítimo dos funcionários.[3] Mas, em 2017, o número de suicídios nas prisões subiu novamente para 119 depois que medidas de austeridade e cortes desordenados no número de funcionários das prisões aumentaram o tempo de espera por tratamento médico e reduziram os programas de reabilitação e saúde — um presente de Chris Grayling. Sem dúvida, ele dorme profundamente à noite, imperturbável pelo dinheiro desperdiçado em contratos de balsas, atrasos nos trens e uma tentativa mal concebida de privatização do sistema de liberdade condicional (a primeira privatização de um serviço público a ser tão desastrosa a ponto de exigir uma renacionalização completa). Mas espero que as famílias enlutadas por esses cinquenta suicídios acima da média possam lhe dar algum motivo de arrependimento.

Não fiz mais perguntas detalhadas a Charlotte; a principal tarefa nesta fase era mantê-la viva. Voltei para o escritório da ala hospitalar, onde duas agentes de saúde da prisão (que têm algum treinamento básico de enfermagem), em camisas brancas e calças pretas, estavam tomando chá com enfermeiras em uniformes azuis. Juntaram-se a nós a assistente social e uma enfermeira psiquiátrica, puxamos cadeiras e discutimos o plano. Como a única pessoa do sexo masculino em nossa equipe de três psiquiatras e cerca de uma dúzia de enfermeiras, psicólogas e assistentes sociais, eu tinha de ter em mente a política de gênero, especialmente porque meu antecessor, com seu terno risca de giz e aspecto aristocrático, não tinha exatamente deixado uma impressão favorável. Ficou claro que Charlotte precisava ficar na ala hospitalar, longe da "área comum", onde havia presas mais duras e habituadas ao ambiente prisional. Dessa forma, ela poderia ser observada, e poderíamos mantê-la em segurança nos próximos dias estressantes.

Embora tivesse voltado a beber, ela não era totalmente dependente de álcool. Depois de algumas doses baixas de diazepam para ajudar com qualquer abstinência, ficou claro que ela não precisava do regime completo de desintoxicação de sete dias. A abstinência de drogas e álcool era tão onipresente em Holloway, que já havia um programa de desintoxicação administrado por enfermeiras para dependência de heroína e álcool que envolvia a redução gradual das doses de uma droga substitutiva para controlar os sintomas graves de abstinência (que, no caso do álcool, pode envolver *delirium tremens* com risco de morte ou convulsões).

Ao fim de nossa reunião, terminei minhas revisões dos casos de acompanhamento.

Esses casos incluíam algumas das autoagressoras mais graves entre as presas de Holloway, muitas vezes com características de transtorno de personalidade e históricos de abuso. O que elas realmente precisavam era de internação, nos moldes da Unidade de Recuperação de Crises do Hospital Bethlem Royal (veja página 79), onde eu havia suturado incisões autoinfligidas. Mas havia um orçamento pequeno para esse tipo de tratamento, e, de qualquer forma, as presas raramente eram aceitas para transferência.

Mais tarde, realizamos um estudo de nossos encaminhamentos de Holloway para o hospital psiquiátrico no ano de 2003.[4] Dos sessenta casos encaminhados, apenas metade foi aceita. Uma proporção significativamente maior daqueles rejeitados tinha um diagnóstico de transtorno de personalidade. Então, o resultado era que muitas vezes tínhamos de lidar com automutiladoras que tinham transtorno de personalidade limítrofe com os recursos disponíveis na prisão.

Charlotte passaria alguns dias na ala hospitalar para observação, mas, depois que se adaptasse, estaria apta para a área comum.

Terminado meu turno, caminhei até o portão, onde larguei minhas chaves na calha de metal e esperei pelo meu registro de chaves, que prendi ao meu chaveiro, junto com meu crachá do Ministério do Interior e o apito padrão da prisão (a prisão ainda não tinha instalado um sistema de alarmes eletrônicos — um símbolo de como é difícil mudar a cultura prisional).

Dirigindo pela Camden Road e em seguida subindo por Primrose Hill, vi gente bebendo em mesas de pub aproveitando o clima de fim de verão. Quantas discussões bêbadas resultariam em esfaqueamentos e assassinatos? Quando cheguei em casa, dei uma olhada nas crianças e depois me deitei, agradecido por elas estarem em segurança, não espalhadas por aí como os filhos de Charlotte, sem nenhum dos pais por perto.

Impressionou-me como essa linha de trabalho começa a afetar sua percepção da vida. Depois de um tempo, até mesmo uma simples faca de cozinha se torna um lembrete de uma arma de crime depois de ver tantas fotografadas, manchadas de sangue, como provas forenses, depois embaladas em plástico para serem mostradas ao júri. Exposto a delitos de todos os tipos (eu estava fazendo relatórios sobre roubos, assaltos, estupros e incêndios criminosos), também percebi que havia me tornado mais avesso ao risco. Caso precisasse de algum dinheiro para uma viagem na segunda-feira cedo para fora da cidade, pensaria duas vezes antes de ir ao caixa eletrônico na Camden High Street depois do anoitecer.

Algumas semanas depois, vi Charlotte novamente. Ela parecia melhor. Gradualmente, ao longo de várias entrevistas, sua história completa emergiu.

Na noite em questão, ela pegou carona, com sua filha Sharon, no carro de uma amiga para ir ver o cachorro, mas ao chegar descobriu que não estava mais disponível. A mulher que tinha acabado de vender o cachorro tinha brigado com seu parceiro, então Charlotte passou cerca de quarenta minutos tentando acalmá-la.

Quando foi embora, depois da expedição infrutífera, Charlotte precisava preparar o lanche da tarde para os filhos, e então pediu a Sharon que levasse Liam para casa depois de passar no KFC no caminho de volta para comprar um pouco de frango e batatas fritas para o lanche.

Em seguida, Charlotte foi a um pub e se sentou para conversar com os funcionários do bar, depois terminou sua bebida e estava prestes a voltar para as crianças quando Lennie entrou e a cumprimentou com um soco forte no braço.

Ele estava com raiva, contou, porque ela estava conversando com um ex-namorado. Ela usou o banheiro e, quando voltou, Lennie estava sentado no bar tomando uma cerveja gelada. Ela não conseguia se lembrar muito do que aconteceu em seguida, mas ao que parecia eles tomaram várias outras bebidas.

Charlotte estava com Lennie há cerca de um ano, depois que ele se mudou para a casa ao lado. Ele tinha um filho, mas havia perdido a guarda para sua ex, e culpou as frequentes disputas sobre o contato com a criança por seu consumo excessivo de álcool.

Como ficou claro no capítulo anterior, a violência doméstica pode começar rapidamente. As tendências antissociais e o consumo excessivo de álcool de Lennie, associados a seu pavio curto, fizeram com que o novo relacionamento rapidamente degenerasse em frequentes conflitos verbais. O ciúme de Lennie e seu esforço para controlar a parceira formaram um coquetel tóxico, com consequências terríveis para Charlotte e um resultado fatal para Lennie. Ele acusava Charlotte de infidelidade enquanto ele próprio estava sendo infiel: "Posso fazer o que quiser". É aquele narcisismo egocêntrico novamente, visto em muitos casos forenses.

Em pouco tempo, Lennie queria controlar não apenas Charlotte, mas também sua família. Ele estava abusando verbalmente de seus amigos, chamando-os de parasitas ou escória. Ao mesmo tempo, ele ainda estava saindo com uma ex-namorada em Swindon nos fins de semana, e essa garota mandava mensagens para Charlotte, provocando-a por ter sido traída.

Mesmo assim, o ciúme de Lennie estava na raiz da maioria das discussões, e, se ele não a encontrasse em casa como esperava, era motivo de briga. Ele bebia cerveja superforte, como a Tennent's, todas as noites, e nos últimos meses isso piorou, escalando para o abuso verbal.

De acordo com Charlotte, as discussões se transformaram em violência física cerca de nove meses antes do esfaqueamento. Ela achou esses ataques tanto assustadores como humilhantes e tentou, sem sucesso, terminar o relacionamento, mas ele se recusou quando ela pediu que saísse de casa. Houve mais discussões e espancamentos, sendo o último cerca de uma semana antes do assassinato.

O abuso infligido a mulheres que mataram seu parceiro íntimo não se limita a espancamentos físicos. No livro *When Battered Women Kill*,[5] Angela Browne sugere que as mulheres nessa situação só mudam de vítima para assassina quando há uma escalada drástica no abuso sofrido. Browne observou histórias significativas de abuso sexual e abuso físico. O psiquiatra forense Gill Mezey estudou uma série de dezessete casos de mulheres que mataram seu agressor e descobriu que a maioria havia sofrido graves abusos físicos, psicológicos, emocionais e sexuais. O abuso sexual incluía críticas ao peso e à aparência da mulher; o controle sobre a contracepção; acusações ciumentas de infidelidade; coação à prostituição; sexo não consensual com ameaças e violência; penetração de objetos; e, em um caso, a imposição de atos sexualmente degradantes com um cachorro.[6]

Sem mais tempo, terminei minhas outras entrevistas, preparei um café instantâneo com leite em pó e fiz uma revisão no quadro branco com as enfermeiras e os agentes penitenciários.

Satisfeito por não haver crises óbvias iminentes, espiei a pequena sala de arte e artesanato da terapia ocupacional. Ali, o grupo mais vulnerável estava fazendo uma sessão com a arteterapeuta. O cão de terapia, um labrador idoso chamado Quiver, cochilava debaixo da mesa. Em seguida, saí com minha chave mestra, passando pela pesada grade de segurança de aço e entrando no jardim do pátio central, onde um grupo de presas trabalhava nos canteiros de flores.

Holloway foi construída em 1852 e abrigou as sufragistas durante sua greve de fome e alimentação forçada, assim como Ruth Ellis, a última presa a ser enforcada em 1955, Myra Hindley e minha tia Georgina. Reconstruída na década de 1970, agora tinha cinco andares dispostos em forma de um retângulo irregular. Segui pelos corredores, passando pela unidade de segregação e pelo bloco de atividades com suas oficinas de arte, uma academia e até uma piscina: um deleite muito raro, mesmo nas prisões mais modernas. Os níveis de pessoal significavam que, durante as refeições dos funcionários, mudanças de turno e à noite, a prisão era difícil de ser fechada, com apenas um oficial por "seção" (um grupo de celas ou dormitórios de quatro leitos, que abrigam cerca de trinta detentas). Enquanto eu saía pela série de pesados portões, trancando-os atrás de mim ("Tranque e verifique", dizia um cartaz na parede), prendi meu dedo anelar esquerdo no último quando ele se fechou. Com uma dor excruciante, percebi que havia esmagado o leito ungueal, criando um hematoma subungueal latejante.

Eu carregaria aquela unha enegrecida pelos próximos seis meses até que ela crescesse, período durante o qual o caso de Charlotte estava avançando pelo sistema.

E, com isso, deixei Holloway naquela noite.

A maioria das viagens de volta para casa após avaliações na prisão demoraria bem mais de uma hora, mas Holloway ficava perto. Uma viagem rápida é melhor por um lado, mas por outro eu perderia aquele tempo de descompressão entre o mundo forense e o mundo mais feliz das histórias na hora do banho e na hora de dormir. No carro ou na bicicleta, gosto de me distrair com música, as notícias do rádio ou apenas a estrada à minha frente, enquanto no trem, prefiro ler um livro (não ficção, geralmente — *Gomorra, O vulto das torres, Unnatural Causes* ou talvez algum policial escandinavo —, uma mudança de tipo de caos ou assassinato é tão boa quanto um descanso). Não é que eu não processe o material forense, nem que eu finja que não tenho uma reação a ele. Converso sobre os casos mais difíceis e preocupantes com colegas, às vezes anos depois, no bar em nossa conferência anual. Mas às vezes eu tenho de ser capaz de colocar os casos de lado, em uma caixa — a menos que o material seja muito intrusivo, é claro, nesse caso não dá para impedir que ele transborde.

Também é uma boa ideia passar um tempo com pessoas que não trabalhem com isso. Em uma saída à noite, eu poderia conversar com um velho amigo dos tempos de estudante para tomar uma cerveja. Muitos deixaram Londres, mas um deles, Brad, acabou trabalhando para a rede de notícias de televisão ITN. Ele estava sempre correndo cobrindo estreias de filmes ou conferências de imprensa, mas uma vez saí de Old Bailey e me deparei com um grupo de jornalistas à espera de um veredito de um caso notório, e lá estava Brad — nossas carreiras tão diferentes colidindo brevemente.

Algumas semanas depois, disseram-me que haviam solicitado a outro psiquiatra que escrevesse um relatório independente para os advogados de defesa e esperava-se que eles apresentassem uma justificativa psiquiátrica parcial para Charlotte. A promotoria me pediu uma segunda opinião.

Uma prisão perpétua com pena mínima de quinze anos antes da possibilidade de condicional por homicídio doloso significaria que Charlotte perderia toda a infância até mesmo de seu filho mais novo, Liam, de três anos. Como isso afetaria a próxima geração? Quando você prende a mãe, também pune os filhos. Eu sabia disso muito bem pelas visitas a orfanatos opressivos para deixar minha prima mais velha, Hannah.

Depois que os dois filhos mais velhos de minha tia Georgina morreram, a segurança e o bem-estar de Hannah tinham de ser primordiais na mente de todos, e ela não pôde ficar com a mãe. Mas Georgina insistiu que Hannah ficasse em uma casa de cuidados perto dela para que pudesse visitá-la regularmente. No entanto, talvez a adoção tivesse sido a melhor opção. O contato intermitente com uma mãe não confiável enquanto morava em um orfanato não deve ter sido fácil. Hannah estava fisicamente segura, mas o que estava acontecendo com seu desenvolvimento emocional? Devo admitir que isso era algo em que eu pensava com frequência, especialmente mais tarde, quando me vi tratando de mulheres jovens no hospital.

Estranhamente ansiosa, ao que parecia, para avançar no caso de Charlotte, a promotoria estava pressionando pelo meu relatório antes que o da defesa fosse entregue. Houve um atraso da parte do psiquiatra especialista da defesa, que recebeu uma intimação para comparecer em juízo e se explicar ao juiz. Isso certamente desencorajaria mais procrastinação. "O cachorro comeu meu dever de casa" não tem muito peso nos tribunais da Coroa, e qualquer desculpa fornecida no momento das provas orais será dada sob juramento.

Do ponto de vista ético, é um potencial conflito de interesses para um médico assistente dar uma opinião especializada sobre certas questões legais como responsabilidade criminal, e nos tribunais cíveis isso é expressamente proibido. Mas, quando eu sou o psiquiatra responsável, tenho de me reportar ao tribunal (insano ou mau; hospital ou cadeia), e, de qualquer forma, a tradição então era que os psiquiatras da cadeia fizessem o trabalho da promotoria. Eu também tinha visto Charlotte e avaliado seu estado mental logo depois do crime, não semanas depois, então isso acrescentaria peso à minha opinião.

Vi Charlotte novamente e perguntei como se declararia. Ela me disse que se declararia inocente de uma acusação de homicídio doloso por falta de intenção, mas culpada por homicídio culposo. O problema com a intenção de matar é que a promotoria só precisa provar a intenção de causar danos graves, não a intenção de matar propriamente dita, de modo que era improvável que esse argumento fosse suficiente.

Charlotte estava chorando, mas, com um encorajamento gentil, finalmente continuou com seu relato do ocorrido.

Depois de sair do pub com Lennie no carro de um amigo, eles chegaram em casa. Seu filho, Kevin, estava na frente da televisão, e o balde vazio de frango frito havia sido enfiado na lixeira abarrotada da cozinha. Charlotte subiu para o segundo andar para ver como estavam Sharon e Liam. Mas Lennie a seguiu e deu um soco nela, agarrando seus cabelos e arrancando um tufo.

Houve uma discussão e Lennie cuspiu na cara dela, em seguida proferindo um soco na cabeça. "Ele me chamou de 'escória suja' (...). Perguntou por que eu estava falando com Jeremy?"

O senso de merecimento e o ciúme do homem antissocial não são tediosamente previsíveis? É tão frequente o envolvimento desse tipo de cenário — álcool, ciúme e violência — quando homens matam mulheres: uma luta até a morte, com homens vencendo na maioria das vezes.

A memória de Charlotte era "um pouco vaga". Ela foi ao quarto dos meninos para trocar os lençóis, mas Lennie continuou gritando.

"Eu disse a ele para dar o fora de casa, mas ele se recusou a ir... ele estava me seguindo pela casa."

Ela desceu para fugir dele e telefonar pedindo ajuda ou para que com isso ele fosse embora. Mas Lennie bloqueou a porta da frente e se recusou a sair do caminho, e, quando ela tentou a porta dos fundos, ele bloqueou o corredor, impedindo-a de sair por aquele caminho também.

Charlotte disse que voltou para a cozinha. No escorredor, havia vários talheres e utensílios de cozinha. Ela estava chorando, soluçando ao me contar. Passei-lhe um lenço de papel, mas não quis interrompê-la.

"Simplesmente agarrei a primeira coisa que encontrei... uma longa faca de cozinha.

"Pensei que, se estivesse segurando uma faca, ele não chegaria perto de mim.

"É muito estranho lembrar exatamente o que aconteceu."

Ela correu em direção à porta, mas Lennie a impediu.

"Tudo o que eu queria fazer era sair de casa.

"Lennie começou a andar em minha direção.

"Dei um golpe... não foi uma facada.

"Achei que ele tinha apenas se cortado com a faca."

Depois disso, ele ainda estava andando, então ela jogou a faca em uma caixa e subiu.

Ela se sentia exausta e ainda estava um pouco bêbada, tudo parecia embaçado. Quando se sentou em sua cama, seu cabelo caiu em punhados. Ela então desceu as escadas para fumar um cigarro e encontrou Lennie sentado "encolhido contra a parede".

Ela disse que era normal ele se sentar assim quando estava bêbado, então não percebeu imediatamente que algo estava errado. Quando finalmente se deu conta de que ele não estava apenas bêbado, gritou para sua filha Sharon chamar uma ambulância.

"Parecia uma brincadeira", disse ela.

"Não parecia real. Mesmo agora não parece real... Ainda não consigo acreditar que ele morreu."

Foi o máximo que conseguimos naquele dia. Charlotte estava angustiada e começou a hiperventilar, então encerrei a entrevista. Uma oficial da prisão a confortou antes de escoltá-la de volta para a ala. Terminada a minha visita, guardei minhas notas na minha bolsa de ombro para que pudesse correr até o Tribunal de Wood Green para uma audiência de sentença às 14 horas.

Com a minha semana de trabalho regular dividida em sessões de meio período, eu costumava almoçar caminhando, atravessando Londres entre um local e outro. Um sanduíche de atum da cantina de Holloway, servido por prisioneiros, seria uma alternativa gourmet à desanimadora máquina de venda automática do Fórum de Wood Green. Eu estava apresentando provas sobre se uma ordem de restrição deveria ser imposta na sentença de um dos meus pacientes internados.

Nunca tive menos de quatro elementos para a minha semana de trabalho naquela época: prisão, hospital, clínica, ensino e testemunho de perito.

Eu receberia uma ligação de celular: "Oi, é o Peter". *Qual Peter?*, eu pensava. Era Peter, o enfermeiro encarregado da unidade de segurança, ou o Peter da equipe de homicídios da promotoria em Ludgate Hill? Poderia ser o Peter da delegacia de polícia de Holborn ou o Peter da equipe administrativa de Holloway? Talvez fosse apenas Peter, o encanador, que foi consertar o aquecedor.

Estava acostumado a mudar de um caso para outro em pouco tempo. Valia a pena ler os documentos na noite anterior, caso contrário eu teria de ler rapidamente meu relatório nos fundos do plenário.

Mas pelo menos não fico preso atrás da mesma mesa a semana toda. O paciente vem ao médico na maioria das outras especialidades, mas infelizmente os pacientes forenses estão em sua maioria detidos e não podem se deslocar — além disso, se pudessem, provavelmente fariam meia-volta e dariam no pé o mais rápido possível. Por que não estudei microbiologia? As placas de Petri estão todas na mesma geladeira, e, como você deve se lembrar do caso do médico avarento que matou sua esposa, geladeiras velhas de laboratório podem ser um presente de aniversário perfeito.

Mais tarde, chegaram os documentos da promotoria sobre Charlotte. Começando com as testemunhas, Justin Atkinson confirmou que Lennie e Charlotte estavam no pub e tinham bebido "bastante".

Outra testemunha, a vizinha de Charlotte, relembrou a cena do lado de fora do pub: "Por volta das 23h45 percebi uma voz feminina alta e outra voz (...). Ouvi frases como: 'Não me bata de novo... se fizer isso, eu vou embora... ele vai me bater... desta vez eu vou embora'".

Ryan Cooper ouviu: "Porra isso e porra aquilo". Segundo ele, houve muitos palavrões tanto ditos pelo homem quanto pela mulher.

Donna Edwards, uma vizinha, declarou: "Às 00h40, fui acordada por uma voz feminina gritando histericamente. Eu não consegui entender o que ela estava gritando".

A única testemunha ocular, Kevin Smith, de dez anos, filho de Charlotte, contou: "Eu desci e Lennie e minha mãe estavam lá... minha mãe puxou uma faca e Lennie disse a ela: 'Me esfaqueie, vá em frente', e então eu a vi enfiar... derramando sangue...".

Quando a polícia e a ambulância chegaram, Charlotte estava ajoelhada sobre Lennie. Os paramédicos tentaram ressuscitá-lo, mas ficou claro que ele estava morto por exsanguinação. Tingindo o chão, o sangue ainda fresco deixava a cozinha perigosamente escorregadia. Charlotte foi informada de seus direitos e presa por suspeita de assassinato.

Sua resposta à prisão? "Ele está bem, não está? Estávamos apenas brincando... Não queria machucá-lo... ele que começou."

* * *

Holloway foi vítima de seu próprio projeto. Minha tia havia ficado internada antigo prédio vitoriano no final dos anos 1950, mas, na reforma da década de 1970, uma época mais liberal e esperançosa, o local foi replanejado em linhas hospitalares, prevendo que as mulheres estariam se recuperando, trabalhando, frequentando aulas ou engajadas em atividades úteis durante a maior parte do dia. As alas foram projetadas apenas para dormir, e por isso eram isoladas, com corredores com curvas fechadas que devem ter sido destinados a quebrar o padrão Jeremy Bentham, o design panóptico de cubo radial de muitas prisões vitorianas.

Mas, na realidade, as observações de prisioneiros vulneráveis por um único oficial por ala se tornaram mais difíceis, já que longos períodos do dia eram passados a portas fechadas. Alguns agentes penitenciários preocupados, conscientes desses problemas, já haviam desenvolvido vários projetos por iniciativa própria, sem nenhuma orientação governamental. Eles queriam suavizar o impacto ou o choque da prisão e incluíam alas para desintoxicação geral de drogas, recuperação de heroína, uma unidade para mulheres grávidas, uma maternidade e a ala de avaliação de saúde mental, a ala C. Enquanto isso, na seção das condenadas à prisão perpétua, os funcionários ajudavam aquelas que enfrentariam longas penas a aceitar suas sentenças e encontrar uma maneira de fazer uso construtivo de seu tempo por meio de educação e treinamento. Havia uma ampla oferta de psicoterapia forense — que estaria fora do alcance dessas mulheres "do lado de fora" —, bem como uma impressionante variedade de organizações parceiras, como os samaritanos, que treinavam presas para serem "ouvintes" de companheiras angustiadas.

A unidade de custódia da primeira noite tinha pisos acarpetados e móveis macios, a fim de facilitar a transição do mundo exterior para a dura realidade do "xadrez" para as novatas. Lá, entrei e encontrei funcionários de fala mansa preparando xícaras de chá e chocolate.

Para essa visita, pediram-me para ver Amber, uma estudante de dezoito anos detida na noite anterior por uma acusação de coautoria em homicídio doloso. Esse caso soava como o assassinato planejado por vingança de um abusador sexual, mas a extensão do envolvimento de Amber estava em discussão. Lembre-se: a lei prevê homicídios no calor do momento, provocação e autodefesa, mas, quando você teve tempo para refletir, não importa qual seja a provocação, a vingança é sempre tratada como homicídio doloso.

Ingênua, vulnerável e nada esperta, Amber foi atraída para um apartamento por Gregory, um elegante e charmoso homem de trinta anos que tinha um BMW estiloso. Ele a encheu de coquetéis Malibu, a fez assistir pornografia e depois a estuprou.

Ela estava tão envergonhada, culpando-se por aceitar o convite, que não contou a ninguém por uma semana, até que finalmente deixou escapar a história para seu namorado, Shawn. Enfurecido, Shawn a convenceu a atrair o estuprador para um encontro perto de uma cabine telefônica nos limites de Finsbury Park, onde ela presumiu que Shawn "daria uma surra nele" para "ensinar uma lição". No entanto, quando Gregory chegou, Shawn e um amigo se aproximaram, armados com tacos de beisebol.

"Nunca esperei que ele fosse ser atacado com tacos de beisebol. Não tinha ideia..."

Espancado até a morte por um taco de metal e outro de madeira, Gregory tornou-se vítima de assassinato e Amber virou cúmplice. Com sua passagem para as alas facilitada pela unidade de primeira noite, ela deveria passar o último ano escolar em um dormitório em Holloway enquanto o caso avançava.

Ela teve uma reação de estresse agudo ao estupro, um precursor do Tept (memórias/flashbacks intrusivos, hipervigilância e evitação)? Possivelmente, mas, ao planejar a surra de Gregory, ela se arriscou a ser vista como alguém que tinha a intenção de causar "sérios ferimentos". Se a promotoria pudesse provar que ela havia sido "partícipe do homicídio", haveria a possibilidade de uma condenação por assassinato, mesmo que ela não tivesse desferido um golpe. No final, a evidência psiquiátrica não foi usada. A promotoria deve ter aceitado uma declaração de culpa.

Brent Gibson: homicídio doloso. Prisão perpétua; pena mínima de doze anos antes da possibilidade de liberdade condicional.

Shawn Elliot: homicídio doloso. Prisão perpétua; pena mínima de treze anos antes da possibilidade de liberdade condicional.

Amber Dawson: conspiração para causar danos corporais. Dois anos e meio de prisão.

Nessa época, meu filho mais velho já estava na creche, então eu ia buscá-lo às 18 horas ou um pouco mais cedo se pudesse, e nos sentávamos no assoalho, brincávamos com seu trem de madeira, líamos histórias ou assistíamos à TV.

Em casa, muitas vezes eu preferia evitar falar sobre o trabalho todas as noites, embora possa ser um grande apoio ter uma parceira que trabalhe em um campo semelhante. Às vezes, em vez de falar, prefiro filtrar algumas de minhas ruminações mórbidas sobre meus casos. Quando estou enfrentando uma queixa, ou pior, uma possível sindicância de caso de homicídio, então a compartimentação simplesmente não é possível. Muitas vezes, porém, as questões que tendem a ser trazidas para casa, como tenho certeza de que é o caso na maioria das linhas de trabalho, são irritações com a burocracia do crescente gerencialismo ou desentendimentos mesquinhos com um colega problemático. Então é muito melhor, do meu ponto de vista, ficar ouvindo minha velha coleção de CDs e vinis (como um jovem do final dos anos 1970 e início dos anos 1980, isso varia de Gil Scott-Heron, Bowie e The Clash a The Jam e Siouxsie and the Banshees). Quero manter minha casa e minha família separadas da miséria humana com a qual lido todos os dias — mas às vezes os dois mundos colidem, apesar dos meus esforços.

Uma noite depois de Holloway, minha mente estava suficientemente longe da ala C e da unidade de condenados à prisão perpétua. Eu trocava a fralda do meu filho quando duas moedas caíram do meu bolso no trocador. Uma moeda de dez centavos e uma das minúsculas moedas de cinco centavos.

Ele estava rindo alegremente e estendendo a mão para as moedas quando, de repente, percebi que não conseguia ver a moeda de cinco centavos. Resistindo ao desejo de entrar em pânico, olhei em sua boca, mas não vi nada. Estaria alojada na laringe? Eu me convenci de que ele estava babando um pouco.

Excessivamente cauteloso como sempre, especialmente depois da minha experiência em pediatria como residente, eu estava com medo de que ele pudesse se engasgar com a moeda. Levei-o às pressas para o pronto-socorro de Whittington, onde a enfermeira da triagem foi solidária. Ela me pediu para esperar que o médico de plantão o examinasse e concordasse com a radiografia lateral do pescoço, o que era tudo de que eu precisava para me tranquilizar ou confirmar o pior — que ele poderia precisar de uma laringoscopia.

Tentei controlar meu pânico, convencido de que uma parada respiratória poderia acontecer a qualquer segundo. Eu tinha trabalhado naquela mesma emergência quanto era um estudante de medicina. Por fm, como em um verdadeiro pesadelo médico-paciente, me aproximei timidamente de uma das médicas, mostrei minha identificação de funcionário do sistema público de saúde e expliquei a situação. Ela assinou de bom grado o formulário de solicitação de raios X, poupando-me de uma espera mais longa e desgastante, e fomos nos sentar do lado de fora da sala de radiografia.

Esperando pelo radiologista, olhei para um corredor lateral e uma maca chamou minha atenção. Uma jovem paciente do sexo feminino estava algemada. Aproximei-me e percebi que era uma presa de Holloway, sendo escoltada por um agente penitenciário do sexo masculino. A jovem parecia imperturbável, mas fiquei incomodado ao vê-la atada à maca em plena vista do público, com um único acompanhante masculino.

Sem dúvida, eles não queriam enviar dois funcionários, e os presos devem ser impedidos de escapar, mas o que observei parecia excessivo e desnecessariamente estigmatizante. Alguns anos antes, o caso de uma presa que deu à luz algemada em seu leito havia provocado um debate acirrado. "Não trate pacientes algemados", dizia o editorial do *British Medical Journal*.[7] Seguiu-se uma acalorada correspondência quando os médicos que trabalhavam com os presos apontaram que o tratamento médico deve estar disponível mesmo para os presos que estão em contenção mecânica porque representam um alto risco de fuga ou comportamento violento. A questão-chave é que a boa assistência médica não deve ser impedida e adaptações devem ser feitas onde medidas de segurança reforçadas são inevitáveis, respeitando ao mesmo tempo a privacidade e a dignidade do paciente, tanto quanto possível.

Distraído por um momento de minha ansiedade paterna por pensamentos sobre esses dilemas éticos, quase questionei o policial, mas depois pensei melhor. *Às vezes você precisa esquecer um pouco o trabalho,* pensei, embora ainda me sentisse incomodado.

Claro, não havia moeda no raio X lateral, e eu levei um menino feliz e risonho para casa, com ele provavelmente pensando que essa viagem ao hospital tinha sido feita apenas para sua diversão.

Engraçado, porém, como, mesmo no meio de uma crise familiar, eu tinha sido arrastado de volta ao mundo da prisão por aquela infeliz coincidência.

Mais tarde naquela semana, chegou mais material da promotoria sobre o caso de Charlotte, e abri o envelope na minha mesa em nosso quarto de hóspedes/escritório.

Consciente de que meus dois meninos estavam dormindo em suas camas, e com *The Miseducation of Lauryn Hill* tocando baixo no CD player, tomei outro gole de café e olhei as fotos da cena do crime e da autópsia.

As primeiras imagens mostravam o exterior da casa, o beco lateral e a porta da frente. Fotos do lado de dentro mostravam a cozinha, onde reinava uma bagunça de pacotes de gaze abertos às pressas. No chão havia redemoinhos vermelhos onde os paramédicos escorregaram no sangue de Lennie.

Lennie era musculoso, mas magro, provavelmente com um físico de boxeador superleve. Ele tinha os braços tatuados, vestia calças com suspensórios e estava sem camisa. Havia uma ferida horizontal de menos de 2,5 centímetros entre duas costelas, cerca de cinco centímetros acima e medial ao mamilo esquerdo. A ferida estava ligeiramente aberta no meio, com sangue coagulado escurecido nas bordas e tecido adiposo amarelo visível manchado de sangue.

Em uma fotografia separada, o coração havia sido removido e uma haste de dissecação foi inserida para demonstrar o ferimento horizontal puro, ligeiramente mais curto que o ferimento externo no tórax, atravessando a parede muscular espessa do ventrículo esquerdo, a principal câmara de bombeamento do coração.

Foi quase perfeito. Se você tivesse decidido matar alguém com uma única facada, não poderia ter colocado a faca em um local mais letal.

O relatório da autópsia foi compilado por um tal de dr. Fox e dizia: "Houve uma única facada na frente do peito esquerdo (...). A trajetória da ferida penetrou no tórax esquerdo no sentido de frente para trás, para trás e ligeiramente para dentro (...). O colapso pode não ter sido imediato (...) A vítima teria sido capaz de um certo grau de atividade física após o ferimento fatal" — o que confirmava a descrição de Charlotte. — "No confronto face a face, a direção da pista sugere que a faca foi segurada na mão direita do agressor, de modo que a lâmina emergiu do punho entre o polegar e o dedo indicador. (...). Não havia evidência de ferimentos de defesa nas mãos ou nos braços do falecido."

O destino de Lennie — ser morto por uma parceira — é relativamente raro. As estatísticas do Reino Unido mostraram que em 2019 apenas 8% das vítimas do sexo masculino foram mortas pelo parceiro ou ex-parceiro — em comparação com 48% das vítimas do sexo feminino. A maioria dos homens é morta por um estranho ou conhecido em brigas ou roubos, ou em violência relacionada a drogas ou gangues.

É comum constatar que mulheres que matam parceiros íntimos foram abusadas por sua vítima. Nesses casos, é a mulher abusada que predomina no que poderia ter sido uma luta até a morte com seu agressor. ("Era ele ou eu.") Mas, com muita frequência, as vítimas de abuso do sexo feminino não têm chance; o golpe fatal vem muito rapidamente, como aconteceu com Jannat Reddy, em um súbito momento de raiva assassina.

Então, como Charlotte acabou em um relacionamento abusivo como esse? Por que não conseguiu sair? E como ela acabou matando seu agressor?

Por mais abominável que tenha sido o comportamento de Lennie, matar por vingança é considerado homicídio doloso. Com uma alegação de legítima defesa parecendo uma possibilidade remota, Charlotte poderia evitar a prisão perpétua?

Numa das entrevistas, ela me contou que seu pai biológico havia abandonado a família quando ela era muito jovem. Sua mãe, Patricia, casou-se com seu padrasto, Curtis (também conhecido como "Geordie"), e ela se lembrava de sofrer abuso físico regular desde tenra idade.

Geordie também era muito violento com a mãe de Charlotte, e, como muitas vezes acontece, Patricia tendia a minimizar o comportamento abusivo de seu novo parceiro à custa da proteção da filha.

A escola não foi boa para Charlotte. Bebendo com frequência aos catorze anos, ela foi expulsa aos quinze e nunca mais voltou a estudar.

Ela se automutilou desde a adolescência, cortou os pulsos e tomou overdoses. Quando foi atendida por um psiquiatra após um desses incidentes, terminou internada para tratamento de curto prazo por risco de suicídio.

Seu primeiro relacionamento propriamente dito foi com Russell. Ela o conheceu ainda no final da adolescência, mas o casal havia se separado quando ela estava em seus vinte e poucos anos. Russell era frequentemente violento depois de beber.

Depois de deixar Russell, ela conheceu Nathaniel, que também era violento. Ele a deixou com um olho roxo em mais de uma ocasião. Então ela conheceu Billy, outro alcoolista. Os serviços sociais o impediram de ter qualquer envolvimento com as crianças por causa de seus graves problemas com álcool.

Enquanto isso, a dependência de álcool de Charlotte aumentou. Bebendo pela manhã para amenizar os tremores de abstinência, ela recebeu uma proposta de reabilitação residencial e foi autorizada a manter seu filho mais novo, sob supervisão, enquanto os filhos mais velhos foram levados para um lar temporário.

Ela conseguiu parar de beber e ficou assim por dezoito meses... até conhecer Lennie.

Charlotte recebeu um diagnóstico de transtorno de personalidade limítrofe (TPL) — um diagnóstico comum em Holloway. Envolve relacionamentos desequilibrados e intensos; autoimagem instável; impulsividade; comportamento suicida recorrente, ameaças ou comportamento automutilante; instabilidade afetiva (de humor). A TPL quase sempre surge após abuso infantil grave de um tipo ou de outro.

Pacientes limítrofes muitas vezes foram rejeitados por serviços psiquiátricos ou considerados "intratáveis" (embora o tratamento esteja muito mais disponível agora). Tentar ajudar pode ser um desafio, pois eles têm o infeliz talento de provocar uma reação inconsistente, e às vezes até rejeição, dos terapeutas, que o desenvolvimento perturbado do paciente os ensinou a esperar dos outros.

Dito de outra forma, o paciente que foi negligenciado (a mãe que não protege seu filho do abuso) e abusado sexualmente (pelo padrasto perverso) fica convencido, mais tarde na vida, de que todos sempre os decepcionarão ou se aproveitarão deles, e assim pode agir de uma forma que provoca a pior reação nos outros, ironicamente cumprindo sua expectativa pessimista.

Como psiquiatra forense, é muito importante estar consciente desses impulsos. Na verdade, como já disse, é essencial que eu monitore minha reação ou "contratransferência" aos pacientes. Se um paciente me deixa irritado, bravo ou com raiva, tenho de usar o que isso me diz em vez de reagir cegamente.

Essas dinâmicas são frequentemente encenadas em ambientes de tratamento. Se um terapeuta que trata um paciente com TPL o decepciona por chegar atrasado, cancelar uma sessão ou sair de férias, isso pode precipitar uma grave difamação do terapeuta, pensamento catastrófico, queixas vociferantes e recorrência de automutilação. Se você deseja tratar esse grupo, precisa ser consistente e confiável, pois eles geralmente têm dificuldade para lidar com eventos inesperados.

Os terapeutas em ambientes forenses precisam usar uma abordagem eclética para tratamentos psicológicos, adaptada para atender a cada paciente individual. Pesquisas feitas por testes controlados aleatórios de referência mostram os efeitos benéficos de várias terapias, e o tema comum é que esses tratamentos fornecem uma linguagem comum para que terapeuta e paciente falem e reflitam sobre as emoções e os comportamentos problemáticos.

Na terapia cognitivo-comportamental (TCC), uma formulação ou compreensão compartilhada de um problema (raiva, automutilação, uso de drogas ilícitas etc.) é desenvolvida entre o terapeuta e o paciente. A TCC é altamente estruturada e faz uso do dever de casa. O foco é alcançar uma mudança no estado mental ou no comportamento.

Por outro lado, para aqueles que se envolvem em automutilação repetida, Marsha Linehan desenvolveu uma terapia eficaz que enfatiza uma dialética — ou reconciliação de extremos opostos — combinando uma aceitação zen de comportamentos problemáticos "exatamente como são" com esforços para mudar essas atitudes por meio da resolução de problemas e do treinamento de habilidades.

Uma terapia alternativa e eficaz para o transtorno de personalidade limítrofe é a terapia baseada na mentalização, uma espécie de psicanálise leve desenvolvida por Anthony Bateman e Peter Fonagy.[8] Sintomas como agressividade e crises emocionais são vistos como portadores de significados simbólicos e dinâmicos, que estão sendo usados pelo paciente de forma contraproducente para amenizar estados mentais dolorosos. A terapia baseada na mentalização é sustentada por uma integração de ciência evolutiva, psicologia, neurociência e psicoterapia por meio da teoria do apego.

Sugere-se que o apego inseguro aos pais prejudica a capacidade de autorreflexão de uma pessoa e também sua capacidade de entender os desejos, intenções ou crenças dos outros. Os proponentes dessa teoria argumentam que ela tem uma base neurocientífica, pois acredita-se que conexões iniciais ruins desencadeiam uma mudança do uso do córtex pré-frontal (em termos evolucionários, o cérebro social, responsável por planejamento, trabalho, memória e antecipação) ao uso excessivo do córtex posterior (uma parte mais primitiva do cérebro, associada a vigilância, luta ou fuga e atenção seletiva). Qualquer trauma subsequente tem o potencial de desestabilizar a capacidade de mentalizar ou refletir e, em vez disso, provoca sentimentos de sobrecarga e perda de controle. Isso pode levar a estados emocionais perturbados, violência ou "ação" com comportamento impulsivo.

No tratamento, o contato com o terapeuta visa ativar cautelosamente o sistema de apego, estimular a curiosidade e "dosar" qualquer proximidade emocional, de modo a não empurrar o paciente de volta ao modo "córtex posterior", ou a um estado de emoções avassaladoras.

Sei que tudo isso soa como um jargão ininteligível. Até para mim, apesar de ter me formado em psiquiatria. Mas essas terapias são todas tentativas de fornecer uma terapia replicável para o transtorno de personalidade limítrofe usando uma técnica consistente e mensurável.

Uma discussão sobre terapia psicológica em ambientes forenses seria incompleta sem menção à terapia psicanalítica — muitas vezes chamada de psicodinâmica, por ser um termo menos estigmatizado.

Uma pergunta que você pode fazer a qualquer psiquiatra ou psicólogo é se eles acreditam no inconsciente. Por acaso, eu acredito. A psiquiatria britânica está, até certo ponto, dividida entre aqueles que acreditam — e que estão, portanto, abertos a ideias psicodinâmicas — e aqueles que não acreditam. A disputa é em torno da base de evidências, ou percepção de falta de uma. No entanto, foram encontradas as evidências de pesquisa para apoiar tanto a base neurocientífica de alguns conceitos psicanalíticos como o papel do prosencéfalo nos sonhos, assim como os benefícios dos tratamentos, com um tamanho de efeito comparável aos antidepressivos em alguns estudos.

A psicoterapia psicodinâmica explora aqueles aspectos do "eu" que não são totalmente conhecidos, especialmente quando vêm à tona no relacionamento terapêutico (veja o livro A vida em análise, de Stephen Grosz[9]). A psicoterapia psicanalítica se concentra nas emoções do paciente; em padrões autodestrutivos recorrentes; experiência passada, como vivências iniciais com figuras de apego; e sobre como o relacionamento com o terapeuta pode ajudar o paciente a compreender melhor como ele se relaciona com os outros nas relações da vida real.[10]

A psicoterapia psicodinâmica completa, usando a interpretação do que está acontecendo na relação de tratamento, pode ser muito desafiadora para muitos pacientes forenses. Mas as descobertas de uma abordagem psicodinâmica podem ser incrivelmente úteis para a equipe de tratamento, mesmo que uma terapia menos direta seja selecionada para o tratamento.

No Reino Unido, os psiquiatras que prescrevem medicamentos não fazem a psicoterapia. Nós tendemos a manter as abordagens separadas e contamos com colegas de psicologia para realizar seu trabalho em paralelo com todas as outras intervenções. Nos Estados Unidos, embora a psicoterapia psicanalítica não seja mais exclusividade daqueles com formação médica, alguns psiquiatras ambulatoriais ainda oferecem um balcão único na medida em que prescrevem e também oferecem sessões mais longas para possibilitar a psicoterapia. A dra. Jennifer Melfi em Família Soprano, por exemplo, que prescreve o antidepressivo Prozac para o chefe da máfia Tony Soprano, também oferece sessões de terapia para ajudá-lo a entender melhor seus ataques de pânico.

A tolerância e a curiosidade sobre o transtorno de personalidade e o comportamento de automutilação em geral são pré-requisitos fundamentais para a psiquiatria forense, na minha opinião. Mas nem sempre toda a equipe psiquiátrica ou médica se sentirá da mesma forma. Antes da psiquiatria, quando eu trabalhava no pronto-socorro, havia notado a atitude punitiva de alguns funcionários da emergência. Por exemplo, existem dois principais tratamentos iniciais para uma overdose: lavagem estomacal (Elton John passa por uma no filme *Rocketman*), que é o mais eficaz, mas bastante trabalhoso para a equipe de enfermagem, ou administrar ipecacuanha, um remédio menos eficaz e que induz vômitos intensos, dolorosos e involuntários.

Durante o dia, enquanto a equipe sênior estava por perto, a lavagem estomacal era a opção preferida. Mas, enquanto trabalhava no turno da noite, notei que havia um pequeno grupo de enfermeiras mais severas que pareciam agir de acordo com sua reação negativa a pacientes que se automutilavam e administravam rotineiramente o tratamento de vômitos convulsivos em casos de overdose. Ao mesmo tempo em que evitava o incômodo para as enfermeiras do procedimento de lavagem estomacal — o que é compreensível —, eu também acreditava que era uma punição irrefletida ou talvez até consciente ao paciente por mobilizar a unidade com seu sofrimento autoinfligido.

Com pessoas como Charlotte, que sofrem de transtorno de personalidade limítrofe e são propensas a automutilação recorrente e pensamentos suicidas, como podemos saber quando devemos levá-las a sério?

Bem, um dos fatores cruciais a ser considerado nessa decisão é a letalidade do método de suicídio escolhido. Muitas vezes há uma ambivalência considerável no suicídio, com o arrependimento frequente da manhã seguinte ou uma "mudança de atitude" sendo um fator. Se o paciente tomou uma overdose, então, dependendo da droga escolhida, há maior possibilidade de sobrevivência, graças a lavagem estomacal, carvão ativado ou infusão de um antídoto. Claramente esse é um método de suicídio mais comumente encontrado na categoria de pedido de socorro.

No entanto, se eles escolherem um método com letalidade rápida, será tarde demais para arrependimento. Quando o gás de carvão (rapidamente letal por envenenamento por monóxido de carbono) foi substituído por gás natural (muito menos nocivo), a taxa de suicídio despencou. Com muita frequência, em ambientes prisionais, o método mais facilmente disponível é uma forca ao redor do pescoço, exigindo apenas uma tira de pano, cadarços ou um cinto. Isso pode causar inconsciência rápida e desaceleração do coração por meio da estimulação do nervo vago, bem como asfixia por estrangulamento. Os enforcamentos eram tão comuns, que Holloway havia distribuído cortadores de peixe para todos os oficiais — um dispositivo de plástico com uma lâmina embutida para soltar rapidamente prisioneiros dependurados.

Infelizmente, eu estava muito familiarizado com a ambivalência em torno do suicídio. Era jovem demais para me lembrar, mesmo assim me disseram que, após o infanticídio da família, assim como o nascimento do bebê David, minha avó, Katherine, ficou deprimida. O estigma social e o fardo da doença mental em curso de Georgina afetaram o relacionamento entre meus avós e, para piorar ainda mais, minha avó desenvolveu câncer de mama. Katherine começou a dizer que era demais e, quando as coisas estavam realmente ruins, ela falou em colocar a cabeça no forno (a gás).

Ser exposto a um histórico familiar como esse pode ajudar se você se tornar um psiquiatra. Se você não teve um suicídio na família, ou não lidou com isso como médico, então a perspectiva pode parecer remota, mesmo para jovens psiquiatras — apesar do fato de que cerca de cinco pacientes psiquiátricos tiram a própria vida todos os dias na Inglaterra e no País de Gales. Há também a síndrome do "grito do lobo".* Todos os residentes veem tanta automutilação não fatal em cortes e pequenas overdoses no pronto-socorro, que, quando o suicídio finalmente acontece, vem como um tapa na cara.

Quando psiquiatras em treinamento iam a Holloway — para obter experiência em psiquiatria prisional sob minha supervisão —, eu os encorajava a fazer encaminhamentos aos serviços psiquiátricos dos prisioneiros suicidas que poderiam se beneficiar do tratamento.

---

* Em alusão à fábula de Esopo, "O pastor e o lobo", em que um jovem pastor de ovelhas se divertia dando falsos alarmes sobre o ataque de um lobo — quando todos o acudiam descobriam que era mentira. No entanto, quando de fato o lobo apareceu, ninguém se moveu para ajudá-lo pensando se tratar de mais uma travessura, e o lobo abocanhou todas as suas ovelhas.

Tive um estagiário sênior entusiasmado, mas exageradamente confiante, que avaliou Arianna, uma jovem com transtorno de personalidade limítrofe encaminhada pelo médico da prisão por causa de automutilação significativa. Aguardando seu processo judicial por um delito à ordem pública, ela ficou na prisão por apenas algumas semanas. Arianna registrou a inexperiência de seu psiquiatra. "Você é obviamente muito novo nisso... você é muito jovem... e não negue."

Ele observou que ela parecia um pouco ambivalente em relação ao suicídio, mas também disse que poderia tentar acabar com sua vida novamente.

"Quando...?"

"Não sei... Seria melhor que a prisão. Parte de mim quer morrer e uma parte de mim, não... se eu conseguisse meu emprego de volta, não estaria fazendo coisas estúpidas como discutir com a polícia, me cortar, tentar me enforcar..."

Ele fez algumas sugestões sobre quais medicamentos poderiam teoricamente ser benéficos, mas não prescreveu nada. Decidiu não encaminhá-la para seu serviço psiquiátrico local em Bristol, pensando que provavelmente não seria transferida para o hospital e logo estaria fora da prisão de qualquer maneira, e assim livre para procurar ajuda se quisesse.

Pouco depois de ser liberta, ela pulou da ponte suspensa de Clifton, no cânion de Avon Gorge, um método inequívoco de suicídio sem segundas chances.

Como o último psiquiatra a entrevistá-la, meu estagiário sênior veio me ver para supervisão, branco como cera ao perceber que teria de explicar sua tomada de decisão para a família chorosa do banco de testemunhas do tribunal do legista. São experiências como essas que o moldam como psiquiatra forense.

* * *

A situação das mulheres abusadas por seus parceiros tem sido objeto de muito debate. Muitas mulheres acabam vítimas de homens controladores e dominadores. Pode ser difícil para algumas delas sair do relacionamento por motivos de dependência financeira, medo de retaliação posterior, preocupações de perder o contato com os filhos ou mesmo medo de um assassinato de "honra".

O modelo de desamparo aprendido foi sugerido para explicar isso — um estado observado pela primeira vez em ratos de laboratório que apresentavam sintomas de apatia, passividade e perda de motivação quando expostos repetidamente a estímulos dolorosos sem meios de fuga.

As mulheres agredidas que não veem meios de escapar do relacionamento abusivo respondem da mesma maneira? Isso explica os sentimentos de desamparo, desesperança, baixa autoestima e passividade?

Diz-se que a "síndrome da mulher espancada" (BWS, na sigla em inglês) consiste em uma "constelação" de características observadas em mulheres expostas à violência em relacionamentos íntimos. Depressão e sentimento de impotência prejudicam sua capacidade de escapar da situação abusiva. Mas será que isso é muito simplista? Donald Downs, um professor norte-americano de ciência política que escreveu um livro sobre BWS, sugere que a lógica da síndrome "nega às mulheres sua razão (...), reforçando a sua vitimização". Ele argumenta que as mulheres muitas vezes adotam "meios heroicos de sobrevivência, mantendo percepções precisas e racionais [sobre seus agressores]. Retratar mulheres espancadas como irracionais e sem força de vontade mina alegações de autodefesa válidas e fere as mulheres em geral".[11]

Outros argumentaram que as mulheres se envolvem e contribuem para o relacionamento violento, apesar das repetidas experiências de abuso.

Mulheres que lutam contra homens abusivos ou tirânicos foram retratadas na arte e na literatura tanto com empatia como com reprovação. O conto mítico de Judite decapitando o tirano general assírio Holofernes, originalmente descrito nos Apócrifos, tornou-se uma alegoria para a vitória dos fracos sobre os fortes; o poder das mulheres na superação de um opressor; e a coragem da república florentina em enfrentar a ameaça de potências estrangeiras.[12] A imagem icônica de Judite é retratada nos dois exemplos mencionados anteriormente e na versão de Caravaggio, um retrato sangrento claro-escuro que mostra o sangue jorrando do pescoço quase decepado de Holofernes (o próprio Caravaggio não é estranho à violência homicida, é claro). Mas outras personagens femininas assassinas receberam uma resposta diferente. Vejamos a retratada por Tom Hardy em *Tess of the D'Urbervilles*. Vítima de estupro por um homem mais velho, o cínico e manipulador Alec, a vida de Tess entra por um caminho trágico de amor não correspondido, gravidez indesejada e uma morte infantil.

No final da história, Tess percebe que Alec arruinou sua vida e ela o mata. O momento do assassinato não é descrito, mas o trabalhador que encontra o corpo de Alec observa que "o ferimento era pequeno, mas a ponta da lâmina havia tocado o coração da vítima", muito parecido com o ferimento infligido por Charlotte em Lennie. Foi sugerido que o assassinato representa um "momento trágico de energia e heroísmo", mas também expõe a extensão da degradação que Alec causou em Tess.[13] Uma implicação dessa narrativa vitoriana é clara: para uma mulher, a felicidade é alcançada por meio de um casamento estável e feliz. Hardy sugere, no entanto, que não se pode confiar que um homem de elite coloque o amor acima das convenções sociais vitorianas. Hardy claramente quer que o leitor sinta empatia por Tess, até mesmo veja seu homicídio como justificado, mas ele não deixa que ela escape das consequências de tentar se libertar das restrições de seu papel subjugado. O veredito é homicídio doloso, e ela é enforcada.

Agora, no século xxi, qual seria a experiência de Charlotte? Como seu caso seria resolvido nos tribunais? Ela seria condenada, celebrada, ou algo entre os dois?

O diagnóstico de Charlotte? Depressão, abuso de álcool, transtorno de personalidade limítrofe, síndrome da mulher espancada.

Em outros países, como os EUA, acusações alternativas, como homicídio culposo em terceiro grau, podem estar disponíveis. Em outras palavras, o procurador distrital (promotor) tem poder discricionário. Mas, no Reino Unido, Charlotte estava enfrentando homicídio doloso, com sentença de prisão perpétua obrigatória, a menos que pudesse montar uma defesa. Em muitas jurisdições, um histórico de abuso por si só é insuficiente, mas pode ser parte, ou uma "vertente", de outra defesa legal.

Uma pesquisa sobre a legislação de homicídio para casos de mulheres espancadas revelou uma variedade de disposições no mundo todo. Por exemplo, em Victoria, Austrália, "provas de contexto social" podem ser usadas para contextualizar a autodefesa; nos EUA, a violência doméstica pode ser levada em consideração ao avaliar a "razoabilidade" em relação à autodefesa e pode afetar a questão de "crença honesta" de um réu em sentir que estava em "perigo de morte ou lesão".

É fácil ver como isso poderia se aplicar a Charlotte, pois ela deve ter tido uma "crença honesta" de que Lennie voltaria a machucá-la. Mas o uso da faca era uma "força razoável"? Em Hong Kong, a provocação tem sido usada como defesa, enquanto nos tribunais indianos a provocação "de lenta evolução" é reconhecida. Na Polônia, um histórico de abuso pode sustentar a defesa de provocação, insanidade ou "atenuação extraordinária", enquanto no Brasil a sentença é mais discricionária e a jurisprudência permite "razões de relevante valor social e moral", como violência doméstica, para reduzir a pena. No Japão e na Espanha, a atenuação da pena é a norma, e, em New South Wales, penas não privativas de liberdade têm sido aplicadas.

No Reino Unido, mulheres espancadas que matam parceiros abusivos têm encontrado dificuldades para reivindicar legítima defesa, o que, se for bem-sucedido, resultará em absolvição. E, de qualquer forma, a única testemunha, Kevin, sugeriu que Charlotte enfiou a faca em Lennie depois que ele a provocou, não enquanto ele estava realmente batendo nela, então poderia ser difícil convencer um júri de força razoável. Mas a jurisprudência sobre provocação em casos de mulheres espancadas é complexa e mutável. Em 2001, a defesa parcial (homicídio doloso reduzido a culposo) da provocação exigia não apenas que houvesse "coisas ditas ou feitas pelo falecido" que constituíssem provocação, mas também que Charlotte estivesse sujeita a uma "perda súbita e temporária de autocontrole".

No final da década de 1990, foram feitas tentativas em vários casos criminais para argumentar que, para uma mulher abusada, pode haver uma forma de provocação lenta, que não se encaixa perfeitamente na definição legal de perda "súbita" de autocontrole. O argumento é que os homens matam no calor do momento em uma disputa doméstica porque podem, pois são mais fortes. No entanto, uma mulher abusada muitas vezes não é capaz de dominar seu agressor a menos que — como no caso de Charlotte — ela dê um golpe de sorte direto no coração. Portanto, mulheres abusadas podem perder o controle cumulativamente, mas precisam escolher seu momento. Não é vingança, mas a perda gradual de autocontrole.

Felizmente, tive alguma experiência em um caso como esse durante meu primeiro trabalho em psiquiatria forense. O velho ditado médico "Veja, faça, ensine" se aplica. Em 1996, eu estava esperando ansiosamente a chance de assinar meu primeiro laudo forense. Tinha acabado de passar seis meses em um intercâmbio de trabalho em Sydney, em uma unidade psiquiátrica localizada na Ala Leste do Hospital Manly. Então, eu estava me ajustando de volta à vida em Londres e já com saudades das areias brancas de Shelly Beach e dos mergulhos pós-trabalho nas piscinas naturais de North Beach.

Meu chefe era o dr. Jim MacKeith, um pioneiro da psiquiatria criminal, que havia desenvolvido o serviço forense de Bethlem na Unidade Denis Hill.

Além de ser um psiquiatra atencioso e compassivo, e mentor de muitos de meus colegas ao longo dos anos, o dr. MacKeith tornou-se um especialista em retratação de confissões e erros judiciais, junto com o psicólogo forense, magistrado e ex-detetive islandês Gísli Guðjónsson. Na década de 1970, ainda era possível ser condenado por homicídio doloso apenas com uma confissão. Em alguns casos notórios do IRA, notadamente o dos Quatro de Guildford e os Seis de Birmingham, "confissões" à polícia foram extraídas sob extrema pressão psicológica, e, embora essas confissões tenham sido retiradas posteriormente, as condenações e as sentenças de prisão perpétua persistiram.[14] Jim e Gísli, em conjunto com o advogado de Direitos Humanos Gareth Peirce, conseguiram, por meio de um trabalho meticuloso, persuadir o tribunal de que erros judiciais haviam acontecido, em um momento em que o Old Bailey era altamente cético em relação às provas periciais psiquiátricas.

Esse trabalho sobre confissões retratadas foi muito influente e, em 1984, a lei foi alterada para tornar obrigatória a gravação de áudio de todos os interrogatórios com suspeitos. Havia disposições para melhorar a representação legal dos suspeitos e introduzir limites à detenção antes da acusação. Em 1996, fui ao Tribunal de Oxford para observar o novo julgamento de Sara

Thornton, que havia sido originalmente condenada pelo homicídio doloso de seu marido, Malcolm.

Malcolm Thornton bebia muito e havia submetido Sara a repetidos ataques e ameaças. A polícia foi chamada mais de uma vez, e Malcolm foi acusado de agressão. Em 14 de junho de 1989, ele estava bêbado e, quando Sara voltou para casa, ele a chamou de prostituta e ameaçou matar tanto ela como sua filha, Fiona, dizendo que faria isso enquanto ela dormia.

Temendo por sua vida, ela pegou uma faca. Ela tentou convencê-lo a ir dormir, mas, quando as ameaças continuaram, ela o esfaqueou uma vez e chamou uma ambulância.

Depois de nos encontrarmos na estação de Paddington naquele dia, embarquei no trem na companhia de Jim, Gareth, um advogado novato e o ferino e intimidador promotor Mike Mansfield. Eu tinha cometido o erro de usar uma gravata um tanto lúgubre — azul com tulipas vermelhas. Detectei um olhar irritado de Mansfield, mas sua gravata definitivamente ganhou a competição: uma estampa florida com frutas vermelhas, uma expressão óbvia de independência mental "radical", que seria escondida assim que ele vestisse a beca de seda preta e branca usada pelos promotores.

O caso da acusação era que Thornton era uma mentirosa patológica e que o assassinato tinha sido motivado por dinheiro, portanto as defesas psiquiátricas não se aplicavam. Havia os costumeiros quatro psiquiatras seniores naquele julgamento, com algumas divergências de opinião. Com a defesa incisiva de Mansfield, Thornton conseguiu o veredito pelo qual sua equipe de defesa estava lutando por meio de vários recursos. Na sexta-feira, 29 de maio de 1996, Sara Thornton foi considerada inocente de homicídio doloso pelo júri. Eles a consideraram culpada de homicídio culposo, mas não especificaram se foi por provocação, responsabilidade diminuída ou uma combinação de ambos (a anormalidade mental, nesse caso, sendo transtorno de personalidade limítrofe).

Ela já havia cumprido cinco anos, então o juiz passou pela formalidade de sentenciá-la ao tempo já cumprido, e Sara saiu do banco dos réus como uma mulher livre.

Uma sentença um pouco leve, você pode pensar, mas os tribunais ainda não estavam aceitando a provocação lenta — sem dúvida, era vista como muito próxima da vingança, o que não poderia ser permitido como precedente.

O exemplo arquetípico disso e um caso que foi uma espécie de modelo para o recurso de Thornton foi o de Kiranjit Ahluwalia, que chamou a atenção internacional depois de matar seu marido queimado.

Kiranjit sofreu abuso doméstico por dez anos, incluindo violência física, privação de alimentos e estupro. Uma noite, na primavera de 1989, seu marido tentou quebrar seus tornozelos para impedi-la de fugir e queimou seu rosto com um ferro quente. Mais tarde naquela noite, enquanto ele dormia, ela derramou gasolina na cama e o incendiou.

Kiranjit foi condenada por homicídio doloso em dezembro de 1989. No julgamento, o fato de que esperou até que seu marido fosse dormir era uma evidência de que ela teve tempo para "esfriar a cabeça" e pesar suas ações. Em outras palavras, seus atos poderiam ser vistos como vingança em vez de uma perda repentina e temporária de controle.

A condenação de Kiranjit por homicídio doloso foi anulada em apelação em 1992 por razões de responsabilidade diminuída, embora sua apresentação de provocação de lenta evolução também tenha fracassado.

A situação das vítimas de abuso não está isenta de controvérsia. Como foi dito, argumenta-se que colocar a mulher apenas como vítima, em vez de reconhecer sua própria participação agressiva, embora inconsciente, em tais relacionamentos, nega às mulheres um senso de agência para suas ações.

Erin Pizzey, feminista por toda a vida e fundadora do movimento moderno de abrigo para mulheres, adverte contra a aceitação de uma divisão clara entre vítimas femininas e opressores masculinos, lembrando-nos que em muitos casais abusivos ambos os parceiros são culpados de agressão verbal e física, e que as mulheres podem escolher outras alternativas a matar seus parceiros nessas relações violentas. Outros sugeriram que existem dinâmicas entre o casal que contêm elementos dependentes, agressivos e sadomasoquistas nos dois parceiros.

As mulheres que matam seus parceiros não são todas vítimas de abuso, como ilustrado por um caso que recebeu ampla cobertura na época em que eu estava terminando meus estudos. Giselle Anderson, uma jovem que trabalhava como modelo, esfaqueou o namorado, Oscar, motorista de ônibus, mais de 42 vezes no carro dele durante uma discussão na madrugada de 1º de dezembro de 1996.

Nunca foi sugerido que Oscar fosse abusivo; longe disso — ele foi descrito como um jovem feliz. Em uma coletiva de imprensa três dias depois, Anderson afirmou que um "passageiro gordo" com olhos arregalados havia descido de um Ford Sierra e matado Oscar em um ataque de fúria na estrada. A polícia tentou sem sucesso rastrear o assassino, mas ninguém tinha visto um Ford Sierra. Os policiais mais tarde encontraram a arma do crime escondida no tanque de gasolina do carro em que o casal estava. Anderson foi considerada culpada de homicídio doloso e cumpriu catorze anos de uma sentença de prisão perpétua em regime fechado, mais tarde admitindo ter esfaqueado Oscar até a morte.

Negada a proteção do anonimato ao longo da vida, diz-se que Anderson completou o treinamento de controle da raiva na prisão e, tendo sido liberada sob supervisão, está vivendo uma vida pacífica trabalhando em um salão de cabeleireiro em uma pacata cidade costeira.

* * *

Naquela época, eu ditava meu primeiro rascunho de um laudo em fitas analógicas, às vezes indo para a casa da minha digitadora à noite quando os prazos eram apertados. Descobri que meu cérebro compunha mais rápido do que meus dedos podiam digitar e, com material de entrevista e um resumo das provas, um relatório de assassinato podia chegar a vinte ou mais páginas. Olhando para o meu laudo sobre Charlotte agora, acho que está um pouco vago, e os resumos das evidências são bastante breves.

Também usei a fonte Arial, que é feia sem serifa, popular para cartas do serviço público de saúde, mas de leitura cansativa em um relatório longo. À medida que fui ficando mais experiente, tentei mudar para a Garamond antes de optar pela Book Antiqua, que é uma fonte baseada em letras manuscritas ornamentadas da época do Renascimento italiano e é distinta e fácil de ler em um tamanho pequeno.

Essa questão das fontes é um detalhe insignificante, você pensaria, mas as impressões contam, especialmente com juízes e promotores. Apresentar um trabalho completo e detalhado significa que é mais provável que sua opinião tenha peso, pois um relatório deve conter uma narrativa persuasiva. O laudo do especialista da defesa de Charlotte era curto (embora preenchido com uma fonte enorme e com espaçamento duplo) e apresentava vários erros de digitação gritantes. Além do mais, a opinião estava espalhada por todo o corpo do relatório, em vez de apresentada ordenadamente no final, e a linguagem era carregada de hipérboles que minavam o caso que o especialista estava tentando apresentar. O estilo do relatório criava a impressão (falsa ou não) de que o autor havia se decidido antes de considerar todas as evidências, e assim fez parecer que era parcial.

Sentei-me no quarto de hóspedes/escritório de minha casa e consultei minha cópia do *Blackstone's Criminal Practice*, um investimento substancial de mais de duzentas libras. Não somos advogados, mas nos familiarizamos muito com partes restritas da lei. Vi o caso de Sara Thornton imortalizado em preto e branco no manual e, consultando as autoridades legais, formei minha opinião.

O transtorno de personalidade limítrofe era direto: instabilidade afetiva, impulsividade, automutilação e tentativas de suicídio. A síndrome de dependência de álcool com intoxicação aguda também era certa. Voltaremos ao efeito da embriaguez mais tarde, que não foi exatamente uma "questão importante" no caso de Charlotte. Mas a síndrome da mulher espancada não era, e ainda não é, um diagnóstico médico. "Sentimentos de impotência" e "capacidade prejudicada de escapar da situação abusiva" pareciam descrever Charlotte muito bem, mas poderiam "prejudicar substancialmente" a responsabilidade? E a provocação? As coisas "faladas ou feitas" eram suficientes para fazer com que uma "pessoa sensata" perdesse o autocontrole? O que você teria feito na situação de Charlotte?

Como ela poderia ter "anormalidade mental" e ainda ser julgada como uma "pessoa sensata"? E, se provocada, sua anormalidade mental pode afetar seu limiar para uma súbita perda de controle? São questões complexas, que foram posteriormente redefinidas na jurisprudência e em estatutos, mas em

2001 havia geralmente uma elisão ou falsificação dessas duas proposições mutuamente excludentes.

Havia claramente irritação na promotoria com o relatório de baixa qualidade da defesa, e fui convidado a participar de uma conferência na câmara em Bedford Row às 17h30. Caminhei pela Theobalds Road, passando por Jockey's Fields, e ao chegar lá fui conduzido a uma imponente sala de conferências, repleta de relatórios jurídicos encadernados em couro marroquino e uma elegante mesa na sala de reuniões. Parecia haver muitas pessoas: uma promotora, uma advogada júnior, sua assistente, uma aluna de direito, um advogado sênior e um assistente. Sobre a mesa estavam dois potes de canetas com o logotipo da Bedford Row, uma pilha de blocos pautados novos e bandejas de chá e biscoitos.

Olhando para trás agora, as questões são claras como cristal, mas então, ainda inexperiente, fui um pouco reticente em minha opinião. Sim, havia anormalidade mental. Comentei falando sobre o transtorno de personalidade limítrofe e a síndrome da mulher espancada. Mas, quanto à diminuição substancial da responsabilidade, achei que deveria deixar isso para o júri decidir. A responsabilidade criminal é, em última análise, moral, não médica.

Eu estava me sentindo um pouco desconfortável porque todos na sala pareciam estar atentos a cada palavra minha. À medida que minha experiência em casos de assassinato crescia, eu me acostumaria cada vez mais com isso. Como já falei, normalmente, em um caso de assassinato todas as evidências sobre quem empunhava a faca são incontestáveis — tudo se resume ao estado de espírito do réu no momento dos fatos, e, para entender isso, o tribunal precisava da minha opinião. Naquele exato momento, porém, senti-me pouco à vontade, como se eu estivesse no banco dos réus. Lembro-me claramente da promotora limpando a garganta para se dirigir a mim. Mesmo que ela fosse "amigável", senti uma gota de suor fazer cócegas no meu couro cabeludo. Engoli em seco e esperei que meu nervosismo não fosse evidente.

"Doutor, obrigada", ela começou. "Estamos muito gratos pelo seu trabalho neste caso. Só precisamos repassar alguns pontos... A promotoria precisa dar uma opinião sobre a declaração de culpa da ré de homicídio culposo, como tenho certeza de que o senhor está ciente."

Mantendo meu nível de voz, respondi: "Sim, claro. Como posso ajudar?".

"Então, o senhor atendeu a sra. Smith em Holloway em várias ocasiões, estou certa?"

"Sim, atendi. Eu a vi pela primeira vez logo depois que ela foi detida."

"E está convencido de que ela atende aos critérios de transtorno de personalidade limítrofe?"

Eu me perguntei aonde ela queria chegar com sua linha de questionamento, respondendo cuidadosamente: "Sim".

"E o senhor fez um diagnóstico de síndrome de dependência de álcool, embora ela esteja abstinente, pois está em ambiente protegido?"

"Sim."

Ela continuou: "E o senhor concorda que, pelo cálculo retroativo de álcool no sangue sob custódia policial, ela deveria estar embriagada no momento do crime?".

"Sim, de fato."

"Mas tal intoxicação deve ter sido voluntária e, portanto, não é uma questão importante, pois não é relevante para a anormalidade da mente..."

"Sim", eu disse. "Ela tem uma forte compulsão por beber, mas é capaz de escolher se quer beber ou não."

A promotora assentiu, olhando para suas anotações. "Certo, obrigada. Agora, o senhor pode nos ajudar com os efeitos do transtorno de personalidade limítrofe na anormalidade mental?"

"Bem, acho que os critérios norte-americanos são mais úteis. Eles são mais detalhados... Se eu pudesse dar uma olhada no meu relatório, diria que as características relevantes são instabilidade emocional, comportamento impulsivo, instabilidade afetiva, ou seja, mudanças de humor de muito curto prazo, raiva inapropriada ou dificuldade em controlar a raiva... demonstrações frequentes de perda de temperamento."

Ela atacou: "Mas, doutor, impulsividade e raiva inapropriada podem ser tomadas mais como um defeito de caráter do que uma anormalidade mental?".

"Sim", consegui dizer, "mas não, mas sim..."

Ela me interrompeu: "Tudo bem, vamos supor que a anormalidade mental seja aceita, segundo os critérios que o senhor identificou... dificuldade em controlar a raiva e assim por diante. O senhor acha que a anormalidade mental seria suficiente para ter *substancialmente* prejudicado a responsabilidade dela?".

"Bem, deixe-me considerar isso..."

"Por substancial, é claro que o senhor está ciente, dr. Taylor, de que o parâmetro legal vai além do mero comprometimento trivial, mas não chega a ser total."

"Bem", eu disse, "acho que a questão de o comprometimento ser ou não substancial é uma questão para o tribunal."

Ela deu um leve sorriso. "Sim, dr. Taylor, o senhor tem razão, em última análise, é sim. Mas o senhor deve perceber, doutor, que, se este caso for a julgamento, o tribunal *espera*, com certa razão, que o senhor auxilie o júri em suas deliberações sobre se, em sua opinião profissional, houve comprometimento substancial de responsabilidade. Vamos passar para a síndrome da mulher espancada. O senhor é um tanto ambíguo nesse ponto. Suponho que esteja familiarizado com o trabalho do professor Downs sobre o assunto."

"Sim, estou", respondi, tentando parecer preparado, ainda que me sentisse intimidado, "mas não há critérios diagnósticos psiquiátricos claramente convencionados para a síndrome da mulher espancada. E o professor Downs se refere às versões norte-americanas de autodefesa e insanidade."

"Doutor, tenho certeza de que está ciente de que a síndrome da mulher espancada foi aceita como anormalidade mental em casos desse tipo, nos quais uma mulher matou um homem abusivo... desamparo aprendido, capacidade prejudicada de deixar um relacionamento abusivo, percepção prejudicada da ameaça, e assim por diante."

"Sim."

Detectei um tom de frustração.

"Doutor, tenho certeza de que o senhor entende que o juiz, que considerou todas as provas, incluindo o seu relatório, está muito preocupado com este caso. Ele está ciente de que temos quatro filhos separados de sua mãe..."

A ficha caiu. A promotora sabia o resultado que queria, mas precisava da opinião de um especialista para sustentá-la, e, com um relatório de defesa de baixa qualidade, o ônus era meu.

Após uma discussão mais aprofundada, a promotora me disse que, de qualquer forma, ela estava aconselhando a promotoria a instruir outro psiquiatra para uma segunda opinião.

Em casos complicados, é comum ter quatro opiniões, duas de cada lado. Quando mais tarde descobri a identidade do especialista que a promotoria tinha chamado, eu o reconheci como um colega experiente que eu sabia ter interesse e simpatia pelo conceito de síndrome da mulher espancada. Essa foi outra dica nada sutil e um ponto de aprendizado para mim. Se você precisar de uma opinião de especialista, escolha seu especialista com cuidado.

Devo explicar que não estou falando de opinião especializada que serve a seu contratante ou "pareceres comprados". A questão é que, trabalhando na interface de duas disciplinas com linguagens diferentes, a saber, direito e psiquiatria, geralmente há uma gama de opiniões de especialistas que são sensatas ou aceitáveis. Se você divergir desses parâmetros, correrá o risco de ser criticado por juízes ou colegas. Mas sabe-se que alguns especialistas tendem a uma posição particular em questões que se equilibram em uma linha muito tênue, como se a síndrome da mulher espancada é um conceito útil ou se as alucinações são frequentemente fingidas pelos réus depois de ouvirem falar delas no pátio da prisão, para citar dois exemplos.

Eu estava aprendendo que o direito tem um modo próprio não de aplicar critérios e precedentes servilmente à sua conclusão final, mas de trabalhar de forma retrospectiva e consequencialista. Qual é o resultado justo e apropriado neste caso? E como podemos trabalhar a lei existente para conseguir isso? A sociedade tem empatia por esse réu, ou precisamos prendê-lo e jogar a chave fora? Esse réu necessita de tratamento no hospital ou de confinamento na prisão?

Solicitado a fazer um relatório de adendo, me entregaram as cópias de três fitas de interrogatórios em vhs que estavam com a promotoria. Eu tinha lido a transcrição, mas eles queriam que eu analisasse o comportamento de Charlotte logo após a prisão e ouvisse seu relato em primeira mão sobre as circunstâncias do crime em vez de apenas ler a transcrição. O vídeo com bipes de código de tempo mostrou Charlotte, com as mãos tremendo, bebendo Nescafé e fumando cigarros enquanto era conduzida pela linha do tempo, o advogado tendo a aconselhado a cooperar com o interrogatório em vez de dar a resposta-padrão "Nada a declarar".

Dica nada sutil número dois: se quisermos mudar sua opinião, mostraremos algumas novas provas para dar alguma margem de manobra. Fui educadamente acompanhado até a saída por um funcionário do tribunal enquanto essas dinâmicas se cristalizavam em minha mente.

A essa altura já era quase primavera de 2002, embora ainda houvesse um pouco de frio no ar. Decidi espairecer e caminhei pela rua New Oxford até o Soho. Meu destino: a loja Lina, na rua Brewer, com seu maravilhoso cheiro de queijo italiano e rolos de *tagliatelle* fresco. Os cheiros agradáveis e as prateleiras coloridas repletas de latas e pacotes italianos eram um antídoto olfativo e visual bem-vindo para o ar estagnado e as paredes pichadas de Holloway.

Eu precisava de uma opção de jantar fácil, pois tinha um relatório sobre um dos meus pacientes internados para terminar antes de dormir. O trabalho tornou-se mais gerenciável pela experiência e pelo reconhecimento de padrões, a menos que houvesse uma crise que atrapalhasse o curso de uma semana cuidadosamente planejada. Um paciente em reclusão ou uma ordem de recolhimento a ser executada com uma van lotada de policiais poderia facilmente levar metade do dia.

Dizem que leva cerca de cinco anos para se estabelecer como médico consultor em qualquer especialidade. O problema é que nosso treinamento é excelente em nos dar confiança no gerenciamento de casos individuais, mas, como consultor, você também precisa mostrar liderança, priorizar e delegar tarefas e antecipar desastres. Eu também estava sofrendo de Fomo (*fear of missing out* — medo de ficar de fora). Se eu não aceitasse um caso, por mais inconveniente que fosse, isso significaria que eles não me enviariam outro? Eu sentia vibrações no bolso, apenas para descobrir que meu telefone não estava lá. Chamamos isso de alucinação háptica ou corporal quando se trata de um relato de paciente.

Como em muitas esferas da vida, saber quando falar não é uma habilidade que só vem com a experiência. Os eventos da vida acontecem todos de uma vez. Tendo feito todo o meu treinamento psiquiátrico no lado sul do rio Tâmisa, mudei-me para o norte para me tornar consultor e, portanto, estava trabalhando com uma rede inteiramente nova. Meu novo grupo de colegas tinha treinado em sua maioria junto, e eles já estavam familiarizados com as fraquezas e personalidades dos outros psiquiatras que nos encaminhavam casos — um conhecimento prévio inestimável —, enquanto eu tive de ir aprendendo aos poucos. Como mensagem de despedida, o psiquiatra sênior que substituí me disse, em tom de brincadeira: "O dr. X é muito cauteloso e pedirá uma opinião forense sobre todos os pacientes. Se o dr. Y lhe indicar um caso, é melhor mandá-lo direto para Broadmoor".

Sim, foi o dr. Y que mais tarde encaminhou Anthony Hardy.

No mesmo ano em que aceitei a promoção a consultor, havíamos mudado de casa apenas quatro semanas antes de nosso primeiro filho nascer, mal dando tempo de montar o berço da Ikea.

Com os dois pais trabalhando, ele teve de ingressar em uma creche após seu primeiro aniversário. Em um dia de outono de 2001, eu estava dando uma palestra para psiquiatras em treinamento no University College quando um membro da plateia gritou que um avião havia atingido o World Trade Center. A aula foi cancelada e eu corri para casa, peguei meu filho na creche e me sentei com ele, assistindo ao noticiário, convencido, como muitas pessoas, de que o complexo comercial Canary Wharf estava na lista de alvos. Ainda não sabia, mas o Onze de Setembro logo afetaria os casos que me pediram para avaliar. Mas, assim que o choque e as consequências imediatas do ataque terrorista passaram, a vida normal foi retomada. Meu segundo filho nasceu em dezembro daquele mesmo ano e eu estava de volta à minha rotina de trabalho.

Quando o caso de Charlotte estava se aproximando do julgamento, meu segundo filho estava chegando ao seu primeiro aniversário e quase pronto para se juntar ao irmão mais velho na creche do outro lado da rua. Separei uma tarde de domingo para trabalhar no meu relatório de adendo para o caso da Charlotte. Tive de manter minha decisão: a síndrome da mulher espancada, ou BWS. Não é um diagnóstico psiquiátrico, mas reconheci que poderia ajudar a explicar o comportamento de Charlotte.

Usando o modelo de BWS, a repetição do "ciclo violento" ao longo do tempo poderia ter minado a autoconfiança de Charlotte e criado um estado de desamparo aprendido. Ela estava presa em uma "situação mortal" com Lennie, à qual havia "revidado" com consequências letais.

Para que a síndrome da mulher espancada se aplique, uma mulher deve ter passado por esse ciclo pelo menos uma vez e deve ter desenvolvido um conjunto de sintomas: baixa autoestima, autoculpabilização, medo, suspeita e "perda de crença na possibilidade de mudança". Nos EUA, o assassinato é tratado pelos diversos códigos criminais das jurisdições estaduais individuais, mas geralmente há uma distinção entre diferentes níveis de gravidade: assassinato em primeiro grau, que é o homicídio intencional doloso e premeditado; assassinato em segundo grau, homicídio doloso não premeditado ou planejado; assasinato em terceiro grau, qualquer morte associada a um crime não violento; homicídio culposo, sem intenção ou causado por um ato negligente; homicídio justificável, que não é crime, mas é eventualmente notificado pela polícia (de forma controversa, às vezes). Mas, quando um agressor é morto — sem querer ofender Lennie —, deve haver outra categoria: "homicídio digno de elogio"?

Uma data havia sido marcada para o julgamento, e o caso de Charlotte desapareceu da minha mente enquanto eu continuava com o carrossel de meus vários trabalhos.

Então veio uma chance para uma pausa. Eu estava com um grupo de colegas na conferência da Academia Americana de Psiquiatria e Direito em Newport Beach, Califórnia.

O programa da conferência naquele ano parecia interessante. Houve palavras sobre: "o papel dos psiquiatras de defesa em casos de pena de morte"; "parricídio, uma descrição de quarenta casos"; e "atualização sobre a castração química de criminosos sexuais".

Quando meu voo transatlântico da Virgin atingiu altitude de cruzeiro, percebi que tinha sete ou oito horas de descanso, durante as quais ninguém poderia me ligar. Mas, no meio do voo, eu me sentia descansado e não queria ver um segundo filme. Mudei de lugar para me sentar com um colega para que pudéssemos analisar um relatório preliminar sobre outro caso de Holloway.

A ré era Kathleen McCluskey, mais tarde apelidada de "Viúva Negra de Cambridge", acusada de envenenar quatro colegas viciados em heroína com doses maciças de metadona escondidas em coquetéis caseiros. Um dos assassinatos começou com uma festa de "sexo e drogas" na sexta-feira à noite.

A polícia encontrou fotografias dessa orgia em um filme fotográfico que não havia sido revelado no decorrer da investigação. Basta dizer que um bacanal movido a heroína e finalmente fatal não era uma visão bonita.

Veredito: duas condenações por homicídio culposo. Seis anos de prisão.

Psiquiatras forenses trabalham muito, mas, quando nos reunimos uma ou duas vezes por ano para conferências, também nos divertimos muito. Lembre-se: somos os "cirurgiões da psiquiatria" — às vezes com personalidades exuberantes e, na maioria das vezes, com senso de humor combinando. Gostamos de diagnosticar uns aos outros. "Ele ou ela é um psicopata, um narcisista, esquizoide... ou está no espectro (levemente autista)." "Seus relatórios são intermináveis. Ele não consegue ver a floresta por só ficar olhando a árvore." (Com isso descrevemos alguém tão obsessivo, que seu perfeccionismo interfere na conclusão da tarefa.)

Mas geralmente encaminhamos casos uns aos outros durante o ano anterior ou cruzamos espadas nos tribunais. Então, apesar das divergências veementes, uma noite no bar do hotel onde está sendo realizada a conferência é uma chance de empregar um pouco de humor ácido enquanto trocamos histórias de batalha. Na minha opinião, essa é outra forma de descompressão de longo prazo, essencial para a sobrevivência forense. Eu já vi colegas terminarem mal — e até deixarem a profissão — ao tentarem lidar com o trabalho forense isolando-se das opiniões dos demais. O apoio dos colegas não envolve necessariamente concordar, mas, como eu disse, você precisa fazer uso da caixa de ressonância deles.

Depois que voltei para o Reino Unido, recebi uma carta de uma linha da promotoria sobre o caso de Charlotte me agradecendo por minha ajuda. Eles haviam aceitado o acordo de culpa por homicídio culposo.

A sentença foi de cinco anos de prisão (com liberdade condicional após dois anos e meio). Mais tarde, o Tribunal de Apelação reduziu a sentença em três anos, e Charlotte foi liberta.

Vinte e cinco anos para Lee Watson por matar Chiara Leonetti e dois anos para Charlotte: uma grande diferença por tirar uma vida em circunstâncias muito diferentes. Quem disse que a lei é uma droga?

Em 2009, a lei mudaria, e a síndrome da mulher espancada não seria mais aceita como uma anormalidade mental por não ser uma "condição médica reconhecida". Nesse ínterim surgiu uma nova condição, "controle coercivo" — o caso de Sally Challen é um excelente exemplo.

Sally matou o marido, Richard, em 2010, tendo-o conhecido quando ela tinha dezesseis anos e ele, 22. No início, ele era encantador, mas aos poucos o abuso começou. Ele a intimidava física e verbalmente e restringia o contato com seus amigos, enquanto ele tinha casos e frequentava bordéis.

Ela tentou deixá-lo, mas era tão emocionalmente dependente, que voltou atrás. Não muito depois disso, ele mandou Sally sair na chuva para buscar seu almoço enquanto marcava um encontro com outra mulher por telefone.

Ao voltar, ela o confrontou e uma discussão começou. No decorrer desse confronto, ela o atingiu repetidamente com um martelo. Sally foi condenada por homicídio doloso e sentenciada à prisão perpétua com uma pena mínima de 22 anos, reduzida a dezoito em recurso.

O controle coercivo posteriormente passou a ser reconhecido como uma forma de violência doméstica, tendo como características abuso psicológico, degradação, jogos mentais e controle de atividades e acesso a amigos, de modo que o abusado fica isolado e dependente de seu agressor. (Isso lembra alguma coisa?)

Em 2017, a Justice for Women apresentou novos fundamentos com um laudo pericial psiquiátrico sobre controle coercivo e seu impacto na provocação. A condenação de Sally foi anulada e, com o abandono de um plano de um novo julgamento, ela foi liberta em 2019.

O assassinato é um assunto tão emotivo, que às vezes, parece, é preciso reinventar a roda.

Em 2006, meu tempo em Holloway estava chegando ao fim. A burocracia do sistema de saúde pública do Reino Unido decidiu substituir nossa equipe em Holloway por um serviço com uma ênfase diferente, que tentava atender mais mulheres na prisão e com menos foco em encaminhá-las para os serviços locais.

Alguns anos depois, a prisão de Holloway foi ainda mais criticada após o triste caso do suicídio de uma mulher com psicose que aguardava transferência para o hospital. Sob a administração de Michael Gove, então secretário de Justiça do Reino Unido, houve um anúncio surpresa de que Holloway fecharia. Apesar de seus problemas, houve muitos lamentos por parte da equipe dos vários programas que foram construídos ao longo dos anos, como a equipe de visitação de psicoterapia, a unidade das condenadas à prisão perpétua e a ala de custódia da primeira noite. Muitas das prisioneiras de Holloway vieram de Londres, e é muito mais difícil chegar às prisões substitutas do setor privado em Peterborough e perto de Heathrow, dificultando o contato com famílias e filhos. Por esse motivo, os especialistas das equipes de inspeção prisional costumavam se referir à geografia como uma das principais vantagens de Holloway.

No início, havia preocupações reais de que muitas inovações de Holloway seriam perdidas. A prisão substituta, Bronzefield, era um prédio novo, mas tijolos e argamassa raramente são a solução. A política de "derrubar tudo e começar do zero" corre o risco de perder tanto conhecimento acumulado, especialmente de um lugar tão complexo e problemático quanto Holloway.

Mas nos últimos anos, felizmente, houve um grande aumento no financiamento de serviços de saúde mental em Bronzefield, com um extenso programa terapêutico para as presas em primeira condenação, bem como as que receberam sentenças curtas e as condenadas à prisão perpétua. A prisão de Bronzefield assumiu o manto da maior prisão feminina da Europa e, com ela, o desafio de gerenciar altas taxas de automutilação, juntamente com todas as questões relacionadas às mães sob custódia e seus bebês.

Em 2006, quando deixei Holloway, os serviços psiquiátricos nas prisões femininas estavam sendo reformados. A unidade hospitalar de segurança máxima Broadmoor foi fechada, e os pacientes foram transferidos para níveis mais baixos de segurança. Escrevi um pouco do que aprendi em Holloway em um capítulo do livro *Psychiatry in Prisons: A Comprehensive Handbook*,[15] e fazer isso provou ter um valor inestimável, pois eu passaria os treze anos seguintes trabalhando com essas mulheres em um hospital de custódia.

Na minha última visita a Holloway, de forma cômica, mas dolorosa, bati a cabeça em uma placa de *proibido estacionar* sob a qual estacionei meu carro.

As enfermeiras do C1 me remendaram com cola de pele quando me viram usando uma toalha de papel para limpar o sangue que escorria pela minha testa durante nossa reunião de equipe. Depois de todos os casos desafiadores e eventos dramáticos em Holloway, uma cabeça dolorida e sangrando parecia uma despedida adequada.

Ao sair, refleti sobre tudo que eu tinha vivenciado. Se você for para a psiquiatria, deverá ter mais do que um interesse passageiro nos extremos da condição humana. E não havia lugar melhor para estudar isso do que em Holloway. Costumo passar por lá agora e ver os muros e a guarita à espera da bola das máquinas de demolição. Posso dizer honestamente que aprendi mais dentro daquelas paredes do que em qualquer outro lugar, do Hospital Broadmoor à prisão de Brixton.

O assassino que esquece

Estudo de caso: Dennis Costas

Depois de esperar quase uma hora em uma cadeira dura de plástico para as "visitas legais" de Belmarsh, finalmente cheguei à sala de entrevistas, faltando apenas quarenta minutos para a hora de me retirar. Não foi tempo suficiente — eu sabia que teria de voltar outro dia.

Em julho de 2011, meu entrevistado, Dennis Costas, gerente de varejo, foi acusado pelo homicídio doloso de sua namorada, Sophia, e mantido sob custódia. Ele disse à polícia e a seus advogados que não conseguia se lembrar do que havia acontecido na noite do assassinato. Já era novembro e, como costuma acontecer com casos criminais envolvendo amnésia, a memória de Costas foi contaminada pelo que ele aprendeu lendo depoimentos de testemunhas.

Na minha entrevista truncada, concentrei-me no "aqui e agora". Em outras palavras, seu atual "estado mental" e seu relato do crime, deixando sua biografia para a próxima vez que nos encontrássemos.

No dia anterior ao assassinato, Costas tinha bebido muito durante toda a tarde depois de telefonar para o trabalho dizendo que estava doente, usando uma dor no ciático como desculpa. De onde ele fez a ligação? Tinha sido da casa de dois quartos que dividia com sua esposa, com quem estava casado há dez anos, ou do apartamento de sua namorada, Sophia?

"Não consigo me lembrar", ele me disse. "Minha lembrança é muito distorcida." Ele disse que tinha tirado uma soneca, mas não conseguia se lembrar a que horas acordou. "Depois disso, não sei o que aconteceu. Só me lembro de apagar o fogo. Minha visão estava turva. Ouvi uma voz e saí pela porta do apartamento. Entrei novamente e depois saí para o saguão. Havia fogo na sala de estar, e joguei água nele."

"O que aconteceu depois?", perguntei.

"Não sei como cheguei em casa. Minha memória é terrível. Foi só quando a polícia me disse que fiquei sabendo o que havia acontecido... fiquei horrorizado... Lembro-me de um incêndio na sala de estar e ouvi uma voz pedindo socorro... Acho que tentei ligar para a emergência, mas talvez não tenha discado corretamente ou talvez tenha dado sinal de ocupado."

Essa foi obviamente uma tentativa de lidar com o fato de que nenhuma chamada para a emergência havia sido feita de acordo com os registros apresentados pela acusação. Costas já sabia disso após a produção antecipada de provas, quando a acusação compartilha suas provas com a defesa.

"Havia água por todo o chão... Não consegui ver onde Sophia estava, então desci as escadas e saí do prédio... Não sei como cheguei em casa, acho que peguei um ônibus… Minha cunhada estava lá [em casa], assistindo à TV... Entrei no quarto e adormeci. Quando me dei conta, a polícia estava na porta e fui preso."

E isso foi o melhor que ele pôde fazer para relembrar os acontecimentos da tarde de terça-feira e da manhã de quarta-feira, 22 de junho de 2011.

O relato fragmentado de Costas não foi a primeira alegação de amnésia com que me deparei em um caso de homicídio. Estudos realizados ao longo de setenta anos encontraram um número consistente de cerca de 30% de assassinos, outros criminosos violentos e prisioneiros relatando perda de memória do crime. Diante desses números, Costas não era exceção.

Mas o que ele não conseguia se lembrar de ter feito?

Na quarta-feira, 22 de junho, às 3h50, a polícia foi chamada a um prédio de quatro andares em Upton Park por um morador dizendo que alguém estava batendo em sua porta, tentando forçar a entrada. Quando os policiais chegaram, moradores preocupados estavam parados no estacionamento. Correndo até o último andar, a polícia foi recebida por alguém que caminhava na direção dela. A figura, cujo gênero não pôde ser determinado, parecia um monstro de um filme de terror, a carne derretendo de queimaduras horríveis no rosto e na parte superior do corpo. Em seu depoimento, o policial Harvey Stewart disse que nunca tinha visto nada parecido antes. "Por uma fração de segundo, um sentimento de irrealidade me dominou."

Os policiais tentaram oferecer os primeiros socorros, mas não sabiam o que fazer. A mulher disse que seu nome era Sophia. Ela declarou que chegou em casa por volta das três horas da manhã e seu ex-namorado, Dennis Costas, estava à sua espera no apartamento, pois ainda tinha a chave. Ela disse que ele a confrontou e, após uma discussão, a encharcou de gasolina trazida em um galão e ateou fogo.

A essa altura, ela estava lutando para respirar em razão da inalação de fumaça, e a equipe da ambulância teve de abrir uma nova via aérea através de sua traqueia. Em estado crítico, foi transferida para uma unidade especializada em queimaduras.

Dentro do apartamento, as cortinas e parte dos móveis e tapetes estavam carbonizados, mas, como as paredes eram de concreto sólido, o fogo havia se apagado. Um galão de plástico, ainda com cerca de três litros de gasolina, foi encontrado na cozinha, intocado pelas chamas.

A polícia rapidamente rastreou Costas e ele foi preso mais tarde naquela manhã na casa que dividia com sua esposa, Lina. Ele estava dormindo e, claramente, ainda bêbado. Estava tão embriagado que não estava apto para ser interrogado e teve de ser deixado em uma cela até ficar sóbrio.

Imagens de câmeras de segurança foram obtidas da área ao redor da cena do crime, incluindo um posto de gasolina próximo. A filmagem mostrou um homem que combinava com as feições de Costas andando de maneira decidida, embora instável. No posto de gasolina, ele comprou um galão de plástico de cinco litros e parecia ter problemas para enchê-lo na bomba. Depois de pagar em dinheiro, desapareceu na direção do apartamento de Sophia. O horário no vídeo sugeria que ele deveria estar esperando no apartamento com a gasolina, pronto para o retorno de Sophia.

Mais tarde, uma mensagem chegou aos detetives na sala de custódia que esperavam para interrogar Costas. Informava que Sophia não tinha sobrevivido.

A MENTE DO ASSASSINO 247

A causa da morte foi uma parada cardíaca, provocada por insuficiência respiratória pelas queimaduras nas vias aéreas e inalação de fumaça.

Depois de ficar sóbrio o suficiente para o interrogatório, Costas foi levado à mesa do sargento de custódia e formalmente acusado pelo homicídio de Sophia. No interrogatório, os policiais o confrontaram com as evidências das câmeras. Após uma pequena pausa para que ele pudesse consultar seu advogado, Costas concordou que deveria ter sido ele na filmagem, mas disse que não se lembrava de estar lá. Pensou que poderia ter comprado a gasolina para se ferir, mas insistiu que não poderia ter incendiado Sophia. "Pode ter sido um acidente quando ela tentou me impedir de me machucar."

Então, uma das perguntas que eu tinha de responder era: essa perda de memória era genuína?

E, se fosse, o que poderia ter causado essa amnésia?

Como em qualquer caso de homicídio, eu precisava conhecer a história de fundo, a relação entre assassino e vítima, e o estado mental do réu antes, durante e depois do crime, para explorar quaisquer questões psiquiátricas. Mas, enquanto procurava por qualquer anormalidade mental, também tive de considerar um possível motivo caso houvesse uma explicação mais mundana para o assassinato. Todas essas informações precisavam ser coletadas a partir de evidências, como depoimentos de testemunhas, análise do telefone celular e câmeras de segurança, pois o assassino não conseguia se lembrar do que havia acontecido.

Costas poderia estar mentindo, é claro. Os assassinos podem erroneamente acreditar que dizer que não se lembram é uma desculpa aceitável para o assassinato, mas logo descobrem que não. Como alternativa, podem pensar que a perda de memória significará que não têm capacidade para serem julgados. Mais uma vez, a amnésia não ajudará o assassino a evitar o julgamento, conforme estabelecido na lei inglesa pelo caso de 1959 de Guenther Podola, que atirou em um policial, mas disse que não se lembrava de ter feito aquilo. Embora psiquiatras especialistas discordassem sobre se era genuína, sua alegação de amnésia não foi aceita no julgamento. Mais tarde, ele realmente admitiu seu crime antes de ser enforcado em Wandsworth e enterrado no cemitério da prisão.

Rudolf Hess também tentou isso nos julgamentos de Nuremberg. Sua alegação de amnésia de suas atividades sob o Terceiro Reich foi aceita como genuína. Mas, quando ele percebeu que isso significava que não poderia se defender de forma razoável contra as alegações, rapidamente admitiu que havia fingido sua perda de memória e se envolveu com o processo de julgamento.

Não existe um teste psiquiátrico simples para mentiras ou alegações enganosas de perda de memória. Em última análise, essa é uma questão jurídica, e não psiquiátrica. Não usamos o detector de mentiras no Reino Unido, pois eles são notoriamente pouco confiáveis. Por exemplo, os psicopatas, com sua falta de reação emocional, são capazes de enganar o aparelho. Houve resultados trágicos para alguns participantes de *talk shows* sensacionalistas (como *The Jeremy Kyle Show* e *Jerry Springer*), que foram falsamente acusados — com base em um teste de detector de mentiras pouco confiável — de mentir sobre infidelidade quando, na verdade, estavam dizendo a verdade. Os advogados confiam no interrogatório para expor versões inconsistentes dos eventos fornecidas por assassinos, pois as mentiras são mais difíceis de lembrar do que a verdade. Eles também podem persuadir um júri a confiar no "comportamento" — ou seja, o assassino parece evasivo no banco das testemunhas? Esse é, de fato, um método pouco confiável, mas é comumente usado.

Existem alguns testes, usados por neuropsicólogos, que podem ajudar a detectar amnésia fingida. Eles podem vir na forma de perguntas estratégicas embutidas em questionários ou de simples exercícios de memória, como recordar desenhos simples de objetos comuns em um período muito curto, algo que seria fácil de passar desapercebido para aqueles com danos cerebrais genuínos ou demência avançada. O fingidor pode falhar deliberadamente no teste tendo um desempenho pior do que alguém com dano cerebral, em uma tentativa equivocada de persuadir o psicólogo de que tem uma memória fraca. Talvez os assassinos tenham apenas um problema em aceitar a responsabilidade por coisas que fizeram "fora do seu caráter normal", durante a raiva extrema ou sob a névoa da raiva avassaladora.

Enquanto eu esperava ser alocado em uma sala de entrevistas, observei Costas na cela com outros presos que também esperavam para ver uma enfermeira ou médico. Ele não revelou muito. Não era um criminoso habitual, por isso manteve a cabeça baixa. Eu precisava manter a mente aberta. Na sala de entrevistas, ele parecia subjugado. Isso era um estado de choque ou ele estava apenas mantendo a guarda? Não havia evidência de distração por alucinações nem do humor despreocupado ou incongruente do psicopata.

Uma das principais causas de perda de memória que tive de considerar foi o que chamamos de amnésia dissociativa ou relacionada ao estresse. Durante eventos altamente carregados e emocionais (como quando imolamos um parceiro íntimo), os eventos são tão traumáticos, que o cérebro efetivamente os reprime. As memórias, carregadas nos circuitos cerebrais em um momento de estresse, podem ser difíceis de lembrar mais tarde, quando voltamos a estar em um estado mental normal e calmo. Chamamos isso de memória dependente do estado. Ou pode ser uma maneira "inconsciente" de reprimir eventos dolorosos. Para citar o filósofo Nietzsche: "'Eu fiz isso', diz minha memória. 'Não posso ter feito isso', diz meu orgulho e permanece inabalável. Finalmente, a memória cede". A perda de memória pode ser irregular, com melhora ao longo do tempo, enquanto os mentirosos normalmente relatam início súbito e perda completa de memória do crime, sem "ilhas" de memória.

A amnésia dissociativa é um "diagnóstico de exclusão", ou seja, pode ser a única opção que resta quando todas as outras causas foram excluídas.[1]

Então, primeiro eu tive de considerar todas as outras causas possíveis. No caso de Costas, era mais importante que eu considerasse se uma disfunção cerebral havia interferido no registro, no armazenamento ou na lembrança do crime. Chamamos isso de amnésia "orgânica", o que significa que é causada por uma doença física que afeta o cérebro. A doença cerebral orgânica é bastante incomum em casos de assassinato (apenas um punhado por ano na maioria dos estudos), mas deve ser considerada. Para excluir uma causa física, explorei se havia histórico ou sinais clínicos de tumor cerebral, traumatismo craniano, demência ou alguma outra doença física que afetasse o cérebro ou o comportamento.

Vou dar um exemplo do meu tempo no Hospital Mayday durante aquele primeiro posto como residente. Havíamos admitido um funcionário público de 62 anos. Aparentemente, ele era um homem tranquilo e estável, com dois filhos e três netos. Ele chegou ao hospital pois sentiu falta de ar durante alguns dias. Após radiografias e outros exames, diagnosticamos câncer de pulmão avançado e invasivo, que se espalhou para o cérebro. Sua família estava ao lado de sua cama quando explicamos que não havia mais nada que a rádio ou a quimioterapia pudessem fazer. Alguns dias depois, enquanto fazia minhas rondas pela enfermaria no final da noite, aproximei-me de sua cama para verificar seu prontuário, que estava em uma prancheta pendurada ao pé da cama. Devo ter empurrado a cama, que tocou a mesa e derrubou um copo d'água.

Em um piscar de olhos, ele deu um pulo, investiu agressivamente contra mim e me perseguiu pela enfermaria. Ao passar pelo último leito, percebi que não tinha para onde correr. Por sorte havia um grande cilindro de oxigênio com rodinhas e, mantendo o cilindro entre mim e ele, consegui detê-lo por tempo suficiente até que os seguranças chegassem.

Descobriu-se que seu tumor cerebral havia se espalhado para o lobo frontal. Esse tipo de câncer tem crescimento rápido e, nesse caso, estava pressionando a parte do cérebro que normalmente regula o comportamento. Assim, a agressão e a desinibição do homem tinham uma causa "física". Se ele tivesse me alcançado e me estrangulado até a morte, sua amnésia subsequente do assassinato hipotético teria sido genuína, e ele poderia ter reivindicado legitimamente a diminuição da responsabilidade. Em meu estado exausto no final de mais um turno de trinta horas, isso foi demais para mim. Mas eu estava aprendendo lições valiosas para o futuro.

Como o professor Rob Anankast nos contou quando começamos em Maudsley: "Em suas equipes multidisciplinares haverá assistentes sociais, enfermeiros e todos os tipos de terapeutas. Não esqueçam a medicina. Seu conhecimento médico é um conjunto de habilidades que você traz para sua prática". O trabalho multidisciplinar com vários outros profissionais é essencial para a reabilitação de pacientes forenses — trabalhei com alguns excelentes colegas. Mas tenho visto alguns outros psiquiatras forenses que, tendo perdido de vista seu papel de único médico da equipe, não mostram a liderança necessária para tomar as decisões difíceis sobre saúde física, riscos para o público e tratamento obrigatório.

Mas Costas não tinha problemas familiares e sociais urgentes — não ainda, pelo menos. Ele não tinha filhos com os quais se preocupar, apenas uma esposa chocada e confusa em casa.

Costas não apresentou sintomas de câncer de pulmão ou qualquer outro câncer conhecido por se espalhar para o cérebro. E uma das causas físicas mais obscuras, como uma infecção ou outra doença cerebral?

Eu vi um punhado de casos em que doenças cerebrais "físicas" causavam comportamento agressivo que levava ao assassinato. Um desses casos foi Antonio Rossi. Rossi, gerente do serviço penitenciário, começou a ouvir vozes e a ver aparições estranhas, que, ao que parece, pensou terem sido enviadas por sua esposa. Acreditando que ela iria matá-lo, ele a esfaqueou 68 vezes, segundo a autópsia. Enrolou o corpo dela em um tapete e saiu do apartamento.

Tendo ferido gravemente sua mão no processo, ele deu entrada no pronto-socorro. No entanto, Rossi não se lembrava de nada do que havia feito e parecia genuinamente perplexo com o ocorrido. A princípio, alegou ter se cortado em uma lata de extrato de tomate e depois disse que quebrou uma garrafa. Esses foram exemplos de confabulação, que é uma tentativa do cérebro de preencher lacunas na memória que só vemos em casos de verdadeira amnésia relacionada a danos cerebrais.

Os ferimentos foram, de fato, sofridos quando sua mão deslizava pela lâmina da arma do crime sempre que encontrava resistência óssea durante o esfaqueamento vigoroso e repetido. É uma lesão comumente sofrida por assassinos que usam a faca mais próxima à mão em vez de uma adaga ou faca de combate, com uma cruzeta projetada para esse fim. As vítimas geralmente sofrem lesões de defesa nas mãos de maneira que indicam tentativas de agarrar a lâmina durante a luta.

Os tendões cortados na mão de Rossi foram reparados cirurgicamente e ele foi transferido para um hospital psiquiátrico de custódia. Após a transferência, suas alucinações desapareceram milagrosamente durante o período de observação antes de iniciarmos a medicação.

Mas Rossi também estava perdendo a coordenação: não conseguia ficar de pé no chuveiro, por exemplo. Consultando neurologistas e após testes eletrônicos de suas fibras musculares, conseguimos fazer um diagnóstico. A degeneração cerebral que descobrimos explicava tanto o episódio psicótico transitório durante o qual ele matou a esposa como sua amnésia subsequente em relação ao assassinato. Poucos meses depois de chegar à nossa unidade de segurança, ele estava em uma cadeira de rodas. Sua condição deteriorou-se rapidamente, e logo ficou confinado à cama. Ele morreu cerca de dois anos depois.

Descobriu-se que Rossi havia desenvolvido uma doença cerebral degenerativa rara que combina demência de início precoce e doença do neurônio motor. Mas, ao contrário do caso de Stephen Hawking, esse tipo de doença do neurônio motor é rapidamente fatal. Ela começa com um episódio fugaz de psicose. Essa psicose por "tempo limitado" é acompanhada por outros sintomas de comprometimento cerebral, como desinibição e agressividade. Alguns meses depois, aparecem espasmos musculares, com uma perda progressiva da capacidade de movimento. O prognóstico é ruim, e a duração desde o início até a morte é de dois a cinco anos.

Esse é um dos poucos casos de assassinato "neuropsiquiátrico" que já acompanhei. Foi uma ocorrência trágica, claro, mas, como colecionadores de selos, médicos e psiquiatras procuram aqueles casos que são tão raros quanto o primeiro selo postal do mundo, o Penny Black. Meu relatório detalhado sobre esse "caso complexo e incomum" me rendeu mais indicações tanto da acusação como da defesa, pois o Old Bailey achou essa raridade igualmente fascinante, e eu os salvei do incômodo de um demorado julgamento por júri.

Revisei os registros médicos de Costas para descartar quaisquer condições raras. Ele tinha um histórico de dor nas costas, infecção no peito e alcoolismo, mas nada que sugerisse doença cerebral. Na entrevista, ele não mostrou problemas nos testes de "rastreio" da função cerebral ou com a memória biográfica e de curto prazo, embora ainda não conseguisse se lembrar do que havia acontecido naquela noite. Em outros exames da parte frontal do cérebro, responsável pela regulação do comportamento, os resultados foram totalmente normais.

Se eu tivesse encontrado algo suspeito, teria recomendado uma ressonância magnética do cérebro e outros exames. Mas não eram necessários e, mesmo que fossem, provavelmente não teriam sido pagos pela assistência jurídica. Em uma reivindicação de seguro de saúde por um pequeno ferimento na cabeça, ele teria uma bateria completa de exames detalhados, mas este era apenas um caso de vida ou morte com uma possível sentença de prisão perpétua — muito menos importante do que o dinheiro de uma companhia de seguros.

Durante nossa segunda entrevista, Costas me contou sua versão da história de fundo. Ele havia trabalhado como assistente de varejo, mas foi promovido para consultor de vendas e depois gerente de vendas. Ele tinha uma vida social ativa e gostava de uma bebida. Casou-se em 1999, mas a esposa perdeu um filho após um descolamento da placenta. Eles cogitavam a adoção.

Costas começou a beber mais. Ele foi de uma Guinness ocasional para uma cerveja forte todo fim de semana, passando a destilados, principalmente vodca. Ele era mais um bebedor compulsivo do que um bebedor regular e dependente, e em uma noite pesada podia beber uma garrafa e meia de Stolichnaya. Sofria com ressacas terríveis, mas enfrentava o trabalho bebendo litros de água. As discussões com sua esposa continuaram. No entanto, por volta de 2003 conheceu a vítima, Sophia, no trabalho. Em pouco tempo, eles começaram a ter um caso. Ele se estabeleceu em um relacionamento duplo, passando algumas noites com Sophia e outras com a esposa, Lina. Sophia sabia que ele era casado, mas Lina não sabia do caso. Ele disse a Sophia que deixaria Lina, mas nunca fez isso. Quando Sophia começou a pressioná-lo, ele disse que não deixaria a esposa, "nem pela sua pressão, nem pela pressão de qualquer outra pessoa". Sua vida dupla continuou.

Eu me perguntei se o padrão de consumo de álcool de Costas poderia fornecer uma explicação tanto para o assassinato como para a amnésia subsequente. Afinal, não será surpresa para ninguém que os casos de assassinato estão inundados de álcool e drogas ilícitas. Estatísticas de 2018 mostraram que 32% dos suspeitos e 36% das vítimas de assassinato estavam bebendo álcool e/ou usando drogas no momento do homicídio. Quando embriagadas, algumas pessoas são amigáveis ou amorosas, enquanto outras ficam irritadas e zangadas. O álcool é um fator que pode transformar uma agressão séria em assassinato. No entanto, o consumo de álcool faz parte da vida cotidiana, a maioria dos bebedores não mata e, na minha experiência, a intoxicação alcoólica nunca é a única causa de um assassinato.

Estatísticas recentes do governo descobriram que cerca de 60% da população do Reino Unido consome álcool e, entre eles, cerca de um quarto, ou 8 milhões de consumidores, bebe compulsivamente em algum dia da semana. Em suma, somos uma cultura de bebida — e eu não sou diferente. Mas, enquanto a maioria de nós se identifica com um episódio de memória nebulosa depois de algumas bebidas, a dependência do álcool é outra questão. Embora beber possa ser parte integral de uma situação social, ou acontecer como resultado da pressão do grupo, o álcool também é usado por seus efeitos ansiolíticos e de alívio do estresse (de curto prazo), ou para relaxar no fim de semana. É quando esse hábito até então esporádico se expande, começando na quinta-feira à noite e terminando na terça-feira seguinte, que o hábito de beber para aliviar o estresse pode se tornar um problema. O consumo habitual torna-se diário, com um aumento gradual nas doses, o que leva à dependência — o estado em que todos os dias requer uma nova dose para "acordar" ou "rebater a ressaca" e aliviar não apenas desejos psicológicos, mas também a abstinência física completa.

Mas Costas tinha mais um padrão de compulsão do que o hábito de beber diariamente, e suas farras de álcool eram intensas, mesmo para os padrões dos estudantes. Tive de considerar os potenciais efeitos no longo prazo de sua bebedeira e como isso pode ter levado a um comportamento assassino.

A dependência grave do álcool ou seu consumo excessivo podem levar a várias síndromes agudas ou danos cerebrais em longo prazo, que equivalem a causas "orgânicas" ou físicas de distúrbios cerebrais e comportamentais. O *delirium tremens* (DT) é muitas vezes mal compreendido. Pode ocorrer devido a um nível de abstinência muito alto, o que pode levar a ansiedade, tremores e sudorese, seguidos de delírio, com turvação da consciência e alucinações. As alucinações podem ser visuais, às vezes pequenos animais ou insetos, que chamamos de alucinações liliputianas — a única ocasião na psiquiatria forense em que relatos de "homenzinhos verdes" podem realmente ser genuínos.

Avaliei um homem que sofria de DT que atacou com uma faca Stanley o que ele pensava ser uma multidão de pessoas que o perseguiam. Ele feriu gravemente um transeunte, mas felizmente o ferimento não foi fatal. O delirium *tremens* geralmente ocorre de dois a quatro dias após a interrupção do consumo de álcool e é uma emergência médica que pode resultar em internação hospitalar e até ser letal se não for tratada.

Mas o assassinato de Sophia por Costas aconteceu *durante* uma farra de álcool, não de dois a quatro dias *depois* de uma. Além disso, ele não havia relatado homenzinhos verdes e não estava delirando em sua cela.

Há também uma forma grave de dano cerebral relacionado ao alcoolismo em estágio final e à deficiência de vitamina B (nos que negligenciaram a ingestão de alimentos em favor da bebida). Isso começa como uma emergência médica com sintomas que incluem confusão, falta de coordenação e movimentos oculares anormais. Se as vitaminas intravenosas não forem administradas com urgência, isso poderá levar a um estado permanente de perda de memória, com incapacidade de aprender novas informações *dali em diante*.

Esse é o tipo de perda de memória retratado com precisão no filme *Amnésia,* em que o protagonista precisa usar tatuagens e fotos Polaroid para coletar e registrar novas informações enquanto caça o assassino de sua esposa. Na vida real, conheço um médico sênior com alcoolismo grave que acabou hospitalizado com essa síndrome. Todas as manhãs ele perguntava à equipe de enfermagem onde estava sua esposa, e todos os dias ele caía aos prantos ao saber que ela havia se divorciado dele anos atrás. Um tipo de *Feitiço do tempo*, em que todos os dias começam de novo, congelados no tempo, do mesmo ponto antes de o dano cerebral acontecer.

Mais uma vez, no entanto, isso não se encaixava com Costas. Não houve nenhum episódio de confusão com movimentos anormais dos olhos, e ele teve testes de memória normais sem incapacidade de "avançar" para lembrar novos fatos.

A intoxicação normal pode ter um efeito distorcido na memória, mas os apagões causados pelo álcool, por outro lado, são bastante comuns, e não apenas entre os estudantes que adoram festas. Eles tendem a acontecer após farras pesadas que apresentam um nível de pico alcoólico muito alto. Os apagões podem ser parciais, com ilhas de memória preservada dentro de lacunas que diminuem com o tempo. Ou podem ser apagões "em bloco" com início e recuperação muito definidos. A pessoa pode acordar com a sensação de "noite perdida" ou mesmo um "fim de semana perdido", como retratado no filme de 1945 de Billy Wilder, *Farrapo humano*.

Descrevi esse fenômeno para um juiz quando depus em um caso de assassinato envolvendo Pierre Carter, de 38 anos. Em sua casa em Basingstoke,

Hampshire, Carter estrangulou até a morte um homem mais velho. A vítima, Raymond Sanders, tinha se aproveitado sexualmente de Carter, repetidamente, depois de pesadas sessões de bebedeira e era suspeito de ter batizado a bebida de Carter, que mais tarde alegou amnésia devido a um apagão de memória causado pelo álcool.

O juiz perguntou: "Doutor, diga-me se entendi bem. Vamos imaginar um estuário de rio inundado de álcool. O senhor está dizendo que, à medida que a maré de álcool recua, ficamos com ilhas de memória na lama?".

"Exatamente, meritíssimo."

Veredito: amnésia aceita; homicídio culposo por provocação. Quatro anos de prisão.

Os apagões de memória causados pelo álcool pareciam uma explicação plausível para a amnésia de Costas. A garrafa e meia de vodca que ele tomava habitualmente equivalia aproximadamente a 8,5 litros de cerveja, ou cerca de 24 latinhas. Isso foi confirmado pelo cálculo retroativo do nível de álcool em seu sangue com base em medições feitas na delegacia de polícia após a prisão. Ele já havia passado por apagões antes. Por exemplo, um amigo do trabalho havia contado de uma vez que ele havia telefonado bêbado na noite anterior, mas Costas não se lembrava de ter feito a ligação. Se beber, não ligue (especialmente se você levou um fora).

Fui designado para a unidade de reabilitação de álcool no Maudsley durante meu treinamento psiquiátrico em 1995, e lá fui confrontado com as terríveis consequências do consumo de álcool em longo prazo. A dependência geralmente vem à tona "na quinta década" (tarde demais), depois de se agravar por anos, quando é extremamente difícil de reverter e já causou muitos danos. Naquela época, oferecemos seis semanas de internação para desintoxicação e reabilitação — prática há muito abandonada pelo sistema de saúde pública britânico por ser muito cara. Os pacientes na lista de espera seriam instruídos a continuar bebendo até o dia da admissão para evitar convulsões de abstinência com risco de vida. Lembro-me de um paciente que claramente seguiu esse conselho ao pé da letra, literalmente caindo do táxi nos degraus da frente do Maudsley, com vômito por toda a barba. Ele teve de ser ajudado a subir por enfermeiras e porteiros para começar a se desintoxicar com segurança, sob supervisão médica e de enfermagem. Daríamos aos pacientes uma desintoxicação, que era um tratamento redutor de cinco a sete dias de "benzos", que são tranquilizantes mais fracos como Valium ou Librium. Isso era para limitar o risco de convulsões e ajudar a controlar a abstinência muitas vezes grave, que apresentava sudorese, tremores e vômitos.

Uma vez sóbrios, os pacientes eram colocados em terapia individual e em grupo duas vezes por semana. Resolvemos seus problemas de saúde mental e física, repondo vitaminas, testando a função hepática etc. Essa foi minha primeira exposição à terapia de grupo como coterapeuta com uma das enfermeiras experientes, e rapidamente percebi que outros membros do próprio grupo eram mais eficazes em desafiar a negação dos alcoólatras. Tínhamos um homem que faliu sua empresa e estava perto de perder sua casa. Ele continuou falando sobre como a solução para seus problemas era simplesmente trocar o uísque em seu copo por suco de maçã e reorganizar sua vida negligenciada. Uma jovem que estava bebendo nas ruas três garrafas de um litro de cidra branca forte — 8,4% White Lightning — o desafiou, dizendo: "Você só fala merda; ainda não caiu o suficiente". Ela continuou, descrevendo-o melhor do que eu poderia ter feito: "Você não pode começar a voltar para a superfície até que seu nariz tenha atingido o fundo, seu idiota... Espere até estar em uma escola de bebida em Camberwell Green, então você vai entender". (Uma escola de bebida é um coletivo de alcoolistas severamente dependentes que juntam o dinheiro de benefícios para garantir que todos tenham algo para beber.) A maioria dos pacientes da ala de alcoolismo tinha vidas profissionais produtivas antes de perderem o controle para o álcool, e a maioria tinha histórias para contar. Havia profissionais de todos os tipos, incluindo médicos, policiais de alta patente e um robusto sindicalista. Ele lembrava meu avô; tinha a mesma compleição física e mãos enormes de boxeador. Sua família era do velho East End, na maioria membros do sindicato de gráficos da Fleet Street ou carregadores do mercado de Smithfield. Seu alcoolismo parecia ser, em parte, um luto pelo estilo de vida perdido, mas ele admitiu que "a gráfica" tinha uma cultura de bebida muito parecida com a Marinha Real. Às vezes, depois de um turno, ele acabava com uma garrafa de rum em cima das impressoras enquanto saíam as primeiras edições. Para alguns, a sobriedade era muito miserável, e lembro-me de um paciente, chamado Theodore, que havia saído da enfermaria para uma última bebedeira. Ele acabou no pronto-socorro do Hospital King's College com uma hemorragia catastrófica e fatal devido à ruptura de vasos inchados ao redor do estômago.

A dependência do álcool é uma síndrome que foi primeiramente reconhecida e definida como uma condição médica com base fisiológica pelo professor do Hospital Maudsley, Griffith Edwards. A dependência envolve características como beber repetidamente para aliviar os sintomas de abstinência, restringir-se a um tipo de bebida e aumentar a tolerância, de modo que você precisa beber mais para ter o mesmo efeito. Costas não tinha se tornado dependente, mas era evidentemente um homem infeliz e parecia precisar de um apagão alcoólico regular por razões que não eram claras.

Mas essas características são sempre claras? O álcool tem uma maneira de controlar a vida das pessoas e as faculdades de tomada de decisão. Quando você trabalha com alcoolistas em estágio terminal, isso o força a reavaliar seu próprio consumo de álcool. Trabalhando na unidade de álcool em 1995, fiquei preocupado com a vida de meus pacientes e perdi o gosto por cervejas geladas e vinho tinto. Minha estratégia naquele verão foi me indicar como motorista da rodada nas saídas noturnas. Esse período de sobriedade reflexiva foi claramente uma reação à minha exposição de seis meses à enfermaria AL3.

* * *

Eu havia encontrado uma possível causa para a perda de memória de Costas, mas ainda não tinha uma explicação para o assassinato. Depois de receber o habitual fardo pesado de declarações e exposições, eu planejava trabalhar com elas em uma viagem de trem para Derby, onde teria uma audiência. Decidido a pedalar e deixar minha bicicleta na estação, coloquei uma camisa, paletó, gravata e sapatos leves na minha bolsa junto com as duas pesadas pilhas de papéis.

Enquanto descia a Regent's Park Road em direção a Euston, pensei no caso. Certamente deve ter sido um ato deliberado e calculado de Costas ter jogado e inflamado a gasolina volátil? E como ele, em seu estado de embriaguez, conseguiu escapar da explosão? Fiquei imaginando como deve ter sido para a pobre Sophia. Imagens horríveis das chamas impiedosas se repetiam em minha cabeça. Senti pena dos policiais que a encontraram, como um zumbi, enquanto ela cambaleava em direção a eles. Sophia deve ter sido uma visão horrível — não admira que os oficiais não tivessem ideia de como ajudá-la.

É a inalação de fumaça que mata em 80% das mortes relacionadas ao fogo. A inalação de gases tóxicos, especialmente monóxido de carbono e cianeto de hidrogênio, bem como queimaduras térmicas nas vias aéreas destroem a capacidade de respirar mesmo em um ventilador mecânico em terapia intensiva. Eu sabia disso muito bem por causa de um turno noturno que passei no pronto-socorro como estudante de medicina na noite do incêndio de King's Cross em 1987, quando 31 pessoas perderam a vida. Muitas vezes me perguntei como devem ter sido aqueles últimos momentos para qualquer vítima de assassinato, mas a morte por imolação é inimaginável em termos de sofrimento.

Voltando a Costas, como a situação com as duas mulheres em sua vida acabou em uma ação letal contra Sophia?

Seu gerente descreveu um bom histórico de trabalho sem problemas disciplinares. Sua ficha criminal não confirmou nenhum indiciamento prévio.

Entretanto, a irmã de Sophia descreveu Costas como controlador, ciumento e um pouco assediador. As declarações deixaram claro que Sophia não contou à família sobre a vida dupla de Costas, mas confidenciou a amigos, como Celeste. Ela declarou que eles pareciam muito apaixonados quando o relacionamento começou, mas discutiram sobre o gato de estimação de Sophia, que Costas achava sujo e odiava. Costas também era possessivo, e eles estavam constantemente "brigando", quase sempre verbalmente. A relação se deteriorou.

Celeste disse que ela e Sophia uma vez saíram para tomar uma bebida, e Costas ficou ligando repetidamente, mandando que Sophia voltasse para casa. Celeste também estava com Sophia alguns dias antes do assassinato quando Costas telefonou embriagado e disse a Sophia que finalmente havia tomado a decisão de se divorciar e acertar as coisas com ela.

Mas já era tarde. Sophia havia esperado tempo demais e estava tentando romper o relacionamento. Ela disse a Celeste que queria pegar as chaves de seu apartamento de volta, e até pensou em ir à polícia, mas não queria causar problemas para Costas.

Continuei a ler os depoimentos das testemunhas.

A esposa de Costas, Lina, descreveu inicialmente um bom casamento, mas disse que eles discutiam com frequência. Seu marido desaparecia por dias a fio, sem qualquer explicação ou dizendo que estava trabalhando em turnos consecutivos. Ele havia deixado a casa da família cerca de dois dias antes de sua prisão, mas ligou para Lina, parecendo bêbado, para dizer que não a amava mais e estava farto de estar casado.

Percebi que o trem estava parando na estação de Derby, então enfiei o maço de papéis na mochila e saí correndo. Não me lembro dos detalhes do tribunal naquele dia; acho que foi uma audiência de sentença de rotina. Lembro-me, no entanto, de uma espera prolongada em outra cadeira dura de plástico, onde me sentei para ler mais documentos. Pedi à recepção que convidasse o advogado para me encontrar do lado de fora do tribunal. Tive de mudar o foco, esquecer Costas por uma hora ou mais e colocar minha cabeça no caso para o qual eu tinha ido até ali e me preparar para depor. É uma rotina agitada, eu sei, mas, na verdade, é assim que eu gosto. Para mim, só existe uma coisa pior do que a pressão dos prazos: o tédio.

Manter o interesse sempre foi essencial, pois alguns dias eu pensava em desistir de tudo e tentar algo diferente. Mas na medicina, à medida que você segue um caminho especializado, as portas para outras carreiras se fecham rapidamente e você precisa tomar as melhores decisões. Embora eu não goste do campo acadêmico, mantive meu interesse no ensino, fazendo pesquisas em áreas como a segurança pública e escrevendo ou colaborando em artigos ocasionais sobre tópicos como os prisioneiros de Holloway, presos terroristas ou a mente do fraudador. Mas a interação entre cérebro, mente, biografia e comportamento é interessante demais para deixá-lo cansado por muito tempo. O que poderia despertar mais a curiosidade de alguém do que abrir um novo pacote de casos de assassinato? O desafio intelectual da resolução de quebra-cabeças psiquiátricos e legais é o que me mantém em movimento, mesmo quando a promotoria liga uma semana antes das férias de verão.

Eu estava com o cronograma apertado com o relatório de Costas, tendo aceitado instruções sobre um prazo ridiculamente curto para um caso de homicídio. Mas, na ocasião, não me importei. Era um caso interessante e fiquei feliz em retornar aos documentos no trem de volta a Londres.

Continuando a leitura, não encontrei mais nada que sugerisse uma doença cerebral orgânica ou um transtorno mental óbvio. Normalmente, uma explicação para o assassinato surge em algum momento enquanto você trabalha em um caso.

Imerso nos papéis, certificando-me de que não havia outro passageiro à vista, folheei tudo, pulando as repetidas declarações da polícia que comprovava a preservação da cena do crime e a cadeia de custódia das provas.

Havia o registro de custódia policial, uma lista do material não utilizado da promotoria e a longa transcrição da entrevista gravada, cheia de respostas "nada a declarar". Enquanto o trem passava pelos arredores do norte de Londres, eu estava me preparando para empacotar os papéis novamente.

Então cheguei ao depoimento de Oscar Novak.

Sophie começara a ver Oscar sem contar a nenhum de seus amigos ou familiares, talvez porque tivesse vergonha de começar outro relacionamento antes de resolver a situação com Costas. O número de Oscar estava no registro telefônico de Sophia, pois ele havia ligado para ela várias vezes na semana anterior ao assassinato, e, portanto, a polícia obteve um depoimento dele.

A polícia diz que toda investigação de assassinato arruína um ou dois relacionamentos. Por quê? Um policial uma vez me explicou que qualquer pessoa ligada à vítima, ou encontrada perto do local, terá de dar uma declaração detalhada e verdadeira (sob pena de perjúrio) para explicar seu paradeiro no momento do assassinato. E, é claro, algumas pessoas acabam não estando onde disseram ao parceiro que estavam.

No caso criminal de Costas, os advogados sobrecarregados e com poucos recursos devem ter ignorado a declaração de Oscar, pois não a mencionaram em minhas breves instruções. Mas ali estava um relato que não apenas revelou os movimentos reais da vítima na noite em questão, mas também forneceu evidências do que passava pela mente de Sophia — e todas as impressões de um homem que havia começado um novo relacionamento com ela pouco antes de sua morte.

Oscar disse que, no pouco tempo em que a conhecia, Sophia raramente falava sobre Costas, mas confirmou que ela estava tentando romper o relacionamento e lhe confidenciara que o ex ainda tinha a chave de seu apartamento. Ele disse que ela havia considerado envolver a polícia para recuperá-la, mas não queria que Costas tivesse problemas ou perdesse o emprego. Oscar e Sophia tiveram um encontro um dia antes da morte da moça, e ela estava recebendo repetidas mensagens de texto e telefonemas de Costas. Eles tinham alugado um quarto em um Premier Inn porque ela estava preocupada que Costas pudesse causar outra discussão e disse a Oscar que, na última vez que havia visto o ex, ele tentou ver o histórico de chamadas em seu telefone.

Então, lá estava o que procurava. Havia um motivo "normal". Parecia que, depois de hesitar por anos, Costas finalmente disse que deixaria a esposa, mas era tarde demais. Sophia havia encontrado outra pessoa. Quando ela voltou para seu apartamento às três horas da manhã, depois de estar com seu novo namorado, encontrou Costas à sua espera. Talvez ele estivesse se perguntando onde ela estava tão tarde da noite. Então, em estado de embriaguez, ele a confrontou e eles discutiram. Comprar a gasolina sugeria premeditação — violência predatória, em outras palavras. Mas às vezes você tem uma combinação de violências predatória e emocional. Ele pode ter pensado em assustá-la, queimá-la, ameaçar se queimar, ou os dois juntos, mas a discussão final, alimentada pelo álcool, o levou daquele ponto de inflexão para a conflagração fatal. Como mencionado anteriormente, os assassinos às vezes sabem — ou negligenciam a possibilidade — que o álcool ou a cocaína lhes dará a coragem de que precisam para chegar às últimas consequências.

Ainda assim, você não queima alguém até a morte apenas por deixá-lo. Para provocar tal resposta, a meu ver, você precisa jogar ciúmes na mistura volátil.

O consumo de álcool de Costas era tão intenso, que sua amnésia inicial logo após o crime pode muito bem ter sido genuína. Ele disse que havia começado a recuperar a memória e, naquele primeiro interrogatório com a polícia, e depois nos realizados por mim, ele sempre relatou ilhas irregulares de memória, o que sugeria que o apagão alcoólico tinha grande probabilidade de ser verdadeira. Por fim, achei provável que, mesmo que a amnésia irregular fosse genuína, ele havia começado a se lembrar mais do assassinato do que estava deixando transparecer, embora negasse conhecer Oscar. Eu tinha minhas dúvidas. Mas ele preferiu manter a afirmação, após sua prisão, de que não tinha conhecimento de um rival para que pudesse alegar no julgamento que o assassinato havia sido espontâneo, e não planejado.

Essa havia sido uma "investigação psiquiátrica especulativa" completa. Os advogados me pediram para comentar sobre a amnésia, a possibilidade de dano cerebral, transtorno de estresse pós-traumático, talvez um breve episódio psicótico, insanidade, responsabilidade diminuída e aptidão para julgamento. Talvez, como ele havia sugerido à polícia, tivesse planejado se queimar em vez de, ou ao mesmo tempo que, Sophia. Ou talvez a gasolina fosse uma forma de se distanciar do ato assassino. Ele não teve de golpeá-la ou esfaqueá-la, apenas jogar o combustível e acender um fósforo. No final, isso parecia um clássico homicídio de parceiro íntimo, outro homem experimentando a lesão narcísica de perder um objeto de amor. A raiva em relação à amante que o deixou foi inflamada pelo ciúme causado quando ela começou a ver outra pessoa.

Escrevi meu relatório expondo todas as explicações alternativas para a amnésia. Disse que achava que o apagão alcoólico com memórias irregulares era provavelmente genuíno, pelo menos logo após o assassinato, mas não consegui determinar se ele estava mentindo sobre sua contínua incapacidade de recordar. Eu havia descartado danos cerebrais e psicose, então não havia insanidade ou outra defesa. O consumo voluntário de álcool, por lei e como política pública, não é desculpa para assassinato, mesmo que você não se lembre do que fez. Se Costas se lembrava ou não, ele optou por não contestar as provas e se declarou culpado de homicídio doloso, evitando assim um julgamento.

Veredito: homicídio doloso. Prisão perpétua; com pena mínima de 21 anos antes da possibilidade de condicional.

Problemas graves com o álcool não explicam o crime de Costas, mas certamente contribuíram para o ato. Se ele tivesse procurado tratamento para seu alcoolismo antes, poderia não estar tão bêbado naquela noite. Mas, mesmo que tivesse pedido ajuda, o tratamento para o vício em drogas e álcool se tornou muito mais difícil no serviço de saúde pública do Reino Unido.

Os serviços de desintoxicação e reabilitação certamente devem ser um investimento que vale a pena, pois os custos sociais e de saúde dos vícios não tratados são enormes — especialmente quando você leva em conta a violência e os assassinatos associados ao comércio de drogas ilícitas. Em 2018, 332 homicídios — 44% de todos os crimes desse tipo na Inglaterra e no País de Gales — estavam relacionados a drogas.

Mas não há mais programas de desintoxicação e reabilitação administrados pelo sisitema público de saúde do país. As reformas de Lansley de 2012, agora amplamente aceitas como um enorme fracasso, garantiram isso. O financiamento para o tratamento de vícios foi realocado e a responsabilidade, passada para as autoridades locais, que possuem pouca verba e têm outras prioridades além de bêbados e viciados em drogas.

O financiamento para serviços de toxicodependência, que agora são todos feitos por provedores privados ou de caridade, diminui a cada ano. Então, se um político disser que a solução para o aumento do número de criminosos armados com facas é melhorar os programas de combate às drogas, pergunte a ele por que esses programas foram encerrados, em primeiro lugar. Ou nem "encerrados" — apenas tiveram seu financiamento federal cortado e foram cinicamente deixados para agonizar até a morte.

No entanto, restam balizas de excelência. Uma instalação de reabilitação sem fins lucrativos do setor voluntário em East Knoyle, nos arredores da divisa com Dorset, é a Clouds House, um centro de reabilitação residencial de drogas e álcool de primeira classe instalado em uma casa de campo. O programa ainda está disponível se você puder pagar — ou se puder persuadir o Grupo de Comissionamento Clínico do sistema público de saúde local a desembolsar 8.900 libras pelo programa mais curto, com duração de 28 dias.

Isso é muito mais barato do que uma opção totalmente privada disponível para os endinheirados como Elton John, que dá um depoimento impressionante dos benefícios da desintoxicação, da reabilitação e da recuperação duradoura em sua autobiografia, *Eu, Elton John*.

Visitei Clouds em 1995 em uma viagem de coleta de dados para ajudar na atualização do programa na unidade de álcool de Maudsley (antes da decisão de fechá-la alguns anos depois). Há uma lixeira próxima à entrada para que as últimas latas e garrafas sejam descartadas. Uma vez lá dentro, o paciente recebe uma desintoxicação completa e fica limpo em cerca de uma semana. Em seguida, há sessões de análise individual e em grupo de busca dos problemas subjacentes que levaram às drogas ou à bebida, e um plano é feito para evitar os gatilhos de recaída.

A desintoxicação e reabilitação de álcool não é a única atração da vila de East Knoyle. Em alguns fins de semana, depois de uma semana lidando com casos como Costas e Sophia, gosto de ir para Dorset para visitar a família e fazer uma pausa de 48 horas de Londres, muitas vezes com minha filha e meus filhos a tiracolo.

Na minha rota habitual, saio da A303 e corto por Hindon, passando por uma velha estalagem chamada The Lamb. Ao pegar a A350 para Shaftesbury, sempre aceno para a placa branca da estrada que indica "Clouds House". Abaixo dela, para minha diversão recorrente, há uma placa marrom para uma atração alternativa, ou talvez uma última escala no caminho para a reabilitação em Clouds: o pub The Fox and Hounds.

Nunca visitei esse pub e pretendo evitar a necessidade de uma reabilitação na Clouds House. Mas às vezes desço até um dos bares locais de Dorset, como The King John em Tollard Royal, para tomar uma caneca da cerveja Sixpenny Gold.

Enquanto bebo, tento não pensar em Costas ou em meus pacientes da enfermaria AL3, ou nos detalhes científicos de como o álcool afeta o cérebro, como a liberação de dopamina ou a modulação de neurotransmissores inibitórios. Tampouco reflito sobre a antiga serendipidade cultural que deve ter levado os primeiros humanos a descobrir as propriedades do suco de frutas fermentado. Em vez disso, apenas aprecio os efeitos calmantes e a bonomia social que acompanha uma bebida.

Admito que, no final de um fim de semana em Dorset, começo a sentir falta do burburinho da cidade. Mas uma coisa de que sempre gostei nessa área, e em outras partes rurais da Inglaterra, é a relativa escassez de crimes violentos graves e a quase total ausência de casos de assassinato.

Bem, pelo menos em teoria...

ASSASSINATO POR MOTIVAÇÃO FINANCEIRA

Estudo de caso:
Quem matou o coronel?

Às 4h57 do dia 8 de janeiro de 2004, a sala de controle da central de ambulâncias de Hertfordshire recebeu uma chamada. Veio de Braughing, uma pequena vila entre o rio Quin e o rio Rib, a quase cinco quilômetros de Furneux Pelham. O homem que ligou solicitou que uma ambulância fosse enviada para Hollyhock Cottage, mas não disse por que ou o que havia acontecido. O anônimo que fez a chamada errou o nome da vila, soletrando-a como "Furneaux Pelham", com o mesmo "a" extra que aparece em uma antiga placa, que também está incorreta. Mas ele pronunciou "Furnix", como um local faria — a versão anglo-saxônica é preferida à pronúncia afrancesada. A pessoa que ligou também disse ao atendente: "Fica perto de Buntingford". Ele pronunciou a última sílaba de Buntingford como "fud", com um forte sotaque rural. (E, quando a polícia mais tarde analisou a gravação, pensou-se que a pessoa deveria ser um local, possivelmente com mais de sessenta anos, de acordo com o especialista em linguística.)

Enviada para Furneux Pelham, a equipe de sorteio percorreu a aldeia procurando por Hollyhock Cottage. Mas era de noite, não havia sinal de qualquer atividade na vila, e eles não conseguiram encontrar nenhuma casa chamada Hollyhock Cottage, de forma que voltaram para a base.

Na manhã seguinte, Josette Swanson, uma governanta, chegou a Hollyhock Cottage para ajudar seu cliente idoso e enfermo, o coronel Riley Workman, no início de seu dia. Ela o encontrou caído na porta da frente, inconsciente. Sem saber o que fazer, a sra. Swanson ligou para um vizinho, Edward Davidson, advogado e pastor da igreja local, que morava nas proximidades. Davidson foi para o Hollyhock Cottage e diria mais tarde que ficou impressionado com o olhar de pavor no rosto do velho senhor. Enquanto isso, os paramédicos chegaram, verificaram seus sinais vitais e determinaram que ele estava realmente morto. Dada a idade do coronel, presumiu-se que ele havia morrido de causas naturais — ataque cardíaco ou derrame. Algumas horas depois, os agentes funerários chegaram e, enquanto moviam o corpo para uma maca para ser transferido para o carro fúnebre, notaram manchas de sangue em torno de um ferimento de saída muito limpo, provavelmente com menos de dois centímetros de largura, nas costas, que parecia vir de uma arma de fogo.

A polícia foi chamada. A morte de repente se tornou uma investigação de homicídio. Mas a essa altura a governanta, o vizinho e os paramédicos já haviam pisado por todo o lugar, e era tarde demais para a segurança do perímetro garantir a preservação e a adequada perícia do local. A autópsia e a análise balística determinaram que o coronel havia sido morto com uma forma incomum de munição, ou seja, um cartucho *buckshot* disparado de uma espingarda de calibre 12.

Um cartucho normal de espingarda de calibre 12, usado para atirar em faisões ou pombos, contém entre 170 e 270 pequenas bolinhas, pesando cerca de dois gramas cada e feitas de chumbo misturado com antimônio para ficarem mais duras. Um cartucho *buckshot*, por outro lado, contém cerca de oito bolinhas grandes, com quase um centímetro de diâmetro e pesando mais de cinquenta gramas cada. Famoso por seu poder de interceptação, ele é usado principalmente nos EUA pela polícia e em espingardas táticas de "defesa doméstica". Um ferimento de entrada e saída de chumbo seria estreito e concentrado, ao contrário de um ferimento de espingarda padrão, por isso não foi visto no início.

No Reino Unido, os cartuchos *buckshot* são geralmente restritos para uso por guardas de caça que abatem grandes "caças terrestres", como raposas. A loja mais próxima que vendia esse tipo de munição ficava na aldeia de East Barnet, a mais de oitenta quilômetros de Furneux Pelham.

Qualquer que fosse sua origem, especialistas em balística conseguiram determinar que o cartucho havia sido descarregado a cerca de três metros de distância. Incontestavelmente, o homicídio havia sido intencional. Além do mais, nada estava faltando, nem mesmo a valiosa prataria do coronel, então só podia ter sido uma execução a sangue frio — talvez motivada por rancor.

A sra. Swanson tinha visto o coronel pela última vez na noite anterior por volta das 19h35. As investigações da polícia realizadas de casa em casa — no que restava das "24 horas de ouro" para a coleta de evidências — revelaram que várias testemunhas ouviram um estrondo por volta de 20h20 da noite anterior. No entanto, tiros noturnos são comuns em um ambiente tão rural como Furneux Pelham e, portanto, nenhum alarme foi dado.

Com 83 anos quando morreu, o coronel Workman era um veterano da Segunda Guerra Mundial. Educado em Oxford, ele entrou no Exército logo após a universidade e, durante a guerra, serviu na infantaria ligeira de Oxfordshire e Buckinghamshire, que mais tarde se tornou parte dos Royal Green Jackets. Ele passou grande parte de seu tempo envolvido na guerra contra os japoneses na Birmânia. Durante sua carreira militar subsequente, esteve no Canadá, na Nigéria, na Alemanha e no Chipre e viajou muito pelos Estados Unidos. Foi descrito por contatos do Exército como um oficial de primeira classe.

Workman havia se aposentado em meados da década de 1960. Depois de algum tempo trabalhando no comércio de antiguidades, instalou-se na aldeia de Furneux Pelham. A confusão da equipe da ambulância havia surgido por causa dos nomes diferentes dados a sua casa. Embora sua esposa, Joanna, gostasse do nome "Hollyhock Cottage", o coronel preferia "Cock House" (Casa do Galo), em referência ao cata-vento com a figura de um galo no telhado.

Depois que Joanna ficou inválida, Workman se tornou seu cuidador, visitando-a constantemente no hospital durante o final da doença. Ela acabou morrendo em 2003 e foi cremada, com suas cinzas misturadas com as de sua cachorra de estimação, Tara.

Workman costumava comprar charutos e tomar uma bebida no pub local, The Brewery Tap. No entanto, após a morte de Joanna, ele foi visto com menos frequência no pub e tornou-se uma espécie de recluso, passando o tempo no chalé relendo *O senhor dos anéis* e a série *Harry Potter*. Um ano antes de sua morte, ele contratou a sra. Swanson como cuidadora para ajudá-lo a lidar com a casa. Foi ela, claro, quem encontrou seu corpo naquela manhã. Era um caso muito complicado. A polícia não tinha pistas.

Uma gravação da ligação para a emergência foi postada no site da polícia de Hertfordshire em uma tentativa de identificar quem havia ligado. Os detetives pegaram o fone da cabine telefônica do vilarejo próximo a Braughing, de onde a ligação havia sido feita, e acabaram removendo toda a cabine, deixando apenas um buraco no chão. Cerca de duzentas pessoas entraram em contato com a polícia de Hertfordshire sobre a ligação anônima, mas não houve pistas concretas.

Robert Nokes, o vigário local, perguntou por que alguém atiraria em Workman, "um velho que tentava levar a vida em paz". Enquanto isso, a especulação crescia. Parecia inconcebível que esse assassinato a sangue frio pudesse ter sido cometido por alguém da comunidade local. Foi um caso de identidade equivocada? Talvez o assassino fosse um soldado ressentido de seus antigos dias de Exército?

Uma linha de investigação era se havia um motivo financeiro para o assassinato e, em caso afirmativo, como a polícia poderia identificar o culpado. Workman era um residente relativamente abastado de Furneux Pelham e um alvo em potencial para crimes motivados pela ganância. Ele morava em uma casa cujo valor havia aumentado substancialmente ao longo dos anos. Tinha a generosa pensão de um oficial sênior do Exército, junto com uma valiosa coleção de antiguidades e pratarias adquirida em seus anos no comércio, então um assassinato por motivação financeira tinha de estar no topo da lista dos investigadores.

As perguntas se multiplicaram. Ele foi vítima de um golpista? Ou houve uma tentativa de chantagem, com ameaças de divulgar informações verdadeiras ou falsas sobre o coronel, a menos que as exigências financeiras fossem atendidas? Poderia ter sido extorsão de dinheiro ou propriedade, forçando-o a mudar seu testamento? Ou ele se envolveu em uma disputa com alguém do comércio de antiguidades?

O caso tinha todas as características de um drama da TV, mas as histórias de assassinato da TV tendem a enfatizar demais assassinatos premeditados e calculistas por dinheiro. Assassinatos por motivos financeiros são surpreendentemente raros. Dos 726 homicídios ocorridos na Inglaterra em 2018, apenas

47 casos (6%) foram ocasionados por furto ou ganho financeiro, enquanto 373 delitos (51%) resultaram de brigas, vinganças ou ataques de fúria.

Esse número geral é replicado nos Estados Unidos, onde os assassinatos por motivação financeira também representaram apenas 851 (6%) de 14.123 assassinatos ocorridos em 2018. Destes, 548 foram assaltos que deram errado, 75 aconteceram durante um arrombamento, 23 durante roubo, 6 foram gerados por desavenças em jogos de azar e 199 — ou 1,4% do número total de assassinatos — ocorreram em decorrência de um conflito sobre dinheiro ou propriedade. É claro que, em um homicídio por roubo, o motivo inicial é financeiro, não homicida. O assassinato acontece porque a arma usada para intimidar a vítima causa ferimentos graves, a vítima resiste ou o ladrão é apenas imprudente e impulsivo — o que não deixa de ser assassinato, claro. Da mesma forma, os homicídios por roubo geralmente começam como esta modalidade, que depois dão errado se, por exemplo, o ladrão for perturbado (a menos que seja um fetiche de roubo, estupro e homicídio, é claro — veja o capítulo três).

Portanto, isso significa que, uma vez contabilizados os homicídios cometidos por roubo, arrombamento e jogos de azar, o assassinato financeiro a sangue frio deve representar apenas uma fração do 1,4% restante dos homicídios.

O assassinato premeditado de um parceiro íntimo por dinheiro é realmente muito raro. Como já vimos, é muito mais provável que assassinatos de parceiros íntimos sejam cometidos no calor do momento. A polícia não precisa ir muito longe para encontrar o autor quando um dos membros de um casal é assassinado. Aqueles que pensam em matar seu parceiro pelo dinheiro do seguro ou herança ou no meio de um divórcio deveriam pelo menos imaginar que serão os principais suspeitos, mas nem sempre imaginam, ao que parece.

Considere o caso recente de Emile Cilliers, um instrutor de ginástica do Exército que foi condenado por duas acusações de tentativa de assassinato de sua esposa. Levando uma vida dupla, ele contraiu dívidas, usou profissionais do sexo e estava tendo um caso com uma mulher que conheceu on-line. Depois de investir no seguro de vida de sua esposa, ele tentou matá-la adulterando o abastecimento de gás de sua casa. Quando isso falhou, ele foi para o aeródromo — onde ambos eram paraquedistas recreativos — e sabotou o paraquedas dela. Ela sofreu lesões na coluna e quebrou a perna, a clavícula e as costelas como consequência, mas sobreviveu a esse segundo atentado contra sua vida.

Após dois julgamentos, que incluíram provas periciais de um experiente instrutor de paraquedismo, Cilliers foi condenado por ambas as acusações de tentativa de homicídio e condenado à prisão perpétua com uma pena mínima de dezoito anos antes da possibilidade de condicional.

Nenhuma avaliação psiquiátrica de Cilliers foi mencionada na imprensa, embora tenha sido sugerido na cobertura da mídia que, devido a seu provável motivo e seus comportamentos, ele deve ter traços psicopáticos. Você terá de julgar se isso é uma conjectura razoável.

Deixando de lado o caso de Cilliers, fica claro a partir de outros estudos de caso que traços psicopáticos como trapaça, comportamento manipulador, loquacidade ou charme superficial e falta de empatia podem ser encontrados tanto entre pessoas com estilos de vida aparentemente normais e cumpridoras da lei como em ambientes corporativos. Você pode ter encontrado alguém que se encaixe nessa descrição. Robert Hare, um especialista na área, examinou "psicopatas corporativos" em seu livro *Snakes in Suits*.[1] Ele argumenta que a natureza destrutiva do psicopata corporativo pode ser negligenciada por causa de sua tendência ao comportamento encantador.

Mas o fraudador psicopata também pode ser um assassino psicopata. Uma característica notável dos fraudadores financeiros é sua tendência a traços de personalidade narcisista, e é a combinação de traços narcisistas e psicopáticos que pode fornecer a ligação da fraude e da dissimulação ao assassinato.

O conceito de narcisismo — como descrito pela psiquiatra e psicanalista Jessica Yakeley[2] — desenvolveu-se a partir de descrições de um traço de personalidade relacionado a vaidade e amor-próprio para um diagnóstico psiquiátrico completo na forma de transtorno de personalidade narcisista. Pensa-se que os traços narcisistas existam em uma escala móvel. Em uma extremidade do espectro, um grau saudável ou normativo de narcisismo pode ser adaptativo, isto é, pode proteger o indivíduo de sentimentos de baixa autoestima.

Mas, no outro extremo, as características do transtorno de personalidade narcisista incluem grandiosidade e autoimportância: fantasias persistentes de sucesso ou poder e crenças sobre ser especial, além de um senso de merecimento. Esses traços podem ser acompanhados por uma tendência a explorar os outros, falta de empatia e comportamento invejoso ou arrogante. Também foi sugerido que existem dois subtipos de narcisismo, a saber, a arrogância e a autoconfiança do narcisista de "pele grossa" versus a ansiedade excessivamente sensível, insegura, defensiva e envergonhada do narcisista de "pele fina". Às vezes, a forma de pele grossa é uma defesa psicológica contra a de pele fina. Por exemplo, os narcisistas são notórios por sua capacidade de fazer piadas depreciativas à custa dos outros, enquanto são incapazes de aceitar essas provocações. Tem sido sugerido que alguns políticos proeminentes no cenário global combinam autoestima excessiva e excesso de confiança com intolerância a críticas.

Um transtorno de personalidade narcisista pode levar a problemas no trabalho e nos relacionamentos interpessoais, bem como nos assuntos financeiros. Os narcisistas tendem a exigir atenção constante e admiração excessiva, e esperam ser reconhecidos como superiores. Eles exageram suas próprias realizações e são propensos a fantasias sobre sucesso, poder e beleza. Podem ser exploradores ou manipuladores para conseguir o que querem e têm uma incapacidade ou falta de vontade de colocar as necessidades e os sentimentos dos outros acima dos seus. Podem insistir em ter o melhor carro ou o melhor escritório; podem exigir o beliche mais confortável da cela da prisão; ou podem ficar zangados se não forem o primeiro paciente a ser atendido na avaliação da unidade psiquiátrica de custódia.

Pessoas com transtorno de personalidade narcisista também têm dificuldade em lidar com qualquer coisa que percebam como crítica e podem ter problemas em regular emoções e comportamentos. Foi sugerido que os narcisistas perdem de vista seu "verdadeiro eu", substituindo-o via grandiosidade por um "falso eu", que tem a função de se proteger da injúria narcisística por meio de sentimentos de onipotência.

Isso significa que o narcisista pode pegar o que acha que merece por meio de fraude ou dissimulação, sem remorso ou culpa, e desconsiderando o impacto de seu comportamento sobre os outros. Quando frustrados ou desafiados, eles podem reagir impulsivamente, matando enquanto enfurecidos ou para cobrir seus rastros.

O narcisismo está intimamente ligado ao conceito de psicopatia, pois os traços narcisistas de grandiosidade e falta de empatia são itens da lista de traços psicopáticos, e já foi dito que, se pegarmos um narcisista e adicionarmos comportamento antissocial e sadismo, o resultado é um psicopata. O narcisismo também é um fio condutor que percorre muitas áreas da psiquiatria forense, pois nos ajuda a compreender o comportamento de fraudadores, vigaristas, assassinos de parceiros íntimos, assediadores, paranoides querelantes e matadores compulsivos.

Em exemplos extremos, o "falso eu" do narcisista pode ser expresso por meio da mentira patológica ("síndrome de Walter Mitty") e da adoção de uma identidade completamente nova como impostor.

Outro traço de personalidade relevante aqui, e que se sobrepõe ao narcisismo, é o conceito de maquiavelismo, embora seja uma noção um pouco marginal, e não um diagnóstico psiquiátrico oficial. O maquiavelismo refere-se ao uso de estratégias de interesse próprio, como dissimulação, bajulação e distanciamento emocional, para manipular interações sociais e interpessoais. A combinação de maquiavelismo, narcisismo e psicopatia é conhecida como a "tríade sombria" dos traços de personalidade, e acredita-se estar associada a comportamentos adversos no local de trabalho e fraudes financeiras.

* * *

Além de minhas avaliações de casos de homicídio, também me pediram para avaliar vários réus acusados de fraude, inicialmente para ambos os lados, mas, à medida que fui ficando mais experiente, principalmente para a promotoria. A mente de um fraudador foi o tema de um artigo acadêmico que coescrevi no qual defendemos uma tipologia de transtorno mental nesses indivíduos.[3]

Minha introdução à fraude e à dissimulação ocorreu quando me pediram para avaliar Diane Whitworth, responsável por um esquema de pirâmide do tipo Ponzi, utilizando a empresa do marido. O crime envolvia persuadir pensionistas vulneráveis a investir 5 mil libras em um esquema de investimento com uma taxa de juros que era boa demais para ser verdade. Em vez de investir os prêmios que coletaram de investidores desavisados — mais de 600 mil libras —, Whitworth e seu marido gastaram o dinheiro em um carro de luxo e férias no exterior. Mais tarde, enquanto estava sob investigação pela Receita Federal do Reino Unido, e depois pela polícia, Whitworth fingiu convulsões quando estava sob custódia policial. A defesa tentou argumentar que ela era mentalmente incapaz de ser julgada. Quando a examinei em sua casa — uma cara propriedade rural com um Bentley estacionado do lado de fora —, ela estava completamente muda. Depois apareceu no tribunal alegando estar cega e paralisada de um lado. Em minha ingenuidade, postulei que ela poderia ter um espasmo arterial em uma forma extrema de enxaqueca ou um derrame para explicar seus sintomas. Mas depois de um robusto "julgamento de capacidade", que é uma espécie de julgamento dentro de um julgamento com um júri separado, ela foi considerada apta para ser julgada. Um dos argumentos decisivos, como destacado pela promotoria durante o interrogatório de um psiquiatra particular que a tratou, foi que ela havia repetidamente fingido doenças para fazer falsas reivindicações de seguro de viagem. Ficou claro que isso era fingimento. Ela e o marido foram, então, condenados por fraude e sentenciados a quatro e seis anos de prisão, respectivamente.

Tenho visto muitos exemplos desse tipo de comportamento, alguns deles cômicos pelo absurdo da fraude e a alegada amnésia que a segue. O advogado John Wilmot tentou reivindicar um desconto de 17,5 milhões de impostos para um negócio falso envolvendo motores a jato Boeing inexistentes. Ele foi considerado "capaz de enfrentar julgamento" apesar de apresentar transtorno mental, que acreditava-se ser fingimento, e ficou preso por cinco anos. Depois de apresentar provas para a promotoria em uma série de casos de fraude de alto valor como esse, pediram-me que fornecesse treinamento ao Escritório de Fraudes Graves sobre as questões de capacidade geralmente levantadas nesses julgamentos. O que surgiu da minha série de casos foi que os indivíduos que enganam durante o crime de fraude podem posteriormente tentar ludibriar o processo judicial e o psiquiatra avaliador, fingindo amnésia para subverter o curso da justiça.

Logo encontrei um caso que demonstrava a insensibilidade, a falta de empatia e o estilo de vida parasitário de um fraudador financeiro provavelmente maquiavélico e possivelmente psicopata que chegava ao comportamento homicida. Esse foi o caso de Anand Varma.

Anand Varma, 26 anos, vinha jogando nos mercados financeiros e nas apostas on-line. Ele se fazia passar por um corretor de futuros, quando na verdade era um jogador problemático que havia perdido mais de 100 mil libras.

Para cobrir seus débitos, ele pediu dinheiro emprestado usando a casa de seus pais como garantia e, sem que eles soubessem, fez empréstimos em nome deles. Ao todo, realizou fraudes de mais de 270 mil libras falsificando as assinaturas de seus pais e as de seus advogados. O dinheiro foi usado para pagar dívidas crescentes de apostas com *spread*.[*]

Ele deve ter sido confrontado, pois, em 26 de outubro de 2003, Anand Varma estrangulou seu pai, Dinesh Varma, de 59 anos, antes de colocar seu corpo em uma mala e escondê-la no bagageiro de seu Ford. No dia anterior ao assassinato, ele havia pesquisado os termos "assassinato por envenenamento" e "assassinato" on-line. Ele, então, denunciou o desaparecimento de seu pai.

O que fez em seguida foi bastante extraordinário e, na minha opinião, é explicado em parte pela mentalidade comum a muitos fraudadores, que tendem a negar a verdade não apenas às suas vítimas e à polícia, mas também a si mesmos. "Vou pegar o fundo de pensão, mas tudo bem, vou devolver o dinheiro", podem dizer a si mesmos. E acho que deve ter sido esse processo de negação psicológica que fez com que Varma deixasse o corpo do pai se decompondo no porta-malas de seu Ford por dois meses.

Fora da vista, longe da mente.

Após o desaparecimento do pai, Varma se juntou às buscas. Ele alegou ter vendido o Ford e comprado um BMW Série 5, mas não havia documentos que respaldassem essa versão.

---

[*] Diferença entre os preços de compra e de venda de uma ação. (N. T.)

Incrivelmente, Varma continuou voltando ao carro que continha o corpo em decomposição do pai para retirar as multas por estacionamento irregular, que colocava no porta-luvas do veículo abandonado. As multas eram todas cronometradas e datadas e tinham as impressões digitais dele, assim a promotoria pôde apresentar evidências claras de que ele havia retornado repetidamente ao carro.

Parece que a pulsão compulsiva de Varma era tão poderosa, que ele priorizava o jogo ao mesmo tempo em que negligenciava o descarte do corpo, o que ficou evidenciado por sua dissociação à própria existência do cadáver.

Fiz uma série de avaliações psiquiátricas de apostadores para uma clínica especializada, embora logo tenha ficado claro para mim que a psiquiatria forense não tem um papel útil para auxiliar os tribunais nesses casos.[4] Fiquei impressionado tanto com a natureza intensa do vício como com sua capacidade de conduzir um comportamento bastante extremo e, às vezes, fraudulento. Mas, embora os impulsos de apostar possam ser muito poderosos, às vezes até irresistíveis, o jogador tem a capacidade de desistir, e, assim, os tribunais criminais sempre responsabilizarão os apostadores por suas ações. Essa foi uma lição que aprendi depois de uma audiência especialmente difícil quando ficou claro que um apostador me contou um monte de mentiras. No entanto, embora Varma estivesse no controle de suas ações, é útil notar que a ressonância magnética do cérebro mostrou a ativação do corpo estriado (o centro de recompensa do cérebro) durante experimentos de jogo simulados. Apostadores não são viciados em ganhar: eles são viciados na incerteza passageira do momento antes de descobrir se ganharam ou perderam. Eles chamam isso de "estar no jogo". É masoquista, mas altamente viciante, e pode ter sido um fator para levar Varma ao assassinato. Depois que a polícia descobriu o corpo, Varma foi preso e aguardava o julgamento que seria realizado em Old Bailey. Um caso simples, com certeza.

No entanto, enquanto estava em prisão preventiva em Belmarsh, Varma apresentou outro plano fraudulento para sugerir que alguém havia comprado o carro. Seu companheiro de cela, Nagu Murphy, era um homem viciado em *crack* e com QI baixo que estava na prisão por delitos menores e logo seria liberto.

Varma manipulou seu companheiro de cela para ajudá-lo, dizendo que o tornaria rico ensinando-o a negociar on-line. Murphy concordou, mas, pouco tempo após sua libertação de Belmarsh, ele foi preso em conexão com um crime menor não relacionado. A polícia encontrou em sua posse documentos da promotoria relacionados ao caso de homicídio envolvendo Varma, além de documentos escritos por Varma estabelecendo a proposta de uma declaração falsa que ele pretendia que fosse entregue à polícia por um terceiro. Os documentos davam detalhes de como a declaração deveria ser feita e os pagamentos que seriam recebidos.

No interrogatório da polícia, Murphy confessou toda a trama.

Recebi o caso porque havia uma disputa sobre a capacidade de Murphy para o interrogatório policial. Mas, depois do julgamento dentro do julgamento, a confissão de Murphy foi autorizada a ser apresentada ao júri. A dupla foi condenada por subverter o curso da justiça e Varma foi condenado pelo homicídio doloso do pai.

Veredito: homicídio doloso. Prisão perpétua; pena mínima de catorze anos antes da possibilidade de condicional.

Então, Varma provavelmente era um daqueles assassinos-fraudadores de que estamos falando, você pode pensar, o que me traz de volta ao assassinato do coronel Workman, porque uma possibilidade naquele caso era que um fraudador-assassino, chantagista ou extorsionário — talvez com traços psicopáticos — o tivesse assassinado depois que ele ameaçou denunciá-lo à polícia.

Certamente deve ter sido uma via de investigação, embora pareça que a polícia não conseguiu gerar nenhuma pista para um motivo financeiro. Como seria de se esperar, esse tipo de investigação geralmente envolve uma análise de registros bancários na intenção de encontrar quaisquer transações incomuns, uma análise de registros telefônicos, etc. Mas nada parecido com isso foi encontrado. Não no início, pelo menos.

A próxima via principal de investigação foi tentar rastrear a espingarda usada para atirar em Workman na porta de sua casa. A polícia estava se fazendo duas perguntas: por que uma arma foi usada nesse assassinato? E em que circunstâncias aconteceram os disparos?

Assassinatos por armas de fogo no Reino Unido são raros, graças a algumas das leis de porte de armamento mais rigorosas do mundo. Um pedido de licença de espingarda leva vários meses para ser aprovado e envolve a exigência de comprovação de finalidade legal, como acesso a locais de caça, necessidade de controle de pragas agrícolas ou associação a um clube de tiro. Ao contrário dos EUA, existem verificações de antecedentes, incluindo registros médicos e criminais, e os Oficiais de Investigação de Armas de Fogo realizam uma entrevista na casa do solicitante antes de tomar uma decisão final. Uma vez aprovado, um cofre de armas seguro deve ser instalado e testado por um oficial de armas de fogo antes que um certificado seja finalmente emitido, e todas as espingardas registradas têm um número de série indelével gravado na coronha e nos canos.

Apesar dessas salvaguardas, há mais de 1 milhão de proprietários de espingardas no Reino Unido, muitos deles atiradores esportivos, e há mais de 500 mil proprietários de armas de fogo (ou seja, proprietários de rifles de caça ou alvo), que exigem verificações ainda mais rigorosas, devido ao seu alcance mais longo. Ao todo, há pouco menos de 2 milhões de armas registradas no Reino Unido, o que não é muito quando se considera que nos EUA, com uma população aproximadamente cinco vezes maior que a do Reino Unido, existem impressionantes 265 milhões de armas legais.

Quanto ao seu uso no crime, na Inglaterra e no País de Gales em 2018 houve 29 assassinatos por arma de fogo, um pouco acima da média, já que nos seis anos anteriores havia ocorrido entre 21 e 32. Destes, apenas um punhado foi por armas de propriedade legal, a maioria deles sendo tiroteios relacionados a gangues com revólveres ilegais e espingardas de cano serrado. Por outro lado, nos EUA, no mesmo ano, houve 10.265 homicídios por arma de fogo, representando quase três quartos de todas as mortes ilegais. Os EUA tiveram 986 tiroteios fatais envolvendo policiais em 2017, enquanto no Reino Unido houve apenas seis, incluindo os quatro terroristas das pontes de Londres e de Westminster, cuja intenção era um incidente de "suicídio por ataque a policial".

Portanto, uma pergunta que precisava ser respondida no caso do coronel era se a arma do crime era uma arma ilegal (ou seja, uma arma de cano serrado) ou — muito mais provável em uma área rural — uma espingarda de posse legal. Não havia nenhuma caixa de cartucho no local, e não é possível fazer qualquer análise balística útil, já que os canos das espingardas são lisos e não deixam padrões reveladores.

As investigações da polícia não revelaram nada entre os proprietários de armas legais locais, e o caso permaneceu um mistério. Apesar de ser destaque no programa de televisão da BBC *Crimewatch*, não houve mais pistas e o caso foi arquivado.

Embora eu tivesse passado mais de vinte anos morando em Londres (além de algumas passagens pelo exterior), conhecia bem esse meio rural. A aldeia de Furneux Pelham não era diferente da aldeia de Dorset, onde eu havia estudado. Quando meus meninos e minha filha tinham idade suficiente para correr, Dorset era um antídoto perfeito para a vida restrita das crianças em Londres. Meus filhos apreciavam as viagens para lá, onde podiam correr sem se preocupar com o trânsito e recolher ovos de galinhas criadas ao ar livre ou alimentar os coelhos. Aquela era a terra natal e a inspiração de Thomas Hardy, uma uma área cultivada em sistema feudal por mais de meio milênio e hoje é uma região de fazendas leiteiras de primeira. Nas colinas próximas de Cranborne Chase, existem famosos pontos de caça de perdizes e, no inverno, muitos fazendeiros usam seu tempo de inatividade para caçar faisões ou pombos e para eliminar animais daninhos na fazenda. Em suma, as armas são parte integral do modo de vida.

Dada minha familiaridade com esse ambiente, fiquei naturalmente curioso quando, em julho de 2004, me pediram para ver um caçador de ratos local e afiado esportista campestre, Christopher Nudds, que havia sido um dos interrogados após o assassinato do coronel Riley Workman no início daquele ano.

Nudds, então com vinte e poucos anos, morava com os pais em Stocking Pelham, não muito longe de Furneux Pelham. Como um controlador de pragas autônomo, ele era visto regularmente pela área em seu veículo com tração nas quatro rodas. Ele removia as toupeiras dos jardins e ajudava os agricultores locais a lidar com animais daninhos, como ratos, camundongos e raposas. Nudds já havia trabalhado para o coronel, tendo limpado ninhos de vespas por três anos até 2033, cobrando uma taxa de 30 libras.

Quando Nudds compareceu à delegacia por outro assunto menor, logo após o assassinato, ele foi interrogado. Admitiu à polícia que visitou e conversou com o coronel sobre os ninhos de vespas cerca de três meses antes de sua morte, mas disse que não manteve contato desde então. Nem um pingo de evidência forense ligava Nudds à cena do crime. Havia resíduos de pólvora em seu veículo, mas isso teria sido um achado incidental comum na área. Como resultado, e sem qualquer motivo aparente ou evidência que o ligasse ao assassinato, ele foi liberado sem acusação. No entanto, após seu interrogatório policial, sua foto chegou aos jornais locais. Com a consequente publicidade, ele teve dificuldades para continuar trabalhando e perdeu muitos clientes.

A polícia o apontou injustamente por causa de seu status como um indivíduo um tanto socialmente isolado e um caçador de ratos? Em outras palavras, na ausência de outros suspeitos, ele era um indivíduo que parecia se destacar um pouco na população local?

Suspeitei que houvesse especulações de que seu trabalho de exterminador de animais tivesse sido de alguma forma transferido para o extermínio de humanos. Será que os caçadores de animais nunca mudam suas miras para os humanos, como sugerido no conto de Richard Connell de 1924, *The Most Dangerous Game*? Bem, houve um caso proeminente nos EUA, o de Robert Hansen. Hansen havia sequestrado dezessete mulheres para agredi-las sexualmente, algemá-las e transportá-las em seu avião leve de dois assentos para lugares ermos no Alasca. Uma vez lá, ele as soltava, permitindo-lhes sadicamente um momento de esperança de que estivessem livres. Mas ele então as caçava e as matava impiedosamente, como retratado no filme de 2013, *Sangue no gelo*, estrelado por John Cusack no papel de Hansen. As meninas do Ensino Médio haviam rejeitado Hansen, que se tornou um solitário, canalizando seu ressentimento para a caça de animais. Ele era franzino, socialmente desajeitado e ridicularizado por sua gagueira. Seu desejo de vingança contra aqueles que zombavam dele transformou seu comportamento de caçar animais em perseguir presas humanas. Condenado à prisão perpétua, ele morreu na prisão em 2014.

Nudds, também um solitário, poderia ter transferido seu comportamento da mesma forma de animais para humanos, sendo que seu papel profissional exterminando toupeiras de jardim, ratos e outros animais daninhos poderia o ter levado a se acostumar a infligir a morte ou talvez até lhe dado o gosto por matar? Ou ele havia tentado fraudar o coronel de alguma forma?

Pediram-me para vê-lo antes de uma audiência no tribunal em relação a algumas acusações menores não relacionadas.

Não vou revelar o que discutimos em minha entrevista confidencial em julho de 2004, mas as descrições de Nudds na imprensa na época me fizeram lembrar de alguns dos camponeses inofensivos que encontrei em Dorset — aqueles que ganhavam a vida dentro e ao redor do mundo da agricultura, caça e pesca, como o pescador local que trocava trutas frescas fisgadas no rio Frome por ovos das galinhas de minha mãe.

Mas Nudds não tinha licença para espingarda e, portanto, não tinha acesso a uma calibre 12 registrada capaz de descarregar a munição pesada que matara o Coronel. Não ouvi mais sobre o caso e presumi que Nudds havia voltado à caça de ratos e outras atividades no campo. A investigação foi pausada e o assassinato do coronel Workman permaneceu sem solução.

A próxima coisa a acontecer foi que, pouco depois da Noite de Guy Fawkes,[*] em 30 de novembro de 2004, um jovem chamado Fred Moss, membro da comunidade itinerante,[**] desapareceu de sua casa.

Eu não li as matérias, pois elas só apareciam no noticiário local de Essex. Fred tinha um grande interesse em esportes campestres, incluindo corrida de lebres, nas quais seu animal de estimação, Nellie, competia. A corrida de lebres usa cachorros lebreiros, cães de corrida rápida como galgos ou lurchers mestiços, que perseguem a presa pela visão, e não pelo cheiro. Essas perseguições foram as percusoras das corridas de galgos, onde o cão persegue uma imitação de lebre. Hoje, essas competições são ilegais no Reino Unido, mas não na República da Irlanda. Elas são ainda populares na comunidade de viajantes do Reino Unido, apesar da proibição. Fred era dono de uma empresa de pavimentação asfáltica e havia comprado dois terrenos com os lucros, onde planejava construir uma residência permanente.

Fred Moss foi visto pela última vez na manhã de 30 de novembro na casa de sua tia em Stansted Mountfichet, Essex. Ele partiu com Nellie em sua

---

[*] A "Noite das Fogueiras" acontece no dia 5 de novembro e celebra a descoberta a tempo da Conspiração da Pólvora, quando o soldado católico Guy Fawkes tentou explodir o Parlamento e matar o rei protestante James i. (N. T.)
[**] Chamados de *pavee* ou viajantes irlandeses, trata-se de um grupo social caracterizado pela vida nômade e por falar uma língua própria. (N. T.)

van Astra amarela — e então pareceu desaparecer da face da terra. Quando ainda estava desaparecido, 36 horas depois, sua família ofereceu uma recompensa de 125 mil libras por informações sobre Fred, e quinhentos voluntários da comunidade itinerante estavam envolvidos na busca. Quando Nellie foi encontrada perto da vila de Newton, o grupo de busca voltou sua atenção para aquela área. Aquilo começou como uma investigação de pessoa desaparecida, mas, com o passar dos dias, houve uma preocupação crescente de que Fred pudesse ter sido vítima de algum tipo de crime.

Na sexta-feira, 3 de dezembro de 2004, quando a van de Fred foi encontrada aparentemente abandonada em um estacionamento, o caso estava sendo tratado como uma investigação de homicídio. Assim, a polícia nas áreas adjacentes de East Herts e West Essex tinha um segundo mistério de assassinato rural em suas mãos em um ano. Os dois estavam ligados? A polícia disse ter interrogado um homem na tarde de domingo, 5 de dezembro, mas os policiais não revelaram onde ele estava detido, apenas que não era agricultor, proprietário de terras ou membro da comunidade itinerante. E aquele homem era ninguém menos que o caçador de ratos Christopher Nudds.

Acontece que, por uma questão de rotina, a polícia estava verificando todos os associados conhecidos de Fred Moss e descobriu que Moss e Nudds se conheciam. Nudds caçava coelhos para Moss usar no treinamento de seu lurcher em preparação para perseguir lebres maiores e mais rápidas. Nudds foi interrogado sobre o desaparecimento de Fred e prontamente admitiu que eram amigos, mas negou qualquer conhecimento de onde Moss tinha ido ou do que havia acontecido com ele.

O corpo de Fred Moss não foi encontrado, mas a polícia iniciou uma investigação minuciosa e começou a coletar provas. A análise das torres de celular mostrou o telefone de Moss na área de Buntingford. A análise do telefone de Christopher Nudds indicou que ele também esteve na área de Buntingford ao mesmo tempo que Moss, e a polícia concluiu que os dois devem ter se encontrado lá. Às 13 horas do dia 30 de novembro, a van de Moss e um Range Rover verde-escuro — consistente com a aparência do carro de Nudds — foram vistos em câmeras de segurança viajando em comboio por uma vila próxima. Às 13h15, o celular de Moss o colocou na área próxima a Highfield Farm, perto de Littington. Highfield Farm é uma área isolada de terras agrícolas onde as trilhas são acessíveis apenas por carros 4x4. O celular de Moss foi desconectado da rede em algum momento entre 15h15 e 15h37.

Inquéritos policiais verificaram que Nudds atirava regularmente em animais daninhos em Highfield Farm. Ele havia recebido autorização dos proprietários para caçar por ali e ia lá até duas vezes por semana, às vezes à noite, pois gostava de atirar em coelhos. Em outras palavras, Nudds conhecia a área como a palma de sua mão.

A análise do celular mostrou claramente os movimentos de Nudds indo e vindo da fazenda enquanto seu celular se conectava e desconectava de várias torres de retransmissão na área ao redor e além. Algo que observei em muitos casos de assassinato por volta do início dos anos 2000 foi que os assassinos muitas vezes desconheciam o impacto devastador dessa nova ferramenta de investigação. A evidência do telefone celular tem sido um elemento crítico em uma alta proporção de condenações bem-sucedidas de assassinato. O relato de Nudds era inconsistente com essa evidência inicial de seus movimentos na época do assassinato, e ele foi acusado de subverter o curso da justiça e detido sob custódia da prisão. Na ausência de um corpo, não havia provas suficientes para acusá-lo formalmente de homicídio. Mas, se Nudds estava com Moss na fazenda quando Moss e seu telefone simplesmente desapareceram, o que aconteceu com Moss? Certamente Nudds era a única pessoa que poderia responder a essa pergunta. E por que Nudds voltou repetidamente ao local? Ele estava procurando por Moss? Se sim, por que não confessava? Nudds foi incapaz de fornecer uma explicação inocente para todas essas evidências.

Aos poucos, a polícia coletou mais provas, mas a pergunta permanecia: o que havia acontecido com o corpo de Fred Moss? A resposta veio do próprio Nudds. Detido na prisão de Bedford, Nudds disse a um colega de cela que havia matado Moss com uma arma de baixo calibre, acrescentando que o assassinato tinha sido "100% pessoal" e que ele havia desmembrado o corpo com uma faca e uma serra, e depois o transportou na parte de trás de seu veículo para um local onde queimou os restos mortais.

Nudds foi descrito como indiferente e sarcástico, dizendo a seu companheiro de cela que ele havia feito um favor à família de Moss, pois pelo menos eles não teriam de comprar um caixão para ele. O companheiro de cela informou sobre o que ouvira ao pessoal da prisão, que comunicou aos detetives que investigavam o assassinato.

A polícia, então, se voltou para evidências forenses, e uma busca no carro de Nudds revelou um perfil de DNA correspondente ao de Moss. Nudds também deu a seu companheiro de cela informações que levaram a polícia a uma serra manchada de sangue. Análises adicionais de DNA mostraram que o sangue também combinava com o perfil de Moss.

O caso policial que estava sendo compilado gradualmente para apresentação à promotoria era que Nudds havia atraído Moss para um local remoto, atirado nele e cortado seu corpo em várias partes com uma faca e uma serra. Acredita-se que os restos mortais de Moss tenham sido movidos de carro, colocados em paletes de madeira e incendiados para que nada sobrasse. Nudds tentou encobrir seus rastros largando o cachorro em um local a 15 quilômetros de distância para despistar a família.

Levou algum tempo para que todas as provas fossem preparadas, e o julgamento só aconteceu mais de um ano depois, no início de 2006, no Tribunal de Northampton. A promotoria apresentou seu caso examinando câmeras de segurança e explicando a complexa evidência de telefone celular cuidadosamente compilada pelo especialista forense em telecomunicações. Em 23 de fevereiro, o caso da defesa foi apresentado e Nudds deu uma versão totalmente nova.

Ele tentou persuadir o júri de que havia alguma explicação complicada ao afirmar que Moss estava envolvido em um negócio de drogas que deu errado. Ele alegou que não havia mencionado isso à polícia antes por medo de ser envolvido também em uma acusação por tráfico.

Mas Nudds admitiu que sua declaração à polícia de que havia encontrado a van de Moss alguns dias depois do desaparecimento continha uma série de mentiras. Em relação ao sangue com o DNA de Moss encontrado no carro de Nudds, ele alegou que Moss havia se cortado acidentalmente enquanto era passageiro no carro em uma ocasião anterior.

Nudds só havia inventado essa versão dos eventos bem mais de um ano depois de sua prisão, quando teve a chance de ver exatamente quais provas a polícia tinha contra ele. Lembre-se: Moss tinha uma empresa de pavimentação asfáltica bem-sucedida e não havia nenhuma indicação de qualquer outra fonte de que estivesse envolvido com drogas. E por que alguém instalaria uma boca de fumo no meio do nada? Em uma situação como essa, o juiz teria dado uma instrução ao júri de que eles estavam autorizados à inferência adversa diante da não apresentação de evidência exculpatória em um estágio anterior.

A serra manchada de sangue — ligada a Nudds — com o DNA da vítima e as confissões relatadas ao companheiro de cela parecem ter persuadido o júri.

Em 27 de fevereiro de 2006, Nudds foi condenado pelo homicídio doloso de Fred Moss e sentenciado à prisão perpétua com uma pena mínima de trinta anos antes da possibilidade de condicional.

Então, como você acha que eu me senti?

Eu havia entrevistado Nudds no final de julho de 2004, e ele matou Moss em 30 de novembro daquele ano. A verdade é que me senti desconfortável. No entanto, eu não estava tratando Nudds e não estava em posição de influenciar a situação de nenhuma forma. Não houve nenhuma autópsia falha desta vez, pois não havia nem mesmo um corpo.

Por outro lado, tenho de admitir que me senti um pouco enganado, mas isso me levou de volta à lição aprendida no caso Hardy. Assassinos a sangue frio não tendem a falar sobre o que fazem a menos, ou até, que sejam pegos ou se entreguem.

O crime de Nudds continha características que pareciam totalmente incompatíveis com o que me foi apresentado, ou seja, um caçador de ratos incompreendido, um pouco solitário. Se aceitarmos a conclusão do júri (e eu diria que a análise do celular é bastante incontestável) de que ele atraiu Moss, um amigo próximo, para uma área isolada para matá-lo e se livrou do corpo, então esse aparente assassino frio estaria sugerindo um conjunto totalmente diferente de traços de personalidade e comportamentos: trapaceiro, manipulador e falta de remorso ou culpa.

Por que ele matou Moss? E ele também havia matado o coronel? Os dois casos estavam ligados? Esse era o meu segundo caso de um assassino que havia matado pela segunda vez — depois de eu ter feito uma avaliação. Esses são pensamentos muito difíceis para um psiquiatra forense. Devemos ser capazes de pelo menos identificar estados psiquiátricos de alto risco, mesmo que não possamos prever inteiramente o futuro. Para repetir minha analogia de previsão de longo alcance: eu, pela segunda vez em minha carreira, identifiquei uma brisa suave de força três na escala Beaufort quando na verdade havia uma tempestade furiosa de força dez? Se eu fizer uma avaliação psiquiátrica de um indivíduo que não revela um assassinato anterior pelo qual não foi pego, minha avaliação será baseada nas informações que tenho. Mas essa avaliação será inútil e imprecisa se mais tarde for descoberto que eles cometeram um assassinato não detectado no período anterior ao que eu os atendi.

Dito de outra forma, avaliações psiquiátricas de assassinos em série no meio de seus crimes podem muito bem ser trituradas e jogadas no lixo se o assassino não lhe disser o que eles estão fazendo.

No caso de Hardy, é claro, mais tarde ficou evidente que ele havia matado Sally White antes de eu o entrevistar e havia matado suas duas outras vítimas não muito depois de minha avaliação (e após as avaliações de vários colegas meus igualmente insuspeitos).

Em maio de 2010, o recurso de Nudds contra a condenação pelo homicídio doloso de Fred Moss foi ouvido no Tribunal Criminal de Apelação em Londres. A evidência contra Nudds foi considerada convincente, e sua condenação por homicídio doloso foi mantida. Enquanto isso, a polícia continuou a investigar o assassinato do coronel Workman, e uma nova testemunha se apresentou, embora um pouco tarde. Gary Chambers, um jardineiro autônomo, morava em Furneux Pelham na época do assassinato do coronel. Em 7 de janeiro de 2004, ele estava em casa ajudando a colocar o filho para dormir quando ouviu o "estrondo de uma espingarda". Pouco depois, enquanto estava em seu carro na vila, ele avistou um Range Rover vindo da direção onde ouviu o estampido. Ele notou que parte da placa parecia formar a palavra SOHO, que lhe lembrou do bairro londrino. Na época do assassinato, Nudds morava nas proximidades de Stocking Pelham e era conhecido por dirigir um Range Rover de placa N50 HO. Outra evidência foi também revelada: o tio de Nudds, Peter Ward, tinha visto uma espingarda de cano serrado escondida debaixo do banco do carro de seu sobrinho antes do assassinato de Workman.

E, finalmente, um motivo financeiro de fato emergiu. Durante o curso da investigação, foi descoberto que Workman havia levado uma vida dupla na década de 1960. Um respeitável oficial do Exército, ele visitava secretamente bares gays em Londres — a homossexualidade ainda era ilegal naqueles tempos.

Sob custódia, Nudds foi colocado em uma cela compartilhada com um informante conhecido. Nudds disse a seu companheiro de cela e a um outro prisioneiro que teve um caso com o coronel Workman. Seu motivo para matá-lo permaneceu incerto, mas acreditava-se que Nudds estivesse extorquindo dinheiro dele.

O caso do coronel Workman foi revisto em dezembro de 2007 depois que o informante companheiro de cela forneceu detalhes da confissão de Nudds. Este agora havia mudado seu nome para Christopher Docherty-Puncheon e estava em uma parceria civil com um companheiro de prisão. Nudds havia dito a seu colega de cela que havia tramado um plano de assassinato quando Workman ameaçou denunciar a extorsão à polícia. Ele posteriormente matou Moss porque o viajante sabia muito sobre a morte do coronel. Nudds disse que tudo tinha a ver com o dinheiro do coronel — ele estava extorquindo Workman ameaçando revelar sua vida gay secreta ou possivelmente detalhes do caso deles.

Nudds foi acusado pelo homicídio doloso do coronel Workman em julho de 2010 após a revisão do caso arquivado. Houve um novo julgamento penal em novembro de 2012.

O promotor Latham apresentou o caso: "[Nudds disse a seu companheiro de cela] que ele conhecia o coronel Workman desde 1998 e que os dois homens haviam se envolvido em atividade sexual". Ele havia descrito o coronel como bem-sucedido e generoso. Nudds disse ao outro prisioneiro que foi ele quem fez a misteriosa ligação para a emergência na calada da noite. Outras evidências do telefone fixo de Nudds provaram que ele não estava em casa na noite do assassinato de Workman. Descobriu-se que ele havia discado de seu celular para seu telefone fixo para receber mensagens de secretária eletrônica em um momento em que afirmava estar em casa. Esse foi mais um exemplo do poder investigativo dos registros telefônicos nos casos de Nudds e também do desconhecimento generalizado dessa tecnologia na época.

É claro que hoje em dia a maioria dos criminosos habituais sabe que precisa usar telefones pré-pagos para evitar que sua localização seja rastreada — mas alguns assassinos, que agem no calor do momento e depois se esquecem de jogar fora seus cartões SIM, ainda são pegos.

O júri composto por seis homens e seis mulheres deliberou por 17h30min. Nudds estava vestido com um terno escuro e uma gravata listrada. Ele permaneceu inexpressivo enquanto seu destino era lido: culpado.

Veredito: homicídio doloso. Prisão perpétua; pena mínima de quarenta anos antes da possibilidade de condicional.

O verdadeiro motivo deve ter sido financeiro. Chantagem ou extorsão é o que o caso policial inferiu — possivelmente o coronel se recusou a pagar e ameaçou envolver a polícia, levando Nudds a mudar de extorsão para assassinato para cobrir seus rastros.

Nudds poderá fazer sua primeira revisão de liberdade condicional por volta de 2045, quando tiver passado da idade de aposentadoria. Você pode acompanhar a campanha dele para provar sua inocência on-line. Talvez a sensação de poder de Nudds sobre a vida ou a morte dos animais tivesse sido traduzida para os humanos, afinal. Se, quando estou andando pelos bosques e campos de Dorset, encontro um caçador armado com uma espingarda automática de calibre 12, não posso deixar de pensar em Nudds — embora suspeite que não encontrarei outro como ele.

TERRORISMO

Estudo de caso: Mustafa Kamel Mustafa

Quando você está começando na psiquiatria forense, precisa ganhar tarimba trabalhando em casos criminais menores cujos perpetradores geralmente chamamos de "ladrões de galinha", ou seja, delitos aquisitivos como roubo, arrombamento ou assalto. Mas, depois de passar desses casos para assassinatos e cerca de um ano depois do Onze de Setembro, comecei a receber inúmeras recomendações relacionadas a crimes mais graves. Em 2006, um conjunto de documentos de casos chegou sob a insígnia distintiva da águia careca do Departamento de Justiça dos EUA. As acusações eram de conspiração para usar armas de destruição em massa, fornecimento de apoio material e recursos a terrorista, e conspiração para danificar e destruir edifícios. Tratava-se do caso das limusines-bomba e dos edifícios financeiros, ao qual voltarei mais adiante. Naquela época, também me pediram para entrevistar vários prisioneiros com supostos vínculos com células terroristas extremistas islâmicas. Mas, entre todas essas referências, houve uma que acabou sendo mais interessante do que eu imaginava.

Em junho de 2005, como a maioria dos londrinos, eu não estava pensando em terrorismo islâmico. Eu tinha parado na Konditor & Cook na Grays Inn Road e checava meus e-mails. Na linha de assunto de um deles havia um nome, Mustafa Kamel Mustafa. Solicitavam que eu preparasse um relatório psiquiátrico em relação às questões do artigo 6º da Lei de Direitos Humanos, ou seja, o direito a um julgamento justo.

Quando li os jornais mais tarde, percebi que Mustafa era, na verdade, nada menos que o pregador radical xeque Abu Hamza, famoso por sua retórica inflamada na mesquita de Finsbury Park. Abu Hamza era um homem influente. Seus sermões foram conectados a Richard Reid, o terrorista do sapato-bomba; Zacarias Moussaoui, o conspirador desaparecido do Onze de Setembro; Kamel Bourgass, o conspirador da ricina; e um dos homens-bomba das limusines-bomba, que discutirei mais adiante.

Aqui está uma amostra de algumas das coisas que Abu Hamza disse:

"Todo lugar de iniquidade, todo bordel, toda locadora que vende [filmes pornôs] é um alvo."

"[A] nação de Maomé deve recuperar sua dignidade e essa dignidade só será recuperada com sangue..."

"Não vá até o homem que está vendendo em uma loja de vinhos e pergunte a ele: 'Por favor, por que você está vendendo vinho?'. Certifique-se de que o homem que lhe deu a licença para aquela loja de vinhos não exista mais na Terra. Acabe com ele."

"Matar um *kafir* [infiel ou não crente] que está lutando contra você não é problema. Matar um *kafir* por qualquer motivo, pode-se dizer que não é um problema — mesmo que não haja nenhum motivo."

As acusações contra Abu Hamza dos dois lados do Atlântico eram extensas. No Reino Unido, ele foi acusado de incitação ao assassinato em virtude de seus discursos na mesquita de Finsbury Park. A acusação nos EUA alegava que em dezembro de 1998 ele havia conspirado para fazer vários reféns no Iêmen; que ele havia fornecido fundos, sabendo que seriam usados para terrorismo/jihad no Afeganistão; que conspirou para montar um campo de treinamento terrorista no Oregon; e várias outras acusações. Acrescentei o nome de Abu Hamza à minha lista de visitas à prisão e resolvi ler os documentos assim que tivesse um momento livre.

Para explicar como acabei sendo solicitado a ver terroristas de alta patente, tenho de voltar no tempo até 1985, quando, depois de terminar os exames em todas as disciplinas básicas de ciências na faculdade de medicina, houve uma oportunidade para uma pausa natural antes de começar os estudos clínicos no hospital. Achei que estivesse pronto para ver um pouco do mundo real. Além disso, foi uma época em que a Etiópia e o vizinho Sudão estavam no meio de uma crise. As reportagens de Michael Buerk na TV sobre refugiados etíopes desnutridos despertaram preocupação pública, que foi cristalizada pela música "Feed the World", gravada pela Band Aid em dezembro de 1984 para levantar fundos, e pelo concerto ao ar livre do Live Aid em julho de 1985. Estimulado por esses eventos, para não mencionar motivado por ideias ingênuas de resolver os problemas de saúde do mundo, decidi que passaria meu ano aprendendo algo sobre ajuda emergencial em desastres e medicina tropical, com o bônus de passar um ano na África Oriental.

Eu era insuficientemente qualificado para conseguir um posto em algumas das agências de amparo sediadas no Reino Unido, mas me disseram que a situação em Cartum era caótica e progredia rapidamente, e que professores de inglês expatriados estavam sendo contratados localmente. Houve seca e safras perdidas em toda a região, e o conflito armado agravou os problemas. Foi montada uma operação de transporte aéreo e de caminhões para alimentar o oeste do Sudão, e vários campos de refugiados foram montados para lidar com o influxo de dezenas de milhares de refugiados do Chade e da Etiópia.

Graças a uma sucessão de empregos agrícolas de verão, economizei dinheiro suficiente para me sustentar por mais ou menos um mês, mas sabia que precisaria encontrar um trabalho remunerado quando chegasse lá. Decidi entrar no Sudão por via terrestre para me aclimatar e, assim, no final do verão de 1985, atravessei o Egito até a represa de Assuan, no sul.

O único hotel barato perto do ancoradouro estava lotado, então acabei dividindo um quarto duplo com um dos cinco estrangeiros que fizeram a viagem: Tim Lenderking, que havia se formado na Universidade Wesleyan e tinha uma bolsa de viagem de um ano.

Essa viagem (Cairo a Cartum) definitivamente não estava na trilha regular de mochileiros estudantes — e ainda não está. A viagem noturna de barco pelo lago Nasser até Wadi Halfa no Sudão, seguida pela viagem de trem de dois dias pelo deserto de Abu Hamed, nos apresentou ao calor, à poeira e à sede que dariam o tom dos próximos doze meses. Alguns de nossos companheiros de viagem eram pastores sudaneses que voltavam para casa depois de entregar camelos no Egito após cruzar a Estrada dos Quarenta Dias, que cortava o

Saara. O trem lento para Cartum estava tão lotado à noite, que — seguindo o exemplo de alguns sudaneses mais ágeis — Tim e eu subimos o vão entre os vagões barulhentos até o teto do trem. Em cima do "carro restaurante" de teto plano, que servia perca do Nilo frita com arroz, era possível encontrar um lugar para cochilar. (Algumas coisas você só faz porque, no final da adolescência/início da idade adulta, seu cérebro ainda tem um córtex pré-frontal subdesenvolvido, o que prejudica a avaliação da ameaça.)

Chegando a Cartum após a árdua viagem do Egito, tomamos um merecido banho e experimentamos o primeiro gosto da hospitalidade sudanesa quando, após uma refeição em um restaurante local, fomos informados de que os outros clientes haviam pagado nossa conta por respeito, já que era raro receber visitantes estrangeiros. Alguns dias depois, um motorista de ônibus também se recusou a aceitar meu pagamento, dispensando a passagem.

Tim e eu nos encontramos várias vezes para tomar água gelada com limão no hotel Acropole durante aquele mês em Cartum, enquanto eu procurava trabalho, e novamente mais tarde naquele ano. Tim deve ter achado a experiência de Cartum tão instrutiva quanto eu, porque seguiu carreira em relações internacionais do Golfo Pérsico.

Depois de divulgar meu currículo em Cartum, fui contratado com um modesto salário local de cerca de 125 libras por mês, mais alimentação e alojamento, por uma ONG de ajuda a desastres. Fui designado para um campo de refugiados na fronteira entre o Sudão e a Etiópia, onde 25 mil pessoas viviam em cabanas improvisadas cobertas de plástico para protegê-las da chuva. O Alto Comissariado das Nações Unidas para os Refugiados (Acnur) fornecia a ração geral de farinha a cada dez dias e distribuía as lonas plásticas para as cabanas.

Poços foram cavados para fornecer água potável, e os cuidados de saúde eram fornecidos por agências de ajuda independentes, financiadas por doações e caridade.

Juntei-me a uma equipe com médicos e enfermeiros da Europa e um grande contingente de funcionários locais, tanto refugiados como sudaneses. Havia um hospital de campanha que construímos com capim e junco, e criamos um amplo programa de vacinação e alimentação suplementar para as crianças mais desnutridas.

Como você pode imaginar, foi uma introdução difícil às realidades da vida, da morte e dos serviços de saúde muito básicos na África Subsaariana. Os refugiados eram agricultores de subsistência que fugiram de Tigray depois de perderem suas safras e por conta da guerra civil entre o governo etíope, apoiado pelos soviéticos, e os separatistas de Tigray. Vi condições médicas endêmicas que nunca veria no Reino Unido: tétano neonatal, malária, tuberculose vertebral e leishmaniose parasitária. Tudo isso agravado por desnutrição grave, desidratação e os efeitos de picadas letais de cobras. As serpentes "echis" — um tipo agressivo de víbora — matam mais pessoas do que qualquer outra espécie de cobra. As picadas causam uma extensa lesão necrótica do tecido, sangramento sistêmico espontâneo e uma condição letal chamada coagulação intravascular disseminada. Sem o antídoto, a taxa de mortalidade é de 10% a 20% — e não tínhamos o antídoto.

Também testemunhei os resultados de ataques assassinos. Ajudei no enterro de uma família inteira, que foi exterminada, me disseram, por bandidos. Ajudei a cuidar de um refugiado que sobreviveu a um ferimento de machado na cabeça e de um grupo de nômades que viajavam em camelos e apareceu com ferimentos sofridos em uma luta de espadas (sim, os nômades de Beja ainda carregavam espadas tradicionais).

Acontece que decidi passar um ano no Sudão em um momento crucial da história do país. No início de 1985, o ditador Jaafar al-Nimeiri havia sido deposto em um golpe militar, em parte porque a introdução em setembro de 1983 da lei islâmica sharia foi impopular entre muitos. Seguiu-se um ano de governo relativamente liberal, liderado por um conselho militar de transição, que foi seguido por uma eleição em 1986. Em contraste com a cultura austera do regime recentemente deposto, as canções de amor da cantora local Hanan Boulu eram populares naquele ano.

Mas o Sudão estava passando por mudanças que se tornavam evidentes em todo o mundo islâmico. Na manhã de quarta-feira, 15 de abril de 1986, entrei na praça do mercado para tomar um café sudanês picante. A temperatura ainda não atingira os quarenta graus centígrados padrão e, apreciando o ar relativamente fresco, ponderei se deveria tomar meu café com gengibre, cardamomo ou cravo. Mas fui interrompido pela primeira amostra do crescente conflito entre o mundo islâmico e o Ocidente.

Um imponente sudanês começou a implicar comigo, ameaçando-me com sua pesada bengala, grossa como o fêmur de uma vaca. Seus companheiros o reprimiram e pediram desculpas, mas logo ficou claro que sua queixa era bem específica. Ele estava dizendo que os britânicos não eram bons porque a primeira-ministra Margaret Thatcher havia permitido que bombardeiros USF-III decolassem da Base Aérea de Lakenheath, em Suffolk.

Eu ainda não tinha ouvido a notícia, mas os moradores estavam ouvindo a BBC World Service em língua árabe e a rádio de Riad. Mais cedo naquele dia, às 2 horas da manhã, o Corpo de Fuzileiros Navais dos EUA havia conduzido a Operação El Dorado Canyon, com ataques aéreos contra a Líbia em retaliação ao atentado à discoteca de Berlim Ocidental em 1986. Houve quarenta vítimas líbias relatadas, incluindo, como foi alegado, uma das filhas de Gaddafi.

Vale a pena manter-se atualizado com os assuntos atuais se você vive no mundo islâmico, e eu estava seis horas atrasado em relação às últimas notícias de Suffolk.

Notei uma mudança na atmosfera naquele verão. Funcionários do governo que cooperavam com a Operação Moisés — o transporte aéreo do governo israelense de judeus etíopes — estavam em julgamento, e durante um show foram jogadas pedras contra a cantora Hanan Boulu por radicais islâmicos. No final do ano, a Irmandade Muçulmana — o movimento político-religioso puritano originário do Egito — estava em campanha eleitoral. Meus colegas sudaneses me disseram que a Irmandade Muçulmana estava distribuindo dinheiro em troca de votos, e, de fato, mais tarde descobriu-se que a Arábia Saudita estava investindo pesadamente em empurrar o Sudão para uma forma mais puritana e wahabista de Islã.

Ao mesmo tempo, a crise de refugiados no Sudão Oriental estava chegando ao fim, e as forças tigraianas do campo decidiram que estavam prontas para voltar para casa. Após uma noite de canções comemorativas, todas as cerca de 20 mil pessoas fizeram as malas e marcharam pela fronteira para a longa caminhada de volta às suas fazendas — uma cena praticamente bíblica.

Enquanto isso, a agência de amparo estava lidando com outra crise de refugiados no lado oposto da Etiópia. Eles estavam com falta de pessoal, então nos últimos três meses do meu ano na África fui enviado para o norte da Somália (agora a república independente da Somalilândia). Meu trabalho era apoiar uma equipe médica que lidava com outro campo de refugiados etíopes, desta vez alojados em tendas ao estilo *M*A*S*H* em uma planície empoeirada não muito longe do deserto de Ogaden. Era outra cultura, uma nova língua — o somali — e outro conjunto específico de problemas médicos e políticos.

Minha base era na capital regional, Hargeisa, onde participava de reuniões semanais com outras agências como a Acnur, o Unicef e o Comitê Internacional de Resgate enquanto não estava trazendo suprimentos de Djibuti para o campo de refugiados — uma viagem de dois dias por estradas de terra.

Houve uma epidemia de febre recorrente — uma infecção bacteriana transmitida por piolhos —, que exigia uma remessa emergencial de antibióticos via Djibuti. Além disso, as parteiras e os médicos enfrentavam as terríveis complicações ginecológicas e obstétricas da mutilação genital feminina, que era e continua a ser generalizada na região. (Embora Nimko Ali esteja atualmente fazendo campanha para mudar isso, com o apoio do governo local.)

Certa tarde, soldados do governo somali de uniforme percorreram os vários escritórios da agência de amparo para entregar em mãos convites para uma festa com bebidas organizada pelo general Morgan, o comandante militar local. Não havia muitas ocasiões sociais. Sem eletricidade, a maioria das noites era passada lendo à luz do lampião Tilley ou ouvindo o rádio enquanto bebíamos chá de menta ou um raro copo de uísque ilícito. Então, por pura curiosidade, e para meu arrependimento posterior, decidimos aparecer na festa.

Foi um espetáculo bizarro e, em retrospectiva, arrepiante. Acontece que a festa foi em uma espécie de clube militar improvisado. Passamos pelo cordão da guarda pretoriana do general Morgan da 26ª divisão do Exército Nacional da Somália, que estava armado até os dentes com equipamentos fornecidos pelos Estados Unidos. Em seguida, entramos em uma marquise onde todos os convidados, muitos deles mulheres jovens, sentados ansiosos à mesa, murmuravam baixinho. Nós nos sentamos e percebemos que à nossa frente havia uma coleção de refrigerantes fechados, que ninguém ousava tocar enquanto esperávamos que o general nos honrasse com sua presença.

Depois de um atraso, e enervado pela presença militar, meu chefe — que havia viajado da sede em Mogadíscio — me chutou por baixo da mesa. Ambos percebemos que havíamos cometido um erro terrível ao vir e nos levantamos para dar uma desculpa e ir embora. Mais tarde, descobri, por meio de nossa equipe local e pela leitura de um relatório posterior da Africa Watch, que muitas das jovens presentes provavelmente tinham sido coagidas a comparecer pelos soldados para diversão de seus oficiais e participar de desfiles de moda grotescos e competições de dança — uma forma de humilhar a população local desonrando suas mulheres.

Mas, quando estávamos abrindo caminho entre as mesas até a porta, o general Morgan entrou com seus guarda-costas e se jogou em um sofá extravagante na frente da sala, ao som de garrafas sibilantes de refrigerante morno sendo abertas pelos convidados sedentos.

E assim, espantado com esse espetáculo narcisista, me vi me abaixando para apertar a mão de um homem que se tornaria o assassino mais prolífico de todos os assassinos que já conheci: o general Mohammed Said Hersi Morgan.

Morgan, ex-guarda-costas e genro do ditador Siad Barre, viria a se tornar um genocida e seria apelidado de "Açougueiro de Hargeisa" durante a brutal guerra civil da Somália, quando tropas sob suas ordens atacaram aquela cidade. A devastação dos bombardeios foi seguida por assassinato, estupro e saques às casas do povo isaaq, sendo que 300 mil deles fugiram para campos na Etiópia. Mais de 50 mil foram assassinados (algumas estimativas sugerem 200 mil) e os corpos foram jogados em valas comuns, enquanto Hargeisa — a Dresden da África — foi reduzida a escombros em poucas semanas. Esse conflito civil aconteceu no final da Guerra Fria, depois que as superpotências trocaram de lealdade, com os soviéticos abandonando a Somália para apoiar o governo do general Mengistu na Etiópia. Isso privou os insurgentes somalis de seu porto seguro do outro lado da fronteira e fez explodir o conflito latente. Quando a guerra tomou conta de Mogadíscio, a Somália tornou-se famosa como uma zona de conflito e, mais tarde, como um Estado falido, mas o massacre de Hargeisa, que ocorreu tão cedo na guerra, não recebeu muita atenção da imprensa na época ou desde então. O termo "limpeza étnica" ainda não havia sido cunhado, e esses eventos terríveis passaram a ser conhecidos como o genocídio esquecido.

Após o colapso do regime de Barre em 1991, o general Morgan tornou-se um senhor da guerra no sul da Somália, e sua milícia foi responsável por causar uma fome que levou a milhares de mortes, bem como cometer mais assassinatos, estupros e saques por muitos anos. Morgan ainda é destaque por lá: em 2019, ele se candidatou na região costeira de Puntlândia. O ressentimento sobre suas atrocidades de guerra é considerado um dos muitos aspectos do conflito entre clãs, que permanece — junto ao grupo terrorista Al-Shabab — um grande obstáculo para a paz duradoura em Mogadíscio.

Mais tarde, voltei à Somalilândia em duas missões de apuração de fatos. Vi as consequências da obliteração de Hargeisa e visitei valas comuns na vizinha Burao. O quarto da casa onde eu havia dormido agora tinha um enorme buraco na parede por causa de uma granada lançada por foguete.

Mas em outubro de 1986, ainda faltando dois anos para os terríveis eventos do genocídio de 1988 e a guerra civil, meu tempo na África Oriental acabou.

Voltei a Londres para retomar meus estudos. Embora meus pés estivessem de volta ao solo do Reino Unido, minha cabeça e meu coração demoraram um pouco para acompanhá-los — eu era apenas um ano mais velho, mas vários anos mais sábio. Também tinha me equipado com alguns conhecimentos culturais e geopolíticos, um árabe muito rudimentar e frases somalis ainda mais toscas.

Nos anos seguintes, durante a residência médica, ocasionalmente usava essas habilidades linguísticas básicas com os pacientes, bem como para cumprimentos e amabilidades enquanto pedia um kebab no Ranoush Juice ou quando encontrava somalis que tinham vindo para o Reino Unido após a guerra civil — incluindo alguns que trabalham comigo na mesma unidade de custódia.

Então, quando escolhi a psiquiatria forense, eu tinha suficiente consciência cultural e — nesse momento já bem enferrujadas — habilidades linguísticas (além do francês da escola e do espanhol de um curto intercâmbio no Equador) para quebrar o gelo com vários presos e pacientes psiquiátricos desnorteados que não falavam inglês. Eles incluíam as mulas de drogas venezuelanas em Holloway, um lavador de pratos equatoriano psicótico, um jovem somali com psicose induzida por *khat*[*] na prisão de Pentonville e um francês suicida que foi retirado do Tâmisa pela polícia.

---

[*] Arbusto originário da África Oriental e da Península Arábica com propriedades estimulantes comparáveis à anfetamina. (N. T.)

Como você pode imaginar, não é preciso conhecer muitas frases de quebra-gelo para alterar a dinâmica de uma entrevista com um paciente estrangeiro desorientado ou um prisioneiro em uma ala psiquiátrica ou em uma solitária sem janelas.

Durante a década de 1990, enquanto eu acompanhava os acontecimentos no Oriente Médio e na África Oriental, como a expulsão de Osama Bin Laden do Sudão em 1996, seguida pelos atentados às embaixadas do Quênia e da Tanzânia em 1998, meu foco eram os casos psiquiátricos à minha frente. Mas depois do Onze de Setembro, e ainda processando o choque e a dor do ataque terrorista mais mortal da história moderna, lembrei-me de minha exposição anterior à crescente influência do fundamentalismo islâmico. E me voltei, inevitavelmente, para a mentalidade dos perpetradores.

Como todos os sequestradores do Onze de Setembro (exceto um) morreram como resultado de seus homicídios/suicídios em massa, a única maneira de entrar em suas cabeças seria realizar uma autópsia psicológica — ou entrevistar outros conspiradores da Al-Qaeda capturados antes de executar seus planos. Meu colega Reid Meloy produziu um documento informativo no qual examinou, em minuciosos detalhes, as provas físicas e biográficas relacionadas a Mohamed Atta, um dos líderes dos atentados do Onze de Setembro.[1]

Cruzando com uma análise de Timothy McVeigh, o supremacista branco e antifederalista de Oklahoma, Meloy observou algumas características do que chamou de "Violent True Believer" (Crente Verdadeiro Violento). A origem de Atta estava em uma família muçulmana sunita muito rígida e religiosa no Egito. Ele era um estudante sério e viajou para a Alemanha para fazer uma pós-graduação. Foi percebido que Atta sentia desconfiança e alienação em relação a mulheres e tinha um temperamento introvertido combinado com uma inteligência superior.

Meloy observou que Atta parecia estar social e geograficamente à deriva, vivendo isolado de seus colegas estudantes em Hamburgo. Ele também frequentava uma mesquita militante em Hamburgo (Al-Quds) e havia se convertido a movimentos extremistas — inicialmente o grupo egípcio Gama'a al-Islamiyya (o Partido do Islã) e depois a Al-Qaeda. Ele experimentou humilhação e rejeição na carreira escolhida porque, apesar de sua educação de alto nível, estava convencido de que haveria preconceito contra ele na sociedade

304 *Richard Taylor*

egípcia como resultado de suas opiniões políticas e religiosas. Em 1996, Atta tornou-se cada vez mais imerso em pensamentos hostis aos EUA, desenvolvendo ideias assassinas de causar mortes de civis em busca de justiça. Mais tarde, ele participou de um campo de treinamento terrorista. Os atentados do Onze de Setembro foram orquestrados durante um longo período de atividade secreta em uma célula terrorista organizada, com conexões com uma rede mais ampla.

O perfil de Atta se encaixava nas teorias existentes sobre a mentalidade dos terroristas — neste caso, extremistas violentos islâmicos?

A teoria predominante na década de 1970 era de que os terroristas eram psicopatas, atraídos pela atividade terrorista porque oferecia uma válvula de escape para seus impulsos agressivos. Mas, quando o conceito de psicopatia foi definido de forma mais acurada por Hare e sua lista de verificação de psicopatia, esse conceito caiu em desuso. Teorias psicanalíticas posteriores sugeriram que os terroristas sofrem de narcisismo patológico — o que os torna grandiosos, com desprezo pelos outros — e agressores patológicos. No entanto, nos anos após o Onze de Setembro, autores como o psicólogo John Horgan argumentaram que os terroristas eram mais propensos a serem psicologicamente normais, a fim de serem capazes de planejar cuidadosamente violência direcionada e trabalhar com outras pessoas em uma célula terrorista e simultaneamente manter o sigilo.

O argumento era que aqueles com doença mental seriam vistos como uma ameaça para o grupo e, portanto, excluídos durante o processo de recrutamento. Mas os terroristas em uma célula podem ter funções diferentes. De líder, responsável por suprimentos ou homem-bomba suicida, cada papel pode ser mais adequado para uma mentalidade diferente.

Pouco depois do Onze de Setembro, tive a chance de formar minha própria opinião sobre a mentalidade das pessoas que chamamos de "terroristas grupais ou solitários" quando comecei a avaliar uma série de detidos e prisioneiros terroristas.

* * *

Não é surpreendente que as respostas dos EUA e dos parceiros da coalizão aos ataques do Onze de Setembro tenham sido rápidas, robustas e decisivas, dados o choque global coletivo e a dor pelas baixas civis em massa (2.996 mortos, de 90 países, 6 mil feridos e inúmeros enlutados, viúvos ou órfãos.) Mas, com o benefício da retrospectiva, agora podemos ver que houve consequências adversas não intencionais substanciais da resposta.

O coronel Andrew Milburn, graduado em filosofia pela UCL e ex-chefe do Estado-Maior do Comando de Operações Especiais do Corpo de Fuzileiros Navais dos EUA no Iraque, descreveu as consequências militares da guerra contra o terror no Iraque e no Afeganistão e a luta contra o Estado Islâmico em seu livro *When the Tempest Gathers*. Da mesma forma, as medidas legislativas, judiciais e extrajudiciais usadas para combater o terrorismo às vezes saíram pela culatra de maneiras inesperadas. O governo britânico introduziu a Lei Antiterrorismo, Crime e Segurança em 2001. Como resultado, vários cidadãos estrangeiros foram presos sem julgamento por serem uma ameaça à segurança nacional. Esses detidos não podiam ser julgados em um tribunal criminal: muitas das provas contra eles se baseavam em inteligência interceptada, e apresentá-las no tribunal prejudicaria a segurança nacional. Assim, a evidência secreta — da qual eu li apenas um resumo de duas páginas — foi suficiente para garantir a detenção indefinidamente sem julgamento no Tribunal Especial de Apelação de Imigração.

Em 2003, dois anos depois, a detenção prolongada sem julgamento contribuiu para problemas psicológicos e psiquiátricos significativos nas pessoas submetidas a ela. Eu estava entre os solicitados a realizar avaliações psiquiátricas de presos que apresentaram depressão, tentativas de suicídio, transtorno de estresse pós-traumático e até mesmo colapso psicótico.

No ano seguinte, em 2004, após recursos dos "Nove de Belmarsh", essas disposições foram anuladas quando o Comitê de Apelação da Câmara dos Lordes proferiu uma decisão que considerou a detenção sem julgamento incompatível com a Lei de Direitos Humanos. Lorde Hoffman opinou que "isso põe em questão a existência de uma antiga liberdade (...): a de não ser submetido a prisão e detenção arbitrárias".

Mas o efeito do encarceramento sobre esse período de três anos foi significativo.

O primeiro homem que atendi — em 2003, enquanto a polêmica lei ainda estava em vigor — foi Adel, um prisioneiro francófono. Ele era de um país do Magrebe, no norte da África, onde havia sido acusado de fidelidade a grupos islâmicos extremistas. Ele foi preso pela polícia antiterrorista em 2001 (antes do Onze de Setembro) enquanto sua esposa estava grávida. Ela sofreu um colapso mental e mais tarde foi internada, enquanto o filho de Adel foi levado para um orfanato. Adel fez tentativas de suicídio na prisão de Belmarsh e foi salvo de laços improvisados.

Para avaliar a situação de Adel, é preciso entender os arranjos de segurança para detidos terroristas em Belmarsh. Dada a escala assustadora dos atentados do Onze de Setembro e, mais tarde, de 7 de Julho,[*] não é nada controverso que esses prisioneiros devam ser detidos em um ambiente de alta segurança. Também precisa ser impossível que se comuniquem com cúmplices, eliminando as chances de alertar, direcionar ou coordenar novos ataques.

Das 117 prisões na Inglaterra e no País de Gales, Belmarsh é uma das oito prisões de segurança máxima. Em seu interior, há o que foi apelidado de Alcatraz dos dias modernos da Grã-Bretanha, que os detidos muçulmanos chamam, em árabe, de *"Sidgin tachil sidgin"*, ou "prisão dentro da prisão". Oficialmente conhecido como "Unidade de Alta Segurança", possui seu próprio muro perimetral com cercas extras e sensores subterrâneos no caso de alguém tentar cruzar a divisão entre o bloco interno da unidade e a parede externa. Apesar de todos os funcionários e visitantes já terem sido revistados e passado por raios X para entrar no presídio principal, há novas buscas na entrada da unidade e medidas especiais para que todos os itens, mesmo as bandejas de alimentos, sejam radiografados ao entrar e ao sair. A cela de cada prisioneiro é escolhida por acaso e eles são transferidos para outras, sem aviso prévio, não menos que a cada 28 dias para desencorajar — fúteis — tentativas de escavação de túneis ou adulteração de celas.

O exercício é feito em uma pequena área coberta, o que significa que os prisioneiros perdem a capacidade de focalizar objetos distantes. Algumas das celas do nível inferior não têm luz natural. Era comum, naquela época, os presos passarem 22 horas por dia trancados, e a socialização era limitada a um período

---

[*] Data dos atentados no metrô de Londres. (N. T.)

de três horas duas vezes por semana, quando as ligações telefônicas para a família aconteciam, além da leitura de um jornal único compartilhado, e assim por diante.

Todo prisioneiro passa por uma revista completa nas cavidades do corpo no caminho de ida e volta para suas visitas legais. Assim, para uma sessão de manhã e outra à tarde com advogados de defesa, o termo "duplo-legal" significa "quádruplo-retal".

"E daí?", ouço você dizer. "Com tais prisioneiros de alto risco, medidas especiais são claramente justificadas."

Isso é verdade, mas os prisioneiros alegaram que foram colocados sob enorme pressão como resultado de seu status de inimigo público número um. Por exemplo, eles pensaram que os oficiais da prisão estavam vendendo histórias para os tabloides, vazando suas informações pessoais e médicas. Isso foi posteriormente confirmado pela Operação Elveden em 2015, quando Grant Pizzey, um ex-agente penitenciário de Belmarsh, foi preso por dois anos por má conduta em um cargo público. Ele ganhou quase 20 mil libras pelas informações dadas a tabloides, incluindo histórias sobre o clérigo radical Abu Hamza e outro suspeito de terrorismo.

Minha intervenção com Adel envolveu documentar seu estado psicológico para uso nas deliberações sobre sua aptidão para deportação, bem como monitorar como as condições da prisão lhe causavam dificuldades e entrar em contato com a equipe de saúde da prisão para garantir que seu risco suicida estivesse sendo tratado adequadamente. Não houve questões em torno da responsabilidade criminal ou da capacidade para julgamento porque não houve nenhum processo criminal, sendo essa uma detenção sem julgamento.

O caso dele finalmente progrediu até o ponto em que, com todos os recursos esgotados, ele estava prestes a ser extraditado para a França. Mas Adel precisava ser liberado em termos médicos para deportação, e ele estava na lista de espera para uma cirurgia de rotina. Isso poderia ter atrasado ainda mais sua saída forçada do país, então uma transferência de segurança máxima para o hospital foi organizada para resolver esse último problema. Alguns dias depois, Adel me explicou que havia recebido sinal verde para uma escolta armada sem aviso prévio (para evitar uma fuga planejada) para o Hospital King's College. Mas as autoridades se esqueceram de contratar um tradutor. Chegando lá, com uma falange de policiais armados impacientes,

Adel percebeu que talvez não tivesse outra chance, então acenou para o cirurgião prosseguir com o procedimento sob forte sedação — mas ele ainda não sabia o que havia sido feito. Peguei o resumo da alta cirúrgica de Adel de seu prontuário e consegui traduzir os detalhes e resultados do procedimento cirúrgico (por acaso, bem-sucedido).

Os cuidados médicos e psiquiátricos básicos tornam-se mais desafiadores no contexto de arranjos especiais de segurança, e posso entender como o cirurgião deve ter fingido executar o protocolo de consentimento habitual ao se deparar com a visão enervante de um corredor cheio de policiais armados. Na psiquiatria forense, estamos mais acostumados a isso, então conseguimos ignorar o aparato de segurança e não deixar que ele nos distraia.

Anos depois, Adel foi solto na França e se reuniu com sua esposa e seu filho. Ele não parece ter cometido qualquer outro crime ligado ao terrorismo até o momento. Talvez Belmarsh tenha lhe ensinado uma lição.

Pouco depois, vi outro detento, Omar Salah, que havia estabelecido ligações com mais de um grupo salafista (jihadista). Ele estava levantando fundos para comprar computadores e telefones via satélite com frequência variável para a Chechênia, que ele alegava serem para uso não militar.

Ele chegou a Belmarsh em abril de 2002, mas quando o atendi — dois anos após sua prisão — estava gravemente deprimido, apresentava sintomas psicóticos, incluindo delírios de envenenamento, e estava em greve de fome intermitente. Mais uma vez, minhas habilidades culturais e linguísticas rudimentares pareceram ajudar a quebrar o gelo e ganhei sua confiança. Prisioneiros como Adel e Omar Salah tinham se tornado desconfiados e paranoicos em relação à equipe de saúde da prisão. Depois de ter feito algum progresso com esses dois casos complicados, os advogados me pediram para atender ao próximo caso terrorista. E assim, por acaso, fui instruído a ver um fluxo constante de prisioneiros terroristas nos anos seguintes.

Salah acabou sendo transferido para um hospital psiquiátrico de segurança máxima, em um trajeto percorrido em alta velocidade, com escolta policial armada, que desceu a M3 até o entroncamento três e a saída Bagshot para Broadmoor.

Após cerca de quarenta avaliações de casos semelhantes, realizadas por mim e um grupo de colegas, escrevemos um artigo para uma revista psiquiátrica sobre o impacto psicológico da detenção indefinida, que recebeu atenção da mídia na época.[2] Em uma troca de pontos de vista por meio da literatura acadêmica, meu colega Simon Wilson apontou que nossa profissão ainda estava falhando em levantar preocupações morais e, em vez disso, estava se escondendo atrás de um véu de medicalização. A psiquiatria forense é legal e médica — a pista está no nome —, mas tendemos a ser cautelosos quando se trata de considerações morais.

Mas tempos especiais precisam de medidas especiais, e naquela guerra ao terror pós-Onze de Setembro, embora as condições das prisões fossem difíceis, ficou claro que as autoridades britânicas tinham a difícil tarefa de gerenciar os riscos para a sociedade representados por esse grupo.

À luz do recurso bem-sucedido contra a detenção sem julgamento, uma legislação alternativa foi promulgada às pressas para introduzir uma forma de prisão domiciliar chamada Ordem de Controle, que incluía monitoramento eletrônico, restrições a chamadas telefônicas e uso da internet e, em alguns casos, realocação forçada.

Como consequência, Salah foi liberado direto do hospital de segurança máxima para prisão domiciliar por uma Ordem de Controle. Mais tarde, ele acabou sendo preso novamente e voltou para a prisão de alta segurança, de onde retornou para Broadmoor. Ele acabou sendo transferido de um estabelecimento de segurança máxima para outro. Isso tende a acontecer com casos de prisão desafiadores — na gíria da prisão, o processo é conhecido como "trem fantasma". A última vez que soube, ele estava em uma prisão de segurança máxima mais uma vez.

Claramente considerados um risco para a segurança nacional e internacional, casos como o de Salah levantam a difícil questão de como gerenciamos indivíduos de alto risco que não podem ser presos ou deportados.

Ordens de Controle foram aplicadas a 33 indivíduos entre 2005 e 2011 e foram substituídas por Medidas de Prevenção e Investigação do Terrorismo (TPIM). As TPIMS são um sistema de medidas mais focado e menos intrusivo para uso onde indivíduos não podem ser julgados (por causa da fonte de inteligência) ou deportados (por causa do risco de sofrerem tortura ou execução).

À luz dos ataques de Usman Khan e Sudesh Amman em 2019 e 2020, Lord Carlile, o ex-Revisor Independente da Legislação do Terrorismo, vem sugerindo — não sem razão, você pode pensar — que uma forma semelhante de restrição de movimento e associação, ou mesmo prisão domiciliar, é necessária para administrar aqueles que chegaram ao fim de sua sentença por delitos terroristas. Falando não como um psiquiatra, mas como um cidadão preocupado, passageiro do metrô de Londres e frequentador do Borough Market da Ponte de Londres, tais medidas parecem ser a opção menos pior. Mas, por mais que você prolongue a pena de prisão ou coloque outras restrições à liberdade, a questão permanece: o que podemos fazer com esse grupo para tentar mudar sua mentalidade a fim de reduzir o risco que representa?

Depois de 2004, continuei a ver mais detidos e prisioneiros terroristas e acabei fazendo avaliações psiquiátricas em casos de tribunais especiais de apelação de imigração e ordens de controle, incluindo um suspeito de uma conspiração da Al-Qaeda ligada a Madri; um ex-jihadista bósnio que se tornou especialista em internet da Al-Qaeda; dois filhos de pregadores radicais com acusações criminais — um estudante colega do "Jihadi John";[*] e vários supostos arrecadadores de fundos terroristas (por meio de roubo de carros de luxo, esquemas fraudulentos de reembolso de varejo e assalto a banco).

Preciso deixar claro que a radicalização, em si, não é uma questão psiquiátrica, a menos que esteja no contexto de vulnerabilidade como resultado de transtorno mental, conforme estabelecido no estatuto do Royal College of Psychiatrists.

Isso me leva de volta ao ano de 2006 e aos oito homens acusados de conspiração para usar armas de destruição em massa; conspiração para danificar e destruir prédios utilizados no comércio interestadual e exterior; e posse de materiais de reconhecimento detalhados relativos a alvos nos EUA. Os réus, incluindo Mohammed Naveed Bhatti, Abdul Aziz Jalil, Dhiren Barot e outros, eram conhecidos como "a célula de Luton", e seus planos foram posteriormente apelidados de "projeto de limusines-bomba" e "conspiração

---

[*] Mohammed Emwazi, conhecido como "Jihadi John" foi um cidadão britânico nascido no Kuwait que acredita-se ser a pessoa vista em diversos vídeos produzidos pelo Estado Islâmico entre 2014 e 2015, em que são executadas decapitações e outras atrocidades contra prisioneiros. (N. E.)

de edifícios financeiros". Quando a polícia se aproximou para prender o grupo simultaneamente, o líder estava sentado em uma cadeira de barbeiro cortando o cabelo. Embora tenham sido presos no Reino Unido, tratava-se de uma conspiração internacional, com ligações claras com os envolvidos no planejamento do Onze de Setembro. Em 12 de julho de 2004, a polícia do Paquistão prendeu um especialista em informática ligado à Al-Qaeda e a Khalid Sheikh Mohammed, o mentor do Onze de Setembro. Em seu computador havia propostas de ataques a alvos nos EUA e no Reino Unido. Isso incluiu um plano para um ataque incendiário na Bolsa de Valores de Nova York, com informações de estudos do sistema de segurança contra incêndio do prédio, sistemas de ventilação, câmeras de segurança, sistemas de raios X e materiais de construção. Outros planos eram para explodir carros-bomba em frente aos prédios do Citigroup em Manhattan e no Queens, e também o Fundo Monetário Internacional e o Banco Mundial em Washington.

Enquanto isso, os ataques planejados no Reino Unido faziam parte do documento de 39 páginas do "projeto de limusines-bomba", que propunha usar propano, butano, acetileno e oxigênio para explodir limusines em estacionamentos subterrâneos em hotéis de Londres, incluindo o Ritz. Outros planos envolviam colocar uma bomba usando pequenas quantidades de isótopos encontrados em detectores de fumaça e ataques ao trem Heathrow Express e a um trem com destino a Greenwich que passa sob o Tâmisa, a fim de causar caos por meio de explosões, inundações, afogamentos, e assim por diante.

Todos os oito foram mantidos sob custódia em Belmarsh, mas a equipe de defesa estava preocupada com um deles em especial, e assim me pediram para avaliar seu estado psicológico e mental para julgamento. Mais tarde, fui envolvido nos casos de mais dois membros da célula. Não posso entrar em detalhes dos casos individuais por razões de confidencialidade, mas em termos gerais as questões psiquiátricas giravam em torno da capacidade dos réus de se prepararem adequadamente para o julgamento no contexto das duras condições de Belmarsh e das caixas cheias de provas que eles precisavam considerar. Não importa se a acusação é séria e ou se as evidências são convincentes, todo réu tem direito a um julgamento justo, e ajustes tiveram de ser feitos nos processos carcerários para garantir isso.

A perspectiva de extradição para os EUA — e provavelmente várias sentenças de prisão perpétua — deve ter apurado a concentração deles. Todos se declararam culpados das acusações do Reino Unido e receberam sentenças de prisão perpétua, com prazo mínimo entre dezoito e quarenta anos cada (reduzida para trinta no recurso) antes da possibilidade de condicional. É tentador pensar em sentenças de prisão como essa como "trabalho feito — fim da história", mas procurei conhecer suas histórias depois, enquanto passavam pelas prisões de alta segurança e entravam no programa de desradicalização.

Mais tarde, em 2006, outra grande conspiração para explodir uma série de voos do Reino Unido para os EUA foi desmantelada. Esse caso levou à restrição de levar líquidos de mais de 100 ml na bagagem de mão a bordo dos voos — algo com que todos sofremos desde então, embora os detalhes da trama sejam muitas vezes esquecidos. Pediram-me para avaliar um membro desse grupo de alto perfil durante três julgamentos no Tribunal de Woolwich.

A trama veio à tona quando um homem com conexões com a Al-Qaeda passou por um aeroporto de Londres com itens suspeitos em sua bagagem. A vigilância subsequente levou à descoberta de um grupo que tinha uma fábrica de bombas em uma propriedade no leste de Londres. Eles estavam estocando peróxido de hidrogênio para uso em artefatos explosivos improvisados, que planejavam contrabandear para voos transatlânticos disfarçados de refrigerantes. Quando a vigilância revelou que estavam gravando vídeos suicidas (fitas de martírio), eles foram presos. Os líderes foram condenados por conspiração para assassinar passageiros de companhias aéreas com bombas líquidas e foram condenados à prisão perpétua, com penas mínimas entre 32 e quarenta anos cada antes da possibilidade de condicional.

Na psiquiatria forense, costuma-se dizer que, se você lida com mais de três casos de determinado tipo, você se torna um especialista no assunto.

Embora não houvesse nenhuma sugestão de questões psiquiátricas afetando a responsabilidade criminal, essas avaliações me deram a oportunidade de entender um pouco do que se passa na mente de um terrorista que conspira para cometer o assassinato em massa de passageiros aéreos. Esses homens foram frustrados em seus planos e assim, ao contrário de

Mohamed Atta, um dos líderes do Onze de Setembro, permaneceram vivos para serem entrevistados.

O projeto das limusines-bomba foi interrompido em um estágio relativamente inicial, quando as ideias de objetivos e métodos ainda estavam sendo definidas. A trama das bombas do avião, por outro lado, estava muito mais perto de ser posta em prática, pois os ingredientes para as bombas haviam sido estocados, voos específicos haviam sido listados e os vídeos suicidas haviam sido gravados. Em ambos os casos, porém, as intenções dos conspiradores eram claras: assassinato em massa, com ou sem suicídio, motivado por uma ideologia extremista islâmica.

De acordo com minha série de casos, o perfil e a mentalidade desses terroristas em grupo ou solitários eram, em termos gerais, os seguintes: a maioria era educada ou tinha pelo menos algum emprego estável. Muitos tinham ido a campos de treinamento formal nas áreas tribais do Paquistão, destruindo passaportes ao retornar para solicitar documentos novos e "limpos". Antes da prisão, empregavam métodos como técnicas de contravigilância. Estavam organizados com conexões de comando e controle para uma rede mais ampla, neste caso a Al-Qaeda. Em alguns casos, os conspiradores individuais não se conheciam, mas estavam conectados por meio de um líder em uma estrutura de célula de roda de carroça, na qual apenas o líder conhecia o quadro completo.

A motivação ideológica parece ter vindo de queixas contra o Ocidente pelo tratamento injusto aos muçulmanos. As queixas de Bin Laden eram amplas. Em seu longo discurso dirigido aos EUA — um ano após o Onze de Setembro —, ele criticou as bases militares no Oriente Médio, o apoio a Israel e "a imoralidade e a devassidão que se espalhou entre vocês". Ele afirmou que rejeitava os "atos imorais de fornicação, homossexualidade, intoxicação, jogos de azar e comércio com juros".

Também disse: "O que acontece em Guantánamo é um embaraço histórico para os EUA e seus valores, e isso grita em seus rostos, seus hipócritas".

Minha experiência com o grupo que entrevistei sugeriu queixas sobre questões semelhantes, particularmente: a percepção de que a Europa falhou em intervir contra o genocídio sérvio de muçulmanos; ressentimento sobre a presença militar dos EUA e do Reino Unido na Arábia Saudita e em outras partes do Oriente Médio; raiva pelas atrocidades cometidas pelas forças indianas contra os muçulmanos na Caxemira; e vítimas civis pós-2003 no Afeganistão e no Iraque.

Mas como uma queixa religiosa, histórica e geopolítica leva à ação terrorista? Isso está sendo estudado atualmente pelo professor Paul Gill, da ucl, que está usando análises estatísticas sofisticadas para tentar entender por que os potenciais terroristas agem da maneira como agem em determinadas situações e até que ponto são influenciados a entrar e sair de ambientes radicalizantes — como a organização proibida Al-Muhajiroun ou salas de bate-papo extremistas na *dark web*.

O que se segue é um conjunto de razões baseadas em minhas entrevistas e experiência desses casos de grupo ou de solitários.

"Eu cresci na época da Frente Nacional* e sofri racismo."

"Fiquei chocado com o Onze de Setembro, mas depois me tornei mais consciente da injustiça no mundo muçulmano (...). Comecei a pesquisar conflitos na internet."

"Desenvolvi um ódio profundo pelo Ocidente (...). Por que Blair foi tão influenciado por Bush?"

"Fui às palestras de Abu Hamza."

"Quando vi os prisioneiros na baía de Guantánamo, esse foi o ponto de inflexão."

"Eu estava cumprindo a vontade de Alá [com essa conspiração]. Deve ser a vontade de Alá que eu seja pego [antes de explodir os aviões] para espalhar a mensagem por meio da cobertura do meu julgamento."

E em uma ilustração clara das distorções cognitivas ou "histórias de conforto" pelo caminho para a ação terrorista, recolhi as seguintes afirmações:

"Achei que estaria ajudando da maneira como podia."

"Achei que ele estava fazendo algo criminoso, mas não percebi o quê."

"Comecei a pensar que explosões [seriam aceitáveis] para causar perturbações [mas não ferir ninguém]."

---

* Organização política fundada em 1976 e liderada pelo dr. Hassan al-Turabi que influenciou o governo sudanês iniciado em 1979 e o dominou entre 1989 e final dos anos 1990. A Frente Islâmica Nacional apoiou a manutenção de um Estado islâmico recorrendo à sharia e rejeitando o conceito de um Estado secular. (N. E.)

"Não me importou o que aconteceu."

Para tentar enfrentar essas crenças e redefinir a mente desses conspiradores assassinos, existem cursos de desradicalização, como o programa Al Furqan e a Intervenção de Identidade Saudável. O programa Al Furqan (que significa distinguir verdade e falsidade) usa um estudo aprofundado de textos islâmicos e a vida do profeta Maomé (que a paz esteja com ele) e tenta desafiar interpretações errôneas de textos islâmicos e a interpretação narrativa única da história mundial que apoia a violência extremista influenciada pela Al-Qaeda e pelo Estado Islâmico.

A Intervenção de Identidade Saudável (HII, na sigla em inglês) foi desenvolvida com base em pesquisas que analisam o que funciona para ajudar todos os tipos de infratores a desistir de seu comportamento e desenvolver uma vida boa. O HII é um tratamento psicológico estendido no qual o progresso é monitorado por uma lista de verificação de 22 itens do Guia de Risco de Extremismo (ERG22+). Embora controverso, o ERG22+ identifica fatores de risco que podem ser modificados, como "necessidade de identidade e pertencimento", "suscetibilidade à doutrinação", "necessidade de reparar injustiças e expressar queixas", "motivação política e moral" e "a necessidade de excitação, camaradagem ou aventura".

Um prisioneiro me disse que era extremamente difícil se envolver no programa e ficar longe de problemas quando cercado por prisioneiros radicalizados. Manter um registro de comportamento limpo com provocações por toda parte não é tarefa fácil se sua sentença for de vinte anos. E, claro, o outro desafio é saber se um participante está realmente se engajando com a desradicalização da prisão em vez de uma pseudocolaboração disfarçada. Isso foi enfaticamente ilustrado pelos dois ataques solitários em 2019 e 2020 na Ponte de Londres e em Streatham. Ambos foram realizados por indivíduos recentemente libertos da prisão. No caso de Usman Khan, acredita-se que ele tenha participado do programa de desradicalização quando estava detido. Ele estava mentindo e ganhando tempo, ou foi rapidamente rerradicalizado?

Diante desses desafios, quais são as medidas judiciais cabíveis para os suspeitos de envolvimento em terrorismo, mas que ainda não foram condenados? Vigilância armada 24 horas; prisão domiciliar; detenção em prisões de segurança máxima antes mesmo do julgamento; tortura de afogamento em um local clandestino designado pela CIA; ou a humilhação de usar um macacão laranja na baía de Guantánamo?

E para aqueles condenados por conspirações terroristas, ou por envolvimento em ataques terroristas consumados ou tentados? Impomos uma sentença de prisão determinada; prisão perpétua com pena mínima de até quarenta anos; jogar fora a chave com uma sentença de 130 anos em uma prisão federal de segurança máxima dos EUA; submetê-los à escaldadura extrajudicial com óleo fervente; ou executá-los via injeção letal?

Todas essas medidas foram usadas contra os terroristas, com variados graus de sucesso e apoio público.

Como Nelson Mandela — parafraseando Fiodor Dostoiévski — disse nas Nações Unidas: "Ninguém conhece verdadeiramente uma nação até que esteja dentro de suas prisões. Uma nação não deve ser julgada pela forma como trata seus cidadãos mais elevados, mas os mais baixos...". A isso eu acrescentaria, "... e pela forma como trata o inimigo público número um, nomeadamente os detidos e prisioneiros terroristas extremistas islâmicos e de extrema-direita".

Mas, ao considerar essas questões, sugiro que os imperativos morais das preocupações com os Direitos Humanos e as sensibilidades liberais devam ser deixados de lado. É melhor julgar isso em uma base puramente prática, empírica e consequencialista. Ou seja, as várias medidas empregadas tiveram o efeito desejado de combater o extremismo violento islâmico e desradicalizar aqueles já presos? No entanto, tendo olhado para essa questão de um ângulo utilitarista, se formos além das penas criminais severas, mas legais, ao permitir punições extrajudiciais, isso constitui uma violação de Direitos Humanos fundamentais, como a garantia constitucional da Oitava Emenda dos EUA contra "punições cruéis e incomuns" e a proibição de "punição sem julgamento" na Lei de Direitos Humanos de 1998.

Uma sentença de um juiz britânico por um crime terrorista necessariamente envolverá uma prisão prolongada, o que significa perda duradoura de liberdade, com restrições de movimento, associação, acesso a chuveiros, alimentação, exercícios e visitas, além de monitoramento de comunicações, falta de acesso à internet e compras permitidas apenas por meio de um catálogo que circula nas prisões de segurança máxima. Isso não viola a Lei de Direitos Humanos?

Não há mais pena de morte no Reino Unido, e — como eu disse antes — cuidados médicos de qualidade inferior ou negligente não devem fazer parte da punição. As diretrizes do conselho sentenciador também não permitem punição com mutilação permanente e escalpelamento com óleo fervente.

Foi o que aconteceu de fato com Dhiren Barot (agora Easa Barot), líder do projeto de limusines-bomba, além da prisão perpétua com pena mínima de trinta anos antes da possibilidade de condicional.

Barot foi "escaldado" com óleo fervente, jogado sobre sua cabeça por companheiros de prisão. Dez por cento de seu corpo sofreu queimaduras de terceiro grau e ele perdeu quase todo o cabelo. Quando foi transferido para a unidade de queimados para que fosse realizado um enxerto de pele temporário, ele precisava de fluidos intravenosos e sua dor exigia morfina. Inicialmente, ele havia sido deixado em uma cela separada, tratado com analgésicos simples prescritos por um médico da prisão, e só foi transferido para o hospital depois que seu advogado iniciou o processo de revisão judicial. Sua eventual transferência exigiu um pedido de silêncio da imprensa, identidade secreta para proteger a equipe do hospital, segurança policial armada 24 horas por dia e vigilância de helicóptero.

O escaldamento deliberado, geralmente realizado com uma mistura de água fervente e açúcar (uma mistura pegajosa que queima a pele por mais tempo do que a água), é uma forma de punição aplicada por outros presos e normalmente é usada para resolver rancores ou como punição para criminosos sexuais — que são segregados em unidades de prisioneiros vulneráveis para protegê-los. Portanto, pode-se argumentar que Barot estava apenas sendo submetido a algo que acontece na prisão o tempo todo. Mas o óleo fervente é muito mais prejudicial do que a água com açúcar.

Dada a gravidade de seus delitos, é compreensível que tenha havido pouca simpatia do público pela mutilação de Barot. Mas sugiro que, se quisermos desradicalizar com sucesso os criminosos terroristas, devemos garantir que não sejamos vistos por esses prisioneiros como tendo tolerado ou feito vista grossa a atos de represália violenta. Caso contrário, corremos o risco de alimentar ainda mais as chamas do ressentimento, da humilhação e do rancor.

Há muitos jovens muçulmanos impressionáveis nas prisões britânicas (cerca de quatrocentos dos novecentos presos em Belmarsh, atualmente), e alguns ficarão sabendo o que acontece com homens como Barot.

Se não conseguimos proteger um presidiário terrorista e um alvo óbvio para ataque, nós abandonamos a posição de superioridade moral. Da mesma forma, o alto nível moral foi abandonado na própria humilhação pública dos detentos de macacão laranja na baía de Guantánamo — para não falar da tortura em que alguns psicólogos norte-americanos participaram ativamente.

James Gilligan, professor de psiquiatria e direito da Universidade de Nova York, argumentou que a humilhação pode ser um poderoso motivador para mais violência. Esses macacões laranja certamente voltaram para nos assombrar nos vídeos sádicos de decapitação do Estado Islâmico e imolação encenada, que provaram ser uma ferramenta muito poderosa tanto para provocar horror como para recrutar simpatizantes em igual medida.

A humilhação pública da baía de Guantánamo empurrou os radicalizados para o caminho da violência? Como descrito anteriormente, pelo menos um terrorista condenado pela trama das limunsines-bomba disse isso. Mas, para entender completamente o que influencia a mente de um terrorista, precisamos avaliar não apenas a fonte de suas próprias queixas, mas também as mentes daqueles que os inspiram.

* * *

Após um atraso considerável enquanto as questões de segurança eram negociadas com a prisão, foi decidido que eu poderia entrevistar Mustafa Kamel Mustafa, também conhecido como xeque Abu Hamza. Minha imagem mental dele havia sido colorida pela releitura dos trechos de seus sermões, e foi com essas declarações em mente que voltei para a Unidade de Alta Segurança em Belmarsh. O que eu estava esperando?

Com base nas fotos da imprensa — muitas vezes aquela imagem com a mão de gancho emoldurando seu olho —, pensei que seria uma entrevista difícil com um extremista terrorista rude e inescrutável. Afinal, ele tinha várias acusações no Reino Unido de incitação ao assassinato e ódio racial.

Levei pelo menos uma hora para passar pelos vários procedimentos e entrar na unidade de segurança máxima.

Pediram-me para esperar mais uma vez, e assim passei mais quinze minutos girando meus polegares na "prisão dentro da prisão" que abriga os prisioneiros terroristas mais perigosos do país. Lá, eu presenciei um carcereiro fortão brincar com uma enfermeira. Ele começou a cantar e dançar valsa pela sala com a mulher, que tinha metade do seu tamanho. Foi realmente um momento muito surreal.

Finalmente, fui conduzido a uma sala de entrevistas. Não havia ainda nenhum sinal de Hamza.

Sentei-me sozinho na sala, um pouco apreensivo, admito, sobre quem estava prestes a conhecer. Meu trabalho não era avaliar sua culpabilidade em relação a crimes terroristas; era apenas lidar com os problemas médicos e psicológicos que impediam sua preparação para o julgamento. Mesmo assim, eu podia sentir a familiar agitação nervosa na boca do meu estômago.

Por fim, a porta da sala se abriu e Hamza foi conduzido por um oficial. Na minha imagem mental dele, formada a partir das fotos da imprensa, ele usava seu costumeiro traje de pregador. Mas não na prisão, é claro. Ele estava com uma simples camisa de algodão folgada, e aquela aparência assustadora havia desaparecido. Em vez disso, seus braços terminavam em cotos.

Ele se sentou, mas só falou quando o policial saiu e a porta foi fechada.

Longe de ser um entrevistado difícil, foi justamente o contrário. Falando baixo, ele me disse como estava grato por eu ter tido tempo para visitá-lo. Ele lamentava muito os atrasos na chegada à prisão e desejava poder me oferecer uma xícara de chá. Ele se apresentou como um homem inteligente e encantador. Era sempre educado e positivamente amigável. Afinal, ele é muito instruído — tem um doutorado em engenharia civil e já trabalhou na reforma da passagem subterrânea de Kingsway e do Royal Sandhurst Military College. Ele me disse que é um memorizador do Alcorão e contou um pouco sobre como se tornou um pregador.

Sua dupla amputação teria ocorrido em um acidente de remoção de minas no Afeganistão pós-soviético. Embora alguns tenham duvidado disso, nenhuma outra explicação concreta foi apresentada. Como foi relatado na recente cobertura da imprensa, os cotos de ambos os braços estão sujeitos a surtos regulares de infecção óssea. Cego de um olho, ele também sofre de diabetes e psoríase, e precisa tomar pelo menos dois banhos por dia por causa de uma condição neurológica que causa transpiração excessiva.

Para se preparar para seu julgamento, havia uma grande quantidade de filmagens de seus sermões, além de vários documentos a serem considerados. Ele disse que estava achando as revistas "duplas" de cavidades corporais, na entrada e na saída das reuniões com seus advogados, tanto desconfortáveis como opressivas. Sem as mãos, ele estava tendo problemas em ativar as torneiras de botão na pia de sua cela. Ele não teve permissão para usar o gancho devido a preocupações sobre a possibilidade de usá-lo como arma. A ausência das mãos também significava que ele tinha dificuldades em tomar sua medicação e em aplicar seus cremes para a pele. Os cremes entravam em seus olhos e seus óculos ficavam sujos, impedindo-o de ler os documentos do caso contra ele. A defesa buscava uma razão para adiar seu julgamento do verão quente de 2005 até o outono, um pedido que, com base em provas médicas, foi atendido pelo juiz de Old Bailey.

Mas, quase imediatamente depois disso, em 7 de julho de 2005, quatro terroristas detonaram bombas caseiras em rápida sucessão em três trens do metrô de Londres e um ônibus de dois andares. Cinquenta e dois residentes do Reino Unido de dezoito nacionalidades foram mortos e mais de setecentos ficaram feridos. Esses atentados enfatizaram a dura realidade enfrentada pelo país com o terrorismo extremista islâmico, uma realidade que os eventos subsequentes não fizeram nada para aplacar.

Embora a célula do Atentado de 7 de Julho nunca tenha sido diretamente ligada a Hamza, sua condenação no final daquele ano por incitação ao homicídio deve ter sido simples para o júri.

Ele foi sentenciado a sete anos de prisão, e eu o avaliei várias vezes nos anos seguintes por questões relacionadas ao impacto psicológico de problemas de saúde física em um ambiente de segurança ultra-alta e por questões de deportação. Minhas opiniões psiquiátricas e particularidades das condições médicas de Hamza são descritas com algum detalhe em vários julgamentos do Supremo Tribunal, incluindo o que estabelece o raciocínio por trás da rejeição final de seus recursos contra a extradição em 2012. Ele sempre foi educado e mostrou-se feliz em me ver. Confidenciou que detalhes pessoais sobre sua situação estavam sendo publicados nos tabloides e achava isso humilhante. Na última ocasião antes de sua extradição para os EUA em 2012, ele me desejou felicidades e me agradeceu por minhas intervenções. "Dr. Taylor, quando eu escrever meu livro, mencionarei você."

O que eu aprendi com isso?

Meus colegas dizem que fui simplesmente enganado por seu charme. Talvez. Seu comportamento era certamente desarmante, dada a natureza extrema de suas crenças declaradas. Mas sugiro que, pelo estereótipo preguiçoso dos editores dos jornais — que sempre escolhem aquela imagem dele em um dia de cabelos desgrenhados com o gancho sobre o olho —, deixamos de retratá-lo com precisão e, portanto, negligenciamos a compreensão de sua influência e a de outros clérigos radicais. Não escolha essa imagem com um gancho. Mostre a que Hamza está com um turbante preto e óculos escuros de aviador do lado de fora da mesquita de Finsbury Park. Ele é educado, inteligente e charmoso — e sem dúvida persuasivo —, e isso certamente faz parte de quem ele é e do que fez.

Em maio de 2014, após extradição para os EUA, Hamza foi condenado por onze acusações relacionadas a terrorismo, incluindo o envolvimento no sequestro de dezesseis turistas no Iêmen em 1998, no fornecimento de apoio material a terroristas e de tentar criar um campo de treinamento terrorista em Bly, Oregon (por incrível que pareça), em 1999. De acordo com a mídia, a defesa de Hamza à acusação de sequestro foi que ele estava tentando ajudar a negociar a libertação dos reféns usando um telefone via satélite, em vez de estar envolvido com o sequestro ou coordená-lo — ou seja, apesar de ele já ter sido um sequestrador, naquele momento, agia como um negociador de reféns. O júri claramente não se convenceu e ele foi condenado a duas sentenças de prisão perpétua, tendo de cumprir mais de cem anos antes da possibilidade de liberdade condicional.

Após a condenação no Tribunal Federal de Manhattan, Hamza foi enviado para cumprir sua sentença na prisão federal de segurança máxima ADX

Florence, que também abriga Richard Reid, o terrorista do sapato-bomba; Zacarias Moussaoui, do Onze de Setembro; Ramzi Yousef, o terrorista do Atentado ao World Trade Center de 1993; Dzhokhar Tsarnaev, do atentado à Maratona de Boston; Ted Kaczynski, o Unabomber; e o traficante de drogas "El Chapo" Guzman. Anteriormente, também abrigava Timothy McVeigh, o homem-bomba de Oklahoma, mas ele foi executado em 2001. Hamza está apelando, pois as condições equivalem a uma "punição cruel e incomum". Uma foto recente da prisão vazada para a imprensa o mostra grisalho e magro. Ele pediu o retorno a Belmarsh, onde (após recorrer judicialmente sobre o regime da unidade) pelo menos podia conviver com outros internos e ter acesso a tratamentos de saúde.

Michael Bachrach, um dos advogados de apelação de Hamza, é citado como tendo dito: "Ele o colocaria em Belmarsh imediatamente se pudesse", acrescentando: "Acreditamos firmemente que as condições de seu confinamento violam as expectativas da Convenção Europeia de Direitos Humanos e as promessas feitas pelos EUA".

A ADX Florence é uma instalação secreta, baixa e extensa no sopé das Montanhas Rochosas, 160 quilômetros ao sul de Denver, que abriga mais de quarenta terroristas condenados da Al-Qaeda. Esse é o lugar para onde os EUA enviam os prisioneiros que mais desejam punir e aqueles muito perigosos para serem detidos em outro lugar. Os prisioneiros passam até 23 horas por dia em suas celas minúsculas, fazendo todas as refeições lá. As janelas das celas são bloqueadas para que não se possa ver as montanhas. Eles podem assistir a televisões em preto e branco de 12 polegadas ou ler livros para passar o tempo. Caso se comportem, podem fazer exercícios limitados em um cercado de recreação onde só cabe um homem de cada vez.

Então, talvez as condições na unidade de Belmarsh não sejam tão severas, não é mesmo? Acho, porém, que a melhor descrição da ADX Florence vem do ex-diretor Robert Hood.

"Em nosso sistema, existem 122 prisões federais. E há apenas uma de segurança máxima. É como a Harvard do sistema. É a substituta de Alcatraz."

Quando solicitado a descrever mais a ADX Florence, Hood declarou:

"É a melhor de todas as prisões. Tem doze torres com armas e muito arame farpado. Não há absolutamente nenhum contato entre os presos. Mesmo as visitas familiares podem ser proibidas sob medidas administrativas especiais. Qualquer jornal só será fornecido com no mínimo trinta dias de atraso e a TV ficará restrita a programas como o History Channel, sem chance de atualidades. Não há afrouxamento dessas condições de isolamento.

"É uma espécie de pena de morte. É uma versão limpa do inferno. Não sei o que é o inferno, mas, para uma pessoa livre, [a ADX Florence] está bem perto disso."

Para os terroristas de mais alto perfil, isso realmente é jogar a chave fora.

* * *

Abu Hamza e seus seguidores inspirados na Al-Qaeda eram terroristas em grupos ou solitários.

Mas o caráter assassino do terrorismo mudou de grupos organizados para lobos solitários muito mais difíceis de deter. Paul Gill e sua equipe na London's Global University estudaram mais de cem casos de criminosos solitários (não apenas extremistas islâmicos) e fizeram várias descobertas interessantes.

Em primeiro lugar, em contraste com os grupos, os lobos solitários são muito mais propensos a ter um transtorno mental e tendem a ter uma queixa pessoal, além de uma queixa política, religiosa ou histórica. A falsa dicotomia entre terroristas com doenças mentais versus terroristas sem doenças mentais também foi contestada. Gill encontrou uma maior prevalência de esquizofrenia, transtorno delirante e transtornos do espectro autista em atores solitários, mas o transtorno mental não é considerado a causa única do comportamento extremista. A explicação é que o caminho para a ação terrorista é multifatorial, de modo que o transtorno mental é apenas um fator de risco que, combinado com outros, como a exposição a um ambiente radicalizante, pode levar ao terrorismo.

Dois dos ataques de lobos solitários mais devastadores dos últimos anos foram motivados por políticas de extrema-direita. Brenton Tarrant, que assassinou 51 pessoas e tentou matar outras quarenta durante seus ataques em março de 2019 a mesquitas em Christchurch, Nova Zelândia, foi motivado pela ideologia supremacista branca e da direita alternativa. Suas armas automáticas estavam pintadas com palavras e símbolos (alguns deles em cirílico e grego) relacionados ao conflito entre cristianismo e islamismo. Não houve nenhuma sugestão de que ele estava mentalmente doente, embora claramente tenha opiniões muito extremas.

Por outro lado, tem havido uma controvérsia internacional sobre o estado mental de Anders Breivik — outro terrorista de extrema-direita e lobo solitário —, que, em julho de 2011, matou oito pessoas ao detonar uma van-bomba em Oslo. Foi apenas uma distração para seu alvo principal, que era um acampamento de verão da Liga da Juventude dos Trabalhadores na ilha de Utøya. Vestindo um uniforme paramilitar, ele se fez passar por policial para ter acesso à ilha, onde passou a caçar e a matar 69 jovens estudantes — supostamente rindo enquanto fazia isso. Breivik teve duas avaliações psiquiátricas completas após sua prisão. A primeira concluiu que ele estava delirando e era potencialmente insano em termos legais. A segunda concluiu que ele não estava delirando, era apenas um extremista — embora com um transtorno de personalidade — e, portanto, totalmente responsável por suas ações.

Dadas a natureza assustadora e a quantidade de crimes, houve uma pressão pública compreensivelmente intensa por uma condenação criminal em vez de uma avaliação de insanidade. Além disso, Breivik estava determinado a evitar que suas ideias e ações fossem rotuladas de alguma forma como fruto de uma mente anormal.

Tendo visitado Oslo para um seminário sobre terrorismo, onde vi o prédio danificado pela bomba e encontrei um dos psiquiatras envolvidos no caso, pensei um pouco na mente do assassino em massa Anders Breivik.

Em certo sentido, não faz muita diferença prática se ele está preso ou detido em uma instalação psiquiátrica de segurança máxima, pois parece altamente provável que ele nunca seja liberado. Mas, sendo inicialmente convencido de que Breivik não era delirante, mas um extremista político, o que ouvi e li me obrigou a mudar de opinião.

Outro fator, argumenta-se, é que, depois de ouvir que ele havia sido diagnosticado como delirante no primeiro relatório, Breivik procurou minimizar suas crenças bizarras na segunda avaliação psiquiátrica. Essa segunda avaliação foi, portanto, provavelmente inválida, embora a conclusão diagnóstica tenha concordado com a opinião pública.

Na primeira avaliação, Breivik se descreveu em termos impressionantes. Ele disse que era o líder dos Cavaleiros Templários, que era "uma ordem militar, uma organização de mártires, um tribunal militar, juiz, júri e carrasco". Ele se comparou ao czar Nicolau da Rússia e à rainha Isabel da Espanha. Acreditava que seria o novo governante da Noruega após um golpe de Estado. Disse que era capaz de decidir quem deveria viver e quem deveria morrer em seu país e acreditava que uma proporção considerável da população norueguesa apoiava suas ações. Alegou que, caso se tornasse o novo regente da nação, receberia a responsabilidade de deportar várias centenas de milhares de muçulmanos para o norte da África. Achava que os eventos dos quais fazia parte poderiam iniciar uma Terceira Guerra Mundial nuclear.

Estou convencido de que essas são ilusões grandiosas tão idiossincráticas e extremas, que estão fora das crenças subculturais até mesmo dos neonazistas escandinavos. Breivik era altamente organizado e levou anos para planejar seu ataque — por exemplo, arrendou terras agrícolas suficientes para justificar a compra de fertilizante para construir sua bomba —, mas o comportamento intencional não impede o pensamento delirante.

Em Londres, houve um exemplo de ataque de lobo solitário mais espontâneo e caótico por um homem com transtorno mental. Em 5 de dezembro de 2015, Muhaydin Mire, de 29 anos, um britânico somali, usou uma faca de pão para atacar três pessoas na estação de metrô Leytonstone, no leste de Londres. Uma das três vítimas ficou gravemente ferida. Um médico residente que passava pelo local controlou o sangramento, provavelmente salvando a vida daquela pessoa, enquanto as outras duas vítimas sofreram ferimentos leves.

Durante o ataque, Mire declarou: "Isto é pela Síria, meus irmãos muçulmanos... todo o seu sangue será derramado".

Ele tinha um histórico de episódios psicóticos e delírios de que estava sendo seguido pelo MI5 e MI6. Cerca de um mês antes do ataque, a família de Mire tentou interná-lo, mas foi considerado que ele não representava nenhum risco para si mesmo ou para os outros. Mire foi condenado por tentativa de homicídio e quatro acusações de lesão corporal, e foi sentenciado à prisão perpétua com uma pena mínima de oito anos e meio. Mais tarde, ele foi transferido para o Hospital Broadmoor para tratamento psiquiátrico. Embora mentalmente doente no momento do ataque, seus delírios tinham sido envolvidos pela ideologia religiosa.

O Estado Islâmico pede aos muçulmanos que exerçam a violência para recuperar a honra do Islã, com o uso do termo "califado" evocando imagens de um mundo islâmico culturalmente superior. Inicialmente, muitos jovens europeus viajaram para a Síria para se tornarem jihadistas, mas, quando os territórios começaram a ser perdidos, o Estado Islâmico começou a instruir os seguidores a cometer ataques de baixa tecnologia, armando assim essa forma de violência extremista de lobo solitário com efeitos devastadores. Publicações on-line como a revista *Dabiq* e vídeos sangrentos de assassinatos encorajavam diretamente os fiéis a pegar uma faca ou um veículo para matar aqueles que não compartilhavam das mesmas crenças. O simples ato de o perpetrador rabiscar um símbolo do Estado Islâmico em um pedaço de papel é suficiente para que o grupo reivindique o ataque. O símbolo é a primeira parte da declaração de fé islâmica, ou *shahada* — "Não há outro deus além de Alá" —, então, abaixo disso, um círculo, que significa a imagem do selo do profeta e contém a segunda parte da declaração: "Maomé é seu mensageiro".

Nos últimos anos, vimos muitos ataques de lobos solitários usando facas e veículos, e também as bombas caseiras altamente instáveis da Manchester Arena e de Parsons Green. Esse é o terrorismo de lobo solitário inspirado pelo Estado Islâmico, em oposição ao terrorismo coordenado por esse grupo. Em outras palavras, muitas vezes não há evidência de qualquer comando e controle ou comunicação entre o perpetrador e um intermediário do Estado Islâmico.

Terroristas solitários parecem ter envolvido a mágoa pessoal com uma vida insatisfeita em um manto de protesto religioso. A queixa pessoal pode surgir de um sentimento de desvantagem e exclusão social, alimentado por baixa instrução, uso de drogas ilícitas, comportamento antissocial e uma vida profissional e relacionamentos fracassados. Khalid Masood, o agressor da Ponte de Westminster de 2017, é um exemplo disso. Masood matou quatro e feriu mais de cinquenta pessoas com uma Tucson cinza alugada, antes de esfaquear o policial Keith Palmer até a morte na entrada do Palácio de Westminster. Ele tinha um histórico violento, mas não existiam evidências de nenhum contato com membros do Estado Islâmico. Em uma mensagem de WhatsApp, enviada poucos minutos antes do ataque, ele enviou um *emoji* de beijo e pediu perdão, mas também disse que estava travando a jihad em vingança contra a ação militar ocidental no Oriente Médio.

Seu ataque final pode ter representado um desejo de partir com glória por meio de "suicídio por ataque a policial" ou morte por bomba como parte do roteiro. Isso tem alguns paralelos com o que é coloquialmente conhecido como "*amok*". Na verdade, a síndrome de *amok* é uma síndrome comportamental descrita no arquipélago malaio já no século XVI e registrada pelo explorador marítimo capitão Cook. Tem equivalentes em outras culturas, incluindo "*berserkers*", um termo nórdico que se refere àqueles que lutam em transe e uma palavra que também entrou na língua inglesa. O *amok* geralmente envolve um homem sem histórico de violência que, após um período prodrômico de retraimento ou depressão, adquire uma arma — geralmente uma lâmina — e, então, subitamente se envolve em um ataque homicida paroxístico com aparente perda de autocontrole. O episódio termina com o agressor sendo morto por observadores ou tirando a própria vida. Aqueles que perdem o controle já foram considerados psicóticos, acreditava-se que estavam ou em estado de transe, ou apenas eram taxados como alguém que chegou ao limite. Mas *amok* também pode ser uma descrição útil para o comportamento de terroristas solitários ou assassinos de massas que encenam um homicídio-suicídio final em resposta a queixas pessoais que podem ou não estar envoltas em um manto ideológico.

Taxas elevadas de transtorno mental foram encontradas em outros tipos de ataque de lobo solitário, por exemplo, no estudo de David James de 24 assassinos solitários que realizaram graves ataques a políticos europeus entre 1990 e 2004. Uma alta proporção dos agressores — quase metade — foi considerada psicótica, mas suas fixações delirantes em seu alvo às vezes eram confundidas com crenças politicamente motivadas.

O estudo mais recente da equipe de Paul Gill, realizado em 2020, descobriu que os terroristas solitários têm muito em comum com outra forma de ataque solitário, que são os atiradores de massa (aqueles que matam mais de quatro vítimas no total, em locais diferentes). Assim, os dois grupos podem ser considerados variantes da violência fomentada por rancor praticadas por atores solitários.[3]

Uma descoberta adicional importante é que os terroristas solitários são mais propensos do que os atiradores de massa a vazar detalhes de seu ataque para um amigo ou no Facebook, mas não o alvo. Isso pode oferecer uma oportunidade de intervenção, por exemplo, pelo monitoramento de comunicações de código aberto — postagens na web, atualizações no Facebook etc. A moral da história é que qualquer um que testemunhe declarações de intenções terroristas assassinas deve sempre levá-las a sério, embora alguns lobos solitários estejam se conscientizando disso, postando on-line apenas alguns minutos antes de um ataque (como nos tiroteios em mesquitas na Nova Zelândia) para minimizar a possibilidade de qualquer intervenção policial.

Muitos lobos solitários recentes cometeram suicídio por bomba (Manchester Arena) ou por ataque policial, usando coletes antibomba falsos (Ponte de Westminster, ambos os ataques da Ponte de Londres e Streatham). Mas o que está na mente daqueles dispostos a se matar por sua causa? Eles também são suicidas?

Há muito se pensa que os ataques suicidas terroristas têm uma motivação intensamente religiosa ou extremista aliada a uma vontade de fazer o sacrifício final. Mas parece que alguns que já estão mentalmente perturbados e suicidas podem dizer a si mesmos: "Tenho vontade de me matar. Eu poderia também usar isso para uma causa".

Ariel Merari[4] foi capaz de estudar homens-bomba que chegaram à beira do suicídio, mas que não conseguiram fazer o dispositivo funcionar. Merari entrevistou terroristas suicidas palestinos, um grupo de controle de terroristas não suicidas e um grupo de organizadores de ataques suicidas. Os aspirantes a suicidas eram mais propensos a exibir traços de personalidade que os tornavam mais suscetíveis à influência. Alguns dos potenciais terroristas, mas nenhum do grupo de controle e organizador, tinham tendências suicidas, depressão e histórias de abuso infantil.

Pesquisas adicionais comparando trinta mulheres e trinta homens terroristas suicidas de vários grupos, como Hamas, separatistas chechenos, Tigres Tamil e Al-Qaeda, descobriram que mulheres terroristas suicidas eram mais motivadas por eventos pessoais, enquanto homens eram mais motivados por fatores religiosos/nacionalistas. Os tipos de eventos pessoais em mulheres terroristas suicidas incluíram um histórico de problemas com drogas ou overdose, pensamentos suicidas e depressão autorrelatada.

Houve também uma extensa pesquisa sobre a dinâmica de grupo de células terroristas, e uma formulação foi proposta por John Alderdice, um psiquiatra e político da Irlanda do Norte. Lorde Alderdice sugeriu que as atividades terroristas envolvem o uso premeditado da violência para criar um clima de medo direcionado a um público mais amplo do que as vítimas imediatas, e sugere que os atos terroristas podem ser uma repetição e reencenação de conflitos históricos e traumas que remontam a muitas gerações — se traumas passados não são resolvidos, então podem ser repetidos e perpetuados em um círculo vicioso de violência.

Essa análise é relevante para os efeitos da baía de Guantánamo e do uso de "escaldamento" nas prisões discutidos anteriormente. Experiências de desrespeito e humilhação podem conduzir à violência como vingança por injustiças sociais e culturais e como forma de reverter essa humilhação. Observe que não houve protestos do mundo muçulmano contra a ADX Florence. Pode ser um sistema duro e totalmente austero, mas tem legitimidade judicial e não procura humilhar publicamente.

Onde tudo isso nos leva em termos de prevenção de futuros ataques de lobos solitários?

O combatente treinado no exterior que retorna é um terrorista solitário em potencial, então como podemos diferenciar turistas inofensivos de extremistas jihadistas — e como podemos identificar quem será o próximo lobo solitário de Westminster ou da Ponte de Londres?

Quanto menor a janela de previsão, mais fácil é. Uma tempestade de força dez no mar da Irlanda significa risco iminente de vento em Liverpool. Da mesma forma, problemas podem ser razoavelmente esperados de um prisioneiro altamente radicalizado com libertação iminente.

Para enfrentar essa tarefa essencial, mas difícil, Reid Meloy identificou oito comportamentos de alertas próximos e dez características gerais do terrorista lobo solitário que são incorporados em uma ferramenta de avaliação de risco, o Protocolo Dezoito de Avaliação de Radicalidade Terrorista (TRAP-18 , de acordo com a sigla em inglês).[5] Os fatores de risco incluem: queixa pessoal e indignação moral; dificuldade em se afiliar a um grupo extremista (rejeitados de células terroristas, em outras palavras); dependência de uma comunidade virtual; a frustração de objetivos ocupacionais; o fracasso do vínculo do par sexual e o transtorno mental. O TRAP-18 pode ajudar como parte de um julgamento profissional ancorado e estruturado, sem esquecer aquela sensação de arrepio na nuca.

Mais recentemente, entrevistei um homem muito jovem que foi considerado um prisioneiro terrorista de alto risco, com aspirações de matar outras pessoas durante um ataque suicida de lobo solitário. Quais eram seu perfil e sua mentalidade?

Seu pai o havia abusado fisicamente e depois o deserdou. Ele havia abandonado os estudos e usado drogas. Ele não tinha trabalho e nenhum relacionamento íntimo. Navegando pela *dark web* para afastar o tédio, encontrou *The Anarchist Cookbook* e viciou-se em vídeos de decapitação do Estado Islâmico, dizendo que gostou da poderosa trilha sonora dos *nasheeds* (cantos) dos jihadistas.

"[Assistir a vídeos do Estado Islâmico] me deixava arrasado. [Eu não suportava ver] bombas lançadas sobre pessoas inocentes."

"Eu assisti a vídeos on-line de Abdullah al-Faisal e Anwar al-Awlaki [ambos pregadores radicais]."

"Segui o pensamento salafista [jihadista] e estava lendo os *hadiths* e estudando o islamismo com mais intensidade recentemente."

"Fui atraído pela ideia do califado. Acreditava que deveria haver um califado."

"Vi vídeos de fósforo branco queimando pessoas vivas e vídeos de ataques de drones. Fiquei muito zangado com quem estava fazendo isso."

"Achava Assad na Síria um idiota. O comportamento do regime de Assad é repugnante."

"Acredito em *takfir* [rotular as pessoas como *kafir* ou infiéis]."

"Acredito que os apóstatas [aqueles que renunciam ao islamismo] deveriam ser decapitados."

"Mas não tenho certeza, pois o imã da prisão me disse que isso é errado."

É fácil ver como um jovem impressionável com essas atitudes pode ser maleável o suficiente, na companhia de prisioneiros mais velhos, mais experientes, inspirados pelo Estado Islâmico, e ser levado a cometer um ataque terrorista assassino.

O Estado Islâmico pode ter sido derrotado no campo de batalha na Síria e no Iraque, mas um grupo central de veteranos endurecidos pela batalha — o resto do exército do califado — poderia facilmente ser o núcleo de um Estado Islâmico ressurgente. O abandono da comunidade internacional de jovens noivas jihadistas e seus filhos no campo de refugiados de al-Hawl se encaixa na narrativa do Estado Islâmico de tratamento injusto por parte do Ocidente. E, dada a confusão causada pelas ações militares dos EUA e da Turquia no norte da Síria, deve haver um risco significativo de ressurgimento do Estado Islâmico na região.

Mesmo que isso não aconteça, há material de recrutamento do Estado Islâmico suficiente circulando na internet para motivar aqueles com uma mentalidade extremista islâmica. Da mesma forma, os manifestos e os assassinatos em massa de extremistas de direita, como Anders Breivik, na Noruega, e Brenton Tarrant, na Nova Zelândia, podem fornecer tanto uma inspiração como um modelo que pode levar pessoas com queixas pessoais e vulnerabilidade mental subjacente a ações assassinas.

Sentença, tratamento, recuperação e libertação

A MAIORIA DOS ASSASSINOS PASSA muito tempo na prisão. A prisão é usada como retribuição e punição; como forma de manter a segurança pública e dissuadir outros aspirantes a assassinos; e, por último, para que a reabilitação seja possível, depende da jurisdição e da gravidade do crime. Nos EUA, o equivalente a penas de prisão perpétua é comum, especialmente após condenações por homicídio doloso em primeiro grau — ou seja, homicídio intencional com planejamento ou dolo. Entre os 2,3 milhões de prisioneiros nos EUA, mais de 100 mil prisioneiros condenados por assassinato estão cumprindo prisão perpétua sem possibilidade de liberdade condicional, ou sentenças tão longas — em um caso, de 750 anos —, que a morte sob custódia é certa.

Ao mesmo tempo, a proporção de delinquentes enviados para um hospital psiquiátrico de segurança máxima após serem considerados absolvidos por motivo de insanidade é muito baixa e, portanto, há muitos assassinos psicóticos nas prisões dos EUA em vez de em hospitais, muitas vezes recebendo tratamento inadequado.

Ao impor uma sentença de prisão perpétua obrigatória por homicídio, os juízes no Reino Unido estabelecem o prazo mínimo. Dependendo das circunstâncias do caso, esse prazo mínimo tem três potenciais pontos a partir dos quais a pena pode ser aumentada ou reduzida de acordo com os agravantes e as atenuantes. Para infratores adultos, um prazo mínimo de toda a vida se aplica ao duplo homicídio e à reincidência de crimes de homicídio por alguém que já matou antes (duas condenações, e a pena é perpétua). Trinta anos é o ponto de partida para casos envolvendo armas de fogo ou explosivos. Aqueles que cometem assassinatos em guerra de territórios de gangues de drogas com uma faca podem esperar uma pena de 25 anos. No caso de assassinato impulsivo, não planejado, de uma única vítima, quinze anos é o mínimo. A pena é aumentada se houver agravantes, tais como: grau significativo de planejamento; uma vítima idosa ou deficiente; sofrimento infligido à vítima antes da morte; o assassinato de um funcionário público; e ocultação ou desmembramento do corpo. Fatores atenuantes, que podem reduzir anos do prazo mínimo, incluem: a falta de premeditação; o temor de violência contra si; e a morte sendo considerada um "assassinato por misericórdia", por exemplo, de um parente com doença terminal. A família da vítima pode optar por fazer uma declaração pessoal, que o juiz usará para avaliar o impacto do crime e proferir a sentença de acordo.

Uma sentença de prisão perpétua sempre dura o resto da vida do infrator, não importa se o prazo mínimo antes da condicional é longo ou curto. Ao final do prazo mínimo, o infrator pode solicitar ao conselho de liberdade condicional a liberação da prisão perpétua, mas isso só ocorrerá se não representar mais um risco para a sociedade. Assim, a prisão perpétua significa, de fato, encarceramento para toda a vida para muitos assassinos.

Mas, para a maioria dos "perpétuos", uma decisão deve ser tomada em algum momento sobre a segurança para a liberação, e isso, no Reino Unido, será decidido por um painel de três pessoas, composto por um juiz, um leigo e um psiquiatra (ou psicólogo clínico). Novos assassinatos após a libertação são extremamente raros. Mesmo assim, entre janeiro de 2007 e maio de 2015, doze pessoas foram mortas por assassinos condenados.

No Reino Unido, a proporção de assassinos que são internados em hospitais de custódia vem diminuindo (especialmente quando há uso de drogas ilícitas). Ordens de internação psiquiátrica são emitidas apenas para cerca de vinte a trinta casos inicialmente determinados como assassinato em um ano médio. Quer o perpetrador seja enviado para a prisão ou para o hospital, os princípios são praticamente os mesmos em termos de tratamento, recuperação e avaliação do risco de reincidência.

Os casos contidos neste livro descreveram a miríade de natureza e circunstâncias daqueles que matam, o que nos leva à questão de como um assassino é criado — e se podemos reverter essa condição. Alguns são assassinos de nascença, como aqueles que herdam um risco aumentado de esquizofrenia e que matam durante crises psicóticas, ou o pequeno grupo de crianças com traços frios e insensíveis de ordem hereditária (como Lee Watson, do capítulo três). Mas, mesmo com a esquizofrenia, os genes são apenas metade da história. E, para psicopatas inexperientes, é o ambiente que determina se o adulto resultante será um assassino sádico ou uma cobra corporativa.

O fato é que a maioria dos assassinos nem nasce com esses instintos, nem é criada. O que ocorre é uma mistura de ambos. Descobertas de pesquisas atuais[6] mostraram que é uma interação complexa de genes e ambiente que leva ao comportamento antissocial e ao abuso de substâncias encontrados na história de muitos assassinos. No passado, as influências genéticas e comportamentais no desenvolvimento infantil se concentravam em dois mecanismos possíveis. O primeiro deles é a sugestão de que é a própria constituição biológica individual da criança que influencia negativamente a relação pais-filhos. Em outras palavras, se um bebê tem um problema de conexão emocional ou temperamento, isso terá um impacto adverso no relacionamento entre mãe e filho desde muito cedo. A noção da criança problemática que não pode ser modificada pela criação é ilustrada pelo personagem homônimo no romance de Lionel Shriver, *Precisamos falar sobre o Kevin*. É a constituição biológica da criança que influencia seu ambiente.

O modelo alternativo é o inverso, ou seja, é o ambiente que influencia diretamente a biologia de uma criança. Por exemplo, um pai que não responde adequadamente às necessidades de uma criança pode causar estresse psicológico e emocional, que por sua vez provoca um aumento na adrenalina, o que impacta negativamente a regulação emocional na criança. Mas esses processos não podem ser separados, e, portanto, a pesquisa atual se concentra em como esses elementos genéticos e ambientais (G x A) trabalham juntos à medida que cada criança se desenvolve.

Pesquisadores de desenvolvimento infantil, como Marian Bakermans-Kranenburg e Marinus van Ijzendoorn, da Holanda, analisaram dados de estudos de longo prazo, nos quais os mesmos sujeitos são acompanhados por um longo período (neste caso, desde a infância), com repetidas baterias sequenciais de exames de sangue, entrevistas e busca de registros colaterais. Esses estudos mostraram interações entre os genes e fatores ambientais, como ambiente de cuidado e sensibilidade dos pais. Acredita-se que a interação dos genes com o ambiente infantil seja mediada pela relação de apego com a mãe ou outro cuidador, que descreverei com mais detalhes em breve. Genes específicos podem levar a variações nos níveis de diversas substâncias químicas que afetam o cérebro e o comportamento, como dopamina, serotonina e oxitocina, mas esses prognosticadores biológicos de comportamento podem ser moderados pelo ambiente em que a criança é criada. Por exemplo, pesquisas com crianças sob cuidados institucionais[7] mostraram que aqueles que carregavam a mesma variação genética de um grupo de controle de crianças no ambiente mais estimulante de um orfanato tinham uma probabilidade muito maior de ter o apego aos pais interrompido. Por outro lado, para crianças no mesmo ambiente de criação, a composição genética diferente pode predizer um resultado adverso. Mas cada criança é um indivíduo único, e mesmo crianças no mesmo ambiente e com a mesma biologia podem se desenvolver por caminhos diferentes.

E assim, estejam presentes ou não os genes associados ao comportamento antissocial posterior, o resultado é modificado pela experiência inicial: muitas vezes tão cedo quanto suas interações com o cuidador principal — a mãe — durante os primeiros dezoito meses de vida.

Em outras palavras, a criação pode modificar substancialmente a natureza — e vice-versa.

Isso se aplica a homens jovens e antissociais que matam outros com facas; homens e mulheres que matam seus parceiros íntimos; aqueles que matam quando estão bêbados ou sob efeito de drogas; e aqueles que matam como resultado de extremismo violento. Muitos deles provavelmente farão o que fazem, pelo menos em parte, como resultado de suas primeiras interações com a mãe. Por essa razão, o alvo do tratamento para aqueles que matam muitas vezes envolve tentar atenuar ou reverter os efeitos das experiências adversas da infância, aceitando que pode haver fatores biológicos ou inatos e de conexão subjacentes que tornam esse processo de tratamento mais difícil.

Meus pacientes forenses muitas vezes têm problemas interpessoais que não se encaixam no padrão de diagnóstico psiquiátrico, um dos quais é mais bem descrito pelo conceito de transtorno de apego já mencionado. Se eu tivesse de escolher um tema que conectasse muitos tipos diferentes de assassinato, seria este: estudos mostraram que o delito violento está fortemente associado ao apego desordenado.[8]

As teorias do transtorno de apego são baseadas no trabalho do psiquiatra John Bowlby, que pesquisou os laços positivos e estimulantes criados entre bebês e suas mães, que ele chamou de base segura. Suas teorias foram posteriormente apoiadas por extensa pesquisa experimental com crianças feita por Mary Ainsworth[9] e outros. Apegos seguros aos cuidadores são considerados uma necessidade evolutiva, pois fornecem um refúgio seguro para gerenciar o sofrimento de um bebê em resposta à ameaça. Os vínculos de apego precoces se refletem nos relacionamentos na idade adulta, e descobertas indicam que afetam a forma como alguém lida com eventos estressantes da vida.

Os bebês que tiveram uma relação estável com os pais desenvolvem um apego seguro e são capazes de usar o cuidador como base para explorar o ambiente circundante e como fonte de conforto quando angustiados ou ameaçados. Adultos com apego seguro valorizam relacionamentos, buscam intimidade e apoio e são capazes de explorar sentimentos desfavoráveis. Por outro lado, em pacientes forenses — e em outros com vários transtornos mentais —, muitas vezes há transtorno de apego, ilustrado por regulação emocional insegura e sensibilidade excessiva à decepção nos relacionamentos.[10] Às vezes, isso significa que os pacientes angustiados podem ficar indiferentes às tentativas da equipe de atendimento de ajudá-los, pois não estavam acostumados a esse tipo de apoio na infância.

Há uma entrevista estruturada que pode ser usada para esclarecer essas questões e isso pode direcionar o tratamento. As perguntas incluem: "Você se lembra de momentos em que esteve emocionalmente perturbado, fisicamente ferido, isolado ou rejeitado, ou sofreu abuso ou perda?". "Não tenho certeza de que sempre posso contar com a presença dos outros quando preciso deles — sim ou não?"

Não é difícil imaginar como Charlotte, que matou seu parceiro abusivo Lennie, responderia a essas perguntas à luz de sua experiência de abuso infantil por parte de seu padrasto, com uma mãe que fez vista grossa e não a protegeu.

Muitos dos tratamentos para assassinos se aplicam tanto aos que acabam na prisão como aos que estão em um hospital psiquiátrico de custódia.

Mas, embora ambos os grupos possam apresentar transtorno de personalidade e abuso de drogas ilícitas, a entrada para o hospital psiquiátrico geralmente é a psicose no momento do delito.

Todos os assassinos são únicos até certo ponto, mas posso dividir meus pacientes psicóticos que mataram em três grandes grupos. Há aqueles que levaram uma vida "normal" antes do início da psicose e que respondem rapidamente à medicação, recuperando o discernimento, participando do tratamento e progredindo rapidamente — como Jonathan Brooks do capítulo sete.

Depois, há um segundo grupo cuja psicose já existe muito antes do ato homicida. Muitas vezes são resistentes ao tratamento; seu progresso pode ser lento e tortuoso e, para alguns, um retorno à comunidade simplesmente não é seguro.

O grupo final é o de diagnóstico triplo, que é o mais comum. Esse grupo tem o que você pode chamar de um "azar triplo" de diagnósticos, ou seja, uma combinação de transtorno de personalidade, uso de drogas ilícitas e psicose.

Esses pacientes apresentam uma combinação da infância abusada e negligenciada de Charlotte, o uso de álcool ou drogas de Dennis Costas (que imolou sua namorada) e a psicose de Jonathan Brooks (que matou sua mãe). Eles são homens e mulheres jovens desfavorecidos, negligenciados e abusados com educação e histórico de trabalho fracassados. Tendem a ter péssimas estratégias de enfrentamento, que envolvem automutilação e/ou comportamento antissocial. Usaram drogas ilícitas e abusaram do álcool e, além de toda essa desvantagem e suas más escolhas de vida, sofrem o início da psicose — ou seja, doença mental grave — no começo da idade adulta. E é quando eles matam. O psiquiatra e psicanalista dr. Robert Hale descreveu esse grupo em um artigo baseado em mais de 2 mil casos.[11]

A recuperação pode ser um caso de "dois passos para frente, um passo para trás". Padrões de comportamento autodestrutivos e dificuldade em estabelecer relacionamentos podem levar a conflitos com a equipe médica e outros pacientes, com reversão ao comportamento antissocial ou automutilação, agressão, uso de drogas e baixo envolvimento com a terapia.

Tentar tratar esse grupo é parte central do trabalho psiquiátrico forense. Muitos respondem a drogas antipsicóticas, o que significa que a psicose desaparece. O transtorno de personalidade e o comportamento desafiador se tornam, então, o foco principal do tratamento e da gestão de risco.

Um caso típico como esse sob os meus cuidados envolveria um paciente homicida com vinte e poucos anos no curso de um surto psicótico e/ou de um episódio maníaco. Após a transferência para um hospital psiquiátrico de custódia, eles podem responder a medicamentos antipsicóticos e estabilizadores de humor, mas o histórico geralmente confirma que tenho muito mais a fazer do que apenas tratar a psicose com medicamentos.

Normalmente, o pai foi violento, alcoolista e depois ausente. Houve abuso violento da mãe e da criança (mais tarde, meu paciente). Muitas vezes, a mãe pode ter sido hospitalizada com depressão, por exemplo, ou apenas estar emocionalmente indisponível e focada em suas próprias necessidades (usar drogas ou relacionar-se a uma série de parceiros abusivos).

Isso significa que a oportunidade de apego estável foi perdida. Muitas vezes, há uma história de ter sido enviado para viver com outros membros da família ou avós, intervenção da autoridade local, orfanatos ou lares temporários. Aqueles com uma infância perturbada por esses arranjos instáveis e delegados muitas vezes terão dificuldades na escola. Eles podem ser bagunceiros e desatentos. Brigam, começam a faltar e acabam suspensos ou expulsos da escola, recorrendo ao abuso de álcool e maconha desde cedo e juntando-se a um grupo de colegas delinquentes. Pode haver uma tentativa de entrar em contato com os pais ausentes apenas para ter a porta fechada na cara dos assistentes sociais.

Se a criança desenvolve um padrão precoce de transtorno de conduta, como comportamento agressivo, dissimulador ou destrutivo, é mais provável que isso leve a um comportamento antissocial persistente ao longo da vida, em contraste com o transtorno de conduta socializada ou influenciada pelos pares de início tardio. Normalmente, um grupo ou gangue de delinquentes pode fornecer laços ausentes na família, e pode haver envolvimento precoce na extremidade inferior do tráfico de drogas. A violência de gangues também pode forçá-los a buscar proteção nos grupos.

Recentemente, lidei com um jovem que acabou matando aos dezoito anos em um esfaqueamento realizado "conjuntamente" por uma gangue. (Veredito: homicídio doloso. Prisão perpétua; mínimo de dezesseis anos antes da possibilidade de condicional.)

Ele havia sido ameaçado por outros rapazes da escola e fugiu de Londres para Cardiff para buscar refúgio com o tio e dois primos. Talvez invejasse a existência mais estável de seus primos. (Minha prima Hannah sem dúvida tinha inveja de mim, meu irmão e nossos outros dois pares de primos por nossos lares estáveis e amorosos.)

O que geralmente se segue é o mundo caótico da delinquência juvenil. No Reino Unido, temos uma das idades mais jovens de responsabilidade criminal — dez anos —, e, portanto, os jovens infratores logo acabarão em um ciclo infindável de passagens pelos tribunais, liberdade condicional e prisão. Após detenções por delitos como desordem pública, roubo de um telefone celular e de uma refeição em um restaurante enquanto estava bêbado em Brixton Spudulike (um caso em que trabalhei), eles geralmente avançam para o tráfico de drogas. Há períodos de prisão, pontuados por tentativas incompletas de educação ou trabalho. As sentenças de prisão podem levar à vitimização — como ser golpeado no rosto com uma faca (feita de uma lâmina de barbear derretida em uma escova de dentes).

Essas experiências podem contribuir para a paranoia, que é agravada pelo consumo diário de *cannabis*, especialmente o *skunk*, sua variação mais potente.

O que se pode seguir é o contato precoce com serviços psiquiátricos após delitos de violência ligados a paranoia e intoxicação. Esses episódios serão tipicamente considerados como induzidos por drogas, embora, em retrospectiva, quando examinarmos detalhadamente o histórico na unidade forense, poderemos ver o surgimento de um padrão de psicose mais duradouro.

É durante essa psicose que o crime de homicídio é cometido. Isso geralmente ocorre por meio do uso de violência excessiva em resposta a uma sensação de ameaça ou pode envolver um pensamento delirante mais sistematizado. Um jovem psicótico que acredita que seus vizinhos o estão escutando pode entrar pela porta empunhando uma arma. Ou pode haver mais crenças complexas sobre as elites do poder global tentando estabelecer uma nova ordem mundial totalitária. Tais ideias são populares entre os teóricos da conspiração, mas as preocupações com os Illuminati também podem se entrelaçar com delírios psicóticos.

Muitas vezes há perturbação do humor, bem como psicose, no momento do assassinato. Por exemplo, alguns dias antes de uma tentativa de assassinato cometida por Lloyd, um de meus pacientes forenses, sua namorada chegou em casa e encontrou a porta de seu apartamento térreo escancarada. Sua televisão, o aparelho de som, a coleção de CDs e as roupas tinham sumido, assim como os móveis. Até a nova torneira havia sido desparafusada e retirada, o banheiro ficou com água vazando pelo chão.

A pessoa responsável pela limpeza total do apartamento, Lloyd, tinha uma história muito parecida com a que descrevi anteriormente. Depois de esvaziar o apartamento, ele foi encontrado na rua, falando alto e rápido, mandando os transeuntes pegarem o que quisessem. Em seguida, desapareceu por um dia, sem paradeiro conhecido. Então, maníaco e paranoico, ele atacou um passageiro em uma plataforma de trem com uma garrafa quebrada. Embora tenha sido a psicose (transtorno esquizoafetivo) que possa tê-lo levado a essa situação, sua trajetória de vida estava caminhando para um comportamento antissocial adulto persistente e uso de drogas.

Então, como essa trajetória poderia ter sido diferente? Uma mão firme do pai ausente teria ajudado? Que tratamento ou intervenção poderia ter desviado Lloyd de seu caminho para o delito e, finalmente, para o assassinato?

A pesquisa mostrou que disciplina severa não funciona realmente como uma estratégia de criação de filhos, especialmente com as crianças mais antissociais. Psicopatas inexperientes com traços frios e insensíveis muitas vezes são excelentes valentões, escolhendo habilmente a melhor forma de ferir suas vítimas sem se importar com o impacto, e são notavelmente imunes à punição.

Estratégias de criação mais eficazes foram identificadas em pesquisas. O psiquiatra infantil Stephen Scott analisou vídeos de interações entre pais e filhos e descobriu que pais realmente eficazes usam muito mais a recompensa do que a punição. A melhor abordagem de criação é reforçar o comportamento positivo da criança por meio de elogios e incentivos, melhorar a interação pais-filhos por meio da construção de relacionamentos, definir expectativas claras e usar estratégias de gerenciamento não aversivas (não violentas) como consequência para a não conformidade ou comportamento problemático. Esses princípios foram posteriormente modificados no Programa de Ajuda a Famílias, uma intervenção de dezesseis sessões que usa estratégias estruturadas e orientadas a objetivos e métodos terapêuticos colaborativos para melhorar a criação e a relação entre os pais e a criança. Uma pesquisa atual liderada pelo psicólogo clínico Crispin Day[12] está testando essa intervenção em um grupo particularmente vulnerável de crianças com alto risco de desfecho adverso no desenvolvimento, ou seja, crianças com dificuldades emocionais/comportamentais significativas que têm pais afetados por graves dificuldades de personalidade. Os primeiros estudos de viabilidade têm sido encorajadores, mas o estudo controlado randomizado em andamento comparando esse programa com uma abordagem de psicoeducação padrão será a única maneira de ter certeza. Infelizmente, no Reino Unido, sempre que a questão do desenvolvimento infantil adverso e do comportamento antissocial da juventude surge no discurso público e político, a discussão em torno de intervenções apropriadas tende a envolver retórica populista e chauvinista em vez de evidências de pesquisa empírica.

Abordagens judiciais como "correções pelo susto",* reabilitação, tratamentos com choques ou prisão juvenil podem parecer plausíveis e, muitas vezes, são adotadas por políticos populistas que tentam impressionar os eleitores com suas credenciais de lei e ordem, mas a evidência é que elas não produzem quaisquer benefícios.

Intervenções familiares que seguem o outro caminho demonstraram reduzir as taxas de reincidência dos jovens entre um terço e a metade. Essas intervenções visam ajudar os pais a desenvolver a combinação certa de recompensa e punição, promover a convivência com um grupo pró-social, organizar atividades extracurriculares e capacitar a família a ser assertiva ao lidar com os problemas das ruas. É certo que este último item é um osso duro de roer quando lidamos com a população que vive nos conjuntos habitacionais de Londres.

Quanto de recompensa e quanto de punição compõem a medida certa?

Na pesquisa, os melhores pais de lares temporários — aqueles que repetidamente modificam crianças com distúrbios comportamentais — oferecem elogios positivos ou feedback neutro com trinta vezes mais frequência do que críticas negativas.

Com essa evidência empírica em mente, me vi conscientemente tentando usar mais reforço positivo de bom comportamento do que repreender meus

---

* *Scared straight* são programas em que jovens são levados a visitar as prisões, onde supostamente são "corrigidos no susto" pelos presos.

próprios filhos. Fico desconfortável com pais que perdem o autocontrole com raiva explosiva e gritos. Prefiro ganhar o respeito dos meus filhos, em vez de exigi-lo.

Mas o que realmente fazemos — especialmente no Reino Unido — com adolescentes problemáticos que cometem delitos? A resposta é que os colocamos em casas de custódia da autoridade local ou no Instituto Feltham para Jovens Infratores.

A criminologista Loraine Gelsthorpe sugere que o discurso público sobre a política de justiça criminal no Reino Unido reflete processos sociais conhecidos como modernidade tardia, conforme ilustrado pelo surgimento de uma cultura de controle e a politização da lei e da ordem. Isso significa que as discussões sobre a punição dos jovens infratores tendem à demonização dos jovens que cometem delitos.[13] Também foi sugerido que um modelo econômico neoliberal, aliado a um sistema político não proporcional, promove uma tendência para políticas populistas de lei e ordem em comum com outros países desenvolvidos onde os partidos políticos devem visar os eleitores indecisos cruciais para o resultado eleitoral.

Em contraste, nas democracias corporativistas ou sociais (aqueles países nórdicos tão alardeados mais uma vez), uma criança perturbada de oito, nove ou dez anos que comete um grave delito violento é vista como uma falha trágica e um problema que a sociedade deve resolver de forma colaborativa, em vez de uma criança má que deve ser demonizada e condenada.[14]

Jovens infratores acabarão em algum lugar como Feltham, um local conturbado onde incidentes violentos, altos níveis de automutilação e agressões contra funcionários são comuns. Como resultado, é mais intimidante do que muitas prisões para adultos que visito, onde muitos presos só querem uma vida tranquila em uma ala. Um caso que destaca como pode ser adverso um ambiente como Feltham foi o de Robert Stewart, que entrevistei antes de seu julgamento e condenação pelo homicídio doloso do companheiro de cela Zahid Mubarek, um adolescente que cumpria noventa dias por furto em lojas. Em sua última noite na prisão, ele estava em uma cela compartilhada com Robert Stewart, que tinha uma coleção de crimes em sua ficha. Stewart havia expressado opiniões racistas e tinha uma cruz com as letras "RIP" tatuadas na testa. Durante aquela noite, ele quebrou a perna de uma mesa e bateu na cabeça de Mubarek, matando-o. (Veredito: homicídio doloso. Prisão perpétua; mínimo de 25 anos antes da possibilidade de condicional.)

A subsequente sindicância do caso Mubarek relatou uma "coleção desconcertante de deficiências" que contribuíram para a morte, com a superlotação das prisões e o baixo moral dos funcionários que desempenhavam um papel fundamental no colapso de Feltham como instituição no período que antecedeu o assassinato.

Em minha experiência, Feltham muitas vezes falhou em colocar os jovens infratores de volta no caminho certo. A prisão, especialmente durante sentenças curtas, quando não há muitas oportunidades para educação ou tratamento, pouco faz para evitar a espiral descendente de um retorno ao uso de drogas e ao comportamento delitivo. Isso pode, então, desencadear aquele estado psicótico e comportamento homicida que leva à transferência segura para o hospital e, frequentemente, a um diagnóstico de esquizofrenia ou transtorno esquizoafetivo.

Em casos de psicose com comportamento gravemente violento, muitas vezes temos de medicar sem o consentimento do paciente (o que fazemos de acordo com leis bastante rigorosas). Esse é um dos aspectos mais difíceis da psiquiatria forense: forçar o tratamento a alguém que não quer recebê-lo. Fazemos isso porque sabemos que cerca de três quartos de nossos pacientes vão melhorar. Muitos — embora, infelizmente, nem todos — mais tarde desenvolvem discernimento (ou seja, percebem que o tratamento ajuda). Mas não é algo que fazemos levianamente ou sem muita ponderação.

A base do tratamento para o componente de humor do transtorno esquizoafetivo é um estabilizador de humor como o lítio (ou várias alternativas semelhantes) além dos antipsicóticos bloqueadores da dopamina que descrevi nos capítulos anteriores.

Os sais de lítio têm sido um antimaníaco testado e comprovado desde que as evidências de sua eficácia surgiram por meio de estudos dinamarqueses já em 1950. No início da década de 1960, quando minha tia Georgina estava se recuperando no Hospital St. James' em Portsmouth, o lítio estava disponível, assim como a primeira geração de antipsicóticos, como a clorpromazina.[15] Georgina recentemente me disse (mais de cinquenta anos depois) que vários medicamentos foram tentados, mas eles não a fizeram se sentir melhor. Ela foi atormentada por delírios de contaminação ou infestação (o que é conhecido como síndrome de Ekbom) e, sem dúvida, culpa por sufocar sua filha.

Foi após esse fracasso do tratamento e várias tentativas de suicídio que ela prontamente concordou com a psicocirurgia, e se lembra de ter conversado com seu psiquiatra. Georgina deu seu consentimento e passou por duas lobotomias, com vários anos de intervalo. Ela não obteve alívio total com a primeira operação, mas sentiu-se muito melhor após a segunda. Para minha surpresa, recentemente consegui localizar o psiquiatra de Georgina, dr. Ian Christie, ex-diretor médico de dois hospitais psiquiátricos e pioneiro em novos tratamentos. O dr. Christie me disse que vários de seus pacientes naquela época fizeram lobotomias e, em sua experiência, muitos deles se beneficiaram. Alguns não, mas ele não observou nenhum resultado desastroso. Ele disse que a principal indicação para a psicocirurgia era "sofrimento extremo" no contexto da doença mental, e isso certamente se encaixa na descrição da própria Georgina de seu estado naquele período.

Na época da última operação de Georgina, sua filha sobrevivente, Hannah, tinha idade suficiente para visitá-la no hospital. Georgina lembra que a jovem Hannah ficou chateada e assustada com a visão de sua mãe com a cabeça envolta em curativos. Mas o impacto adverso no longo prazo em Hannah foi mais do que apenas ter visto as bandagens assustadoras. Georgina estava muito doente para ser uma mãe consistentemente disponível, e assim Hannah sofreu o rompimento do apego precoce que é conhecido por predispor os adultos ao desajuste.

Por acaso, a carreira subsequente do dr. Christie ilustra as mudanças de atitude em relação ao tratamento psiquiátrico nas décadas de 1960 e 1970, quando ele foi pioneiro em abordagens alternativas que ainda são usadas na psiquiatria forense hoje. Em 1968, ele e David Warren-Holland fundaram uma comunidade terapêutica no Hospital St. James'.

Inspirados em visitas à unidade de residências terapêuticas Phoenix, em Nova York, os dois edifícios de madeira situados no terreno do St. James' foram o início da primeira comunidade terapêutica (CT) da Europa. A filosofia era "fornecer reabilitação total para um indivíduo (...), incentivando e reforçando o que é positivo e normal para que exista a capacidade de eventualmente superar o que está distorcido e doente na personalidade". Essa abordagem também foi desenvolvida no Hospital Militar de Northfield durante a Segunda

Guerra Mundial, onde a ideia era que o hospital funcionasse como uma comunidade, com todos os membros compartilhando a tomada de decisões. Além disso, o confronto com a realidade foi usado em grandes grupos para ajudar os pacientes a entender como os outros viam o comportamento deles.

As comunidades terapêuticas continuam sendo o padrão para o tratamento de infratores graves com transtorno de personalidade, e há cts, por exemplo, na Unidade Millfields, no leste de Londres, e na prisão de Grendon, perto de Aylesbury, onde muitos assassinos que cumprem prisão perpétua podem procurar tratamento.

O tratamento em psiquiatria forense envolve uma síntese dessas duas abordagens opostas: a manipulação da função cerebral com drogas psicotrópicas de um lado e o tratamento social por meio de uma experiência comunitária no outro, bem como mais ou menos tudo no meio que demonstrou funcionar — quero dizer, as várias terapias em grupo e individuais para lidar com comportamentos ofensivos e outros problemas.

Existem muitas terapias de conversa diferentes para homens e mulheres antissociais e seus problemas com paranoia, raiva e uso de drogas, e elas devem ser adaptadas para cada paciente, assim como descrevi anteriormente com a terapia para transtorno de personalidade limítrofe. Essas terapias geralmente são cognitivo-comportamentais, mas adotamos uma abordagem eclética e usamos "o que funciona".

Raciocínio e Reabilitação (r&r), que é usado na prisão e na liberdade condicional, e que visa o comportamento delitivo, foi adaptado para uso hospitalar. Emprega uma abordagem centrada no problema para tratar de questões de sintoma único, por exemplo, como controlar a raiva (sem bater em alguém).

Os pacientes forenses podem ter dificuldades em se afirmar. Eles podem reprimir a frustração, apenas para explodir com agressividade mais tarde. Ensiná-los a se afirmarem verbalmente — em um grupo de r&r — pode reduzir essa tendência. É um pouco como aprender a enviar educadamente um prato malcozido de volta para a cozinha do pub em vez de optar por não reclamar e reprimir essa frustração apenas para acabar extravasando tudo no pessoal do bar mais tarde.

Trabalhando com um psicólogo clínico, individualmente e em grupo, sobre uso de drogas, discernimento sobre recaída em saúde mental, assertividade, raiva e as causas da agressão, nosso objetivo é ajudar nossos pacientes a melhorar gradualmente sua compreensão da interação entre a psicose e seu tratamento, assim como traços de personalidade como paranoia e impulsividade, uso de drogas ilícitas e como tudo isso se relaciona com comportamento violento.

Além das terapias, também é importante tentar adivinhar o "significado" do assassinato para cada criminoso. Isso porque, se não entendermos o que significa o delito, correremos o risco de que ele se repita. Segundo e terceiro homicídios de parceiros íntimos em circunstâncias semelhantes aconteceram — imperdoavelmente —, embora isso seja extremamente raro. Da mesma forma, existe o risco de que um delito incompleto possa ser concluído mais tarde, como o caso de um de meus pacientes, que matou a sogra enquanto pretendia matar a esposa, ou outro que matou a tia quando pretendia matar a mãe.

Nos dois casos, a vítima pretendida continuava viva e precisava ser levada em consideração.

Os delitos psicóticos são frequentemente autopreservativos. No que dizia respeito a um de meus pacientes, no momento material em que ele atacou alguém com uma garrafa quebrada, um perseguidor conspiratório e assassino dos Illuminati se tornou confrontador e abusivo com ele, então ele precisou se defender.

Tínhamos de mantê-lo livre de psicoses com medicamentos e longe das drogas, que também poderiam aumentar suas paranoia e agressividade. E, acima de tudo, tivemos de ajudá-lo a acreditar que as pessoas nem sempre o decepcionariam, para reduzir seu impulso agressivo e equipá-lo com melhores maneiras de resolver conflitos. Além disso, nossa equipe de terapia ocupacional precisou fornecer habilidades para sua vida e ajudá-lo a encontrar o treinamento adequado para, finalmente, levá-lo a um nível de funcionamento bem acima de tudo o que ele havia alcançado antes. Com isso quero dizer levá-lo a um estágio em que estava pronto para trabalhar ou pelo menos realizar um programa estruturado de atividades úteis. Às vezes, como sugerido por Gwen Adshead,[16] parece que estamos oferecendo uma segunda chance para o paciente experimentar a "base segura" de pais que fornecem apoio consistente, junto com educação estável e treinamento para o trabalho.

Uma vez alcançado um estado mental e comportamental suficientemente estável, podemos começar a pensar em saídas acompanhadas fora do perímetro hospitalar, sempre atentos a quaisquer fatores de recaída, risco de violência ou o que chamamos de comportamentos paralelos ao delito. Em um caso de homicídio, é típico que a internação seja de pelo menos cinco e até dez anos ou mais, então às vezes acabamos trabalhando com um paciente por uma década. Quando eles progridem, pode haver uma sensação de realização. Antes de podermos contemplar a liberação, no entanto, devemos considerar o risco e, para isso, temos de usar uma combinação de fatores atuariais e clínicos. Os fatores históricos são principalmente fixos — como a violência anterior em uma idade jovem. Não dá para desfazer o passado. Lloyd, por exemplo, tinha muito risco atuarial.

Para ajudar a direcionar as estratégias para gerenciar isso, usamos uma lista de verificação desenvolvida na Holanda. É uma escala de fatores de proteção que demonstraram diminuir o risco de violência, que incluem emprego, atividades de lazer, gestão financeira, rede social, relacionamentos íntimos e circunstâncias de vida. E são todos fatores que podem ajudar no tratamento.

Com os nossos doentes hospitalares seguros, apenas damos alta quando vão a alojamentos apoiados, com um programa de trabalho ou formação e supervisão estreita por uma equipe completa, e (se necessário) medicação injetável de ação prolongada, com a garantia de que estão abandonando o tratamento. Em outras palavras, reforçamos esses fatores de proteção.

Aliás, a atenção a esses aspectos também melhoraria o resultado para presos libertos ao final de uma sentença. Visitei a prisão aberta de Suomenlinna, em Helsinque, na qual a política é que nenhum prisioneiro seja solto sem um lugar para morar e um emprego ou treinamento. No Reino Unido, pelo contrário, muitas vezes libertamos prisioneiros com um subsídio de 46 libras e um saco de lixo preto com seus pertences.

Além de usar mais um estilo finlandês[17] de liberação planejada para pacientes psiquiátricos forenses, compartilhamos informações com outros órgãos e buscamos a opinião da família da vítima. Isso pode resultar em uma zona de exclusão para reduzir sua angústia e gerenciar o perigo de qualquer conflito futuro.

Tendo assegurado que todo esse suporte está em vigor, e após muitos anos de tratamento intensivo, gerenciamento de risco diligente e testes cautelosos por meio de períodos cada vez maiores de licença do hospital, acabamos liberando nossos pacientes, embora tenhamos o poder de exigir o retorno quando quisermos.

Eu estava levando minha filha para a escola há alguns anos quando, do outro lado da estrada, um homem na casa dos quarenta acenou para mim alegremente. "Oi, dr. Taylor."

Acenei de volta educadamente. "Oi, Eugene."

Eugene passou muitos anos sob meus cuidados, tendo espancado seu pai até a morte e ateado fogo nele antes de enfiar um termômetro de carne em seu abdômen. Ele estava agudamente psicótico na época.

"Por que fez isso, Eugene?"

"Para ver se ele tinha morrido, suponho."

Eugene havia se recuperado e, após um período prolongado de estabilidade e muitos testes, recebeu alta sob estreita supervisão.

"Quem era aquele, papai?", minha filha perguntou.

"Ah, apenas alguém com quem eu costumava trabalhar."

* * *

Além de tratar homens em unidades de segurança média, trabalhei por cerca de doze anos em um hospital de baixa segurança para mulheres com necessidades complexas e comportamento desafiador. Elas frequentemente tinham histórias de abuso e negligência e (geralmente) transtorno de personalidade limítrofe, em combinação com doença mental e uso de drogas ilícitas, incêndio criminoso, comportamento violento e negligência de crianças, na maioria das vezes como resultado de problemas de saúde mental.

Muitas tinham histórias familiares perturbadoras. Uma grave autoagressora recebeu um cartão de aniversário de um membro da família, mas dentro do cartão havia uma lâmina de barbear, um indicador óbvio da dinâmica familiar tóxica.

Enquanto isso, o parceiro abusivo de outra paciente, Jacquelyn (admitida após uma tentativa de suicídio), ligava para ela para agredi-la verbalmente. "Sua escória gorda... Vá em frente, pode se matar... ninguém dá a mínima."

Jacquelyn já estivera na UTI após ter tomado um coquetel de antidepressivos que havia batido no liquidificador. Ela estava grávida. Seu filho anterior havia sido levado aos cuidados da autoridade local, em parte por causa de seus problemas de saúde mental, mas principalmente porque ela não conseguia se livrar de seu parceiro abusivo, alcoólatra e violento. Diante de uma escolha entre o contato infantil e seu namorado aproveitador, ela foi incapaz de tomar a decisão sensata. O controle coercitivo ou a síndrome da mulher espancada pareciam se aplicar a Jacquelyn, assim como a Charlotte.

O problema era que Jacquelyn havia efetivamente tentado um suicídio enquanto estava grávida. Assim, tratá-la foi complexo e desafiador, pois a medicação antidepressiva teve de ser ajustada para evitar qualquer dano ao feto e ainda controlar o estado mental perturbado de Jacquelyn e o risco de suicídio. A ligação com os cuidados pré-natais e os serviços sociais era necessária para questões de avaliação de risco pré-natal.

Foi decidido que ela estava bem o suficiente para poder segurar seu bebê por alguns minutos após o parto sob o olhar atento de uma parteira e de uma assistente social, mesmo tendo tentado tirar a própria vida durante a gravidez em vez de ter outro filho tirado dela.

Em nossas consultas de revisão, Jacquelyn costumava me dar aquela sensação de arrepio na nuca graças a seu olhar vazio e seu hábito de sorrir incongruentemente, apesar de sua situação desesperadora. Mas sua depressão gradualmente desapareceu. Havíamos evitado o suicídio durante um período crítico de sua vida, e senti um grande alívio quando, alguns meses depois, ela foi transferida para cuidados contínuos e posterior avaliação em uma unidade psiquiátrica mais próxima de sua casa.

Com base na pesquisa sobre apego, os procedimentos atuais de proteção infantil reconhecem as necessidades da criança de ter um ambiente estável e carinhoso durante esse primeiro período crucial, de modo que essa consideração é colocada acima da necessidade de contato da mãe. Isso pode parecer difícil do ponto de vista materno — e é —, mas o objetivo é tentar evitar, na medida do possível, transmitir as dores de uma geração para a próxima. Trabalhar com esse grupo problemático de mulheres e lidar com as questões de risco para bebês recém-nascidos inevitavelmente me fez voltar à minha tia Georgina e à minha prima Hannah.

À luz do infanticídio anterior de sua mãe, Hannah tornou-se, na terminologia do início dos anos 1970, uma "tutelada do Tribunal". Mas, ao contrário do caso de Jacquelyn, a lei de proteção à criança da época dava a Georgina poder de decisão sobre Hannah, e Georgina não havia consentido a adoção ou cuidados externos de longo prazo. Hoje em dia, como já mencionei, a lei diz que, agindo no melhor interesse de Hannah, essa decisão seria tirada das mãos de Georgina.

Enquanto Georgina passava outro período no hospital, houve um interlúdio feliz quando Hannah — com cerca de seis anos — viveu com minha família por quase um ano nos arredores campestres de Dorset. O pai de Hannah já havia saído de cena, divorciando-se de Georgina. Porém, mais tarde, minha tia insistiu que Hannah deveria morar perto dela, para que pudesse visitá-la regularmente, então Hannah passou muitos anos entrando e saindo de orfanatos durante a década de 1970, vendo a mãe em visitas diurnas.

Refletindo sobre isso agora, fica claro para mim que Hannah teria ficado muito melhor com pais adotivos estáveis. Isso teria sido difícil para Georgina, é claro, mas o efeito do ambiente instável dos orfanatos sobre Hannah foi igualmente ruim, e mais tarde ela procurou tratamento para a depressão. Apesar disso, conseguiu construir um relacionamento estável, teve filhos, fez psicoterapia individual e fez tratamento com medicação antidepressiva. Mas eu perdi o contato com ela. Eu estava ocupado ajudando meus pacientes — homens e mulheres — e criando meus próprios filhos. Na verdade, depois de um Natal, quando guardei a árvore na casa dos meus pais, notei o presente de Hannah fechado no canto da sala, fora da vista, pois não tínhamos conseguido falar com ela. Senti uma pontada de arrependimento e resolvi arranjar tempo para vê-la.

Durante meus doze anos no hospital de custódia feminino, muitas vezes eu evitava o tráfego no túnel Limehouse Link e, em vez disso, queimava todo o estresse transferido do meu plantão durante toda a quarta-feira pedalando para casa ao longo do Tâmisa, passando por Limehouse e Wapping. No dia seguinte, às quintas-feiras de manhã, eu visitava meus pacientes do sexo masculino e voltava às considerações de risco, licença e possibilidade de alta. O tribunal de apelação precisa estar convencido de que um paciente que matou não representa mais um risco para si mesmo ou para outros. A decisão final não está nas minhas mãos — e sou grato por isso —, mas minhas recomendações e evidências orais são cuidadosamente registradas para referência se tudo der errado.

Embora a ânsia de liberdade seja normal, não é incomum que os pacientes sabotem a própria alta. A febre do portão é frequentemente observada. Em outras palavras, muitas vezes descubro que o paciente que se sente seguro no ambiente fortemente supervisionado e de apoio do hospital psiquiátrico pode não reconhecer sua ansiedade sobre se sustentar e, em vez disso, deliberadamente falha em um teste de urina para detecção de drogas nos dias anteriores a uma audiência de alta (o que sempre significa negação do pedido).

Na reunião de planejamento de alta, pouco antes de sua liberação, perguntei a um paciente o que ele havia aprendido.

"Em primeiro lugar, percebo que preciso da minha medicação", ele me disse, acrescentando: "Eu deixei meu uso de drogas para trás. Aprendi a me afastar de pessoas que me provocam. Eu me sinto terrível pelo que fiz. Achei que ele iria me matar. Consigo ver agora que era tudo uma ilusão. Gostaria de poder voltar no tempo. Só quero seguir minha vida. Então, algo útil... trabalho... evitar problemas".

Após uma alta condicional planejada, qualquer mudança no estado mental, não comparecimento a uma consulta ou violação da condicional por passar a noite fora podem desencadear o retorno ao hospital.

Isso me traz de volta às ansiedades que descrevi no início do livro. Todas elas envolvem resultados fatais. Em primeiro lugar, eu me preocupo com meus pacientes internados. Eles morreram enquanto estavam sob minha custódia devido a uma condição médica não detectada ou como resultado de efeitos colaterais de um tratamento que eu prescrevi? Em seguida, eu me preocupo com o suicídio. Mas, acima de tudo, me preocupo com um novo delito grave. Alguém que estou tratando, ou recentemente avaliei ou liberei do hospital, cometeu um ato de violência ou, pior, um homicídio?

Acontece que meu trabalho atual está dividido, então passo metade do meu tempo tratando delinquentes do sexo masculino em um hospital de custódia e a outra metade trabalhando em identificação e avaliação de ameaças. Isso envolve avaliar casos que entraram em contato com vários elementos da polícia e do sistema de justiça criminal e encaminhar aqueles que precisam de tratamento. Ainda me sinto responsável por quaisquer resultados adversos

— isso é apenas uma das circunstâncias do meu trabalho. Estou sempre a uma mensagem de celular de distância de um incidente grave e desagradável.

Em uma véspera de Ano-Novo não muito tempo atrás (sem incluir a fatídica véspera de Ano-Novo em 2002 e a coleção de torsos sem cabeça de Anthony Hardy), deixei um dos meus meninos em uma festa. Então voltei pelo oeste de Londres e parei no The Cow, na Westbourne Park Road, para tomar uma última cerveja antes de aderir ao Janeiro Seco, campanha de saúde pública pela abstinência de álcool durante o mês. Eu tinha escolhido ficar em casa naquela noite e estava planejando preparar peixe assado no forno com um molho tailandês. Os pensamentos sobre o número de casos forenses e os prazos dos relatórios estavam longe da minha mente.

No dia seguinte ao Ano-Novo, eu estava mais uma vez viajando pela cidade para minha unidade de baixa segurança feminina, de volta ao trabalho durante aquela primeira semana um pouco sombria após as festividades de fim de ano. Preparei-me para outra revisão desafiadora da ala.

Lembrei-me de que muitas das mulheres teriam passado o intervalo apenas com colegas pacientes e enfermeiras como companhia. Elas geralmente estão isoladas da família, então o período de festas pode ser difícil, pensando em seus filhos que estão em lares temporários ou foram adotados permanentemente. O apego fracassado de sua própria infância tantas vezes transmitido para a próxima geração. A adoção forçada de seu filho, com direito a apenas um contato via correspondência uma vez por ano, é uma pílula difícil de engolir.

Passei meu cartão de identificação no sensor do portão e coloquei meu carro no estacionamento lotado. Parando em fila dupla, rabisquei meu número de celular na capa interna de um velho mapa para deixar na janela da frente caso estivesse bloqueando alguém.

Enquanto preparava uma xícara de café instantâneo na cantina, senti um zumbido no meu celular. Vi que era minha mãe, mas não tive tempo de ligar de volta. Não havia nenhuma indicação de que fosse urgente.

Mais tarde naquela manhã, saí para ligar de volta para ela.

Minha mãe atendeu depois de três toques, parecendo agitada. "Qual é o problema?", perguntei.

"Receio ter más notícias. É sobre sua prima Hannah. Ela morreu, Richard. Aconteceu na véspera de Ano-Novo."

"Como?" Hannah tinha mais ou menos a minha idade. "Ela pulou de um telhado. Suicídio."

Hannah aparentemente havia estado brevemente no hospital não muito tempo antes e estava vendo um terapeuta, além de tomar antidepressivos. Mas o tratamento fracassou. Ela havia escrito um bilhete para Georgina, sua mãe, pedindo desculpas e depois se jogou do topo de um prédio de cinco andares.

Eu não a via há vários anos.

Nunca acreditei na noção de suicídio como um resumo da vida de alguém: o suicídio tem a ver com o desespero que alguém está sentindo naquele momento. Mas as experiências de Hannah devem ter cobrado seu preço de forma cumulativa. E, claramente, a vida parecia mais dolorosa do que a morte, porque é necessário uma enorme coragem ou desespero para fazer algo assim.

Então, no final, o terceiro filho de Georgina também perdeu a vida em circunstâncias trágicas. E, no entanto, estavam todos ligados, porque não tenho dúvidas de que o suicídio de Hannah foi uma consequência direta da morte, por infanticídio, de sua irmã mais velha pelas mãos de sua mãe.

Eu me senti totalmente destruído. Estava ocupado demais cuidando da minha própria família. E, mais pungente, estava muito ocupado cuidando de meus próprios pacientes, muitos deles mulheres destruídas, angustiadas e suicidas. Semana após semana, eu estava tentando mantê-las seguras e ajudá-las a se recuperar e, em mais de doze anos na unidade de baixa segurança feminina, nunca perdi nenhuma.

Mas eu havia negligenciado minha própria prima, e não havia nada que eu pudesse fazer.

Não se pode voltar no tempo.

Às vezes, as consequências do assassinato não podem ser desfeitas com tratamento, não importa o quanto você tente.

Epílogo

Não estou convencido de que possa haver algo como "encerramento" se você perdeu um ente querido por assassinato — esse tipo de dor deve permanecer com você.

Certamente não houve encerramento na minha família. Pelo menos, não até que todos os filhos de Georgina, incluindo minha prima, estivessem mortos. Quem pode sobreviver ao comportamento assassino da própria mãe? Enquanto isso, fico imaginando o quanto minha história familiar é responsável pelo caminho que tomei na vida, pois o fato é que não comecei com a intenção de trabalhar com assassinos e suas vítimas. Eu sabia que queria estudar medicina, é claro, principalmente porque queria seguir meu interesse pelas ciências biológicas e usar isso para aliviar o sofrimento dos outros. Mas não pensava em seguir psiquiatria forense, que mal existia fora de Broadmoor e algumas prisões.

No entanto, não consigo pensar em uma especialidade médica mais adequada aos meus interesses. Sou eternamente grato porque a psiquiatria forense me encontrou.

Então, o que eu consegui? O que aprendi e qual foi o preço?

Em relação às conquistas, tudo o que posso dizer é que tentei — com a ajuda de minha equipe de psicólogos clínicos, terapeutas ocupacionais, enfermeiros e assistentes sociais — aliviar o sofrimento dos pacientes psiquiátricos e dos presos que tratei, fossem ou não assassinos. E, embora o sofrimento das vítimas de assassinato e seus entes queridos seja difícil de imaginar, espero pelo menos ter ajudado a esclarecer por que um assassinato ocorreu e o que deve ser feito com o perpetrador.

É claro que os jornais não informam que o avião pousou em segurança e, da mesma forma, não é possível saber se ajudei a evitar assassinatos, embora possa pensar em alguns que passaram perto. Por quase vinte anos, tenho defendido o envolvimento de psiquiatras na proteção pública multiagências. De qualquer forma, psiquiatras, policiais, carcereiros e agentes de liberdade condicional estão conversando entre si mais do que antes, e isso pode gerar bons frutos.

Em relação ao que aprendi, deve ficar claro depois de ler este livro que os assassinos são principalmente feitos, eles não nascem assim. Criação deficiente, apego interrompido, educação fracassada e uso indevido precoce de substâncias serão encontrados nas histórias de muitos assassinos. E, nas circunstâncias certas, qualquer um pode se tornar um assassino; estamos todos a apenas um episódio psicótico do assassinato. Outro ponto crítico é o rompimento de um relacionamento íntimo. Sentimentos de inveja e merecimento são poderosos e podem levar pessoas normais sem antecedentes criminais a cometer assédio, ameaças, violência e assassinato — homens em particular.

Não tenho ilusões de que este livro realizará qualquer mudança ou fará alguma diferença nos mais de 400 mil assassinatos que acontecem por ano em todo o mundo, mas há três questões que eu acho que a sociedade deveria pelo menos tentar combater.

Primeiro, temos de reduzir as taxas de feminicídio. O abuso de parceiros íntimos continua sendo um grande problema globalmente, e muito foi feito para combatê-lo, mas ainda devemos fazer mais.

Não tenho respostas fáceis para a crise. A masculinidade tóxica deve ser desafiada por meio de uma melhor educação de relacionamento para homens jovens, e a resposta da justiça social e criminal à violência do parceiro íntimo deve ser melhorada, especialmente nas comunidades patriarcais. Isso pode parecer controverso, mas há uma grande questão cultural com diferentes atitudes em relação ao direito da mulher de fazer escolhas sobre seus relacionamentos. Com isso quero dizer que há um choque entre culturas misóginas e paternalistas — em que as necessidades das mulheres são subjugadas às dos homens — e outras sociedades, que são em sua maioria democracias liberais ou sociais, nas quais as mulheres têm direito a autonomia e segurança.

Também precisamos fazer mais para proteger jovens mulheres da misoginia, do abuso e da violência culturalmente sancionados, incluindo a chamada violência de honra, e isso é mais importante do que preocupações equivocadas sobre ofender sensibilidades culturais.

No Reino Unido, há projetos contra assédio em andamento, que incluem colaborações da polícia, serviços de saúde mental e organizações de vítimas. A esperança é que isso ajude a reduzir os assassinatos ligados ao assédio por ex-parceiros ou pessoas íntimas rejeitadas. Se esses projetos puderem demonstrar sua eficácia — e os primeiros relatórios sugerem que sim —, então deverão ser financiados como prioridade.

Em segundo lugar, para combater crimes com faca no Reino Unido, precisamos devolver ao sistema público de saúde o financiamento das autoridades locais para serviços de combate às drogas e ao álcool. O abuso de substâncias é um problema de saúde pública muito grande para ser deixado para autoridades locais sem recursos. É o abuso de drogas ilícitas que alimenta as guerras por território e os assassinatos a faca que se seguem. Os programas de emprego e treinamento para jovens atingidos pela austeridade nas áreas carentes também devem ser uma prioridade.

Devemos lidar com a disponibilidade de facas usando uma abordagem de saúde pública, conforme descrito pelo psiquiatra forense John Crichton.[1] Os rapazes devem ser alvo de programas educacionais e receber penalidades apropriadas para reduzir o porte de facas fora de casa. Facas longas e de ponta afiada não são essenciais na cozinha e podem ser facilmente substituídas por um design diferente. Assim, pode-se oferecer às famílias em áreas de alto risco um conjunto gratuito de facas de cozinha de reposição, e os homicídios impulsivos por faca podem ser evitados, sejam psicóticos, como no caso de Jonathan Brooks, ou relacionados à violência doméstica, como no caso de Charlotte Smith.

Finalmente, temos de melhorar o acesso à avaliação e ao tratamento psiquiátrico para aqueles que adoecem mentalmente pela primeira vez e para aqueles que recaem. Em meu trabalho atual, sou confrontado com os processos bizantinos necessários para levar os doentes mentais agudos a avaliação e tratamento, e muitas vezes fico bravo com o eufemismo "alta para acompanhamento médico". Como podemos esperar que nossos sobrecarregados clínicos gerais lidem com todos os transtornos mentais complexos, além de todo o resto? Pacientes com doenças mentais graves e duradouras devem permanecer sob supervisão, mesmo que apenas por uma revisão semestral. Dessa forma, eles podem ser sempre lembrados — porque, se nós, como psiquiatras, não fizermos isso, ninguém mais o fará. E vamos ter um único ponto de contato genuíno para cada área de captação no Reino Unido. Também precisamos de mais leitos de internação psiquiátrica de curta duração. Os cortes foram longe demais, de modo que apenas os mais perturbados podem ficar internados e os menos graves recebem alta rapidamente. Os psiquiatras não podem prever quais pacientes mentalmente doentes irão matar, mas se dermos a todos os pacientes um tratamento melhor, tornando o encaminhamento mais fácil e tratando-os por mais tempo, poderemos prevenir alguns assassinatos psicóticos (mesmo que sejam apenas alguns). E todos os pacientes receberão um tratamento melhor no processo.

Quanto ao preço que paguei, é claro que houve momentos estressantes. Mas isso foi mais do que compensado pelo interesse duradouro e pelo desafio intelectual do trabalho e pelas recompensas de ajudar muitos — mas infelizmente não todos — pacientes a se recuperarem. Meu entusiasmo pelo meu trabalho — e alguns colegas e familiares incrivelmente solidários — me fez passar pelos períodos mais turbulentos. Quando as coisas estão difíceis, não é ruim estar cercado por psiquiatras forenses. Eles sabem ser firmes e honestos, além de empáticos e atenciosos em igual medida. Talvez essa seja a melhor descrição do que os psiquiatras forenses fazem.

Como minhas tarefas diárias envolvem trabalho conjunto entre psiquiatria forense e as forças da lei, meu foco agora é gerenciar aqueles que fazem ameaças ou que são considerados uma ameaça de uma forma ou de outra. Chamamos isso de identificação e triagem. Embora o principal resultado seja facilitar o acesso ao tratamento, há também um elemento de redução de danos e prevenção de homicídios. Com mais de sessenta casos ativos abertos ao mesmo tempo, é improvável que eu fique entediado ou meu celular fique quieto.

Finalmente, devo dizer algo a todos os psiquiatras forenses iniciantes: temos vagas. Os candidatos precisam apenas possuir a resistência para completar a formação médica, uma mente inquisitiva, uma aptidão para as nuances das linguagens jurídica e psiquiátrica, empatia, o gosto pelo desafio e, claro, estômago forte. A psiquiatria forense oferece uma oportunidade única de explorar os confins mais obscuros da mente por meio dos criminosos e pacientes que você encontra. E, aprendendo sobre o que faz a mente de um assassino, você alcançará uma compreensão mais profunda do que está dentro da mente de seus semelhantes e, acima de tudo, uma compreensão mais profunda de si mesmo.

Apêndice

Uma nota sobre o teste de Rorschach

Na época da hospitalização de minha tia Georgina no final dos anos 1960, o teste de Rorschach era popular. Embora tenha caído em desuso no Reino Unido, é digno de menção, pois nos diz muito sobre a história da psiquiatria. Hermann Rorschach publicou pela primeira vez seu conjunto de dez manchas de tinta em 1921. O entrevistador mostra ao entrevistado dez manchas de tinta padronizadas. O teste usa nossa tendência de ver padrões nas nuvens. "Pareidolia" é o termo técnico. O entrevistado é perguntado: o que pode ser isto? Depois que o procedimento é realizado com todas as dez imagens, elas são vistas novamente. O entrevistado é, então, solicitado a explicar por que cada uma parecia aquilo para eles. O teste era tão popular em meados do século XX, que na literatura e na cultura a palavra Rorschach tornou-se uma metáfora para processos de pensamento inconscientes — ela ainda aparece em discussões internacionais ao redor do mundo para descrever um estímulo ambíguo. O Rorschach foi percebido como tendo baixa confiabilidade de codificação — um problema que foi corrigido —, mas ainda tem seus entusiastas. Nos últimos anos, sistemas foram desenvolvidos para melhorar a confiabilidade, primeiro por John Exner, e mais recentemente por outros, por meio do Sistema de Avaliação de Performance Rorschach (R-PAS, de acordo com a sigla em inglês). O R-PAS visa fornecer um sistema de terminologia simplificado, uniforme e lógico, comparando as pontuações dos examinados com uma grande amostra de referência internacional, e há um crescente corpo de literatura de pesquisa sobre o R-PAS.[1]

Há alguma variação cultural interessante na forma como os borrões são percebidos. Por exemplo, a mancha de tinta três é geralmente interpretada como duas figuras envolvidas em uma atividade colaborativa, como dois dançarinos em volta de uma fogueira ou dois garçons servindo comida. Entrevistadores treinados em Rorschach podem dizer que um entrevistado que interpreta o cartão três como partes do corpo desencarnado ou restos esqueléticos pode ser de uma cultura latino-americana que celebra o Dia dos Mortos.

Ou pode ser um potencial perpetrador de homicídio sexual.

Isso pode parecer chocante, mas não quando considerado no contexto de outros testes em que confiamos: um neurocientista bem conhecido aponta como sua imagem cerebral é muito semelhante às imagens cerebrais de assassinos em série. A biologia não é destino e é sempre mediada por fatores sociais e psicológicos no ser humano.

O teste de Rorschach não fornece nenhuma pista sobre o comportamento histórico do entrevistado nem um diagnóstico, mas seus proponentes argumentam que pode descrever com bastante precisão como sua personalidade está estruturada. Quando um grupo de perpetradores de homicídio sexual foi avaliado, muitas de suas percepções — conforme medido pelo Rorschach — foram bastante diferentes das percepções de outros grupos de indivíduos mais normais. Um exemplo de um colega meu, que fez pesquisas nessa área, envolveu um sádico sexual que matou várias vítimas. Quando ele fez o Rorschach, o sujeito estava predisposto a enxergar a genitália feminina, um achado muito incomum. O artista Andy Warhol criou uma série de manchas de tinta inspiradas no teste de Rorschach, pintando uma tela de um lado e depois dobrando-a para criar a imagem espelhada. Na verdade, ele havia entendido mal o teste, pois achava que os pacientes criavam as manchas de tinta e que os médicos as interpretavam.

Agradecimentos

Há muitas pessoas a quem eu preciso agradecer por me ajudarem a colocar minhas experiências no papel. Em primeiro lugar, agradeço a Andrew Holmes por ser um grande mentor; a Ella Gordon pela edição tão perspicaz e a Claire Baldwin e Sarah Bance pelas edição e revisão. Obrigado a Alex Clarke e a toda a equipe da Wildfire, Headline e Hachette por ouvirem minha apresentação e me darem esta oportunidade incrível, e obrigado ao Departamento de Arte pela capa engenhosa original, inspirada nas manchas de tinta do teste de Rorschach.

Sou incrivelmente grato a Rob Bullock, cujo incentivo foi fundamental para tornar este livro uma realidade.

O meu profundo agradecimento a todos aqueles que leram os primeiros rascunhos de partes do livro por seus comentários inestimáveis, a saber: Freda Litton, Hobie Walker, Graham Riche, Robbie Riche, Nimko Ali, Simon Wilson, Chris Walker, Frank Farnham, Lucy Davison, David Reed, Ian Christie, Claudia Diez, Mike Taylor, Tom Beretvas, Edy Batista de Matos e Vivian Nazari. Obrigado também a Tim Lenderking, companheiro de viagem ao Sudão; aos colegas do hospital Mayday, Charlie Easmon, Graham Berlyne e Rhys Thomas; e a Reid Meloy pelos conselhos sobre o teste de Rorschach.

Obrigado aos colegas e amigos que me apoiaram, trabalharam comigo ou me ajudaram a sobreviver à psiquiatria forense. Vocês são muito numerosos para nomear individualmente, no entanto, devo reconhecer em especial:

Frank Farnham, Sherine Mikhail, Scott McKenzie, Mehdi Veisi, Shamir Patel, Stephanie Bridger, Sara Henley, Alice Taylor, Lyle Hamilton, David James, Alan Reid, Dave Porter, Steve Cook, Tim Turner, Mike Watts, Rob Halsey, Jim MacKeith, Tony Maden, Gísli Guðjónsson, Paul Bowden, Paul Mullen, Mark Scally, Judith Etheridge, Danny Sullivan, Cleo Van Velsen, Andrew Johns, Ed Petch, John Baird, Rory O'Connor, Caroline Garland, Renée Danziger, Simon Barry, Derek O'Sullivan e Brad Vincent.

Também devo agradecer a todos os colegas com quem trabalhei em vários hospitais judiciários, equipes de assistência, carcereiros — especialmente em Holloway — e no Conselho de Administração Estratégica do MAPPA, especialmente Charles Hayward.

Gostaria de agradecer a todos os mestres de várias disciplinas que ajudaram a me formar ao longo dos anos, especialmente: Chris Brown, que primeiro me ensinou a pensar em ética; Roland Littlewood, do Departamento de Antropologia da University College London, que me ensinou psiquiatria transcultural; e Michael Neve do Instituto Wellcome, por seus seminários sobre "Loucura na Sociedade".

Obrigado a todos nos hospitais Royal Bethlem e Maudsley e no Instituto de Psiquiatria, Psicologia e Neurociência, especialmente Christine Sachs.

Obrigado, também, a todos os meus colegas e funcionários do Instituto de Criminologia da Universidade de Cambridge, do curso de mestrado em Criminologia Aplicada e Penologia, especialmente Alison Liebling, Ben Crewe, Loraine Gelsthorpe, Katrin Müller-Johnson, Lucy Wilmott, Glenn Carner, Amy Ludlow, Nitin Ramesh e Pedro Bossi.

Sou grato a todos os meus atuais e ex-colegas da Polícia Metropolitana de Londres, especialmente Keith Giles, que me contratou como consultor técnico para seu livro *The Critical Few*, Richard Walton, que me convidou para o grupo de trabalho original do MAPPA da Nova Scotland Yard e todos na FTAC e no Hub. A todos os advogados e procuradores com quem trabalhei, obrigado pelas instruções, mas não pelos contrainterrogatórios. Peço desculpas sem reservas pelos prazos estourados.

Obrigado a Karen Lock, Charlotte Walton, Christine Revell, Loraine Millan, Claire Wells, Marnie Pillow, Anil Thapen, Donna Morgan e Ann Gadsen pela assistência constante e pela ajuda na digitação — muitas vezes em um prazo muito curto —, e obrigado a todos os funcionários da Biblioteca Britânica e da seção de idiomas escandinavos da biblioteca da UCL.

Por fim, agradeço a todos os membros da minha família. Sem seu apoio e compreensão nada disso teria sido possível.

Bibliografia

Homicídio sexual

1 Douglas, J. E. *et al. Crime Classification Manual: A Standard System for Investigating and Classifying Violent Crime*. John Wiley & Sons, 2013.
2 Canter, D. V. *et al.* "The organized/disorganized typology of serial murder: Myth or model?". In: *Psychology, Public Policy, and Law*, v. 10, n. 3, p. 293, 2004.
3 Schlesinger, L. B. *Sexual murder: Catathymic and Compulsive Homicides*. CRC Press, 2003.
4 Yakeley, J.; Wood, H. "Paraphilias and paraphilic disorders: Diagnosis, assessment and management". In: *Advances in Psychiatric Treatment*, v. 20, n. 3, p. 202-213, 2014.
5 Dietz, P. E.; Hazelwood, R. R.; Warren, J. "The sexually sadistic criminal and his offenses". In: *Journal of the American Academy of Psychiatry and the Law*, v. 18, n. 2, p. 163-178, 1990.
6 MacCulloch, M. J. et al. "Sadistic fantasy, sadistic behaviour and offending". In: *The British Journal of Psychiatry*, v. 143, n. 1, p. 20-29, 1983.
7 Revitch, E. "Sex murder and sex aggression." In: *Journal of the Medical Society of New Jersey*, v. 54, p. 519-524, 1957.
8 Meloy, J. R. *The Psychopathic Mind: Origins, Dynamics, and Treatment*. Rowman & Littlefield, 1988.
9 Meloy, J. R.; Hoffmann, J. (eds.). *International Handbook of Threat Assessment*. Oxford University Press, 2013.
10 Meloy, J. R. "The nature and dynamics of sexual homicide: an integrative review". In: *Aggression and Violent Behavior*, v. 5, n. 1, p. 1-22, 2000.
11 Blais, J.; Forth, A. E.; Hare, R. D. "Examining the inter-rater reliability of the Hare Psychopathy Checklist — Revised across a large sample of trained raters". In: *Psychological Assessment*, v. 29, n. 6, p. 762, 2017.
12 Blair, R. J. R. "Neurobiological basis of psychopathy". In: *The British Journal of Psychiatry*, v. 182, n. 1, p. 5-7, 2003.
13 Marshall, J.; Watts, A. L.; Lilienfeld, S. O. "Do psychopathic individuals possess a misaligned moral compass? A meta-analytic examination of psychopathy's relations with moral judgment". In: *Personality Disorders: Theory, Research, and Treatment*, v. 9, n. 1, p. 40, 2018.

14 Taylor, P. J.; Gunn, J. "Diagnosis, medical models and formulations". In: *Handbook of Forensic Mental Health*, p. 227-243, 2008.

15 Meloy, J. R. "Empirical basis and forensic application of affective and predatory violence". In: *Australian and New Zealand Journal of Psychiatry*, v. 40, n. 6-7, p. 539-547, 2006.

16 Larsson, H.; Viding, E.; Plomin, R. "Callous — unemotional traits and antisocial behavior: Genetic, environmental, and early parenting characteristics". In: *Criminal Justice and Behavior*, v. 35, n. 2, p. 197-211, 2008.

17 Kolla, N. J. et al. "Childhood maltreatment and aggressive behaviour in violent offenders with psychopathy". In: *The Canadian Journal of Psychiatry*, v. 58, n. 8, p. 487-494, 2013.

18 Taylor, R.; Yakeley, J. "Working with mappa: ethics and pragmatics". In: *BJPsych Advances*, v. 25, n. 3, p. 157-65, 2019.

19 Singleton, N. et al. *Psychiatric Morbidity among prisoners*. Office for National Statistics London, 1997.

20 Blair, R. J. R. "Moral reasoning and the child with psychopathic tendencies". In: *Personality and Individual Differences*, v. 22, n. 5, p. 731-739, 1997.

21 Eastman, N. "Assessing for psychiatric injury and 'nervous shock'". In: *Advances in Psychiatric Treatment*, v. 1, n. 6, p. 154-160, 1995.

Homicídio psicótico

1 Bunclark, J.; Crowe, M. "Repeated self-injury and its management". In: *International Review of Psychiatry*, v. 12, n. 1, p. 48-53, 2000.

2 Fazel, S. et al. "Schizophrenia and violence: Systematic review and meta-analysis". In: *PLoS Med.*, v. 6, n. 8, p.e1000120, 2009.

3 Wilson, S. et al. "Reflections on working in public-figure threat management". In: *Medicine, Science and the Law*, v. 59, n. 4, p. 275-281, 2019.

4 Schug, R. A. "Schizophrenia and matricide: An integrative review". In: *Journal of Contemporary Criminal Justice*, v. 27, n. 2, p. 204-229, 2011.

Mulheres que matam crianças

1 Welldon, E. V. *Mother, Madonna, Whore: The Idealization and Denigration of Motherhood*. Routledge, 2018.

2 Friedman, S. H.; Cavney, J.; Resnick, P. J. "Mothers who kill: evolutionary underpinnings and infanticide law". In: *Behavioral Sciences & the Law*, v. 30, n. 5, p. 585-597, 2012.

Homens que matam as parceiras

1 Mullen, P. E.; Pathé, M. "The pathological extensions of love". In: *The British Journal of Psychiatry*, v. 165, n. 5, p. 614-623, 1994.

2 Mullen, P. E.; Maack, L. H. "Jealousy, pathological jealousy and aggression". In: Farringdon, D.; Gunn, J. (eds.). *Aggression and Dangerousness*. Londres: Wiley, 1985. p. 103-126.

3 Mullen, P. E.; Purcell, R.; Stuart, G. W. "Study of stalkers". In: *American Journal of Psychiatry*, v. 156, n. 8, p. 1.244-1.249, 1999.

4 Mullen, P. E.; Pathé, M.; Purcell, R. *Stalkers and their Victims*. 2. ed. Cambridge University Press, 2008.

5 Farnham, F. R.; James, D. V.; Cantrell, P. "Association between violence, psychosis, and relationship to victim in stalkers". In: *The Lancet*, v. 355, n. 9.199, p. 199, 2000.

6 PURCELL, R. PATHÉ, M.; MULLEN, P. "When do repeated intrusions become stalking?". In: *Journal of Forensic Psychiatry & Psychology*, v. 15, n. 4, p. 571-583, 2004.
7 MCEWAN, T. E. et al. "Violence in stalking situations". In: *Psychological Medicine*, v. 39, n. 9, p. 1.469-1.478, 2009.
8 SCHLESINGER, L. B. et al. "Crime scene staging in homicide". In: *Journal of Police and Criminal Psychology*, v. 29, n. 1, p. 44-51, 2014.

MULHERES QUE MATAM OS PARCEIROS

1 GELSTHORPE, L. "Female Offending: A Theoretical Overview". In: McIvor, G. (ed.). Women Who Offend. Londres: Jessica Kingsley, 2004. p. 13-37.
2 BIRMINGHAM, L. et al. "Mental illness at reception into prison". In: *Criminal Behaviour and Mental Health*, v. 10, n. 2, p. 77-87, 2000.
3 LIEBLING, A. "Moral performance, inhuman and degrading treatment and prison pain". In: *Punishment & Society*, v. 13, n. 5, p. 530-550, 2011.
4 CHAO, O.; TAYLOR, R. "Female offenders at HMP Holloway needing hospital transfer: An examination of failure to achieve hospital admission and associated factors". In: *International Journal of Prisoner Health*, v. 1, n. 2-3-4-, p. 241-247, 2005.
5 BROWNE, A. *When Battered Women Kill*. Simon and Schuster, 2008.
6 MEZEY, G. "Battered women who kill". *Women as Victims and Perpetrators of Violence*. Queen's College Cambridge, 2004.
7 SMITH, R. "Don't treat shackled patients". In: *BMJ: British Medical Journal*, v. 314, n. 7.075, p. 164, 1997.
8 BATEMAN, A.; FONAGY, P. *Mentalization-Based Treatment for Personality Disorders*: A Practical Guide. Oxford University Press, 2016.
9 Grosz, S. *A vida em análise*: histórias de amor, mentiras, sofrimento e transformação. Rio de Janeiro: Zahar, 2013.
10 SHEDLER, J. "The efficacy of psychodynamic psychotherapy". In: *American Psychologist*, v. 65, n. 2, p. 98-109, 2010.
11 DOWNS, D. A. *More Than Victims*: Battered Women, the Syndrome Society, and the Law. University of Chicago Press, 1996.
12 MCHAM, S. B. "Donatello's bronze David and Judith as metaphors of Medici rule in Florence". In: *The Art Bulletin*, v. 83, n. 1, p. 32-47, 2001.
13 PARKER, L. "'Pure Woman' and Tragic Heroine? Conflicting Myths in Hardy's Tess of the D'Urbervilles". In: *Studies in the Novel*, v. 24, n. 3, p. 273-281, 1992.
14 GUÐJÓNSSON, G. H.; MACKEITH, J. A. C. "Retracted Confessions: Legal, Psychological and Psychiatric Aspects". In: *Medicine, Science and the Law*, v. 28, n. 3, p. 187-194, 1988.
15 TAYLOR, R.; YAKELEY, J. "Women in Prison". In: Cumming, I.; Wilson, S. *Psychiatry in Prisons*: A Comprehensive Handbook. Londres: Jessica Kingsley, 2009. p. 86-97.

O ASSASSINO QUE ESQUECE

1 JELICIC, M. "Testing claims of crime-related amnesia". In: *Frontiers in Psychiatry*, v. 9, p. 617, 2018.

ASSASSINATO POR MOTIVAÇÃO FINANCEIRA

1 BABIAK, P.; HARE, R. D. *Snakes in Suits: When Psychopaths Go to Work*. Regan Books, 2006.
2 YAKELEY, J. "Current understanding of narcissism and narcissistic personality disorder". In: *Advances in Psychiatric Treatment*, v. 24, n. 5, p. 305-315, 2018.
3 WALLANG, P.; TAYLOR, R. "Psychiatric and psychological aspects of fraud offending". In: *Advances in Psychiatric Treatment*, v. 18, n. 3, p. 183-192, 2012.

4   YAKELEY, J.; TAYLOR, R. "Gambling: addicted to the game". In: Bower, M. (ed.). Addictive States of Mind. Routledge, 2018. p. 125-150.

TERRORISMO

1   MELOY, J. R. "Indirect personality assessment of the violent true believer". In: *Journal of Personality Assessment*, v. 82, n. 2, p. 138-146, 2004.
2   ROBBINS, I. et al. "Psychiatric problems of detainees under the Anti-Terrorism Crime and Security Act 2001". In: *Psychiatric Bulletin*, v. 29, n. 11, p. 407-409, 2005.
3   CLEMMOW, C. et al. "Disaggregating lone-actor grievance-fuelled violence: Comparing lone-actor terrorists and mass murderers". In: Terrorism and Political Violence, p. 1-26, 2020.
4   MERARI, A. *Driven to Death*: Psychological and Social Aspects of Suicide Terrorism. Oxford University Press, 2010.
5   MELOY, J. R.; GILL, P. "The lone-actor terrorist and the TRAP-18". In: *Journal of Threat Assessment and Management*, v. 3, n. 1, p. 37, 2016.
6   GOLDS, L.; De KRUIFF, K.; MACBETH, A. "Disentangling genes, attachment, and environment: A systematic review of the developmental psychopathology literature on gene-environment interactions and attachment". In: Development and Psychopathology, v. 32, n. 1, p. 357-381, 2019.
7   VAN IJZENDOORN, M. H. et al. "Children in institutional care: Delayed development and resilience". In: *Monographs of the Society for Research in Child Development*, v. 76, n. 4, p. 8-30, 2011.
8   OGILVIE, C. A. et al. "Attachment & violent offending: A meta-analysis". In: *Aggression and Violent Behavior*, v. 19, n. 4, p. 322-339, 2014.
9   AINSWORTH, M. D. S. et al. *Patterns of Attachment*: A Pyschological Study of the Strange Situation. Psychology Press, 2015.
10 MELOY, J. R. "Pathologies of attachment, violence, and criminality". In: Weiner, I. B. (ed.). Handbook of psychology: Forensic psychology. John Wiley & Sons Inc., 2003. v. 11, p. 509-526.
11 HALE, R.; DHAR, R. "Flying a kite — observations on dual (and triple) diagnosis". In: *Criminal Behaviour and Mental Health*, v. 18, n. 3, p. 145-152, 2008.
12 DAY, C. et al. "Randomised feasibility trial of the helping families programme-modified: an intensive parenting intervention for parents affected by severe personality difficulties". In: BMJ Open, v. 10, n. 2, 2020.
13 GELSTHORPE, L. "Criminal Justice: The Policy Landscape". In: Hucklesby, A.; Wahidin, A. (eds.). Criminal Justice. Oxford University Press, 2013. p. 17-33.
14 GREEN, D. A. *When Children Kill Children*: Penal Populism and Political Culture. Oxford University Press, 2012.
15 HEALY, D. "Some continuities and discontinuities in the pharmacotherapy of nervous conditions before and after chlorpromazine and imipramine". In: *History of Psychiatry*, v. 11, n. 44, p. 393-412, 2000.
16 ADSHEAD, G. "Attachment in mental health institutions: a commentary". In: *Attachment & Human Development*, v. 3, n. 3, p. 324-329, 2001.
17 LAPPI-SEPPÄLÄ, T. "Imprisonment and penal policy in Finland". In: *Scandinavian Studies in Law*, v. 54, n. 2, p. 333-380, 2009.

EPÍLOGO

1   CRICHTON, J. H. "Falls in Scottish homicide: lessons for homicide reduction in mental health patients". In: *BJPsych Bulletin*, v. 41, n. 4, p. 185-186, 2017.

APÊNDICE

1   MELOY, J. R. et al. *Contemporary Rorschach Interpretation*. Routledge, 2013.